ELUOSIREN
XINGGETANMI

◎王宪举 著

俄罗斯人
性格探秘

当代世界出版社

俄罗斯人性格探秘

王宪举 著

当代世界出版社

图书在版编目（CIP）数据

俄罗斯人性格探秘／王宪举著．—北京：当代世界出版社，2011.12
ISBN 978-7-5090-0797-6

Ⅰ．①俄… Ⅱ．①王… Ⅲ．①俄罗斯人—民族性……研究
Ⅳ．①C955.512.1

中国版本图书馆 CIP 数据核字（2011）第 229755 号

书　　名：	俄罗斯人性格探秘
出版发行：	当代世界出版社
地　　址：	北京市复兴路 4 号（100860）
网　　址：	http：//www.worldpress.com.cn
编务电话：	（010）83907332
发行电话：	（010）83908410（传真）
	（010）83908408
	（010）83908409
经　　销：	新华书店
印　　刷：	北京九天志诚印刷有限公司
开　　本：	710×1000 毫米　　1/16
印　　张：	22.75
字　　数：	370 千字
版　　次：	2011 年 12 月第 1 版
印　　次：	2011 年 12 月第 1 次
书　　号：	ISBN 978-7-5090-0797-6
定　　价：	38.00 元

如发现印装质量问题，请与承印厂联系调换。
版权所有，翻印必究；未经许可，不得转载！

序

——写在王宪举同志著《俄罗斯人性格探秘》一书前面

徐 葵

首先，我要说一下对王宪举同志这部专门分析和论述俄罗斯人性格特征专著的现实意义和价值的看法。我觉得，在当前中俄两国和两国人民的关系迅速改善和发展的历史时刻，这样一部著作的出版对我国广大人民群众加深对俄罗斯和俄罗斯人民的了解，从而进一步促进两国人民之间的了解和友谊是十分有意义和有价值的。这从以下三个方面都可看出来。

第一，从中苏关系曲折发展的历史视角来看，1949年10月1日中华人民共和国宣告成立之时起，两国关系经历了10多年中苏关系的"黄金时期"。但其后长达20年时间中，由于双方都负有责任的种种复杂原因，两国从发生口头和笔头上的争论、争吵，进而发展到势不两立的敌对状态，甚至于出现兵戎相见的局面。直到1989年5月戈尔巴乔夫访华，邓小平与戈尔巴乔夫举行会谈才实现了两党两国关系的正常化，打开了"结束过去，开辟未来"的美好前景。双方所处的长达20年的敌对状态，以及由此造成的彼此长期隔绝，在两国人民思想认识上留下许多误解、偏见与不信任的烙印。很难说这些烙印今天已完全消失，我们还需要为此而努力。这也是王宪举同志这部著作的价值之所在。

第二，从当前需要进一步发展和充实中俄两国关系的角度来看，1991年苏联解体，俄罗斯成为苏联的继承国后，一直与中国保持着良好关系，尤其是与中国一起妥善地解决了历史遗留的边界问题，使这条漫长的边界线成为连接两国的一条永恒的和平边界。两国还签订了《中俄睦邻友好合作条约》，使两国的战略协作伙伴关系牢固地建立在条约基础之上。现在，中俄两国关系正处于历史最好时期。当然，符合两国人民根本利益的战略协作伙伴关系仍需要双方随着时间和形势的发展不断加以呵护和充实。王宪举同志这部著作的写作主旨是促进两国人民的相互了解及友谊，为中俄关系奠定坚实的群众基础，这显然也是其价值之所在。

第三，从今天全球化时代建立以和平发展和合作共赢为主题的和谐世界的新世界格局需要来看,世界上包括新兴国家在内的许多国家都在为建立一个和谐世界的新格局而努力。在这一崇高事业中,人口与面积总数在全球占很大比例的中俄两国无疑起着巨大作用。进一步发展和充实中俄关系自然也有利于人类建立和谐世界这一共同事业。

其次,我要在这篇序中介绍一下本书作者王宪举同志的一些情况。他作为我国驻莫斯科的记者曾介绍过俄罗斯新出版的一些论述俄罗斯历史与现状的书籍,例如《权力的公式—从叶利钦到普京》这本书就是由他介绍的,他也参与了这本书部分翻译工作。他每次从莫斯科回国休假,都要找机会到我家来看望我并向我介绍俄罗斯的新鲜情况,常给我留下深刻的印象。2008年他送我一本纪实性著作《我在莫斯科当外国记协主席》。看了这本书之后,我对他情况就更了解了。王宪举同志还在莫斯科当记者时就意识到了研究俄罗斯人性格问题的重要性,并开始收集和积累这方面的资料,完成初稿后又根据国内同志们的建议数易其稿,直至达到现在这本书稿呈现的面貌。由于他具有这样的资历和背景,我认为他是承担研究俄罗斯人性格这个复杂问题的合适人选。近年来在我国发表了一些论述俄罗斯人性格问题的论文和著作,不过从内容的详实性和分析与论述的深刻性来说,他这部书可谓独领风骚。

最后我要引用本书作者在他写的前言中说的几句话。他说:"研究俄罗斯人性格问题是一个很有意义、但又非常复杂的工作。……本人这一拙作只是关于俄罗斯人性格问题研究中的一孔之见,就像碧波万顷大海中的一朵浪花,万紫千红花园里的一朵小花而已。如果此书能对读者了解和认识俄罗斯人性格特点有所裨益,作者将感到十分高兴,多年来所付出的各种辛劳也就有所值了。"

他还说:"关于俄罗斯人性格的这本书出版了,但是有关问题的研究远未结束。我愿意和其他学者和专家一起,继续探究这个谜底。"

在此我祝贺我国学者在探究这个谜底的工作中已经取得的成就,并预祝他们在新的探究中取得更大的成就!

是为序。

(本文作者系中国社科院原苏联东欧研究所所长、研究员,现中国社科院荣誉学部委员,时年84岁。)

前　言

一、为什么要探究俄罗斯人性格之谜

（一）民族性格是一门很有意思也很有意义的学问

民族性格是什么？

早在1748年，英国哲学家和历史学家大卫·休谟就指出："每个民族都有自己特别的行为方式，其某些特别的品质在一个民族身上要比另一个民族更常见。"①

俄罗斯作家尤里·普拉托诺夫认为，民族性格是指"一个民族群体多数成员所具有的特点"，它们是在民族群体在共同交往、居住和生活方式中形成的基本特点。②

俄罗斯另一位学者艾·巴格拉莫夫认为，"民族性格是一个民族生存独特的历史条件心理的反映，是该民族某些精神特点的综合，这些特点表现在一个民族的行为和对外界环境独特的传统形式、文化和社会生活等领域的民族特点上。"③

1973年，巴格拉莫夫在芝加哥举行的第9届人类学和民族学国际会议的报告中说，从历史唯物主义观点看，在独特周围环境条件和精神风貌的历史命运影响下，形成了一个民族不同于其他民族的特点和习惯，其中包括礼仪、日常行为准则和肢体语言。民族性格可以通过一个民族范围内的成就和价值观，例如艺术、文艺创作、传统、习俗、道德、习惯等来研究。一个民族的心理特点表现在民族性格的结构性特点，如思维方式、对外部世界的反应特点和情绪特征上。

难道不是吗？

人们常说，法国人浪漫多情，艺术性强；英国人讲究绅士风度，理智务实；美国人锐意进取，实用创新，看重别人对自己的印象和成功的价值，比较好动，

---

① 《不同文化差异的心理学》第61页。
② 俄罗斯"科学院出版中心"出版的《民族性格心理》第3页。
③ 同上，第63页。

俄罗斯人
性格探秘

喜欢冒险，但有时自负得轻率，耀武扬威，损人利己；德国人心气高傲，思想深邃，严谨认真，准确守时，但有时过于刻板，高估自己；以色列犹太人重视教育，大智若愚，但心胸比较狭隘，报复心极强。

1995年我任《中国青年报》驻莫斯科记者时，有一次去采访俄罗斯外交部当代国际关系研究所副所长叶夫根尼·巴扎诺夫。见面后，他说莫斯科最近流行一个新的笑话，不知我有没有听说。我便请他讲。他说："什么是天堂？天堂就是德国的机械师，法国的厨师，英国的警察，意大利的情夫，而由瑞士人来管理；什么是地狱？地狱就是英国的厨师，德国的警察，法国的机械师，瑞士的情夫，而这一切都是由意大利人来管理。"这个段子在某种程度上反映了一些民族的性格特点，令人在开怀大笑之后还觉得余味犹存。

这也使人想起幽默大师林语堂的名言："世界大同的理想生活，就是住在英国的乡村，屋子里安装有美国的水电煤气管子，有个中国厨子，有个日本太太。"他的成名作《吾国与吾人》更是近代最早描写中国人国民性的著作之一。他认为，中国人的性格特点是中庸之道、圆滑、稳重、内敛、遇事忍耐、善于察言观色、迂回曲折、为人老成世故、讲究城府，等等。

哪个民族具有最高的文化水平，哪个民族的烹调最好，哪个民族的女人最漂亮，哪个民族的自豪感最强？提这些问题似乎显得比较幼稚。但确实有人提过这些问题。1959年盖洛普民意研究所就这些问题在雅典、赫尔辛基、约翰内斯堡、哥本哈根、阿姆斯特丹、德里、纽约、奥斯陆、斯德哥尔摩、多伦多、西柏林和维也纳进行了调查。结果是：上述每个地方都认为自己的烹饪是最好的；柏林人认为瑞典女人最漂亮，维也纳人认为意大利女人最漂亮，丹麦人认为德国女人最漂亮；其他国家的人认为他们自己国家的女人最漂亮；希腊人、荷兰人、印度人、美国人、挪威人、瑞典人、德国人和奥地利人都认为自己国家的文化水平最高；至于民族自豪感，多数人认为英国人的自豪感最强烈，只有希腊人、印度人和美国人自诩最自豪，而雅典人则认为瑞典人的自豪感是最强的。[①]

民族性格就是如此微妙。正如俄罗斯谚语"每只水鸟都说自己的沼泽地最好"一样，每个民族都认为自己的性格是最好的，本国的妇女最漂亮，本国的男

[①] 伊·科恩《民族性格是神话还是现实》第218至219页。

前　言

人最聪明,自己的孩子最可爱。比如,俄罗斯女警察少将塔季扬娜·莫斯卡尔科娃就自豪地说:"没有比我们俄罗斯妇女更好的妇女。"①

由此可见,民族性格是一门非常值得研究的学问。在美国、德国、俄罗斯等国家,对于这门科学已经研究了很久,研究得比较深刻,有关的专著也比较多,如美国学者鲁斯·本尼迪克特描写日本人性格特点的《菊与刀》,俄罗斯尼古拉·别尔嘉耶夫的《俄罗斯思想》和《俄罗斯的命运》,美国记者赫德里克·史密斯的《俄国人》、阿拉·谢尔盖耶夫娜的《俄罗斯人的行为准则、传统和民族心理》等。

中国也有一些关于性格问题研究的书籍,除了林语堂的《吾国与吾民》(又名《中国人》)和柏杨《丑陋的中国人》外,还有前驻德国大使卢秋田的《东西方思维差异》,前驻印度孟买总领事袁南生的《感受印度》、陈德洋的《德意志人》、季志业的《一波三折俄罗斯人》等等。但总的来说,与美、俄等国相比,迄今中国关于各国民族性格特点的研究还比较薄弱,有关的专著也比较少。我在研究俄罗斯人性格的过程中阅读了不少外国学者关于俄罗斯人心理和性格特点的图书和文章,深切地感到,随着我国对外经济、贸易和文化等领域的交流与合作不断加强,我们需要进一步研究各民族性格特点问题,同时也应该进一步加强关于中国人自己的性格特点(包括优点和缺点、长处和短处)的研究,以便真正做到"人贵有自知之明","知己知彼"。

(二) 破解俄罗斯人性格之谜

作为学习俄语并在俄罗斯工作和生活多年的记者和学者,我最感兴趣的还是俄罗斯人的性格特点。很多学者和作家关于俄罗斯人性格特点的各种描述使我颇感兴趣。例如,列夫·托尔斯泰认为,勇敢是俄罗斯人最明显、最好的性格特点;普希金认为,俄罗斯人是美好、浪漫、自给自足、英勇和不可战胜的;在莱蒙托夫眼里,俄罗斯人是可爱和善良的;在丘特切夫看来,俄罗斯人是不可理解和神秘莫测的;在涅克拉索夫笔下,俄罗斯人是多灾多难、充满不幸和痛苦的;在叶赛宁笔下,俄罗斯是白桦树的国家,辽阔无垠,其人民也自由自在、聪明能干;在果戈理、陀斯妥耶夫斯基、契诃夫、布宁和高尔基的作品中,俄罗斯人又

---

① 俄罗斯周报《论据与事实》2011年2月23日。

俄罗斯人

性格探秘

各有特点。而俄罗斯作家奥加廖夫的观点更被许多俄罗斯人津津乐道。他认为："斯拉夫人是一个伟大的民族……斯拉夫人拥有一切：德国人的思辩性、法国人的人文精神、英国人的务实主义和意大利人的机智。"

著名俄罗斯学者古米廖夫曾这样描写俄罗斯人和其他一些民族的性格特点：一个俄罗斯人、德国人、鞑靼人和格鲁吉亚人上了一辆无轨电车。虽然他们同属欧罗巴人种，穿一样的服装，在同一个食堂吃饭，腋下夹着同一份报纸，但是其行为方式却大不相同。假如一个醉鬼上了电车，对女士表现出一些不轨行为，这4人将作何反应呢？

格鲁吉亚人很可能会一把抓住这个醉鬼的衣领，要把他从电车上扔下去；德国人厌恶地皱起眉头，开始叫警察；俄罗斯人只会说一些冠冕堂皇的话，而鞑靼人则会选择逃避参加冲突。①

一位白俄罗斯学者讲述的关于三个东斯拉夫民族性格特点的笑话更令我拍案叫绝：

一个俄罗斯人、一个乌克兰人和一个白俄罗斯人先后走进同一个房间。俄罗斯人先坐到一个凳子上，屁股让凳子上的铁钉扎了一下。他猛地站起来，非常生气地把铁钉拔了出来，打开窗户把钉子扔得很远很远。接着，乌克兰人坐到凳子上，也被一个铁钉刺了一下。他觉得很纳闷，便拔出钉子，仔细端详，但觉得以后可能有用，就把它擦干净，留了起来。白俄罗斯人最后一个落座，发现自己也是坐在一枚铁钉上，疼痛难忍。但他以为主人就是想让他坐在铁钉上，于是咬紧牙关一直坐着，甚至流出血来也不挪动位置。

这个笑话把俄罗斯人粗犷、豪迈、大大咧咧、不拘小节的性格特点刻画得惟妙惟肖，也把乌克兰人善于理财、白俄罗斯人逆来顺受的性格特点描写得入木三分。

然而，在中外关于俄罗斯人性格特点的诸多描述中，最普遍、最常见、最引人入胜的莫过于"神秘论"。人们经常引用19世纪俄罗斯学者和诗人丘特切夫的一个名言：

"用理性不能理解俄罗斯，

---

① 《不同文化差异的心理学》第58页。

前　言

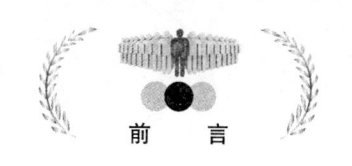

　　用一般的标准不能衡量它，

　　在它那里存在的是特殊的性格——

　　惟一适用于俄罗斯的是信仰。"

　　丘特切夫可能是"俄罗斯斯芬克思"之谜的始作俑者。但是，并非他一人具有这种认识。英国前首相丘吉尔曾写道，"俄罗斯是把秘密包裹起来的难猜的谜语"。19世纪初著名的法国女作家热尔梅娜·德斯塔尔也认为："在这个民族身上有一种巨大的东西，普通的尺寸难以衡量它……俄罗斯人热烈的想象力无边无际……热爱祖国和忠于信仰使他们从历史上一切血的灾难中变得强大和刚毅，而具有这种美德的人民还将震惊世界。"

　　当今俄罗斯人自己也承认他们的性格"非常复杂"。有一天，位于莫斯科西南部的俄罗斯人民友谊大学新闻系举行写作研讨课。女教授要求在座的来自10多个国家的博士研究生们就俄罗斯人性格进行描述。大家七嘴八舌，各抒己见，90分钟过去了，也没有达成共识。这时，女教授坦率地说，"我们俄罗斯人的性格具有独特的复杂性，外国人一时半会是搞不清楚的。"

　　俄罗斯人性格的复杂性和神秘性，更激发了我探究俄罗斯人性格的兴趣。这个问题越复杂，越是被国内外认为是个"谜"，就越说明研究这个问题很有必要和非常重要。我希望通过我的研究有助于中国同胞客观、正确和全面地认识俄罗斯人。我觉得，虽然俄罗斯人性格错综复杂、扑朔迷离、纷纭难测，但他们性格的一些基本特点还是应该、而且也一定能够基本搞清楚的。

　　（三）战略协作伙伴关系和"长相知，不相疑"

　　除了探究"俄罗斯灵魂"谜底外，促使我研究俄罗斯性格的另一个重要原因是中俄关系中"上热下冷"的现象。

　　我最早萌发写俄罗斯人性格的想法产生于1991至1996年任《中国青年报》驻莫斯科记者时期。这期间中国和俄罗斯的国家关系经历了"三级跳"，从1992年12月互视对方为友好国家，到1994年9月建立新型建设性伙伴关系，进而到1996年4月宣布发展面向21世纪的战略协作伙伴关系。中俄经济、贸易、军事、文化、教育等方面的合作关系迅速发展。

　　与此同时，在中俄关系中也存在"上热下冷"的现象。我在工作中经常看到中俄两国公民之间互不了解、互不理解或误解的案例。弗拉基米尔·弗拉基米

俄罗斯人

性格探秘

罗夫在《俄罗斯生活的意义》中坦承："关于中国民族性格和中国民族意识的主要世界观，我们所知太少。"

有些俄罗斯人认为，中国人还像20世纪50年代那样身穿清一色蓝制服，仍然热衷于"除四害"、"打麻雀"；有些人对中国计划生育政策很不理解，询问"对违反政策的人怎么办呢"、"怎么惩罚呢"；还有些俄罗斯报刊渲染"中国威胁论"，称中国由于无法解决人口不断增长和人均土地日渐减少的矛盾，必然向俄罗斯远东和西伯利亚地区进行"大规模非法移民"。一些俄罗斯人担心，中国迟早要向俄罗斯提出归还远东和西伯利亚领土的要求。中国人将成为远东的一个少数民族，并在未来某个时候要求举行全民公决让远东独立并归入中国版图……

俄罗斯人对中国如此缺乏了解和理解，存在偏见甚至出现误解的情景使我感到担忧。我深感中俄战略伙伴关系的社会基础尚需加强！

与此同时，中国人对俄罗斯了解不多、不全面、不深入的现状也让我着急。很多中国人既不了解苏联解体后俄罗斯发生的巨大变化，也不了解俄罗斯人的性格特点和风俗习惯。有人还做出一些俄罗斯人难以理解的事情，例如20世纪90年代初在俄罗斯贩卖假冒伪劣商品、偷食狗肉、随地吐痰，在地毯上捻灭烟头、把一块地毯弄得像蜂窝煤似的，不注意个人卫生、身穿肮脏衣服乘公共汽车、吓得俄罗斯乘客像躲避瘟神似的急忙躲开，在街头或餐馆里大声喧哗，等等。

许多中国商人、留学生和旅游者抱怨很难理解俄罗斯人，难以走进他们"神秘的"心灵深处。他们认为俄罗斯人性格独特、感情丰富、思想复杂，很难打交道。和俄罗斯人合作共事，似乎觉得他们近在咫尺，但仔细一想，还是觉得他们在云里雾中，看不清，摸不透。

俄罗斯人在中国出差、旅游或居住，到处都受到友好、善良、热情的接待。但是，在俄罗斯，边防、海关、警察等人士轻蔑、歧视和侮辱中国商人和游客的事件却频频发生。俄罗斯警察一次又一次地查抄、没收莫斯科大市场的中国货物，使不少中国商人倾家荡产，伤心而归。

2005年5月11日，在西伯利亚名城伊尔库茨克，来自中国的170多个民工竟遭到当地警察的蛮横殴打而受伤。前去采访的凤凰卫视记者卢宇光说，当100多名中国民工霎时间全部跪倒在他面前时，他感到巨大的震撼，深感有责任把此事件报道出去，而不是担心这些报道"会影响中俄战略伙伴关系"。

前　言

2009年2月，俄罗斯远东海军的大炮无情地轰击违规逃跑的"新星"号货轮，造成无辜的7名中国海员和1名印度尼西亚船员死亡。卢宇光闻讯后又去采访，对俄罗斯海军的做法提出异议，却遭到俄方"警告"而被迫返回莫斯科。

为什么在美国、加拿大、英国、匈牙利等国，"唐人街"作为一种中国文化被接受，但莫斯科前市长却公开宣称，莫斯科决不允许建造"唐人街"？

中俄两国人民相互了解和理解不够的主要原因是什么呢？

我觉得主要是以下三点：

第一，20世纪60年代至80年代的疏远和隔阂，留下严重的后遗症。例如，虽然中俄两国政府已经解决了领土分歧，但是直到2010年我还看到俄罗斯新出版的关于达曼斯基岛（中国称为珍宝岛）的图书，称中国"占领"了俄领土；

第二，中国和俄罗斯都是大国，历史悠久，文明灿烂，文化丰富，相互了解并非易事。俄罗斯人是非常复杂和很难打交道的人，他们的性格特点既不像亚洲人，也不像欧洲人，既不像东方人，也不像西方人。俄罗斯人既热情又冷漠，既朴实又乖戾，既勇敢又蛮横，既慷慨又吝啬，既呆板又随意。

俄罗斯人是一个巨大的矛盾结合体。要客观、正确、全面和深刻地认识俄罗斯人的性格，非一日之功。

而对于俄罗斯人来说，中国人也是比较难于了解的对象。俄罗斯人常说，"东方的事情很微妙"；"中国人像谜一样"；"用公式理解不了中国，只能通过摸索、聚精会神地观察，才能认识它"。

第三，虽然20世纪80年代末俄罗斯一些媒体开始介绍中国的经济改革和开放政策及其给中国带来的变化，但其报道数量不多，深度不够，缺少比较系统和全面的介绍，难以让俄罗斯民众了解今日中国之全貌。俄罗斯有些媒体经常以嘲笑和讥讽的笔调报道或评论中国及中俄关系中一些引人注目的事件。这些媒体通常如俄罗斯俗话所说，"谁给钱，就为谁唱歌"。由俄罗斯金融寡头控制的这些亲西方的媒体，其一些对华不友好图书和文章的撰写者一般不是被西方收买的文人，就是戴着"白种人优越感"有色眼镜看中国的墨客。2010年，有一家俄罗斯出版社又出版了一本名为《俄罗斯应该害怕中国吗》的书。该书作者摆出一副"中国通"和"汉学家"的架子，竭力歪曲事实，放大问题，散布对中国不信任、不友好的论调。书中说，"地球上正在蔓延中国式的全球化，而俄罗斯首先受到威胁。'黑龙的影子'眼看就要笼罩我们。这条黑龙已经苏醒,展开其巨大的翅膀,活动其筋骨,准备向高处飞翔。"书中称中国是"危险的邻居","注定要经常发生民族冲突","将来中国有丧失其政治、甚至领土完整的危险性"。

从中国新闻媒体来说,虽然整体上关于俄罗斯的报道要比俄媒体关于中国的报道更客观更充分,中国人了解俄罗斯也比俄罗斯人了解中国要广泛和丰富得多,但由于历史和文化背景的差异,中国不少媒体关于俄罗斯的报道也不尽客观、全面和深刻。中国民间对于俄罗斯还有一些不够正确的认识。

俗话说得好:"长相知,不相疑。"要想和俄罗斯人交得深,交得久,真正做到"永远是好邻居、好朋友、好伙伴",就必须加深相互了解和理解。为此,从我们方面来说,有必要更认真和深入地研究俄罗斯人的性格特点,既看到他们的优点,也了解他们的缺点,既看到他们的长处,也知道他们的短处,以使我们的同胞在与俄罗斯人交往与合作时做得更自觉更得体,使我们两国人民的交往更顺利更愉悦,双边的各种合作更通畅更有效。

二、如何研究俄罗斯人性格

自20世纪90年代初以来,我对俄罗斯人性格的研究经历了两个阶段。第一阶段是1992至2000年,这8年我逐渐积累了对俄罗斯人性格问题的认识,根据自己的观察和经验撰写了几篇关于俄罗斯人性格特点的文章,其中第一篇于1996年发表在《中国青年报》国际版,第二篇和第三篇分别刊登在2000年初俄罗斯《外交家》杂志和2000年第3期《论据与事实》周报。但是,那时我对这个问题的认识还停留在感性阶段,远没有达到理性阶段。我逐渐感到,像俄罗斯人性格特点这么复杂的问题,用一两篇文章难以写清楚,至少需要写一本书,对其进行比较详细的研究和阐述,才能说得比较清楚。

因此,从2002年以来,我对俄罗斯人性格问题进行了更深入的研究,开始阅读研究俄罗斯专家学者有关俄罗斯人性格的书籍和文章,其中包括尼古拉·别尔嘉耶夫的《俄罗斯思想》和《俄罗斯的命运》,德米特里·利哈乔夫的《解读俄罗斯》,叶夫根尼·科索夫的《做俄罗斯人》,塔季扬娜·切斯诺科娃的《删除俄罗斯吗?》,阿拉·谢尔盖耶娃的《俄罗斯人的行为准则、传统和民族心理》、尤里·维约诺夫的《俄罗斯文化基础》、弗拉基米尔·斯米尔诺夫的《俄

罗斯性格》,等等。我还研读了美国记者赫德里克·史密斯的《俄国人》、美国国会图书馆馆长詹姆斯·比林顿的《寻找自我的俄罗斯》和安德雷奥斯·马耶尔—兰德鲁特的《上帝!穿得暖和些——我在俄罗斯的外交使命》等图书。

在中国专家学者的有关文章中,我阅研了刘文飞的《俄罗斯文化的历史抉择》和《俄罗斯文学和俄罗斯人性格》,李立水和徐茜的《俄罗斯国民性格的二律背反及成因简析》,郭小丽的《俄罗斯的弥赛亚意识》,张昊琦的《俄罗斯精神》,靳会新的《俄罗斯民族性格形成的历史文化因素》,赵旭黎的《俄罗斯民族心理的几个特点及其在俄罗斯谚语中的反映》……他们的文章都给了我启迪和借鉴,加深了我的认识。

同时,我就俄罗斯人性格问题与一系列中外人士进行了访谈,其中有记者、学者、官员和普通百姓。他们的看法和评论也对我的研究起了重要作用。

生活中常有这样的情形:有些东西,当您不关注它时,可能觉得这个东西很少、很稀罕,但当您关注它以后,却会发现这种东西还真不少,甚至越来越多。关于俄罗斯人性格的材料也是如此。我开始搜集有关俄罗斯人性格的材料时,觉得这方面的材料很少,除了中文网页上一些有关文章外,很难找到比较系统地介绍或评论俄罗斯人性格的中文材料,颇有"巧妇难为无米之炊"的感觉。于是,我从外文资料上去寻找有关这方面的图书和文章,有机会就去图书馆和书店。结果发现这些方面的图书越来越多。我不仅在图书馆阅读和复印了不少有关俄罗斯人性格的书籍,而且在书店购买了几十本有关俄罗斯人性格的图书,其中多数是俄罗斯人写的,也有一些是外国人写的,例如谢尔盖·巴拉诺夫和德米特里·科诺夫合著的《俄罗斯民族》、克塞尼娅·卡西扬诺娃的《关于俄罗斯民族性格》、安娜·科斯京娜和塔马拉·古季玛合著的《现代俄罗斯的文化政策》、弗拉基米尔·科特切科夫的《不同文化差异的心理学》、尤里·普拉托诺夫的《民族性格心理学》、弗拉基米尔·苏哈列夫和马克西姆·苏哈列夫合著的《心理学家眼中的欧洲人和美国人》、瓦列里·费奥德罗夫的《俄罗斯选择》,等等。

俄罗斯人的性格特点繁杂,经过梳理,我选择勇敢、聪明、勤劳、幽默、艺术气质、热情好客、情绪化、随意性、急躁情绪、极端性、宗教性、狭隘性、神秘性等作为主要特点。其中既有正面和优秀的方面,也有不少俄罗斯人自己也认为是消极和不足的方面。

俄罗斯人
性格探秘

我认为，只有客观、辨证和全面地认识俄罗斯人的性格，才是正确和符合实际的态度。

为了使这本书具有可靠性和生动性，我在描写俄罗斯人这些性格特点时，除引用俄罗斯和其他国家学者的观点和材料外，特别注意使用自己亲眼所见、亲耳所闻、亲身经历的事情。一般来说，自己的见闻是最可靠的，自己的实践和经历是最宝贵。把这些见闻和经历加以思考、分析，提炼成观点和看法，往往比单纯从书本上获得别人的看法更重要。

在写完俄罗斯人性格特点后，我自然而然地想到需要对俄罗斯人性格特点形成的主要原因做些分析。经过研究，我认为种族遗传、气候条件、自然地理环境、历史、文化、宗教信仰等原因是主要的。

在写作过程中我又进一步认识到，"一方水土养一方人"，如果不介绍俄罗斯人的生活方式和社会价值观，就不能使读者全面和深入地了解俄罗斯人性格特点及其形成的原因。也就是说，只有深刻了解俄罗斯人的生活方式和价值观，才能对俄罗斯人的性格有更深的认识和了解。于是，我又搜集和增添了俄罗斯人生活方式和价值观这两章。

为让读者了解当今俄罗斯人的生活和思想状况，此书中尽可能使用最新鲜的材料和数字，其中不少来自近几年俄罗斯出版的图书和主要报刊如《消息报》、《俄罗斯报》、《论据与事实》和《共青团真理报》等。

三、要继续探究俄罗斯人性格之谜

在此书与读者见面的时候，我要感谢全国工商联会员部副部长李树林先生。是他积极支持我撰写此书并诚恳建议说："在你自己感到满意之前，最好不要匆忙出版自己的作品。"我明白这一建议的深厚涵义，所以多年来几易书稿，直至它现在的面貌；

感谢当代世界出版社，因为没有它的支持，此书不会这样快问世；

感谢中联部六局田永祥先生，是他独具慧眼，热心向出版社推荐此书；

感谢当代世界出版社前副社长金鑫先生。他是此书的"伯乐"，认定此书不是东拼西凑的东西，而是比较扎实的学术研究作品；

感谢李茜和王雯女士做此书的责任编辑，认真对拙作进行细心的修改和润

前　言

色，提出了很多宝贵的意见；

特别感谢徐葵老师。他虽然年事已高，而且刚做过白内障手术，但却欣然同意为此书写序。为了对此书进行客观评价，他通读全书4遍。他还对书中的不少内容提出了修改建议。他治学的严肃认真态度和严谨作风让我十分感动，也值得我学习；

感谢华东师范大学国际关系和地区发展研究院副院长贝文力副教授与我探讨俄罗斯性格之"谜"，并为此书出版提供了不少珍贵的照片；

最要感谢的是我妻子陈艳，她对此书的研究和写作提供了大量帮助，提出了许多宝贵的建议。她非常理解并原谅我经常在节假日里端坐在家里，沉浸在俄罗斯人性格问题的研究和写作中，而不能和她一起去大自然享受阳光和欣赏美景。此书中的大多数照片也是她所拍摄的。没有她的支持和帮助，就没有此书的问世。

研究俄罗斯人性格问题是一个很有意义、但又非常复杂的工作。多年来，中国学者和专家们对于俄罗斯人心理和性格特点进行了多方面研究，并发表了不少有关专著或文章，希望破解"俄罗斯人性格之谜"，给中国百姓做出正确的解答。他们的图书和文章都对我的研究提供了新的启迪和参考。

本人这一拙作只是关于俄罗斯人性格问题研究中的一孔之见，就像碧波万顷大海中的一个浪花，万紫千红花园里的一朵小花而已。如果此书能对读者了解和认识俄罗斯人的性格特点有所裨益，作者将感到十分高兴和欣慰，多年来所付出的各种辛劳也就有所值了。

由于本人能力和水平的局限，书中难免有一些不妥之处，敬请读者不吝赐教。

关于俄罗斯人性格的这本小书出版了，但是有关问题的研究远未结束。我愿意和其他学者和专家一起，继续探究这个谜底。

目　录

序 ·· 1
前言 ·· 1

一、俄罗斯人性格主要特点 ································ 1
（一）欧洲人的偏见和俄罗斯人的自知之明 ············ 1
（二）好胜斗勇，始终有能力表现出很强的男子汉气概 ············ 10
（三）突出的天赋，巨大的创造力 ······················ 33
（四）激情热忱，充满艺术气质 ·························· 43
（五）宗教性强，弥赛亚情结深 ·························· 56
（六）俄式勤劳，对感兴趣的事全力以赴去做 ············ 67
（七）幽默风趣，几乎人人都会说笑话 ·················· 76
（八）热情好客，喜欢热闹 ································ 89
（九）"熊"脾气，情绪化和随意性很大 ·················· 97
（十）不大懂得相对的东西，爱走极端 ·················· 108
（十一）疑心较重，具有狭隘的排外性 ·················· 114
（十二）相信迷信，最怕"毒眼看坏" ·················· 128
（十三）随遇而安，侥幸心理 ···························· 132
（十四）缺乏持久的耐心，情绪多急躁 ·················· 137
（十五）神秘难测，行为费猜详 ·························· 143
（十六）莫斯科人和圣彼得堡人互不服气 ··············· 147
（十七）中国人眼中的俄罗斯人 ·························· 153

二、什么造就了俄罗斯人性格 ································ 160
（一）斯拉夫人种遗传 ···································· 160

（二）心理特性的影响 ································· 163
　（三）广袤、寒冷和横跨两洲的地理特点 ·············· 168
　（四）历史的烙印 ····································· 177
　（五）文化陶冶 ······································· 188

三、独特的生活方式 ·· 193
　（一）吃的习惯属于面食世界 ······························ 193
　（二）"我的家就是我的堡垒" ······························ 204
　（三）穿衣重在谐调 ······································· 211
　（四）超市如雨后春笋 ····································· 215
　（五）善饮的4个特点和7个原因 ··························· 219
　（六）哪个俄罗斯人不爱开快车 ····························· 230
　（七）如果没有在俄罗斯澡堂洗过澡，您就不会了解俄罗斯人的性格
　　　 ··· 235
　（八）休闲和娱乐 ··· 238
　（九）浓厚的家庭观念：亲密的关系和优雅的妻子 ············ 241
　（十）远亲不如近邻 ······································· 254
　（十一）20%的家庭养狗 ··································· 255

四、复杂的社会和精神价值观 ······························· 258
　（一）社会结构变化，消费主义盛行 ························ 258
　（二）老中青三代不同的价值观 ····························· 264
　（三）现代俄罗斯人如何看待自己 ··························· 270
　（四）"现在不是我们在挣钱，而是钱在挣我们" ·············· 274
　（五）"新俄罗斯人"的成功和问题 ·························· 280
　（六）爱国主义的内涵：热爱祖国的历史、领土、风貌、文化和节日
　　　 ··· 284
　（七）强国主义的国家价值观 ······························· 290
　（八）矛盾的国家观——对国家政权既害怕又服从 ············ 293

（九）集体主义精神衰退，"关系网"越编织越密 …………… 299

（十）"我们俄罗斯人比较懒散，纪律性不强" …………… 303

（十一）安全与法制：贪污受贿以及同它们的斗争 …………… 307

（十二）道德观："最大的愿望是与周围人和谐相处"，
希望"和所有人一样" …………… 314

（十三）具有很强的同化外族人的能力，但对西方的看法和
态度颇为矛盾 …………… 320

（十四）对商人的态度依旧复杂 …………… 327

（十五）从"最能代表俄罗斯的三个伟人"看俄罗斯人的价值观 ……… 333

后　记 …………… 340

主要参考文献 …………… 342

一、俄罗斯人性格主要特点

（一）欧洲人的偏见和俄罗斯人的自知之明

——"俄罗斯的形象比俄罗斯本身要坏"。

（布达佩斯大学俄罗斯中心主任久拉·斯瓦克）

——"俄罗斯民族不比其他民族优越，但也不比其他民族差劲"。

（叶夫根尼·科索夫《做俄罗斯人》）

——我们描述的俄罗斯民族性格的优秀品质还有其反面——缺点。它们常常是优点的继续。这就是俄罗斯人民性格的矛盾性。

（莫斯科普希金语言学院教科书《俄罗斯人民》）

——俄罗斯人是真诚的、和蔼可亲的、慷慨的、可信的和勇敢的人。他们的性格特点是乐观愉快、善良、谦虚、诚实、有耐心、热情好客、友善和宗教性强。他们既积极又有惰性，既懒惰又勤劳，既崇拜权威又自信，既容易冲动又稳健。与此同时，俄罗斯人承认，他们做事缺乏准确性，纪律性不强，酗酒，马虎和不够认真。

（阿拉·谢尔盖耶娃《俄罗斯人的行为准则、传统和民族心理》）

有一则幽默故事说，一些国家的新闻记者参加关于大象的国际作文竞赛。比赛要求英、法、德、美等国新闻记者各写一篇关于大象的文章。结果，英国记者撰写的是：《在大不列颠的东部非洲狩猎大象》；法国记者写的是：《法国赤道非洲大象的爱情》；德国记者写的是：《1200至1950年印度大象的起源和发展》；美国记者的题目是：《如何培养最强大的象》；瑞典记者的题目是：《大象和面向社会的国家》；西班牙记者：《斗大象的技巧》；芬兰记者：《大象如何看待芬兰人》；俄罗斯记者的题目则是：《我们是如何把大象送上月球的》。

这个笑话在一定程度上反映了不同国家的民族特点：法国人浪漫，俄罗斯人对征服宇宙感到骄傲,美国人在任何领域都要争先,芬兰人却总是忧虑外界如何看待他们。

一本德国教科书指出,不能否认俄罗斯人民的天才,其特点之一是丰富的感情和激情,换句话说,就是其内在生命非常活跃。活跃的内在生命也证明俄罗斯人的各种复杂性格结合在一起。实在、真诚、善良、忠厚与封闭、撒谎、狡猾、暴力、残酷及可笑的幼稚结合在一起。"俄罗斯人和蔼而残忍,活泼而野蛮,热情而沉闷,生活有朝气,好学习而不求甚解,计划虽然深远,但大多有始无终"。

意大利《新闻报》驻莫斯科记者朱利叶托·基耶萨对俄罗斯人既同情又赞扬。他在《别了,俄罗斯!》一书中指出:"俄罗斯人不管怎样将会留下众多无法忘却的东西,如它对发展人类文明的贡献,它的文学、戏剧和科学,它的军事实力和强硬坚挺,它的无耻和凶险残暴,它原封不动的自然美和天生的酷爱空想。所有这一切使它变成了一场大悲剧的实验室。只有一个伟大的人民能够同时创造这一切。"[①]

俄罗斯人踊跃投票选举总统

[①]《别了,俄罗斯!》第3页。

俄罗斯人性格主要特点

他认为，20世纪90年代初美国推荐给俄罗斯的不是民主、自由、市场等世界文明成果，而是使这些文明成果走了样的西方价值观，美国是把自己的生活规则和生活方式强加给俄罗斯。俄罗斯民主派则不顾俄罗斯自己的传统和特点，丢掉了俄罗斯精神，照搬照抄甚至在西方也存有争论的新自由主义和货币主义的东西，结果使俄罗斯陷入灾难性地步[①]。

中东欧国家对俄罗斯的看法

2010年初，布达佩斯大学俄罗斯中心举办了一个题为"中欧国家人民眼中的俄罗斯"国际研讨会，邀请中欧国家的一些历史学家、新闻记者和社会学家参加。据俄罗斯《消息报》报道，研讨会上俄罗斯政治学者的一句话经常被引用，这就是："俄罗斯的形象比俄罗斯本身要坏。"或者说，俄罗斯在国际上，特别是在西方人眼中的形象，不如俄罗斯本身[②]。

布达佩斯大学俄罗斯中心主任久拉·斯瓦克说，俄罗斯的"坏"形象在盎格鲁撒克逊人的报纸上被强化了。根据俄罗斯一些分析公司的材料，在对俄罗斯不友善的英美新闻媒体中，美国的《新闻日报》高居榜首，英国《金融时报》位居第二，《华尔街日报》名列第三。据俄罗斯公司调查，在被研究的500篇文章中，在称呼俄罗斯时最常使用的字眼是"野蛮"、"暴力"、"未开化"、"粗暴"等[③]。

布拉迪斯拉发大学俄罗斯语言和文学教研室主任留博尔·马捷科说，"在前社会主义阵营（东欧）国家中，俄罗斯人依旧被看作布尔什维克，而布尔什维克就是敌人。因此，俄罗斯人就是敌人。"[④]他认为，俄罗斯这个形象与20世纪下半叶中欧国家的经历有关。

也是在这个研讨会上，斯洛伐克"维舍格拉德"国际基金会执行经理彼得·瓦格涅尔指出，斯洛伐克人认为1945年他们的国家确实是在苏联红军帮助下获得了解放，而不是被苏联红军占领，但1968年苏联对捷克斯洛伐克实行的

[①] 《别了，俄罗斯!》第3页。
[②] 2010年1月21日《消息报》第6版《俄罗斯是微妙的》。
[③] 来源同上。
[④] 来源同上。

俄罗斯人
性格探秘

却是一种真正的军事占领。①

针对这些发言，与会的俄罗斯科学院社会科学信息研究所所长、科学院士尤里·比沃瓦罗夫发表了自己的感受和看法。他指出，"在西方看来，我们是好战的国家，落后和野蛮，即使在苏联是世界第二个超级大国时期也是如此。说我们粗鲁，残忍，危险，不文明，酗酒。而最主要的是说我们是敌对的，甚至是神秘的敌人……在欧洲人看来，俄罗斯不是欧洲身份的国家，而仅仅是带有某些欧洲成分的国家而已。欧洲人认为，休想指望俄罗斯会变好。是的，现在'新俄罗斯人'把大海一样的香槟撒满欧洲，但历史并非由此决定。"

他认为，"问题不是如何使俄罗斯变好，而是如何理解俄罗斯。欧洲确实存在反俄罗斯的情绪。无庸置疑，他们不喜欢我们。但是，要搞明白：第一，为什么不喜欢。第二，为什么把我们看作竞争对手。最主要的是，我们被看作'另类'，他们既不喜欢，也不理解我们。"

另一位俄罗斯学者维克托·沙波瓦洛夫也指出，西方人对俄罗斯的看法是复杂多样和不一致的，包含着矛盾的评价，既有高度的宽容和尊重，又有害怕和羡慕，既强调俄罗斯的弱点，又承认其力量，既把俄罗斯文化当作外国文化，又承认俄罗斯文化具有世界意义。但他们对俄罗斯的基本看法是：俄国是"专制和侵略的堡垒"，对内实行专制制度，对外进行侵略。近20年来，尽管苏联解体，俄罗斯发生了很多民主变化，但是西方人对俄罗斯的看法总体上没有大的改变②。

很多欧洲人不喜欢俄罗斯人。那么，俄罗斯人对欧洲人又抱什么态度呢？

由于欧盟对俄罗斯的一系列做法伤害了俄罗斯人的感情，近年来俄罗斯人对欧盟的反感明显增加。2007年2月6日欧盟和俄罗斯中心公布的一项民意调查结果说，在它调查的近2000名俄罗斯成年人中，71%的人不认为自己是欧洲人，近半数人把欧盟看作"俄罗斯的威胁"。75%的俄罗斯人认为，俄罗斯"与众不同"，需要走"自己的道路"。15%的人担心俄罗斯会失去政治上的独立性。但仍有1/3的受访者说，俄罗斯人把欧洲国家看作邻居和伙伴，主张加强与它们的

---

① 2010年1月21日《消息报》第6版《俄罗斯是微妙的》。
② 沙波瓦洛夫《俄罗斯文明的来源和意义》第378至379页。

俄罗斯人性格主要特点

关系。还有29%的人把欧盟看作俄罗斯的主要贸易伙伴①。

2009年4月,一对俄罗斯外交官夫妇与我交谈时,对欧盟表现出很大的反感与不满。首先,他们对欧盟2009年5月出台的"东方伙伴关系计划"表示不解和反感,认为这个计划是针对俄罗斯的,是要削弱俄罗斯在独联体地区的影响。接着,这位俄罗斯先生说,如今的欧盟文化已经落后,不再像文艺复兴时期那样辉煌。欧盟正在步入一个衰退期。

维克托·沙波瓦洛夫认为,俄罗斯人对欧洲人的态度存在两个极端。一是不愿意听取,也不愿意认真研究外国人对俄罗斯的批评意见,匆忙加以拒绝。特别是苏联时期,出于意识形态考虑,苏联官方对西方人的意见缺乏耐心,几乎一律加以尖锐反驳。因此,苏联外长葛罗米柯被西方称为"不先生"(mister "not");二是当今俄罗斯很多"民主派"人士把来自西方的思想当作终极真理一律全盘接受②,被俄罗斯传统派称为"是先生"(mister "yes")。

俄罗斯科学院院士比沃瓦罗夫的观点则代表了一部分俄罗斯人的态度。他说,"我们的确与欧洲人不同。我们是欧洲的一部分,又不是它的一部分,我们有独立性。而这又好又不好,这是我们的历史事实。现在西方谈论什么'追赶现代化'的模式,就是说,有些国家跑到前面去了,而俄罗斯处在末尾。这纯系胡说八道!因为俄罗斯具有一千年的伟大文化,我们按照自己的道路发展。让俄罗斯人成为俄罗斯人吧!不仅欧洲有关于俄罗斯不好的神话,而且在俄罗斯也有关于欧洲不好的神话。这也无可非议。"③

以上所述反映了俄罗斯人和欧洲人之间的复杂关系。欧洲人瞧不起俄罗斯人,而俄罗斯人也瞧不起欧洲人。互相鄙视,互相贬低,远没有达到互相理解,互相宽容,互相尊重的程度。

那么,俄罗斯人如何看待自己呢?

语言是人类所特有的用来表达意思、交流思想的工具,是一种特殊的社会现象。语言对人的性格有直接影响。而俄罗斯人对自己的语言非常自豪。

俄罗斯百科全书式的学者、莫斯科大学创始人罗蒙诺索夫在给教皇的信中写

---

① 中国网2007年2月9日。
② 沙波瓦洛夫《俄罗斯文明的来源和意义》第374至375页。
③ 来源同上。

俄罗斯人
性格探秘

道：给情人写信可以用意大利语，给敌人写信可以用德语，给商人写信可以用英语，给政治家和法学家写信可以用法语。因为意大利语优美，德语铿锵有力，英国贸易发达。政治和外交上要求用语严谨，所以给政治家和法学家写信最好用法语。但是给任何人写信都可以用俄语，因为俄语综合了很多欧洲国家语言的长处。

1937年约瑟夫·斯大林同 A·科隆泰有一段关于俄罗斯人性格的谈话，他说："所有这一切都压在俄罗斯人民身上，因为俄罗斯人民是伟大的人民。俄罗斯人民是善良的人民。在各族人民中，俄罗斯人民具有最大的忍耐性。俄罗斯人民具有智慧。俄罗斯人民似乎生来就是要帮助其他民族的。俄罗斯人民非常勇敢，这一点在困难时刻和危险时刻表现得尤为特出。俄罗斯人民具有首创性，具有坚强的性格，而且富于幻想。俄罗斯人民具有目标，所以它比任何其他民族都更困难。其他民族在遭遇任何不幸时都可以指望得到俄罗斯人民的帮助。俄罗斯人民的力量是永不枯竭的。"[①]

斯大林在这段话里指出了俄罗斯人的善良、忍耐性、智慧、帮助其他民族、勇敢、首创性、坚强、富于幻想等8个特点。

也有人认为，斯大林的这一讲话以及此后苏联一些领导人的言论"片面宣传俄罗斯族人的功绩"，反映了"沙俄帝国意识"和"大俄罗斯沙文主义的传统"[②]。但俄罗斯人的这些性格特点确实存在。

古特科夫在《消极的自我认知：1997—2002年文集》中指出，根据1999年在俄罗斯进行的一次民意调查，73%的被调查者认为，俄罗斯作为一个民族，其主要特点是好客；其他性格特点以及持有关看法的调查者比例是：开放和单纯（67%）；乐于助人（55%）；爱好和平（42%）；懒惰（27%）；备受折磨和受屈辱（16%）；宗教性强（14%）。[③]

然而叶夫根尼·科索夫却显出另一种风格。他在《做俄罗斯人》一书中写道，"俄罗斯民族不比其他民族优越，但也不比其他民族差劲"。

这种不卑不亢的态度，在俄罗斯是比较少见的，因为很多俄罗斯人是走两个极端，不是非常高傲，就是极其自卑。

---

① 《20世纪民族政策中的俄罗斯人民》第246页。
② 2009年9月18日《中国民族报》。
③ 《现代俄罗斯的文化政策》第41页。

俄罗斯人性格主要特点

其实，高傲固然不好，自卑也无必要。还是实事求是更好。

21世纪初，圣彼得堡大学就俄罗斯人的性格特点（包括优点和缺点）做了一次民意调查。调查中提出两大部分问题。第一部分534个问题，涉及110个优点；第二部分416个问题，涉及127个缺点。结果如下：

民族性格优点调查表

序列	品质	百分比
1	善良	56.0
2	好客	24.0
3	富有同情心	17.5
4	开朗	10.0
5	大度	9.0
6	勤劳	8.0
7	诚恳	6.5
8	慷慨	6.5
9	友好	5.5
10	忍耐	5.0

民族性格缺点调查表

序列	品质	百分比
1	懒惰	42.5
2	酗酒	36.5
3	嫉妒	8.5
4	马虎	7.0
5	不负责任	6.5
6	偷窃	5.0
7	粗野	5.0
8	轻信	5.0
9	吝啬	5.0
10	凶狠	5.0

来源：《删除俄罗斯吗？》第100至101页

俄罗斯人
性格探秘

被调查的俄罗斯人认为,典型的俄罗斯人心地单纯,是能工巧匠,但从来都很穷。狡猾和投机取巧不是俄罗斯人的典型品质。而犹太人、美国人和车臣人是狡猾者。

圣彼得堡大学还提了一个问题:俄罗斯文学作品中哪位主人公更能反映俄罗斯人的性格特点,因为被调查的人在俄罗斯学校课本和文学作品中读过这些人物,对他们比较熟悉。由于多数俄罗斯公民主要阅读廉价的畅销书和报刊,比较了解的是那些发挥社会作用的政治人物,而不是艺术地反映人们心理深处活动的人物,圣彼得堡大学选择了俄罗斯古典文学中的主角作为俄罗斯人典型人物的选项。结果,名列前茅的是冈察罗夫《奥勃洛莫夫》中的奥勃洛莫夫(26.2%),陀斯妥耶夫斯基《白痴》中的主人公梅什金(16.8%),果戈理名著《钦差大臣》主人公赫列斯塔科夫(11.9%),以及陀斯妥耶夫斯基的小说《罪与罚》中的人物拉斯科尔尼科夫(7.4%)。

《白痴》中的主人公梅什金

特别是在俄罗斯妇女眼里,不少俄罗斯男人的形象是奥勃洛莫夫,心地单纯、善良,但是懒惰和碍事。他是一个言行不一的人,一个"多余的人"。有些

一 俄罗斯人性格主要特点

俄罗斯女人不愿结婚，担心自己的丈夫将是像奥勃洛莫夫那样的人，使自己终生受累。"与其这样，还不如一个人生活，"有一位俄罗斯姑娘如此解释她不想结婚的原因。

2006年上半年，圣彼得堡国立大学社会综合研究所民族社会学和心理学实验室主任济娜伊达·西凯维奇教授率领一批学生，对俄罗斯、乌克兰和白俄罗斯三国公民的相互看法及其相互关系的发展前景做了一项问卷调查。在圣彼得堡进行的民意调查中，大多数被调查者认为俄罗斯幅员辽阔，土地广袤，规模宏大（这再次证明，在民族发展中，地理决定论在广大人民的意识中仍占有领先地位）。他们称自己的祖国是美丽、善良、鲜艳和温暖的。从心理角度看，这反映了俄罗斯人乐观的世界观。

关于俄罗斯国家和政治象征，被调查者回答是：强国、强大的力量、战无不胜和伟大。俄罗斯人为自己的"民族精神"而自豪和自信。

多数被调查者认为俄罗斯的实物世界代表主要是伏特加，俄罗斯文化和传统的代表主要是木制村姑套娃和巴拉莱卡琴（俄罗斯民间一种三弦的三角琴），经济象征主要是石油和天然气。俄罗斯人的主要性格特点是：爱好和平、友好、团结、协调、热情好客、开朗、慷慨、诚实和善良。

莫斯科普希金语言学院的教科书对俄罗斯人的性格特点作了更坦率的描述。这本名为《俄罗斯人民》的教科书中写道：俄罗斯人民的一个性格特点是具有丰富的感情，特别是具有巨大的意志力和勇敢精神。其他特点是东正教的宗教情结：善良、仁慈、软心肠、热情好客、慷慨大方及富有同情心、善解人意、尊重和善于学习其他民族的文化。正像俄罗斯诗人勃洛克在《粗鲁人》中所写的那样："一切对我们都明白易懂，无论是尖锐的高卢思想，还是晦涩的德国天才。"

教科书在讲述了俄罗斯人民的优良性格后指出，"遗憾的是，我们描述的俄罗斯民族性格的优秀品质还有其反面——缺点。它们常常是优点的继续。这就是俄罗斯人民性格的矛盾性。"

哪些是俄罗斯人民的性格缺点呢？普希金语言学院的专家们毫不隐讳地指出，俄罗斯人最大的缺点是无组织性，缺乏严格的纪律、缺乏准确性和合理性。俄罗斯人情绪和兴趣多变、不善于或者不愿意把事情做到底、不善经营和处理事务，言行脱节，思想和实践脱节。俄罗斯人不良性格的另一个特点是粗心大意，

俄罗斯人
性格探秘

做事大大咧咧，马马虎虎，漫不经心、不负责任。其他缺点还有懒散、残忍（例如打老婆和打孩子）、虚无主义、嫉妒、自私自利、自我吹嘘、盲目顺从等。

应该说，像俄罗斯人这样直接、坦率、深刻地解剖自己的性格特点，特别是不回避自己的缺点，是难能可贵的。正像该书所指出的那样，"俄罗斯人具有一种重要的品质：能够嘲笑自己的缺点、同它们作斗争并完善自己。"[①]

（二）好胜斗勇，始终有能力表现出很强的男子汉气概

——俄罗斯是人类整个历史上出现在北纬度上的惟一帝国。其他帝国都是出现在温暖与柔和的气候里。

（莫斯科"艾克斯莫"出版社出版的《俄罗斯方案》）

——"俄罗斯人总的来说非常坚强；他能够承受最繁重的劳动，对艰苦毫不足怪，能够无限地忍受"。

（弗拉基米尔·弗拉基米罗夫《俄罗斯生活的意义》）

——"这一战，不但是苏德战争的转折点，甚至不但是这次世界反法西斯战争的转折点，而且是整个人类历史的转折点……斯大林格勒一战将停止法西斯的进攻，这一战是带着决定性的。这种决定性，是关系于整个世界战争的"。

（《毛泽东选集》第三卷）

小时候看苏联电影，俄罗斯人给我的印象是虎背熊腰，勇敢强悍，特别能打仗，胜多输少。俄罗斯女人美丽动人，能歌善舞，开朗泼辣，特别能吃苦。从事苏联和俄罗斯问题的报道和研究工作后，我觉得小时候对俄罗斯人性格所获得的印象基本上是对的，而且随着阅历增长，更感到俄罗斯人的这些性格特征是如此生动丰富，栩栩如生。

1991年我在莫斯科工作时，有一位中国同胞给我讲了一个关于俄罗斯人和中国人性格差异的笑话。他说：一个俄罗斯人和一个中国人来到一条大河边，准备渡河。俄罗斯人看了一下河对岸，衣服都不脱，扑通一声跳下河，奋力向对岸

---

① 《俄罗斯人民》第47页。

一 俄罗斯人性格主要特点

俄罗斯空降兵给学生们表演格斗

游去。而中国人则仔细地打量河畔与河上情况，慢慢地脱掉衣服和鞋袜，轻轻地趟下河，缓缓地"摸着石头过河"。

很多笑话往往反映了一个事物的某个突出方面。这个笑话也反映了这样一个特点，就是总的来说，俄罗斯人比较外露，中国人比较内敛，俄罗斯人比较粗放，中国人比较细腻，俄罗斯人比较勇猛，中国人比较谨慎。

俄罗斯人喜欢勇士。根据圣彼得堡大学就俄罗斯人的性格特点所做的民意调查，在民间传说人物中，最典型的是俄罗斯土地的保卫者、壮士伊利亚·穆罗梅茨，投他的票的人占35.6%。俄罗斯有很多描写穆罗梅茨的故事。下面就让我们从《伊利亚·穆罗梅茨和夜莺强盗》的童话故事来领略一下俄罗斯人的大无畏性格。

壮士穆罗梅茨骑着一匹褐色马翻山越岭，跨河过湖，来到勃仑斯克大森林。前面是非常泥泞的沼泽地，马无法前进。穆罗梅茨跳下马，左手牵马，右手抓着草根，把橡树板铺在沼泽上，一口气铺了13俄里（合13.78公里），来到斯莫罗季诺伊河。在河那边的三棵橡树上，坐着夜莺强盗，任何飞禽走兽都不敢从那几棵树旁边经过——因为谁都怕死。

俄罗斯人
性格探秘

　　夜莺强盗看到有人来了，就吹了一下口哨。霎时间地动山摇，千年的橡树倒下，花木凋零，褐色马也吓得跪了下来。但是穆罗梅茨张弓搭箭，把一枚整整1普特（16.28公斤）重的箭射向夜莺强盗。箭从夜莺强盗右眼进去，左耳出来。夜莺强盗从巢穴里掉下来，被穆罗梅茨活捉。他把夜莺强盗带到基辅城晋见弗拉基米尔大公。夜莺强盗使劲吹了一下口哨，顿时王宫的圆顶和墙壁坍塌，玻璃碎成片，马厩里马群逃散，王公卫队的所有壮士都趴倒在地，其中四分之一在庭院里爬行。大公本人也勉强站住脚。这时，穆罗梅茨抽出马刀，砍掉了夜莺强盗的头。大公非常感谢穆罗梅茨，就让他担任自己的卫队长。从此以后，穆罗梅茨住在基辅，终生为大公效劳。

　　关于穆罗梅茨的故事在俄罗斯家喻户晓，穆罗梅茨是俄罗斯人力量、勇敢、爱国主义、慷慨和乐于助人等特点的象征，颇受人民喜爱。著名俄罗斯画家瓦斯涅佐夫根据穆罗梅茨的故事，用17年时间创作了题为《三勇士》油画：三勇士身穿盔甲骑马巡逻。左边的多勃雷宁·尼基季奇手握长剑，随时准备迎接强敌；右边的阿廖沙·洛诺维奇拉弓搭箭；而中间的伊利亚·穆罗梅茨横马立刀，抬起右手眺望远方。勇士们雄壮、威武、机警的神情呼之欲出。

油画《三勇士》中间者是穆罗梅茨

俄罗斯人性格主要特点

俄罗斯人喜爱伊利亚·穆罗梅茨，很多家长都给自己的孩子取名伊利亚。1914年12月23日，俄罗斯第一批重型轰炸机被命名为"伊利亚·穆罗梅茨"并被编入俄远程重型轰炸机联队。这一天被定为俄远程航空兵部队成立日。

我把勇敢精神列为俄罗斯人性格之首并非偶然，因为我发现不仅中国人，而且外国人在这个问题上也有共识。

外国使节的评价

早在16至19世纪，有一些欧洲人在俄国旅行或生活后就撰写了关于这个国家及其人民的著作。他们对于俄罗斯人的勇敢强悍有较多的描写。例如，1727至1730年西班牙国王派驻俄国的大使盖尔措格·利里斯基经常混迹于沙皇宫廷，他在自己的笔记中对安娜女皇、马莫诺夫将军等48位人物的性格进行了描写。

他写道：乌沙科夫将军是个勇敢的人，忠于职守，对君主特别忠诚；

沙皇的侍从长萨尔特科夫公爵是步兵上将，英勇善战，护卫出色。虽然不很聪明，但能做好自己的事情；

步兵上将马莫诺夫是个勇敢、聪明和坚决的人，胜任工作，但阴险诡诈，一肚子坏水，大家都怕他；

戈利津元帅聪明、高贵、熟暗军事艺术，非常勇猛，深受军队官兵喜爱。他胆大，慷慨大方，但不喜欢外国人；

戈洛夫金公爵谨慎谦虚，很有修养，分析问题冷静透彻。他爱自己的祖国，比较保守，但对有益的新事物也不反对。他忠于君主，所以不可能收买他。他是几朝元老，在国家最困难的时候都被沙皇重用；

贵族瓦西里·多尔戈鲁科夫是国家最高委员会的部长，曾在俄国驻瑞典、丹麦、波兰和法国当过公使，被称为内行和狡猾的部长。他精通几门外语，与他谈话非常愉快。但此人非常喜欢受贿，既不讲信誉，也没有良心，为了一己私欲，什么事都干得出来，终因搞阴谋而受到惩罚：女皇安娜把他及其全家流放到西伯利亚。[①]

不仅欧洲外交官，而且美国学者也对俄罗斯人的勇敢顽强性格赞赏有加。

---

① 《18世纪外国人眼中的俄罗斯》第246页"俄国宫廷人士的性格"。

俄罗斯人

性格探秘

2000年初，俄罗斯发行量最大的周报《论据与事实》刊登了4篇关于俄罗斯人性格的文章，除了我的《俄罗斯人的十大特点》外，有一篇是美国国会图书馆馆长詹姆斯·比林顿的文章。他写道：他对俄罗斯的兴趣产生于第二次世界大战期间，当时他还在上小学，觉得很纳闷：为什么欧洲国家一个接一个地沦落在希特勒脚下，而俄罗斯却能挺住？他向父母和老师请教，但他们答不出来。后来他问一个移居美国的俄罗斯老太太，她说："你读一读列夫·托尔斯泰的《战争与和平》，就会明白为什么。"

确实，20世纪40年代的很多事件活生生地再现了1812年拿破仑率大军进攻俄罗斯的情景。俄罗斯人以英勇顽强和坚忍不拔的精神抵御了德国法西斯的侵略，直至最后胜利。

人类历史上突兀出现在北纬度上的惟一帝国

近30年来，我去过德、美、英、法、意等国，对它们优良的自然气候条件感到羡慕。与它们相比，俄罗斯就没有那么幸运了。俄罗斯约15%的领土位于北极圈内，属寒带气候，在地球"寒极"之一的维尔霍扬斯克和奥伊尔米康地区，最低气温曾达到摄氏零下68度。即使在莫斯科、圣彼得堡这些对俄罗斯来说"比较温和"的地区，一年的冬季也长达五六个月，自然条件十分恶劣。要在这样的地区生存和劳动，没有勇敢精神是不行的。而俄罗斯人正是具有不怕天寒地冻的勇敢精神。

如果把俄罗斯同德、美、英、法、意等国的自然环境和气候条件相比较，我们不得不为俄罗斯人抵御严寒、克服冰冻和乐观向上的精神而敬佩和折服。1812年拿破仑在俄罗斯战败，1942年德国人在斯大林格勒惨遭失败，除其他因素外，都与法国人和德国人不适应俄罗斯寒冷的天气有关。俄罗斯人对此也非常自豪。俄罗斯"艾克斯莫"出版社2009年出版的《俄罗斯方案》一书中骄傲地指出："俄罗斯是人类整个历史上出现在北纬度上的惟一帝国。其他帝国都是出现在温暖与柔和的气候里。俄罗斯成为世界强国是由于其意识形态，而并非由于其经济。如果说美国的气候有利于经济发展，那么我们的气候似乎正好相反。尽管如此，除了民主派管理的那段时间以外，我们从来也没有落后于包括美国在内的任何国家。是的，我们的消费水平比较低，但这是安全的代价，是我们在武器上取

俄罗斯人性格主要特点

得优势的代价。"①

我在俄罗斯工作十余年,至今对那里漫长而寒冷的冬季心有余悸。特别是有几次自驾车陷在雪地里,多亏路上的俄罗斯人相助才挣扎出雪坑。有的同事开车在结冰的路面上打转而被逆行线上的车辆撞伤,送进医院治疗。

狂风怒号、冰天雪地的严寒给俄罗斯造成了很多麻烦和困难,同时,琼枝玉叶、晶莹剔透的冬季也给它带来了许多乐趣和益处,其中最直接的影响之一就是锤炼了俄罗斯人顽强不屈、坚韧不拔的强硬性格。

能在常人所不能的情况下绝地逢生

俄罗斯人民的勇敢性格还表现在爱好自由、不断寻求真理和正义,以及勇敢地批评官方腐败等方面。俄罗斯人民爱好自由的这一性格特别表现在它倾向于无政府主义,反对国家成为强迫的工具。正是在俄罗斯,诞生了无政府主义的鼻祖米哈伊尔·巴枯宁和彼得·克鲁泡特金。

俄罗斯的千年史是俄罗斯人民不断地为自己的自由和独立而斗争的历史。17至18世纪,在博洛特尼科夫、拉辛、普加乔夫领导下,俄罗斯国内爆发了多次人民起义,其中以普加乔夫的起义最为壮阔。1774年他的队伍达到5万人,控制了俄罗斯的大片土地。虽然起义最终被镇压,但它的斗争精神却鼓舞了广大俄罗斯人民。

"俄罗斯的自由逃民"现象也是俄罗斯人追求自由的一种反映。勇敢的农奴们不堪忍受地主的压迫而逃亡到边远地区,如西伯利亚、北欧和远东地区,尽可能远离国家政权,远离欺压他们的地主和奴隶主。俄罗斯人民反对蒙古鞑靼入侵、1812年的反拿破仑战争、1941至1945年的反德国法西斯战争,以及1825年的十二月党人起义、1905至1907年第一次人民革命、1917年二月和十月革命,都是俄罗斯人民争取自由和独立的真实写照。②

韧劲作为勇敢的孪生兄弟,也是俄罗斯人的显著特点。俄罗斯人善于逐步积累力量,不屈服,不气馁,经常能在常人所不能的情况下绝地逢生,起死回生。

---

① 《俄罗斯方案》第217页。
② 莫斯科普希金语言学院国情教研室1994年编著的《俄罗斯人民》。

俄罗斯人

性格探秘

俄罗斯心理学家卡西扬诺娃说,"对我们来说,这一自我控制不是对外的准则,而是内在的准则。它渗入到我们的习惯,我们的血肉,成为我们个性的一部分";"我们的忍耐品质,也是我们的文化,经常被看作是东方的,把它说成是宿命论,或者与禁欲主义相提并论"。[①] 另一位俄罗斯学者弗拉基米罗夫也指出:"俄罗斯人总的来说非常坚强;他能够承受最繁重的劳动,对艰苦毫不足怪,能够无限地忍受。"[②]

俄罗斯著名人类学家伊万·西科尔斯基指出,"忍耐和听天由命无疑应该被认为是俄罗斯心灵最突出的特点……发达的忍耐力和善于把所有冲动的激情转变为默默的痛苦感觉使斯拉夫人在不幸时显得很伟大,使他们能够保持镇静并在生命的重要关头具有自制力。"[③] 在两次卫国战争中,正是俄罗斯人表现了非凡的忍耐力,才终于打败拿破仑和希特勒侵略的军队,夺得战争胜利。

俄罗斯仪仗队准备迎接来访的中国领导人

《科学决策》杂志主编李晓宁认为,俄罗斯"这个民族的承受力非常强。它

[①] 卡西扬诺娃《关于俄罗斯民族性格》第124页。
[②] 弗拉基米尔·弗拉基米罗夫《俄罗斯生活的意义》第363页。
[③] 同上。

俄罗斯人性格主要特点

是一个非常顽强的民族。"与此同时,俄罗斯人在日常工作和生活中,也容易犯固执和偏颇的毛病,"从沙皇时期到1917年十月革命以后,俄罗斯国内政治、经济都呈现这样一个特点,即它的自我纠错能力比较差,但是反过来说,它的坚持能力又比较强,而英美两国纠错能力比较强。"俄罗斯人常常停留在基本概念的设计中,即过分拘泥于概念方面的东西,而不去考虑出现的新情况,新问题。一般情况下,他们在适应性、补偿性的问题上考虑较少。①

不惧怕战争

从一定意义上来说,俄罗斯的历史就是一部战争史,一部拓展疆土的历史。从9世纪的一个小公国,经过1000年的扩张而成为世界上版图最大的国家。13世纪建立的以莫斯科为中心的莫斯科公国,在驱除蒙古鞑靼人后,先是兼并邻近公国,而后不断扩张,从1462年到1533年,其领土从43万平方公里扩大到280万平方公里,成为欧洲幅员最大的国家。②到了苏联时期,其领土面积进一步扩大到2240万平方公里,成为世界之最。

"众所周知,在第一个千年之交和第一个千年,斯拉夫人被迫经常同游牧人、萨尔马特人(古代北高加索和伏尔加河流域草原的游牧部族)、匈奴、哥特人、拜占庭人、波洛伏齐人(11—13世纪欧洲东南部的突厥系游牧民族)、瓦兰人(古俄罗斯人对北欧诺尔曼人的称呼)、佩彻涅格人(东南欧突厥系的古民族)、哈扎尔人(5—10世纪居住在伏尔加河下游、顿河和喀尔巴阡山麓的突厥人部族)、波兰人、匈牙利人进行战斗。外来危险的压力非常巨大和频繁,以致于东斯拉夫人建造了蜿蜒曲折的宏伟土墙,其总长度达2500公里。就其难度而言,这项工程可与中国的万里长城相比,但应指出,俄罗斯人的数量比中国人要少得多。"③

"而在第二个千年外来危险并未减少!1228至1462年,在234年中俄罗斯人同外部进行了164次战争,其中包括蒙古鞑靼人和条顿瑞典人。在16世纪,俄罗斯人在其西北和西部同立陶宛波兰联合公国、利沃尼亚骑士团(12世纪在德

---

① 2003年5月27日《专家作客新浪聊天室与网友共话俄罗斯》。
② 潘德礼主编的《俄罗斯》第50页。
③ 尼古拉·别涅季克托夫的《俄罗斯圣地》第47页。

俄罗斯人

性格探秘

意志利沃尼亚成立的僧侣骑士团）及瑞典打了43年，同时在其南部、东南和东部同鞑靼汗国的战争一年也没有停止。17世纪，俄罗斯人打了48年，18世纪，打了56年。19世纪，同土耳其打了三次战争，同波斯人打了一场战争，发生了高加索战争、中亚战争，击退了拿破仑军队的侵略，还同英、法、土联军进行了克里米亚战争。20世纪，同日本打了两仗，打了两次世界大战，还击溃了外国武装干涉。①

需要强调指出的是，1480年，莫斯科公国经过长期斗争，终于打败蒙古鞑靼军队，摆脱了长达240年的蒙古鞑靼人的统治，使俄罗斯成为一个独立的国家。这在俄罗斯历史上具有非常重要的意义。

1611至1612年，破落贵族德米特里·波扎尔斯基和平民军事领袖库兹马·米宁领导民军，同入侵的波兰军队作战，并于1612年10月26日把波兰人赶出莫斯科。现在红场瓦西里·布拉任内教堂前面矗立的雕像，就是他们俩。2005年12月24日，俄罗斯国家杜马（议会下院）通过法案，把11月7日定为"国家统一日"，以纪念1612年结束的波兰对俄国的入侵。

2009年，我在白俄罗斯首都明斯克"知识"书店看到俄罗斯一家出版社出版的《俄罗斯的400次战争——俄罗斯人民的伟大战斗》一书。该书描写的400次战争都发生在1648年以前。就是说，在而后360多年里所发生的战争还没有被计算在内。

从1700年至1721年，俄罗斯同瑞典打了21年的北方战争，最后在波尔塔瓦战役打败瑞典国王卡尔七世率领的几十万大军，夺得波罗的海控制权，占领了芬兰湾、里加湾、卡累利阿、爱沙尼亚和拉脱维亚的大部分地区。1721年俄罗斯始称俄罗斯帝国。在白俄罗斯莫吉廖夫州斯拉夫戈尔特区的列斯纳亚村（俄语意为"林村"），迄今仍巍然矗立着"1707年10月29日俄罗斯军队战胜瑞典人的纪念碑"。碑的顶部是一只展翅欲飞的双头鹰。旁边是一个东正教教堂。这是按照沙皇彼得的指示建造的，因为在这次战役中，由莱文豪普特率领的瑞典军队被沙皇彼得亲自率领的俄军击败，战场上留下了瑞典军队的2000辆辎重车和8000具尚未掩埋的尸体。此后，俄军开始在战争中处于有利地位。

---

① 尼古拉·别涅季克托夫的《俄罗斯圣地》第48页。

俄罗斯人性格主要特点

"在1735—1878年之间,俄罗斯共与土耳其发生6次大规模战争,小的战争不计其数。俄罗斯通过战争得到了高加索和中亚的部分地区,向南在黑海找到一个出海口。彼得一世在位36年,总共进行了53次战争,平均7个月就要打一仗。叶卡捷琳娜女皇在位期间,对欧洲发动6次战争,占领了波兰和克里米亚半岛。"[①]

"俄罗斯和美国社会学校"创办者索罗金则对俄罗斯人的牺牲精神赞赏有加,他认为,俄罗斯人民具有较长的历史,拥有强大的生命力,非常顽强,为了民族生存和自我保护甘愿作出牺牲,因而在历史的长河中取得了领土、人口、政治、社会和文化等方面的发展。

毋庸讳言,俄罗斯人的勇敢和强悍在其国家对外政策出现问题时,也带来了一些负面效应,对一些弱小国家和民族造成了伤害和损失。1968年8月苏联占领捷克斯洛伐克和1979年12月苏军入侵阿富汗就是例子。但是从戈尔巴乔夫执政时期起,俄罗斯开始认识到这个问题,并作了改正。

最能反映俄罗斯人勇敢顽强精神的莫过于两次卫国战争

1812年5月,拿破仑率领60万大军浩浩荡荡开赴俄国。9月7日,在莫斯科以西110公里的博罗金诺村,法军13万兵力同沙俄的12万兵力展开激战,在一天战斗中,法军8次夺得箭头堡,俄军则8次夺回箭头堡。双方共有8万多人阵亡。俄军主帅巴格拉基昂被一颗炮弹击中胸膛而牺牲。9月14日,法军进入莫斯科,但俄军最高统帅库图佐夫已下令全城撤退,只留给法军一座空城。法军恼羞成怒,一把火点燃整个城市,烈火燃烧了三天三夜。由于库图佐夫实施坚壁清野策略,法军官兵经常挨饿,军需物资短缺,加上严冬来临,法军受到严重威胁。10月19日,拿破仑只好率领11.5万残兵撤离莫斯科原路返回,但一路上不断遭到俄军追击,9万多人被饿死、冻死和打死,最后只剩2万士卒回到法国。1814年,俄国亚历山大一世指挥的各国反法联军反攻巴黎,拿破仑被迫退位。

反抗拿破仑军队入侵的这场战争被俄罗斯称为"伟大的卫国战争",它充分

---

① 刘文飞《俄罗斯民族性格与俄罗斯文学》。

俄罗斯人

性格探秘

俄罗斯战胜拿破仑的古战场纪念碑

反映了俄罗斯人不屈不挠、英勇奋战的精神。托尔斯泰的《战争与和平》、柴可夫斯基的管弦乐作品《1812年序曲》描写的就是这场惨烈的战争。为了纪念这一战争,在莫斯科库图佐夫大街上建立了凯旋门和博罗金诺全景画展览馆。在展览馆东侧建立了库图佐夫元帅骑马的雕像,一副威武豪迈的模样。全景画生动地反映了博罗金诺大战,其中一幅油画描绘的是拿破仑的队伍在寒风凛冽中狼狈撤退。拿破仑耷拉着脑袋,愁眉苦脸,昔日的傲气荡然无存。

现在,每年9月第一个周末,在莫斯科城庆日子里,在莫斯科郊外博罗金诺古战场,都要举行活动,纪念这场具有重要意义的战斗。除莫斯科市政府领导人讲话外,身着沙俄军队和法国军队服装的官兵们,手持武器,模拟当年鏖战厮杀的战斗场景。它不仅再现俄罗斯人的英勇精神,而且也是最生动的爱国主义教育。

在不久前举行的一次民意调查中,21.5%的被调查者把1812年打败拿破仑看作引以自豪的事件。与此同时,更有85.5%的被调查者认为,1941至1945年

一 俄罗斯人性格主要特点

"巴甫洛夫楼"和"斯大林格勒战役全景画博物馆"

伟大卫国战争的胜利是俄罗斯人最值得骄傲的历史事件。

历史上很多事件有相似之处。在拿破仑兵败俄罗斯 120 多年后,20 世纪 40 年代上半期,在苏联又发生了一次残酷而壮烈的战争,俄罗斯人称之为"伟大的第二次卫国战争"。

1941 年 6 月 22 日凌晨 4 时,德国法西斯对苏联发动闪电式进攻,企图一举占领苏联,奴役"劣等的东斯拉夫民族"。在位于苏联和波兰边境的白俄罗斯布列斯特要塞打响了第一枪,发生了异常惨烈的战斗。由于兵力相差非常悬殊,德军在战斗中处于极其有利的地位。但是,布列斯特要塞 3500 多名卫士坚守阵地,决不投降,同德军进行殊死搏斗,坚持 28 天,平均每天打退德军 6 至 7 次进攻。在要塞的北部堡垒,苏军军官的家属也投入战斗,她们照顾伤员,搬运弹药,为机枪弹盘装子弹,有的甚至拿起枪直接参加战斗。开战后第 8 天,即 6 月 28 日,德军占领了白俄罗斯首都明斯克,但保卫布列斯特要塞的战斗却持续到 7 月下旬。为此,曾担任莫斯科作家协会第一书记、俄罗斯联邦作家协会书记的谢尔盖·斯米尔诺夫撰写《布列斯特要塞》和《布列斯特要塞的英雄们》,对要塞保卫战进行了详细描写,热情讴歌了俄罗斯战士大无畏的勇敢精神。

俄罗斯人

性格探秘

布列斯特要塞

今天，我们在布列斯特还能看到一座被炮弹和枪弹打得遍体鳞伤的建筑——"丘陵门"。它和斯大林格勒（1961 年改名为伏尔加格勒）"巴甫洛夫楼"一起，有力地见证了人类历史上这场空前残酷的战争，时时提醒人们要牢记战争教训，不要重犯历史错误。

从莫斯科谢列梅季沃 2 号国际机场进城的路上，当汽车行驶到距莫斯科市中心只有 10 多公里的"西姆基"（"化学城"）时，在路的右侧矗立着几个阻止坦克前进的 XXX 型障碍物。这就是当年德国法西斯军队的坦克遭到顽强阻击的地方。由于苏联红军的坚决抵抗，德国侵略者的坦克到此后无法继续前进。1941 年 11 月 7 日，处在敌军包围下的苏联红军，依旧在莫斯科红场举行了一年一度的阅兵式。负责防空的苏联将军向斯大林元帅保证：决不让一架敌机飞到红场上空。参加阅兵式的战士们个个都是一身戎装，斗志昂扬。阅兵式刚结束，他们中间的部分官兵就直接奔赴前线，为保卫祖国而浴血奋战。

二战结束后，前苏联共有 12 座城市被誉为"英雄城"，它们是斯大林格勒、

一 俄罗斯人性格主要特点

马马耶夫山岗纪念像

莫斯科、列宁格勒、基辅、刻赤、敖德萨、塞瓦斯托波尔、新罗西斯克、摩尔曼斯克、斯摩棱斯克、明斯克和图拉。1994年9月，我慕名前往伏尔加格勒（即昔日的斯大林格勒）采访。首先参观了位于市中心列宁广场不远处的"斯大林格勒战役全景画博物馆"。这是一座高大的白色建筑物，外形像一座碉堡。大厅中央是螺旋梯，共有三层。拾级而上，到达顶层后，"斯大林格勒战役全景画"就豁然展现在眼前。1942年7月17日，德军投入150万兵力进攻伏尔加河畔的重镇斯大林格勒，扬言7月25日以前要攻占它。德军集中40个师，每天出动上千架次飞机，把100多万颗炸弹投向这座城市。但是，疯狂的希特勒又一次低估了苏联红军和人民的意志和能力。在朱可夫元帅等人领导下，苏联红军顽强抵抗，坚持7个多月，把33万德军困在包围圈中，最后消灭敌军20多万人，并使德军第6集团军残部9万多人缴械投降。

博物馆旁边的"巴甫洛夫楼"弹痕累累，墙面被打得像蜂窝煤似的。1942年9月14日，德军17万人、500辆坦克向苏联第62集团军进攻。德军在市区几个地段突破红军防线，进入市区阵地。苏军同德军进行了激烈的巷战。为了争夺火车站，双方激战不已，一周内火车站13次易手。在市区的一座居民楼，巴甫洛夫排长和他的战友们坚持58天,为战役的胜利作出了宝贵贡献。战后,为了纪念牺牲的红军官兵,对人们进行爱国主义和英雄主义教育,该楼被原状保留下来,并被命名为"巴甫洛夫楼"。

从博物馆出来,我走到伏尔加格勒市郊区的马马耶夫山冈。这里海拔102米,是全城地势最高处。斯大林格勒大血战中,苏联红军和德军在此进行了争夺制高点的殊死战斗。有35965名红军官兵安葬在这里的"兄弟之墓"。

从山冈下沿着台阶往上走,映入眼帘的是巨大的高浮雕《世世代代的纪念》:以废墟的城市为背景,11名各族男女老少向烈士敬献鲜花。再往上走,是雕塑《宁死不屈》。一名红军战士右手握着手榴弹,左手紧握自动枪,目光坚毅,斗志昂扬。然后是英雄广场,6座雕塑反映了斯大林格勒会战中的一些场景,人物形象栩栩如生。广场旁边是无名烈士墓,立在中央的是朱可夫元帅陵墓。

马马耶夫山冈大型群雕中最吸引人们眼球的,是耸立在山冈最高点的主要纪念碑——85米的雕像"祖国母亲在召唤"。纪念碑基座高33米,"母亲"雕像高52米,她右手高举一把33米的不锈钢利剑,直指天穹。

在伟大卫国战争中,苏联人民正是响应"祖国母亲的召唤",勇敢战斗,前赴后继,夺取胜利。付出非常沉重代价的斯大林格勒战役的胜利具有极其重要的军事、政治和国际意义,"这一战,不但是苏德战争的转折点,甚至不但是这次世界反法西斯战争的转折点,而且是整个人类历史的转折点……斯大林格勒一战将停止法西斯的进攻,这一战是带着决定性的。这种决定性,是关系于整个世界战争的。"[①]

反映俄罗斯人在第二次世界大战中英勇顽强、不屈不挠精神的还有被敌人围困900天的列宁格勒保卫战。1994年6月,我随中国青年新闻代表团访问圣彼得堡,参观了列宁格勒保卫战纪念馆。坐落在莫斯科大街末端、胜利广场上48米高的大理石方尖碑高耸云天,象征着英雄们的浩然正气。从方尖碑旁边往下走,是纪念馆,墙上刻着在列宁格勒保卫战中荣获"苏联英雄"称号的652人姓名。靠北面墙,是900页青铜制的列宁格勒保卫战大事记,记录了每天战况。

---

① 《毛泽东选集》第三卷第884—888页《第二次世界大战的转折点》。

俄罗斯人性格主要特点

列宁格勒保卫战纪念馆48米高的方尖碑

在安葬着卫国战争期间牺牲的47万列宁格勒军民的皮斯卡寥夫烈士陵园，代表团团长、中国青年报第一副总编辑高纬伸出双手，采集神气。他说，"这里的气场很大，肯定与这些不屈的灵魂有关。"高纬喜欢气功，经常在一些重要场所采气。他的灵感也许不无道理。

我们沿着陵园中央的宽阔大道前行，在大道的首端，长明火燃烧不息。大道末端树立着"祖国母亲"青铜像。雕像后面150米长的大理石墙上刻着："这里安息着用自己的生命保卫了列宁格勒的列宁格勒人。我们虽然不能列出他们所有人的姓名，但是我们不会忘记他们之中的任何一个人，任何一件事。"

在烈士陵园里徜徉，我不禁想起肖斯塔科维奇第七交响曲《列宁格勒》创作和演出的情景：肖氏在极端恶劣和困苦的战争条件下，用3个多月时间完成了

俄罗斯人

性格探秘

这部伟大的作品。1942年8月9日，交响乐队在敌军重重围困中的列宁格勒演出第七交响曲，为了使演出正常举行，苏联红军先以强大密集的火力将敌人的大炮打哑。随后，这部深刻表现人民对法西斯侵略者的愤怒与反抗的正义之声，在这座英雄的城市奏响。人们纷纷从街上、掩体、住所聚集到广播扩音器前，以极大的热情倾听这英雄的乐章。第七交响曲响彻列宁格勒的上空！同时，演出实况通过广播传送到前线播放，鼓舞了红军的士气。

第七交响曲显示了苏联人民不屈不挠的斗争精神和战胜法西斯的坚定信念，被誉为"战争的音乐纪念碑"。

1945年5月9日，法西斯德国签署投降书，将近4年的苏联卫国战争结束。为了赢得这场战争的胜利，苏联人民付出了巨大的代价。这是一部气壮山河、可歌可泣的历史。正是由于广大苏联红军战士在前线的浴血奋战，以及人民群众在后方的大力支援，德国法西斯军队才被打败。在伟大卫国战争中，苏联有近2700万人牺牲，其中1000万战死疆场。11739人荣获苏联英雄称号，其中107人两次荣获该称号，3051人死后荣获此称号。还有数百万人被授予各种奖章和勋章。①

1945年5月，苏联领导人斯大林在克里姆林宫为红军部队指挥员们举行的招待会上说，"我想为我们苏联人民，特别是俄罗斯人民的健康干杯，不仅因为它是起领导作用的人民，而且因为它有灿烂的智慧、坚强的性格和忍耐力。"

"灿烂的智慧、坚强的性格和忍耐力"，这是俄罗斯人性格中最突出的特点。

如今，每年"五·九"胜利日，是俄罗斯最重要、最隆重的节日。在莫斯科红场，庄严的阅兵式使人想起1941年11月7日的红场阅兵式。

"五·九"这一天，在莫斯科胜利广场、大剧院广场、高尔基公园等公共场所，都能看到头发斑白的老战士在莫斯科重逢的情景。他们热烈地拥抱，亲吻，唱歌，跳舞，尽情回忆，老泪纵横。所有新闻媒体都把胜利日作为最重要的新闻加以报道，播放反映卫国战争的老电影，使人民燃起爱国主义的激情。我在莫斯科工作期间，每年这个节日，都要到街头和公园看一看，体会节日的气氛，分享老战士们的胜利喜悦。

1995年"五·九"是伟大卫国战争胜利50周年，俄罗斯举行了非常隆重的

---

① 2010年5月8日《明斯克信使报》。

庆典。在莫斯科市西部"俯首山"上，经过多年的建设，一个巨大而雄伟的"胜利"广场终于落成，它气势恢弘，正好与纪念1812年战争的凯旋门和博罗金诺博物馆相辅相成，相映成趣。在红场入口处历史博物馆前，身骑战马的朱可夫元帅雕像也按期落成，这是对他在卫国战争中所建立的卓越功勋的最好纪念。

5月9日那一天，在红场和胜利广场分别举行了阅兵式和纪念集会。中国国家主席江泽民、美国总统克林顿等外国领导人应邀出席。当一批头发雪白、满脸皱纹、但胸前佩满勋章的老战士整齐地走过红场主席台前时，全场爆发出雷鸣般掌声。是啊，这些老战士是苏联人民同法西斯敌人浴血斗争的杰出代表，他们所反映的正是那种英勇顽强、不屈不挠、大无畏的性格和精神！

2010年5月9日10时，为了纪念伟大卫国战争胜利65周年，俄罗斯在莫斯科红场举行了盛大阅兵式，11500多名官兵参加。中国国家主席胡锦涛也应邀在检阅台上观摩。在1200人组成的军乐队演奏的《胜利日》等乐曲声中，T-34坦克、T-90主战坦克、SU-100自行火炮、虎式装甲汽车、"龙卷风"多管火箭炮、S-400防空导弹系统等武器装备从红场隆隆驶过。苏25、苏27、米格31、米格39、米格直升机24、战略轰炸机195、图160等100多架战机飞越红场上空。陆、海、空三军方阵官兵身着卫国战争时期的军装，手持当年战时式样的武器，精神抖擞地接受检阅。

每当俄罗斯纪念"五·九"胜利日时，我就想到，俄罗斯用法定节日纪念卫国战争并对人民进行爱国主义教育的做法值得我们借鉴。

从1931年"9·18"事件，到1937年七七事变，再到中国人民奋起全面抗日，中国作为抗击日本法西斯的主战场，同70%的日军英勇作战，共有3500万人在这场战争中牺牲。但如果与俄罗斯反映卫国战争题材的文学艺术作品相比，我们文学艺术作品对这场长达14年的战争情况及其内涵反映和挖掘得还不够。

我们是否应该把1945年9月3日确定为国家法定节日，即作为中国人民抗日战争胜利日加以纪念呢？

2005年9月3日，我国党和国家领导人、抗战老战士、爱国人士及各界代表1万多人，在天安门广场向人民英雄纪念碑敬献花篮，纪念中国人民抗日战争胜利暨世界反法西斯战争胜利60周年。

伟大的抗日战争有太多太多的东西值得回忆，值得纪念，值得总结，值得思考。让我们以史为鉴，牢记历史教训，永远鞭策向前！

勇敢的坦克手伊戈尔和飞行员伊万

第二次世界大战结束后，苏联出现了成千上万部描写伟大卫国战争的作品，平均每年大约有500部有关卫国战争题材的文学作品问世[①]，其中著名的有小说《不屈的人们》、《日日夜夜》、《真正的人》、《青年近卫军》和描写用胸膛挡住敌人机关枪而英勇牺牲的战士《马特洛索夫》，以及电影《莫斯科保卫战》，《列宁格勒保卫战》、《斯大林格勒保卫战》、《塞瓦斯托波尔保卫战》、《围困》、《解放》、《攻克柏林》、《这里黎明静悄悄》和电视连续剧《春天的17个瞬间》等，都反映了苏联人民在卫国战争中所表现出来的英勇顽强性格和爱国主义精神。这些作品在教育人们牢记历史、爱国憎敌和保家卫国等方面，发挥了巨大作用。记得1998年5月我在伊万诺沃国际儿童院采访我国老一辈革命家子女重返学校时，在学校图书馆看到了《钢铁是怎样炼成的》、《马特洛索夫》等图书。他们说，当时阅读这些图书给了他们无穷的精神力量，不仅激励他们刻苦学习知识，而且促使他们勇敢地走向战场，投入战斗。

阿列克谢·托尔斯泰（也称小托尔斯泰）是苏联著名作家，因长篇小说《苦难的历程》三部曲和长篇小说《彼得大帝》获斯大林文学奖。但是他撰写的一个反映伟大卫国战争的短篇小说《俄罗斯性格》，也像他的长篇小说一样家喻户晓，被人们广为传诵。

《俄罗斯性格》讲述的是一个普通战士的故事。伊戈尔·德里莫夫参加卫国战争期间非常惨烈的库尔斯克战役，打垮了德军的进攻，消灭了无数敌人的"老虎"（即坦克）。但他驾驶的坦克在麦田中一块隆起的地面上被一颗炮弹打中。两个坦克手当场遇难，阿列克谢被严重烧伤，"脸上有些地方都烧到骨头了"。他在医院里躺了8个月，经过治疗，他的鼻子、嘴、眼皮和耳朵都修好了，但面目全非，惨不忍睹。护士看了非常悲痛，带着一声抽泣转过身去。他却平静地说："本来可能更糟呢，像现在这样子，我是可以活下去的。"他不认为自己是残废，只是成了一个脸部怪样的人而已。因此，他对司令员说，他还可以继续打

[①] 刘文飞，《俄罗斯民族性格与俄罗斯文学》。

俄罗斯人性格主要特点

仗。他被批准20天休假，回家看望他的父母。

为了不让父母伤心，他假称自己是他们儿子的战友。果然，父母和未婚妻卡佳都没有认出他来。等到返回连队，在给父母亲的回信中，他才承认这个去看望他们的、脸部非常怪异的人就是他们的儿子。母亲和未婚妻急忙到部队探望。卡佳对他说："伊戈尔，我打算我这一辈子都跟你在一起，我一定忠实地爱你，一定深切地爱你……别把我打发走吧……"

小说最后写道："是的，在这儿你可以看见他们，俄罗斯性格呀！一个人，看上去挺平常，等到严酷的命运来敲他的门时，一种伟大的力量——人类美的力量就爆发出来。"

是的，俄罗斯民族具有很强的凝聚力，在决定民族命运的关键时刻，这个民族具有一股不被敌人所压倒，而要坚决打垮敌人的大无畏气概和勇气。正是凭着这股勇气和精神，俄罗斯才能在历史上屡次战胜敌人，自立于世界民族之林。

还有一部《独臂英雄》的小说也非常感人。2004年5月的一天，我从北京去莫斯科出差，在飞机上翻阅报刊时偶然看到《俄罗斯航空公司世界》2004年第5期上有一篇题为《俄罗斯性格》的文章，便拿起来浏览，一读就被吸引住了。我觉得这篇文章与小托尔斯泰的那个短篇小说异曲同工，同样反映了俄罗斯人顽强不屈、不折不挠的坚韧性格。此文描写的是世界上惟一用独臂驾驶飞机同敌机作战的飞行员伊万·列昂诺夫。

列昂诺夫在第二次世界大战中三次被认为已经牺牲，两次被授予"苏联英雄"称号。1942年4月列昂诺夫从阿尔马维航空学校毕业后就参加了莫斯科郊外的一场空战，击落了德国空军的"尤—88"战斗机。但是人们以为他已牺牲。到1943年7月，他击落了7架敌机，其中5架他独自击落，两架和其他战友一起击落。这一年7月，他参加了"库尔斯克弧线"战役，7月15日，当他和机长执行空中侦察任务后返回机场时，遭遇一群敌机围攻，他们的飞机被击中后失控跌落。列昂诺夫受伤失去知觉，降落在一个村庄的池塘里。红军的几个步兵把他救起，先送到卫生营，再送到野战医院。他后来被救活，但被截去一只左臂。在一次手术中，需要给他输血。一位最年轻的女护士毫不犹豫地献了血。后来他们相爱了。有一天他们逛城，列昂诺夫突然看见一个结婚登记处，便抓起姑娘的手，用肩撞开门，以前线战士的身份登记结婚。

俄罗斯人

性格探秘

还在医院时,列昂诺夫就策划如何返回飞机驾驶室。他设计了好几个方案,但都未成功。经过一段时间的训练,他掌握了用独臂驾驶飞机的技术。正好部队缺少飞行员,便把他重新纳入飞行员名单。1944年底,他驾机在低空飞行时,被德军的高射机关枪击中,飞机坠落,他的左腿受重伤。团里认为他已光荣牺牲。就在那几天,苏联最高苏维埃主席团颁发命令,授予列昂诺夫"苏联英雄"称号。团里有人在命令上写道:"此人已经牺牲,奖章无法授予。"

所有这一切过了半个世纪后才搞清楚。1995年,列昂诺夫被授予"俄罗斯英雄"称号。他偶然遇到了自己的指挥员。指挥员说,"你早就被授予'苏联英雄'称号了,我亲眼见过那张命令状。"

于是,从档案库里找到了那张命令状。

更有意思的是,列昂诺夫夫妇建立了另外一个功勋。战后,1946—1947年,除自己生育两个孩子外,他和妻子尼娜·瓦西里耶夫娜还收养了5个烈士子女,并把他们抚育成人。列昂诺夫还在几个儿童院当过院长。

伊戈尔和伊万的事迹反映了俄罗斯人坚强、勇敢的性格。他们敢恨敢爱,对敌人恨得深刻,对妻子对孩子爱得深沉。正是由于无数个像伊戈尔和伊万这样平凡而伟大的勇士,俄罗斯才能坚强有力并战无不胜。在俄罗斯人看来,对敌人投降和屈服是可耻的,而坚决斗争和争取胜利则是光荣和骄傲的。勇士性格是俄罗斯人性格最突出的特点之一。俄罗斯哲学家别尔嘉耶夫认为,"俄罗斯民族始终有能力表现出很强的男子汉气,它正在并且已经向德意志民族证明这一点。它身上有勇士的气质。俄罗斯人的追求所带有的不是心灵而是精神的气质。任何一个民族都应当既有男子汉气又有女子气,它应当是两种气质的结合。"①

俄罗斯人路见不平就拔刀相助

俄罗斯、乌克兰和白俄罗斯同根同源,同宗同祖,犹如一棵树上的三个分枝,其文化、传统、宗教、信仰和风俗习惯基本相同,被称为"东斯拉夫三兄弟"。但是,由于地理位置、历史发展、国际地位和民族利益不同,三兄弟除一些共同点外,其性格也各有特点。

---

① 《俄罗斯思想》,第246页。

一

俄罗斯人性格主要特点

2006年夏,在为俄罗斯新闻记者举行的招待会上,有一名记者问白俄罗斯总统卢卡申科:"您认为俄罗斯人和白俄罗斯人的性格差别是什么?"

这个问题顿时引起在场人士的极大兴趣,大家想听听卢卡申科总统是如何回答的。卢卡申科被称为"天才演说家",经常是思路敏捷,口若悬河。他毫不犹豫地回答:"俄罗斯人性格直率豪放,路见不平便拔刀相助。白俄罗斯人也会拔刀相助,但在拔刀前首先要想一想,是否应该拔刀,如何拔刀。"

3年后,2009年6月4日,卢卡申科在明斯克会见每年一度访问白俄罗斯的俄罗斯新闻记者代表团时,再次谈到这个问题。他说:"路见不平,俄罗斯人会立即脱掉衬衣,不顾一切地冲上前去。而白俄罗斯人因其整个一生、整个历史都遭蹂躏,所以他先从角落上窥测一番,但然后还是会冲上前去。"[①] 他的回答引起俄罗斯记者们会心的笑声。

在中国驻白俄罗斯使馆工作的白俄罗斯秘书对我解释说,卢卡申科总统的意思是:俄罗斯人更积极、更情绪化,而白俄罗斯人则更平静、更沉思。

这位秘书还提请我注意俄罗斯人和白俄罗斯人之间这样的一个差异,即同样是长得身材高大,魁梧伟岸,但是彪形的俄罗斯男人性格比较蛮横粗鲁,而白俄罗斯男人却比较温和。

从日常生活看俄罗斯人的勇敢

俄罗斯人崇尚英雄,彼得大帝、苏沃罗夫、库图佐夫和朱可夫等人,是他们心中最伟大的英雄。全国数量最多的是卫国战争英雄纪念碑,几乎在每座城市、每个村庄都有。去过俄罗斯的外国人都能感受到,那里的爱国主义教育搞得很出色,年轻人婚礼仪式之一,就是到无名烈士墓敬献花圈。

俄罗斯人不对孩子娇生惯养,从小就培养他们的勇敢精神。婴儿还没有满月,母亲就用婴儿车推着他在公园里散步,进行空气浴和日光浴,适应寒冷的气温。稍微大一些的孩子,就骑着自行车在住宅周围和公园里到处钻。游泳、滑冰、滑雪更是锻炼他们坚强性格的活动。

除了义务兵役制以外,俄罗斯还有许多军事学校,少年的、青年的、初级

---

① 2009年6月5日,俄罗斯《消息报》,第8版。

俄罗斯人
性格探秘

高山滑雪

的、高级的，而且子承父业的军人世家很多。军人受到尊重，他们的社会地位较高，待遇也较好。这个传统自彼得大帝的时候就开始了。他自己从小就进入"少年兵团"学习，酷爱军事。后来他下令让贵族子女接受军事训练，进入近卫军团，以军功论赏，没有军功不能封爵位。因此，当军官成为时髦和传统。例如，在我们熟知的俄罗斯古典名著中，《安娜·卡列宁娜》中安娜的情夫沃伦斯基、《战争与和平》中娜塔莎的未婚夫安德烈、《复活》中诱骗马丝洛娃的聂赫留朵夫，都是贵族出身的军官。

在苏联入侵阿富汗战争后，军人在俄罗斯的地位有所下降。近20年来，虽然市场经济不断发展，但尚武和拥军爱军的传统逐步得到恢复。如今，在俄罗斯当兵仍是男人的主要选择之一。让孩子上名闻遐迩的苏沃罗夫军事学校等军事院校更是很多家庭的首选。不久前我听说，我的俄罗斯朋友、俄罗斯共产党中央第一副主席库普佐夫，就把他十多岁的外孙送进苏沃罗夫军事学校学习。当年我多次见到的那个稚嫩的男孩，如今已是英姿勃勃的士官生。

俄罗斯人的冒险和勇敢精神还从俄罗斯飞行员身上表现出来。在我国珠海举行的航天航空博览会上，俄罗斯飞行员驾驶苏－27战斗机表演的垂直向上跃升120度大仰角"眼镜蛇"等一系列特技行动，令观众目瞪口呆。

俄罗斯人性格主要特点

勇敢的俄罗斯人从小就喜爱武器

另外，从俄罗斯一些优秀运动员身上，也反映出俄罗斯人的勇敢顽强精神。著名网球运动员沙拉波娃就坦承，她获胜的主要原因是性格倔强："我是一个非常坚强的人，我一上场就告诉自己：你肯定能胜利！"

（三）突出的天赋，巨大的创造力

——不能否认俄国人民的天才……俄国人的性格特点就是感情丰富和充满激情，或者说，内心世界很活跃。内心世界活跃的原因是俄国人各种性格对立的特点令人惊讶地结合在一起。

（弗拉基米尔·弗拉基米罗维奇的《俄罗斯生活的意义》）

——俄罗斯人的特点是对真理的探索。

（德米特里·利哈乔夫）

——1961年4月12日，加加林乘宇宙飞船"东方号"完成了人类第一次环绕地球飞行，飞行108分钟后安全返回地面，实现了齐奥尔科夫斯基梦寐以求的伟大理想。

（苏联塔斯社）

俄罗斯人
性格探秘

俄罗斯人是一个智商比较高的民族。

1853年,马克思在《俄罗斯对土耳其关系的政策》一文中写道:"有一个关于两个研究熊的波斯自然学家的笑话。其中一个从未见过熊的专家问:熊是哺乳动物还是非哺乳动物?另一个更有经验的专家答道:'这个动物什么都会。'俄国熊显然什么都会。"

一向自负的德国人也认为:"不能否认俄国人民的天才……俄国人的性格特点就是感情丰富和充满激情,或者说,内心世界很活跃。内心世界活跃的原因是俄国人各种性格对立的特点令人惊讶地结合在一起。诚实、真实、善良和忠诚与封闭、撒谎、狡诈、暴力、极度嫉妒结合在一起。"[①]

著名俄罗斯学者利哈乔夫指出:俄罗斯人的特点是对真理的探索。

我曾多次询问去过俄罗斯的中国人:对这个国家和人民有什么印象?他们大多回答说:俄罗斯自然风景美丽,人民的文化素质比较高。即使有些人在俄罗斯逗留期间遭遇一些不愉快的事情,但对俄罗斯大自然美丽富饶、人们聪明智慧这两个特点也是赞同的。

从手工艺品看俄罗斯人的智慧

俄罗斯精致的手工艺品,反映出这个民族的聪颖能干。像霍赫洛玛手工镀金器具、巴列赫和费多斯基诺微型油漆画、白底蓝花的格热尔瓷器、图拉的茶炊、沃洛戈达的丝线织物、卡斯特林的铸造品、博戈罗茨克黏土玩具、若斯托夫托盘和奥林堡的柔毛头巾,都反映了俄罗斯人民的思想和感情、处世态度和审美观及高超的手工技巧。如果您到莫斯科的伊兹马伊洛沃手工艺品市场,或者阿尔巴特街和高尔基文化公园的油画市场去参观或购物,一定会感叹俄罗斯工艺美术品的精湛。

假如您有机会,请您一定要去参观克里姆林宫里的兵器馆(珍宝馆)。这个馆门面不大,很普通,但里面的展品却是价值连城。这里收藏了俄国历代王朝遗留的文物,从为王公们制造的精美武器到稀世艺术品和珠宝首饰,其中占两个展厅的钻石制品更是巧夺天工,不仅充分反映了俄罗斯地大物博、资源丰富,而且

---

① 弗拉基米尔·弗拉基米罗维奇,《俄罗斯生活的意义》,第336页。

俄罗斯人性格主要特点

雄辩地说明了俄罗斯人民的天赋聪颖和勤劳智慧。

手工艺品市场

人才辈出

俄罗斯人杰地灵、物华天宝，是一个天赋比较高、具有巨大创造力的民族，为人类文明发展作出了重要贡献。近千年来，俄罗斯人在社会生活的各个领域都表现出了卓越才干。从《伊戈尔王远征记》到莫斯科克里姆林宫建筑群，从发射人造地球卫星到建立航天轨道站，从一系列的工业成就到众多科学技术成果，都体现了俄罗斯人的天赋、智慧和勤奋。

俄罗斯人理性的直觉丰富，对科学的理解能力很强。这体现在自然、技术和人文的各个方面。如果一一数来，俄罗斯历史上出现过不胜枚举的伟大天才，犹如璀璨的群星，在湛蓝的天空熠熠发光！

在历史和政治人物中，有公元988年把罗斯居民赶到德涅伯河接受基督洗礼的弗拉基米尔大公①，1480年推翻蒙古鞑靼统治、建立第一个俄罗斯中央集权国家的伊万三世，1242年4月率领罗斯军队首次打败日耳曼人入侵的亚历山大·涅

---

① 如今基辅最主要大街"赫里夏季克"就是"洗礼"的意思，因为当年基辅市民就是沿着这条路去河里受洗礼。

夫斯基大公，1552年和1556年先后占领喀山和阿斯特拉罕的伊万雷帝，18世纪上半叶努力学习欧洲并在俄罗斯推行大规模改革的彼得大帝，扩大俄国版图、加强中央集权的"风流女皇"叶卡捷琳娜二世、20世纪初大刀阔斧实行农业改革使俄国成为农业大国的斯托雷平总理，领导伟大十月革命并创建世界上第一个社会主义国家的布尔什维克领袖列宁，以及领导苏联人民打败德国法西斯入侵并把苏联建成社会主义工业强国的最高统帅斯大林，等等。

在外交领域，俄罗斯也涌现了不少杰出的外交家。例如，19世纪后半期的外交大臣亚历山大·戈尔恰科夫领导俄罗斯外交部26年，帮助俄国渡过了克里米亚战争后的艰难时期，在错综复杂的国际环境下保护了俄罗斯的国家利益。他的外交思想和实践的核心就是"如何在不利的情况下维护俄国的国家利益……树立集中精力进行各项改革的对外政策大局观；以国家利益为最高原则，使外交摆脱或者少受意识形态思维的影响；运用灵活的策略手段，在对外交往中刚柔相济；对所确定的对外政策目标，坚定不移、百折不挠地付诸实现；利用机会提升俄国的国际地位，重新发挥大国作用。"①

安德烈·葛罗米柯自1957至1985年担任苏联外长28年，被西方外交官称为"经验最丰富的苏联外交官"。可以与他媲美的还有担任苏联驻美国大使24年之久的阿纳托利·多勃雷宁和担任俄罗斯驻中国大使14年的罗高寿。从1992年至2006年，罗高寿在俄驻华使馆连续工作14年，为发展俄中关系作出了重要贡献。

国际外交界公认，俄罗斯外交纵横捭阖，独树一帜，是世界上著名的外交学派之一。莫斯科外交学院是培养外交官的摇篮，是俄罗斯青年最向往的大学之一。有的年份报名竞考该校的中学毕业生与录取的比例为16比1。

俄罗斯的军事也很发达。18世纪的军事指挥家苏沃罗夫在1798年反法同盟中担任意大利北部俄军总司令，被俄罗斯誉为"最杰出的军事家之一"。现在俄罗斯青少年的军事寄宿学校就是以他的名字命名；在1768—1774年俄土战争中担任集团军司令的鲁缅采夫元帅也是俄罗斯青年崇拜的偶像，他率领俄罗斯部队打败土耳其军队，战功卓著；还有被称为"老狐狸"的库图佐夫元帅，他在

---

① 《俄罗斯中亚东欧研究》，2002年第5期，《戈尔恰科夫的外交思想与实践及其现实意义》。

俄罗斯人性格主要特点

1812年指挥沙俄军队战胜了曾经不可一世的拿破仑军队，彪炳史册。

苏联时期不仅将星闪耀，而且帅星耀眼。前苏联的元帅分为4级，第一级为苏联大元帅，只有斯大林一人获得；第二级为"苏联元帅"和"苏联海军元帅"，有43人获得，其中包括前苏联最高苏维埃主席团主席伏罗希洛夫、骑兵司令布琼尼、红军总参谋长和总装备部部长图哈切夫斯基、国防部总监铁木辛哥、当过国防部长的朱可夫、华西列夫斯基、马利诺夫斯基和布尔加宁、陆军总司令科涅夫、防空军总司令戈沃罗夫、国防部副部长罗科索夫斯基等；第三级为军兵种主帅，有13人获得，其中空军主帅7人，炮兵主帅4人，装甲兵主帅2人；第四级为"军兵种元帅"，有60人获得，其中空军元帅25人、海军元帅9人、炮兵元帅10人、装甲兵元帅6人、工程兵元帅6人、通信兵元帅4人。苏联能够取得卫国战争的辉煌胜利，除了卫国战争的正义性、广大人民群众的支持、盟国援助等因素外，苏联红军将领的高超指挥艺术也是重要因素。

在星云浩瀚的科学界，俄罗斯科学家们刻苦钻研，为世界科技发展作出了杰出贡献：

1755年，罗蒙诺索夫创建莫斯科大学，使之成为培养俄罗斯高级人才的最高学术殿堂。

1862年，洛巴切夫斯基发现了新的几何体系。不久，佩特罗夫提出金属焊接和溶化中采用电弧的思想。

1832年，舍林格在圣彼得堡建立了第一条电磁电报线。

1869年，门捷列夫发现了化学元素周期表。据说，1869年2月17日，门捷列夫和往常一样埋头工作了很长时间，化学公式、各种计算和数字的纸堆得像一座小山。他感觉非常累，决定休息一会。他躺在沙发上，不知不觉地入睡了。睡得时间很短，也许只有几分钟。忽然，在梦中他看见了排列整齐的化学元素，他立即站起身，写下了化学元素表。

塞切诺夫奠定了唯物主义生理学和心理学基础，创立了生理学学派，他的学生、著名的生理学家巴甫洛夫1904年因在消化生理学研究方面的卓越成就而被授予诺贝尔奖。这是俄罗斯科学家获得的第一个诺贝尔奖。4年后，即1908年，梅齐尼科夫又因研究免疫学和传染病方面的研究成果而被授予诺贝尔奖。

1876年，亚勃洛奇科夫发明了第一个弧光灯。洛德金则发明了炽热灯。

俄罗斯人

性格探秘

1895年5月7日，波波夫发明了俄国第一部无线电收报机。这一天被定为无线电发明纪念日。

1906年，莫斯科大学教授恩·茹可夫斯基发表了论文《论依附涡流》，在继承物理学环流研究基础上，提出了飞机机翼升力原理。1910至1912年，他又发表了一系列关于机翼侧面以及螺旋推进器斡旋的理论文章。1902年，他在莫斯科大学建立了俄国第一个风力试验筒。他的理论和试验为俄国飞机的设计和制造奠定了基础。所以，列宁称他为"俄国航空之父"。

20世纪50年代，图波列夫研制了涡轮喷气式飞机图—107，奠定了苏联喷气式飞机制造的基础。伊柳申、雅科夫列夫也研制出伊尔和雅克系列飞机，这两种飞机至今仍在俄罗斯和其他一些国家的上空飞翔。1996年我曾有机会采访位于萨拉托夫市的雅克飞机制造厂，该制造厂在新的国际竞争条件下努力打开销售市场的劲头给我留下深刻印象。

康·齐奥尔科夫斯基是俄国"火箭之父"。1903年，他在《用火箭装置研究宇宙空间》的论文里提出了用星际飞行制造宇宙火箭的理想。1910年，又在《作为空间和大气中飞行手段的喷气装置》中，进一步发展了他的火箭飞行理论。20年代末，他所著的《宇宙火箭》和《宇宙火箭飞行》提出了人类征服宇宙的途径，使苏联处于征服宇宙的领先地位。

1998年夏，我曾驱车到齐奥尔科夫斯基执教和进行研究的学校——距莫斯科100多公里的卡卢加市参观他的故居博物馆。他在艰苦的条件下辛勤钻研，著书立说，奠定了俄罗斯宇宙飞行的基础，受到人们的敬仰。在他的故居博物馆前，中小学生络绎不绝，缅怀这位"火箭之父"的伟大功绩，学习他为科学献身的精神。

1957年10月4日，苏联在拜科努尔宇宙发射场发射了第一颗人造地球卫星，开创了人类征服宇宙的新纪元。

1961年4月12日，宇航员加加林乘宇宙飞船"东方号"完成了人类第一次环绕地球飞行，飞行108分钟后安全返回地面，实现了齐奥尔科夫斯基梦寐以求的伟大理想。

1949年，苏联成功地爆炸了原子弹。

1953年，苏联首先研制了热核反应。次年，在莫斯科附近的奥布宁斯克市

一 俄罗斯人性格主要特点

圣彼得堡皇村的普希金雕像

建立了世界上第一座原子能发电站。

1959年，苏联制造了世界上第一艘原子破冰船"列宁号"。1969年，开始建造69万千瓦的原子能发电站。

除巴甫洛夫和梅齐尼科夫被授予诺贝尔奖外，20世纪50至70年代，一系列苏联科学家和文学家问鼎诺贝尔奖。1956年，苏联科学家谢苗诺夫和英国科学家欣谢尔伍德因研究化学反应动力学和链式反应而获诺贝尔化学奖；1958年，切连科夫、弗兰科和塔姆三人因发现"切连科夫效应"而荣获诺贝尔物理学奖。"切连科夫效应"是指带电粒子在透明介质中以极高的速度穿过时，会发出一种特殊的光的效应；1962年，蓝道因研究物质凝聚和超流超导现象而成为诺贝尔物理学奖获得者；1964年，苏联科学家巴索夫、普罗霍罗夫和美国科学家汤斯由于制成微波激射器和激光器而共同获得诺贝尔物理学奖；1975年，苏联经济学家康托罗维奇和美国经济学家库普曼斯因创立资源最优利用理论而获得诺贝尔经济学奖；同年，"氢弹之父"萨哈罗夫获诺贝尔和平奖；1978年，苏联物理学家卡皮查因发明并利用氦的液化器而获诺贝尔物理学奖。

然而，20世纪70和80年代，苏联在科技领域与美国、日本等发达国家的差

俄罗斯人
性格探秘

亚斯纳亚·波良纳（托尔斯泰庄园博物馆）的托尔斯泰墓

距日渐拉大。苏联解体后的90年代，政局动荡，经济下滑，人民生活水平下降，科技经费短缺，科学工作者的积极性和创造性受到极大的压抑。俄罗斯科技事业处于低潮。直到21世纪初才重新出现科技加快发展的势头。2000年，俄罗斯圣彼得堡物理技术学院的物理学家阿尔费奥罗夫由于为现代信息技术作出的基础性贡献而获诺贝尔物理学奖；2003年，瑞典皇家科学院诺贝尔委员会决定把当年的诺贝尔物理学奖授予87岁的俄罗斯科学家金兹布尔格和75岁的阿布里科索夫，以表彰他们在超导体和超流体理论方面作出的突出贡献；此外，自1933年以来，布宁、帕斯捷尔纳克、肖洛霍夫、索尔任尼琴、勃罗茨基被授予诺贝尔文学奖。

俄罗斯的7大科学突破和42项发明创造

2011年莫斯科"艾克斯莫"出版社出版了图文并茂的《俄罗斯的7个科学突破，以及应该知道的42项发明创造》一书。粗略地浏览一下该书内容，有助于我们进一步了解俄罗斯人在世界科技领域所作出的贡献。

俄罗斯人在人类科学史上的7大科学突破是：

俄罗斯人性格主要特点

1. 尼古拉·洛巴切夫斯基发现了新的几何体系；
2. 德米特里·门捷列夫发现了化学元素周期表；
3. 伊利亚·梅奇尼科夫在免疫学和传染病方面获得了重要研究成果；
4. 伊万·巴甫洛夫在高级神经活动特别是消化生理学研究方面取得重要成果；
5. 列夫·蓝道创建了现代热物理理论；
6. 谢尔盖·科罗廖夫解决了火箭制造的技术问题；
7. 格里戈里·佩雷利曼在破解拓扑学"庞加莱猜想"①方面取得了杰出成就。

俄罗斯人的42项伟大发明创造是：

1. 若雷斯·阿尔菲罗夫发现了半导体的不同结构；
2. 尼古拉·巴索夫创建了量子电子学；
3. 谢尔盖·瓦维洛夫发现了光和发光的微结构；
4. 安德烈·盖伊姆和康斯坦丁·诺沃谢洛夫发明了新的材料——石墨烯；
5. 维塔利·金兹布尔格建立了超导性和超流动性理论；
6. 尼古拉·茹科夫斯基建立了空气动力学基础和飞机制造理论；
7. 阿布拉姆·约菲在硬体物理领域获得了新发现；
8. 彼得·卡皮查在低温物理中取得一系列新发现；
9. 姆斯季斯拉夫·凯尔德什解决了空气动力学问题并领导了宇宙飞船设计工作；
10. 伊戈尔·库尔恰托夫在原子弹研究领域取得重大成果；
11. 彼得·列别杰夫在光的本质研究中提出新见解；
12. 艾米利·蓝茨关于电机工程提出了一些最重要的原则；
13. 亚历山大·波波夫发明了无线电和无线电定位；
14. 安德烈·萨哈罗夫建立了核理论；

---

① "庞加莱猜想"是世界七大数学难题（七个千年大奖问题）之一。2006年格里戈里·佩雷利曼证明了这一猜想。这是人类在三维空间研究角度解决的第一个难题，也是属于代数拓扑学中带有基本意义的命题，将有助于人类更好地研究三维空间，其结果将会加深人们对流行性质的认识，对物理学和工程学将产生深远影响，甚至会对人们用数学语言描述宇宙空间产生影响（百度百科）。

15. 亚历山大·斯托利托夫对光电效应的研究取得重大成果；

16. 亚历山大·弗里德曼对相对论做了革命性的阐述；

17. 康斯坦丁·齐奥尔科夫斯基创立了宇宙飞行理论；

18. 鲍里斯·雅科比在电机学和电池领域的研究取得新成果；

19. 鲍里斯·别洛乌索夫发现了周期性化学反应；

20. 亚历山大·鲍罗丁在医学和化学的有机结合物研究中作出重要贡献；

21. 亚历山大·布特列罗夫关于有机结合物的结构的理论；

22. 尼古拉·泽林斯基对有机化合物同质异能性作出正确解释；

23. 尼古拉·济宁制定了有机合成的基本方法；

24. 尼古拉·谢苗诺夫对化学连锁反应、热爆炸理论和气态混合物燃烧理论作出重要贡献；

25. 弗拉基米尔·阿尔诺利德对经济计量学和资源最佳分配理论作出重要贡献；

26. 列昂尼德·康托罗维奇确定了线素最佳化方案；

27. 安德烈·科尔莫戈罗夫对概率论作出了重要贡献；

28. 亚历山大·利亚普诺夫创立了机械系统稳定性理论；

29. 帕夫努季·切布舍夫对数字理论作出重大贡献；

30. 弗拉基米尔·别赫捷罗夫创立了生理学的新学科——反射学；

31. 纳塔利娅·别赫捷廖娃撰写了许多关于大脑的研究文章，帮助研究出治疗慢性神经病等疾病的新方法；

32. 尼古拉·瓦维洛夫发现了遗传变异性中的同系规律；

33. 弗拉基米尔·维尔纳茨基创立了关于生物层的新学说；

34. 尼古拉·比罗戈夫在医疗手术中采用了一系列革命性的新方法；

35. 伊万·谢切诺夫在神经活动生理学中获得重大新发现；

36. 克利曼特·季米里亚泽夫对光合作用本质学说做出重要贡献；

37. 亚历山大·齐热夫斯基创立了日光生物学；

38. 维图斯·贝林格发现了北极地区；

39. 彼得·克罗波特金创立了关于地球冰冻和地质年代理论；

40. 尼古拉·米克鲁霍—马克赖发展了新的民族（人种）理论；

41. 弗拉基米尔·奥布鲁切夫在研究西伯利亚地质方面取得重要成果；

42. 尼古拉·普尔热瓦尔斯基在中亚获得新的地理发现。

为何俄罗斯能够取得这么多科学突破和发明创造？为何这么多俄罗斯人能够获得诺贝尔奖？

首先是俄罗斯具有极其深厚的历史和文化基础、深厚的科学研究基础和传统。

其次是它的教育体制比较先进，培养了众多科技人员和其他领域的人才。早在 18 世纪初，彼得大帝就倡导学习欧洲文化和科技，开始了俄罗斯"欧化"进程。1917 至 1991 年，苏联时期大力普及和发展教育，使教育成为每个苏联人都能够享受的权利。到 20 世纪 80 年代后期，9 年制学校已在全国普及，几乎消灭了文盲。

第三，俄罗斯人的天赋、智商和勤奋也是他们获得成功的重要因素。

一个民族的高智商不是短时间内能够形成的，也不会在短时间里就消失。

（四）激情热忱，充满艺术气质

——激情和热忱组成了俄罗斯人的优秀艺术品质：不只是文学，而且还有一切时代的所有种类的绘画、音乐和建筑艺术。"

（别尔嘉耶夫《俄罗斯思想》）

"对于俄罗斯人来说，剧院就是教堂。"

（中国国家话剧院副院长查明哲）

——只有在莫斯科街头我看到了书的广告牌，而在欧洲其他城市您可以看到各种各样的广告，却看不到书的广告。在莫斯科您到处都可以听到普希金和果戈理的名言锦句。我们公司的俄罗斯家庭女工博览群书的程度一点不比 AVON 销售经理差。

（AVON 驻独联体国家化妆品公司总经理赫里斯托·马诺夫）

俄罗斯人的这个性格特点，实际上也是对上述"突出天赋"特点的进一步补充。

俄罗斯人

性格探秘

在谈到俄罗斯人的艺术气质时，我首先想到了已故的芭蕾皇后乌兰诺娃。我在《我在莫斯科当外国记协主席》一书中曾写了乌兰诺娃这位"永恒的奥杰塔"。从1928年到1960年，乌兰诺娃先后在《天鹅湖》、《泪泉》、《罗米欧与朱丽叶》、《仙女们》、《天鹅之死》等芭蕾舞剧中塑造了几十个典型形象，成为苏联芭蕾舞艺术的象征性人物。

名闻遐迩的俄罗斯芭蕾舞

俄罗斯另一位俄罗斯芭蕾皇后当属玛雅·普利谢茨卡娅。1925年11月20日她出生于莫斯科，9岁进入莫斯科舞蹈学校，1943年毕业。继乌兰诺娃之后，20世纪五十和六十年代，普利谢茨卡娅成为红极一时的名牌演员，在《天鹅湖》、《巴赫奇萨莱的喷泉》、《斯巴达克》、《卡门》、《女人与狗》、《安娜·卡列尼娜》等芭蕾舞剧中饰演主角。1985年11月20日，花甲之年的普列谢茨卡娅登台献艺，令人们惊叹不已。谁能料到，20年以后，即2005年11月20日晚，在莫斯科克里姆林宫大礼堂为她举行的庆祝晚会上，80岁的"芭蕾皇后"居然再次登台，表演了一段3分钟左右的芭蕾舞《万福，马雅》。这是2000年法国著名编舞家莫里斯·贝雅特别为普利谢茨卡娅创作的。当马雅在舞台上踮起脚尖、旋转身体时，全场掌声雷动，满堂喝彩。

俄罗斯人性格主要特点

有人以为这可能是普利谢茨卡娅最后一次登台表演了。谁知又过了5年，2010年11月20日，普利谢茨卡娅再次登上莫斯科舞台，接受众人的祝贺。虽然这次她没有再跳脚尖舞，但她仍然是现代芭蕾舞的象征性人物之一。2011年11月20日，由于莫斯科大剧院正在维修，就在莫斯科斯坦尼斯拉夫斯基和涅米罗维奇·丹琴科模范音乐剧院为普利谢茨卡娅举行了庆祝寿辰晚会。她在舞台上展示了继《我是玛雅·普利谢茨卡娅》和《十三年过去》后的第三本回忆录——《我读自己的人生》。书中回忆了斯大林、赫鲁晓夫、毛泽东观看她演出的情景，以及她与中国同行赵汝蘅等人交往的故事。

有人说，芭蕾舞起源于意大利，发展于英国和法国，成熟并辉煌于俄罗斯。这恐怕不无道理。在世界优秀芭蕾舞演员中，俄罗斯的列佩什斯卡娅、乌兰诺娃、帕夫洛娃、马克西莫娃、别斯梅尔特罗娃、法杰伊切夫、瓦西利耶夫等人肯定是名列前茅。

凡是去俄罗斯的中国人，一般都要看一场芭蕾舞。无论是看过俄罗斯芭蕾舞剧，还是没有看成芭蕾舞剧，从俄罗斯回来的中国人一般都说，俄罗斯给他们留下的最深刻印象之一是：俄罗斯人文化素质比较高，特别是艺术气质十分突出。

俄罗斯哲学大师别尔嘉耶夫说，"俄罗斯文化不是仿效，而是创造性地支配世界文化财富。庞大的国家总是掌握巨大的文化遗产并以慷慨的自由和丰富的个性支配它们。是的，正是个性，因为俄罗斯文化，与它一起的还有整个俄罗斯都是一种个性、一种独特的个性。独特的个性不能容忍孤独和自我封闭……激情和热忱组成了俄罗斯人的优秀艺术品质：不仅是文学，而且还有一切时代的所有种类的绘画、音乐和建筑艺术。"

值得指出的是，日本人对俄罗斯人的文化特点也十分赞赏。在俄罗斯工作的几年里，每次我参观俄罗斯博物馆，如莫斯科普希金造型艺术博物馆、雅斯纳亚·波利雅纳的托尔斯泰故居博物馆、契诃夫故居博物馆、加里宁格勒康德博物馆时，几乎都能看到日本参观者的身影。日本人对俄罗斯文学、音乐、美术、芭蕾舞、哲学等文化都很感兴趣，对普希金、托尔斯泰、契诃夫、陀斯妥耶夫斯基、康德等俄罗斯文化名人的研究十分深入。在这些名人博物馆里，几乎都陈列着日本出版的有关这些名人的译著或传记。

中国社会科学院外国文学研究所研究员刘文飞把艺术气质列为俄罗斯人三大

俄罗斯人

|性|格|探|秘|

俄罗斯的民族舞

性格特点之一(另外两个特点是尚武精神和弥赛亚精神),指出"俄罗斯人善于把生活艺术化,同时俄国作家和艺术家们又善于把艺术生活化。"①

俄罗斯人不仅在科技界,而且在文学艺术、音乐绘画等文化领域也是群星闪烁,人才济济。一个美国音乐家说,"上帝赋予犹太人和中国人以音乐的天才",使他们在世界的乐坛纵横驰骋。我却以为,俄罗斯人的音乐天才并不亚于中国人和犹太人。以作曲家为例,有俄罗斯古典音乐奠基人格林卡及其继承者达尔戈梅斯基、强力集团穆索尔斯基、鲍罗丁、里姆斯基-科萨科夫、巴列基列夫和居伊,有钢琴家、作曲家兼音乐教育家鲁宾斯坦两兄弟,以及俄罗斯最伟大的音乐家之一柴可夫斯基。柴氏作曲的三大芭蕾舞剧《天鹅湖》、《睡美人》和《胡桃夹子》是世界芭蕾舞剧的瑰宝,其中《天鹅湖》更是皇冠上的明珠。此外还有钢琴协奏曲《帕格尼尼主题狂想曲》作者拉赫马宁诺夫,以第七交响曲(又名《列宁格勒交响曲》)为代表作的现代最著名作曲家之一肖斯塔科维奇,儿童交

---

① 刘文飞,《俄罗斯民族性格与俄罗斯文学》。

俄罗斯人性格主要特点

响乐作品《彼得与狼》的作曲者普罗科菲耶夫和苏联国歌的作曲者亚历山大·亚历山德罗夫。他们的优秀作品经久不衰，永远是世界音乐家和艺术家们表演的珍品。聆听他们的作品，真是一种最美好的享受。

在出色的音乐指挥家中，罗日杰斯特文斯基、斯韦特拉诺夫、斯韦什尼科夫、特米尔卡诺夫、"莫斯科音乐奇才"乐团指挥斯比瓦科夫、圣彼得堡马林斯基剧院音乐总监兼指挥盖尔吉耶夫的大名如雷贯耳。我国著名指挥家李德伦、郑小瑛、张国勇、林涛等都是在苏联或俄罗斯学成回国的。

俄罗斯音乐演奏家奥伊斯特拉赫、里赫特尔、奥博林、吉列尔斯，特别是大提琴家罗斯特罗波维奇举世闻名。

提到俄罗斯男歌唱家，人们立即会想起著名男低音沙利亚宾、男高音索比诺夫、科兹洛夫斯基、列梅绍夫和当今最走红的卡勃宗、巴斯科夫、赫沃罗斯托夫斯基等。而女歌唱家中则有马克萨科娃、奥布霍娃、阿尔希波娃、奥布拉佐娃、泽金娜和普加乔娃（流行歌曲皇后）等等。记得2000年我采访有俄罗斯"歌剧皇后"之称的女高音歌唱家伊林娜·阿尔希波娃时，受到她及其先生弗拉季斯拉夫·皮亚科夫的热情接待。她表示希望能有机会到中国演出和讲课，但终因健康问题而未如愿。2010年2月11日她与世长辞，成为世界歌剧界的一大损失。

谈到著名戏剧活动家，我们眼前就会浮现出创造了三大戏剧体系之一的斯塔尼斯拉夫斯基，还有涅米罗维奇·丹琴科、瓦赫丹戈夫等人的身影。俄罗斯人对话剧的钟爱程度之高，是我们中国观众难以置信的。现任中国国家话剧院副院长查明哲20世纪90年代上半期曾在莫斯科戏剧艺术学院进修。他说，"我羡慕这里的文化氛围。莫斯科观众把看剧当作生活中不可或缺的一部分，是精神食粮。难怪俄罗斯人素质高呢！"

俄罗斯人酷爱戏剧，无论是繁华市区的大剧场，还是偏僻街道里的小剧院，无论是经久不衰的老剧目，还是初演的新剧目，几乎场场上座率都在百分之八九十。在莫斯科学习的三年间，查明哲共看了300多场戏剧。

现任中央电视台艺术总监的朱彤是莫斯科戏剧艺术学院与查导同期的留学生。他对俄罗斯戏剧水平也有很高评价。毫无疑问，多年的留俄学习对他后来的进步和发展产生了深刻影响。

俄罗斯绘画也是人类美术中的奇葩。在著名画家中，有彼罗夫、克拉姆斯科

俄罗斯人
性格探秘

依、列宾、苏里科夫、希什金、萨夫拉索夫、列维坦等。在莫斯科的特列季亚科夫画廊和普希金造型艺术博物馆，或在圣彼得堡的冬宫（艾尔米塔什博物馆）、俄罗斯博物馆和叶卡捷琳娜宫，您都可以看到俄罗斯画家思想深邃、技艺精湛、颇具俄罗斯特点的杰作。

在被称为"莫斯科艺术一条街"的阿尔巴特街，在中国人称为"一只蚂蚁"的伊兹马伊洛沃大市场，或者在高尔基儿童文化公园对面的油画市场，您都可以看到很多油画家在出售他们的作品。这是中国人在莫斯科最爱去的地方之一。圣彼得堡的列宾美术学院也是很多中国年轻人向往的艺术殿堂。

街头画家

俄罗斯电影业在世界上也占有一席之地。在著名俄罗斯电影家中，有导演《战舰波将金号》、《亚历山大·涅夫斯基》和《伊凡雷帝》的爱森斯坦。在1958年布鲁塞尔国际电影节上，《战舰波将金号》被评为电影问世以来12部最佳影片之首；有导演《人与兽》、《青年近卫军》、《在湖畔》、《静静的顿河》、《记者》等影片的大导演格拉西莫夫。1950年，他和中国电影工作者合作，摄制

俄罗斯人性格主要特点

了纪录片《解放了的中国》，受到中国人民的尊重。俄罗斯电影演员和导演的摇篮——全俄电影艺术学院就是以他的名字命名的；中国影迷比较熟悉的，还有导演《战争与和平》、《滑铁卢》、《鲍里斯·戈杜诺夫》和《静静的顿河》的邦达尔丘克，导演《命运的捉弄》、《两个人的车站》、《办公室的故事》和《残酷的浪漫史》等喜剧影片的梁赞诺夫，导演《伊万的童年》和《安德烈·卢勃廖夫》的塔尔科夫斯基，以及导演了《乌尔加》、《太阳灼人》和《西伯利亚理发师》等优秀影片的米哈尔科夫，其中《太阳灼人》获1995年奥斯卡最佳外语片奖和嘎纳电影节大奖。2010年4月，在伟大卫国战争胜利65周年前夕，米哈尔科夫导演并主演的《太阳灼人》续集在俄罗斯和独联体国家上映，并参加嘎纳国际电影节竞演，差点捧回金棕榈奖。

俄罗斯优秀电影演员更像湛蓝夜空中的璀璨群星，数不胜数，例如在《有这样一个小伙子》、《两个费奥德罗》、《红莓》和《为祖国而战》中饰演男主角的舒克申，在《春天的十七个瞬间》中扮演伊萨耶夫—什季尔利扎、在《战争与和平》中扮演安德烈·鲍尔康斯基公爵的吉洪诺夫，在《莫斯科不相信眼泪》中扮演男主角的巴塔罗夫，在《沙皇》里扮演伊凡四世的扬科夫斯基，在《西伯利亚理发师》中扮演士官生托尔斯泰、在《太阳灼人》续集中扮演安全部门高级军官的缅舍尔科夫……女演员中则有在《战争与和平》中扮演娜塔莎·罗斯托娃的萨维里耶娃，获奥斯卡最佳外语片奖《莫斯科不相信眼泪》的女主角阿莲托娃（该片是继《战争与和平》后第二次荣获奥斯卡最佳外语片奖的苏联故事片），在《狂欢夜》和《两个人的车站》中饰演女主角的古尔琴科，在《她保卫祖国》和《我们城里来的小伙子》中饰演女主角的斯米尔诺娃，以及在《秋天的马拉松》中扮演女主角的贡达列娃……

据民意调查，看电影是俄罗斯人最喜爱的娱乐活动。与俄罗斯国家重视发展电影业一样，观众喜爱也是俄罗斯电影业得到不断发展的重要原因。

除了看电影外，俄罗斯人还喜爱其他的文化活动。以莫斯科为例，14%的人平均每月至少参观一次博物馆，15%的人每月听一场音乐会，17%的人每月参观一次艺术展，21%的人每月去一次剧院。①

---

① 《光明日报》2007年7月27日。

俄罗斯人
性格探秘

俄罗斯文学灿烂辉煌，才华出众的俄罗斯诗人和作家更是不胜枚举，其中有被誉为"俄罗斯民族诗歌的太阳"普希金、《当代英雄》的作者莱蒙托夫、俄国批判现实主义文学的奠基人果戈理以及屠格涅夫、涅克拉索夫、陀思妥耶夫斯基、大托尔斯泰和小托尔斯泰、契诃夫、叶赛宁、马雅科夫斯基、叶夫图申科、阿赫马托娃、布宁、帕斯捷尔纳克、肖洛霍夫、索尔仁尼琴和布罗茨基等等。

俄罗斯科学技术和文化艺术天才人物是如此之多，以上所列的著名诗人和作家只不过是信手拈来，挂一漏万。

中国前驻俄大使夫人孙敏访问俄罗斯"小白桦"民族歌舞团

美国商人：我在其他地方没有见过这样的艺术气氛

德国妇女把德国男人与俄罗斯男人进行比较时，经常抱怨德国男士"孩子气、固执"，而称赞俄罗斯男人文化素质和艺术气质高。嫁给俄罗斯人的德国女记者黑尔格说，"德国人喜欢请教精神疗法医生。我过去的男友曾请教几个精神疗法医生，他把我也当作一位这样的医生。而俄罗斯男人则大度，充满激情，各方面都自信，很浪漫。"她说，她认识的德国男人中能背诵诗歌的只是凤毛麟角，而俄罗斯男士却几乎个个都会朗诵诗歌，特别对普希金的诗，可以说耳熟能详，倒背如流。

一 俄罗斯人性格主要特点

在莫斯科工作的外国人在抱怨俄罗斯警察敲诈勒索、交通堵塞的同时，对莫斯科的浓厚艺术氛围无不感到心满意足。美国商人约翰·米尔钦说，"莫斯科是一个文化中心。这里可以使孩子受到很好的教育，没有必要一定要把他送往国外……我在老阿尔巴特街租了一套房子住，这条街简直太好了！我最喜欢在这里遛狗。每次遛狗都会认识一些非同寻常的人。这里的气氛好极了，我在其他地方没有见过这样的气氛。"①

AVON 驻俄罗斯、哈萨克斯坦和吉尔吉斯斯坦化妆品公司总经理赫里斯托·马诺夫说，"在莫斯科可以比较容易地去看话剧、听歌剧、欣赏夜总会。就文化生活的丰富程度而言，只有纽约和东京可以与莫斯科媲美。世界上其他国家的首都都不能与它相比……只有在莫斯科街头我看到了书的广告牌。在欧洲其他城市您可以看到各种各样的广告，但就是看不到书的广告。您到处都可以听到普希金和果戈理的名言锦句。我们公司的俄罗斯家庭女工博览群书的程度一点不比 AVON 的销售经理差。"②

德国阿登纳基金会莫斯科分会负责人拉尔斯·施密特在谈到莫斯科最喜爱的地方时说，"在莫斯科可以很好地度过时间，这里有许多剧院、演出、展览，而且水平都很高。我的三个小孩都非常喜欢库克拉切夫的猫剧院。在世界其他地方我都没有见过这样的剧院。"③

中国人对俄罗斯人的艺术气质也十分羡慕。1961 至 1963 年在莫斯科柴可夫斯基音乐学院指挥系学习的中国第一个女指挥家郑小瑛回忆说，莫斯科的艺术生活是这样丰富多彩，她在观看各种演出中收获良多，使自己的指挥水平得到迅速提高。

现任上海歌剧院院长、上海音乐学院教授张国勇 1993 年至 1995 年在莫斯科柴可夫斯基音乐学院指挥系学习。他也有同感："莫斯科的音乐艺术氛围连欧美人都羡慕不已。莫斯科有 15 个交响乐团，每晚有 4 台音乐会和两台歌剧。泡在音乐厅和剧院里所学到的东西，远胜过课堂！"

---

① 2009 年 6 月 11 日《消息报》第 8 版。
② 同上。
③ 同上。

俄罗斯人
性格探秘

艺术气质从何而来?

首先,俄罗斯人的艺术气质与他们的自然环境有着密切关系。

以绘画来说,您可以看到很多油画反映的是俄罗斯自然风貌:辽阔的田野,翻滚的麦浪,优美的白桦树林,圆葱头屋顶的东正教堂,或者是色彩斑斓的秋天,冰天雪地的原野,春寒料峭、冰雪正在融化的大地。列维坦在伏尔加河畔所作的《金色的普辽兹》,谢什金在波列斯耶森林所绘的《松树林》,都是俄罗斯风景的实景画。俄罗斯一年四季的景色是如此美丽,所以出现这么多伟大的画家是很自然的。

刘文飞认为,"俄罗斯民族比较爱幻想,俄罗斯有很多森林,又处在寒带,有漫长的冬季,这一切都使它有更多时间去思考,或者说,迫使它去作更多的思考,有很多揣摩自己内心、回味自己的时间,更不用说,森林和冬季还会带来一种很神秘的感受,这些东西交织在一起,也许就是俄罗斯人艺术气质形成的氛围。"[①]

俄罗斯音乐,像《三套车》、《雪球花》、《苏丽珂》、《茫茫大草原》等民歌给人的感觉是那么广袤无边,开阔而深远,其基调和特色同那些小国和小民族的民歌大相径庭。还有柴可夫斯基的歌剧《叶夫根尼·奥涅金》、《黑桃皇后》、《悲怆交响曲》等,都反映了俄罗斯大自然和人民生活的情景。《悲怆交响曲》的主旋律就是来自一首俄罗斯民歌。

如同上海的市井文化产生了委婉的沪剧一样,广袤的俄罗斯大自然产生了像《雪球花》这样豪迈而大气磅礴的民歌。

其次,俄罗斯高水平的美学和艺术教育体系对培养俄罗斯人民艺术气质发挥了巨大作用。

刘文飞指出,"综观俄罗斯的美学观和艺术观,可以用一个词来概括,这就叫'审美的乌托邦',对于俄国人来说,现实是一个世界,艺术也是一个世界,甚至是比现实还要合理的一个世界,要通过艺术将两个世界合二为一。"[②]

---

① 刘文飞《俄罗斯民族性格与俄罗斯文学》。
② 同上。

一
俄罗斯人性格主要特点

很多中国人对俄罗斯姑娘的美貌和"魔鬼身材"惊叹不已,更被她们的艺术气质勾魂落魄。人们在感叹她们"白里透红的肌肤"、"天生丽质"的同时,也为她们"后天修来的万方仪态和高雅气质"而扼腕击节。我很赞同这样的看法,即俄罗斯妇女的美貌和高雅气质不仅得益于俄罗斯联邦不同的民族血缘和基因的碰撞融合,而且得益于良好的家庭、社会和学校教育。

莫斯科中学生艺术团在表演

从小学开始,俄罗斯学校就开设各种艺术兴趣班,如舞蹈班、绘画班、器乐练习班等,在课余时间进行学习和活动。到了中学,就有音乐、美术、舞蹈等专科艺术学校,进行提高训练。大学艺术教学的水平就更高,像莫斯科柴可夫斯基音乐学院、圣彼得堡列宾美术学院等,都是培养艺术家的高等学府。

俄罗斯全国有许多少年宫以及业余儿童艺术、美术、音乐和体育学校,孩子们根据自己的特长和爱好自愿报名,测试通过后即可加入。每周有几个下午孩子们上完普通学校的常规课,就赶往业余学校或活动小组参加活动,接受专门和系统的训练。这类学校和少年宫经常组织孩子参加国际比赛,或与其他国家的儿童进行交流。许多孩子就是在这样的环境里勤奋学习,刻苦钻研,脱颖而出。

这些学校的教师有的是专职,有的是兼职,绝大多数受过高等教育,愿为儿童教育事业献身。少年宫里有不少在科学院、研究所任职的兼职教师，他们明知在少年宫兼职收入不丰，经常占节假日时间，但仍然热爱这项工作，因为他们知道，自己的职业和专长就是从这里起步的。

音乐欣赏能力是俄罗斯人艺术气质的一个重要方面，而音乐欣赏能力的培养和提高有赖于系统、严密和完善的音乐教育制度。

苏联时期全国有6000多所音乐小学、300多所音乐中专和35所音乐学院。连许多小镇都有音乐学校。普通学校的学生可以在课余时间去音乐学校学习钢琴、小提琴、声乐、舞蹈等，而且基本上是免费的，或者交纳为数不多的学费。家长把孩子们送往音乐学校学习，不是为了使他们成为音乐家，而是为了让他们懂得音乐，学会如何欣赏音乐。交响乐团和歌剧院在星期日经常为学生们演出，价格从优。有音乐讲解员专门给学生们解释演出的节目。

莫斯科柴可夫斯基音乐学院是俄罗斯最高音乐殿堂，但是每月都有一场专为儿童举办的音乐启蒙和欣赏演出，几大著名交响乐团轮流演出，首席小提琴、首席大提琴等演奏家配合讲解员作演示。名闻遐迩的交响乐启蒙作品——交响童话《彼得和狼》就是俄罗斯作曲家普罗科菲耶夫专门为孩子们创作的，描写机智勇敢的少先队员彼得在小鸟帮助下逮住恶狼的故事。在这部作品里，故事中出现的每一个人物和动物都用一种特定的乐器来表现，形象特别鲜明。例如，长笛代表小鸟，双簧管代表鸭子，3只圆号代表狼，巴松管代表爷爷，定音鼓代表猎人的枪声，所有弦乐代表彼得。听众可以根据音色去联想相应角色的活动。整部作品长26分钟，对于提高孩子们欣赏交响乐的能力十分有益。

华裔音乐家、俄罗斯功勋音乐工作者左贞观的夫人娜塔利娅·帕纳修克就是专门从事音乐普及工作的，经常在为学生们举行的音乐会上讲解音乐知识，教孩子们如何欣赏交响乐，告诉他们在乐曲演奏中不能随便鼓掌，也不要在演员演唱时随意上台献花。一般是在每支乐曲演奏完毕时鼓掌，而献花一般集中在演出全部结束时，或者一曲终了时。左的女儿玛雅受父母亲的熏陶和耳濡目染，长大后也走上了普及音乐知识的道路。1996年一个夏夜，我坐在柴可夫斯基音乐学院礼堂观看演出，看到玛雅亭亭玉立在舞台上，从容、生动、流利地讲解交响乐作品时，从心里感叹俄罗斯音乐传统的伟大和实用。正是由于无数个音乐工作普及者的无私奉献，才提高了俄罗斯人民的音乐欣赏能力，培育出无数个音乐和艺术

一 俄罗斯人性格主要特点

天才。

正因为从小受到这样的艺术欣赏教育,不仅俄罗斯演员具有很高的艺术表演水准,而且俄罗斯观众也具有很高的艺术欣赏水平。每到演出精彩时,台下就会爆发出热烈掌声,有人会高喊"勃拉沃!"("好样的!")台上台下情景交融,宛如一个欢乐的海洋。

中国国家话剧院副院长查明哲在《在俄罗斯感悟戏剧》一文中,就俄罗斯人对戏剧的痴迷作了深刻的描述。他说,"对于俄罗斯人来说,上剧院,是他们生活中不可或缺的组成部分,是一种传统、一种需要。"20世纪90年代初,俄罗斯市场商品匮乏,货架空空,人们排长队才能购得一些生活必需品。"可是,当夜幕降临,还是这些人们,穿戴整齐、精心打扮后涌向远远近近的剧院。""对于俄罗斯人来说,剧院就是教堂。"[①]

在俄罗斯,学校是神圣的,教堂是神圣的,剧院是神圣的。这三个神圣的地方是培养俄罗斯人艺术气质的最重要场所。

和以色列犹太人的经商之术是从小培养的一样,俄罗斯人的美术培养也是从小抓起的。业余美术学校的教师从不放过参观美展的机会,把孩子们带到名画面前,讲解美术知识,让孩子们感受艺术大师的创作风格和意图。莫斯科普希金造型艺术博物馆的研究员经常站在古埃及、古希腊、意大利文艺复兴时期等展品旁,为历史班的小学生讲授世界历史知识。

工会系统的文化机构也为少年儿童活动提供方便,暑假里积极组织夏令营,每逢新年都举办新年枞树晚会。莫斯科工会联合会每个岁末年初都要在国家政治活动中心——克里姆林宫举办儿童专场庆祝活动,参加者是清一色6岁以上孩子,家长和教师也不能入内。工作人员由初中和高中生担任。参加活动的孩子自己管理自己,或临时结对,以大带小。有一年我以记者身份进入克里姆林宫采访,只见气氛热烈,秩序井然,孩子们有的观看节目表演,有的做游戏,有的唱歌跳舞,有的促膝交谈,好像置身于一个非常快乐和幸福的大花园。当夜色降临,孩子们走出克里姆林宫大礼堂时,他们的爷爷奶奶或者父母亲早就在门口伫立等待,喊着他们的名字,把他们逐一带走。

[①] 《跨文化对话》,第20辑。江苏人民出版社2007年出版。

俄罗斯人
性格探秘

第三，俄罗斯人有尊重艺术家的传统。从 1920 年起，苏联政府就设立了"人民演员"和"功勋演员"两级称号，下属各加盟共和国又分别设立同样称谓的两级称号，以此表彰和奖励那些有才华、有成就的导演和表演艺术家。这些称号不仅标志着其荣获者的专业水平和社会声望，而且给他们带来比普通人更高的工资和津贴待遇。

每逢著名演员生日，国家领导人都要表示祝贺；而每当一位著名艺术家去世时，领导人也都会表示哀悼。艺术家们活着的时候受到尊重，逝世后依然得到尊重。著名艺术家大多葬在莫斯科新圣女公墓和瓦甘科夫墓地。他们的墓碑颇具艺术性，例如著名播音员列维坦的半身像背后是无线电波，胸前有一只扩音器，人们一看就知道这是一位播音员；歌唱和戏剧电影演员维索茨基手拿吉他，似乎仍在自弹自唱，针砭时弊；乌兰诺娃等几位芭蕾舞演员的造型就更好辨认，因为她们是在做芭蕾舞蹈动作；男低音沙里亚宾则是一身白色西服，半躺在一块大石上，一如他生前那样潇洒飘逸。

总之，俄罗斯是一个艺术的国家——艺术的文化，艺术的氛围，艺术的人们，艺术的气质。

（五）宗教性强，弥赛亚情结深

——真正伟大的民族永远也不屑于在人类中扮演一个次要角色，甚至不屑于在人类中扮演头等角色，而是要扮独一无二的角色。一个民族若是丧失了这种信念，它就不再是一个民族了。

（陀斯妥耶夫斯基长篇小说《群魔》）

——俄罗斯人认为，俄罗斯完全是一个特殊的国家，它具有特殊的使命。但是，最主要的并不是俄罗斯本身，而是俄罗斯给世界带来的东西，首先是人们兄弟般的团结和精神自由。

（别尔嘉耶夫《俄罗斯思想》）

——"'第三罗马'说是俄罗斯弥赛亚意识形成的标志性文本符号。从此，它在俄罗斯思想史上占据重要位置，且一直不肯退出历史舞台。

（郭小丽《俄罗斯的弥赛亚意识》）

一　俄罗斯人性格主要特点

俄罗斯人性格的最大特点之一是宗教性。别尔嘉耶夫说，"俄罗斯思维是倾向极权主义学说和极权主义世界观的，只有这类学说在我们这里能够有所成就。这里体现出俄罗斯民族的宗教气质。"[①]

美国国会图书馆馆长詹姆斯·比林顿教授认为，俄罗斯的未来有赖于三个根源：第一，基督东正教文化。它形成了俄罗斯的斯拉夫文明。基督教在俄罗斯的作用甚至比在西欧的作用还要大。第二，欧洲文明和地理环境。俄罗斯是欧洲的一部分，它不仅从欧洲学习和掌握了很多东西，而且令人惊讶地发展了这些东西。第三，在俄罗斯民族性格的形成阶段，俄罗斯人居住的地方——北方或南方，山脉或平原都不可避免地产生了影响。俄罗斯巨大的空间还将继续对俄罗斯人的经济思维产生心理影响。苏联时期高速度地建设了很多大城市，大量农村居民迁移到城里，但是他们的心理却无法迅速改变。

俄罗斯是一个多民族多信仰的国家，现在共有大小民族120多个（也有资料说150多个），各民族对宗教的信仰也多种多样，如东正教、天主教、犹太教、伊斯兰教、佛教、拜火教、印度教等。但在各种宗教中，东正教是俄罗斯人信仰的主要宗教。

距莫斯科71公里的谢尔吉耶夫镇修道院

[①]《俄罗斯思想》，第29页。

俄罗斯人
性格探秘

近千年来,直到 20 世纪初,俄罗斯都是一个东正教占据统治地位的国家。在俄语里,东正教就是正确的宗教的意思。宗教世界观在俄罗斯国家、社会形式和人们的私生活中都打下深刻烙印。无私心、友善、奉献、怜悯、仁慈、同情、忍耐、恭顺、禁欲主义,所有这些俄罗斯人的性格特点以及其他特点都是在东正教影响下形成的。俄罗斯人把耶稣基督看成是一个完美的人,因此真诚地向他祈祷、求教。

复活节神甫为食品撒圣水

1917 年十月革命前,俄罗斯东正教会拥有 1 亿教徒,76 个教区,5.4 万余座

俄罗斯人性格主要特点

教堂，1000余座修道院，从事教会职业的神职人员5万多人[①]。莫斯科曾有"一千六百座教堂之城"的美称。十月革命后，俄罗斯新政权同宗教进行斗争，限制其发展。20至30年代，左倾思潮进一步泛滥。苏联政府认为各种教会组织是"合法存在"的反革命力量。全国多数教堂被毁，神职人员遭逮捕、流放和镇压。到1939年，俄罗斯东正教教堂仅剩100多座。

1983年戈尔巴乔夫执政后，东正教开始逐步复苏。1988年，俄罗斯举行一系列活动，隆重纪念东正教传入俄罗斯一千年。这是二次大战后，俄罗斯政权第一次正式而隆重地纪念东正教。这说明克里姆林宫领导人开始反思过去对东正教所犯的错误。1988年2月，当俄罗斯东正教会举办"罗斯受洗"1000周年活动时，我正在新华社莫斯科分社工作。从分社去苏联外交部新闻中心必经的共青团大街上，"青年宫"成为纪念活动的主要场所。我停车进去参观，只见墙上挂着很多圣像和反映圣经故事的油画。其中最引人注目的是伊利亚·格拉祖诺夫以东正教思想为主题的巨幅油画。

两年后，即1990年，苏联最高苏维埃通过了《信仰自由与宗教组织法》和《宗教自由法》，从而为宗教的发展和东正教的复兴提供了法律保障。1991年苏联解体后，东正教在俄罗斯以更快的速度得到恢复和发展，东正教教堂得到重建，莫斯科救世主基督大教堂的重建就是一个标志。此教堂是为纪念1812年抗法战争而建的。1831年开始施工，1887年建成。教堂中央圆顶高102米，有5个镀金的葱头形圆顶，是莫斯科最大的教堂。1931年在反宗教的狂潮中莫斯科政府下令炸掉此教堂，并决定在原地建立一座200米高的苏维埃宫，顶部将是一尊列宁雕像。后来发现设计有重大问题，只好放弃原计划，建了一个露天游泳池。1987至1989年我在莫斯科工作期间，曾到该游泳池游泳。听俄罗斯人说，大教堂被炸后，建筑计划几经修改，无论在此地盖什么高层建筑，都以倒塌告终。有人说，这是因为触怒了基督耶稣。因此，当局只好建了这个游泳池。

1995年，以卢日科夫市长为首的莫斯科政府决定在原地上重建救世主基督大教堂。用6年时间、斥资3亿美元，于2000年建成。这个教堂所在的位置非常好，几乎从莫斯科的四面八方都可以看到它的金顶。尤其是在阳光照耀的晴

[①] 《现代俄罗斯大众文化》，第119页。

俄罗斯人

性格探秘

日,金顶熠熠闪光,特别美丽。从中国驻俄罗斯使馆所在的沃罗比约夫山上驱车前往俄罗斯外交部新闻大楼时,老远就能看见这座大教堂。现在,救世主基督大教堂成为莫斯科最重要的东正教活动场所之一。每逢东正教重大节日,这里都要举行隆重的仪式,俄罗斯总统、总理等领导人都来出席这些仪式。尤其给我印象深刻的是,叶利钦总统在1996年总统选举前夕,来到莫斯科一个东正教大教堂参加仪式,以争取东正教选民支持。2000年和2008年,普京、梅德韦杰夫竞选总统时,也都去救世主基督大教堂参加仪式。

这是为什么呢?因为在俄罗斯人的生活中,东正教教堂仍然具有十分重要的意义。由于受到苏联政权的打击和限制,现在的东正教已不可能发挥1917年以前的作用,但是今天东正教依旧享有广大人民的信任。1996年我在伏尔加河中游萨拉托夫采访时,在地方志博物馆里看着历史上这个城市教堂林立、市场繁荣的模型而深受震撼,并为苏联时期这些教堂的摧毁而感到惋惜。

真没想到,十多年过去后,俄罗斯东正教堂的恢复竟如此迅速。据俄罗斯宗教研究所所长马尔格洛夫的材料,目前在俄罗斯共有1.1万个东正教教区、4400个福音会教区和258个天主教教区。去过俄罗斯的很多中国人都认为,比比皆是的东正教堂是俄罗斯大地上一道美丽的风景线。

如果现在您问俄罗斯人是否信奉东正教,有54%的人会作出肯定的回答。据俄罗斯官方统计,截止2002年1月1日,俄罗斯登记的宗教组织有20441个,其中绝大多数是东正教组织(10965个)。大多数居民信奉东正教,教徒约7000万人,占全国人口的一半左右。[①] 那些笃信东正教的教徒定期去教堂参加仪式,严格遵守东正教的各项规定,经常向神甫忏悔。1/3的居民不是定期去教堂,但有时也进教堂参加祈祷仪式。很多俄罗斯人到教堂去寻找精神支柱与和谐。很多俄罗斯人都佩带东正教的标志物——十字架的项链坠,进教堂时买蜡烛,在住宅摆放圣像。有人甚至把全俄东正教大牧首基里尔看作仅次于普京和梅德韦杰夫的具有广泛影响力的国家第三号人物。

东正教对俄罗斯人性格的影响很大,其中主要似有以下几点:

第一个影响是形成了大多数俄罗斯人顺从和不向邪恶抵抗的性格。东正教主

---

① 列国志,《俄罗斯》,第20页。

一 俄罗斯人性格主要特点

张受难、殉教、顺从强者，因为强者是上帝派遣来的，所以人们应该顺从。东正教会提倡为了国家和理想准备自我牺牲，实际上是这种顺从传统的翻版。与天主教相比，俄罗斯东正教有以下几个特点：

——东正教是更家庭式、人民性的宗教，很少发生极端的东正教行为、宗教对抗和宗教战争。与许多其他国家的新教徒不同，俄罗斯人在向基督耶稣祈祷时，牧师们不是用拉丁语、希腊语或古犹太语进行祷告，而是用基里尔和梅福季创立的斯拉夫语进行布道。在俄罗斯，牧师和尼姑并非必须学习古老的语言和科学。这也是俄罗斯在科技领域落后于西方的原因之一。这是俄罗斯历史遗产的一个明显毛病，至少用唯物主义者和笛卡儿主义者的观点来看是如此。俄罗斯人对上帝的态度更加家庭式，更亲近。俄罗斯俗语说："要指望上帝，但自己别搞错！"这使俄罗斯人采取自主的行动，不管宗教的规定如何。

——现时的俄罗斯东正教已是更古旧和传统的宗教，它用古斯拉夫语进行祈祷，甚至连有教养的人都听不明白。

——东正教保持着严格的规定：不能穿不体面的衣服进教堂，不能化妆后进教堂，妇女不能穿裤子、只能穿裙子进教堂，头上必须带帽子或头巾，在任何炎热的天气里她的身体也必须有遮掩。而男人进教堂时则必须脱帽，也不能只穿短裤进去。不能吻圣像的面容，否则会被教徒们视为亵渎神圣。但是可以吻圣像的边缘或衣饰。

此外，一年中几乎有一半时间东正教徒是吃素。在复活节前的7个星期里必须特别严格地遵守斋戒，很多俄罗斯人不仅从东正教的角度，而且从食品卫生角度看待这个问题。

按照俄罗斯东正教的传统，包括成功商人在内的教徒，都应该将自己收入的一部分上缴给东正教教会或者用于抚养孤儿和其他所需要者。此外，政府还拨给教会一些土地，让它们雇佣农民耕种，其劳动收获归教堂支配。因此，近十多年来，随着俄罗斯经济的恢复和发展，俄罗斯各大城市的东正教教堂也变得富丽堂皇，被一些中国人称为"洋葱头"的教堂圆顶被镀了金，在阳光照耀下熠熠发光，十分壮丽。

东正教给俄罗斯的第二个影响是对俄罗斯人优良品质的形成产生了积极的作用，例如强调农民共同富裕、互助、帮助弱者、热情好客、忍耐和克己。可以

俄罗斯人
性格探秘

库尔斯克市大教堂

说,西欧从罗马继承了个人主义和唯物理论,而俄罗斯则从拜占庭继承了兄弟团结精神和顺从意识①。

东正教对俄罗斯的第三个,也许是最重要的影响是弥赛亚说,即"救世主"说(意为上帝派遣来人世间的救世主)。这是由拜占庭帝国传统带来的影响。

"弥赛亚"一词原为古犹太语,意为"膏油",后来就指"受膏者",一个人头上被涂上"膏油",这个人就成为被选中的人,成为负有某种使命的人。

"俄国人就是这样一种负有某种责任感、某种使命感的民族"②。

罗马教廷分裂后,天主教逐渐在西欧占了上风,基督教被迫转向拜占庭,就是当时土耳其的首都君士坦丁堡。但是,1453年拜占庭帝国灭亡后,俄罗斯东正教会就自封为东正教的首脑,宣布俄罗斯政权承袭自罗马帝国,为"第三罗马"。

事情经过是这样的:16世纪,俄罗斯普斯科夫城的修士费洛菲伊给沙皇上了一个奏折,说莫斯科就是"第三罗马"。前面两个罗马已经背叛上帝,只有俄

---

① 纳塔利娅·切尔凯索娃,《删除俄罗斯吗?》,第131页。
② 刘文飞,《俄罗斯民族性格与俄罗斯文学》。

俄罗斯人性格主要特点

罗斯正教才是正统、正确的宗教。这个"第三罗马"学说提出后造成两个结果：一方面，它使俄国加入世界基督教大家庭，促进了俄国文化的发展，有利于国家的统一和巩固；另一方面，它又使俄国的宗教，甚至整个俄国的思想意识同西欧对立起来，在宗教文化上与西欧一直没有真正地融合。长期以来，在基督教世界中，信奉基督教较晚的俄罗斯人不无自卑感和失落感，但同时又一直觉得自己是真传，有一种责任感和使命感。所以俄国人不但信教，而且在宗教信仰里面还抱有某种神圣的、使命的东西。这样一来，俄国即使不信教的人，也永远可能有一种救世主的感觉。这些东西渗透到俄罗斯文化中间去，就体现出一种很复杂的面对世界的态度：一方面，他们显得特别虔诚，恭顺；另一方面，又好像非常爱训诫，老是想教导人[1]。

"'第三罗马'说是俄罗斯弥赛亚意识形成的标志性文本符号。从此，它在俄罗斯思想史上占据重要位置，且一直不肯退出历史舞台……到了19世纪，随着民族意识的高涨和宗教哲学的勃发，弥赛亚意识走向高扬。20世纪，'苏联是全人类的解放者'的口号再次唱响俄罗斯思想的主旋律，弥赛亚意识以世界革命等社会实践的方式贯穿了国家的政治和外交活动。"[2]

陀思妥耶夫斯基说过：真正伟大的民族永远也不屑于在人类当中扮演一个次要角色，甚至也不屑于扮演头等角色，而是一定要扮演独一无二的角色。一个民族若是丧失了这种信念，它就不再是一个民族了[3]。

俄罗斯人认为，俄罗斯人也就是全人类的人。俄罗斯的使命是世界性的，俄罗斯不是封闭的和自我满足的世界。俄罗斯民族是带有神性的民族。世界性同情心是俄罗斯民族的特征[4]。

"俄罗斯注定负有某种伟大的使命，俄罗斯是一个特殊的国家，它不同于世界任何别的国家。俄罗斯民族的思想界感到，俄罗斯是神选的，是赋有神性的。"[5]

别尔嘉耶夫还说：俄罗斯，就其精神而言，负有解放各个民族的使命，却往

---

[1] 刘文飞，《俄罗斯民族性格与俄罗斯文学》。
[2] 郭小丽，《俄罗斯的弥赛亚意识》。
[3] 《北大听讲座》中的《俄罗斯之旅》，第44页。
[4] 《俄罗斯思想》，第67页。
[5] 别尔嘉耶夫，《俄罗斯的命运》，第9页。

往成了它们的压迫者,因而总是招致敌意和猜忌,这个问题迄今还有待于我们克服。

俄罗斯人的弥赛亚意识毫无疑问地影响了俄罗斯人的性格。俄罗斯人的性格特点之一是家长作风,认为自己是其他小民族的保护者和庇护人。例如在斯大林时期,苏联共产党在"共产国际"中发号施令,以"老子党"自居,在社会主义阵营里舞动指挥棒,甚至粗暴干涉别国内政,像1956年处理匈牙利事件和1968年对待"布拉格之春",最后都是采用武力解决的方法。苏联人在与兄弟国家的公民接触时,也总喜欢摆出"老大哥"的架子,"非常爱训诫,老是想教导人"。即使现在,苏联已经解体,不少俄罗斯人还是有一种"瘦死的骆驼比马大"的心态,"第三罗马"的心理犹存。在俄罗斯新闻媒体上,这种弥赛亚派头和情绪也时有表现。

当一个俄罗斯人说他信奉东正教时,言外之意就是他是俄罗斯人。外国人常说,俄罗斯有"大国沙文主义思想",有"大俄罗斯主义思想"。究其根源,与拜占庭东正教有关,与弥赛亚说,即"救世主"说有关。

将"东正教"这个单词从希腊语译成俄语,意思就是"正确的学说",拜占庭即东方的基督教以此来对抗西方的天主教。俄罗斯人认为,自己比天主教徒"更正确地赞美上帝",因此,他们对其他基督教徒,例如天主教徒的态度很特殊。长期以来,俄罗斯东正教和罗马天主教之间的关系持续紧张,有时甚至达到公开冲突的程度。2002年初,通过俄罗斯新闻媒体的安排,罗马教皇和俄罗斯天主教徒之间进行了电视对话(电视桥)。俄罗斯东正教大牧首阿列克谢二世称此是"天主教会对俄罗斯领土的侵犯"。许多著名的俄罗斯文化活动家联名给俄罗斯总统写信,对"天主教的扩张"表示愤怒,并提出"打倒梵蒂冈传教士"的口号。时至今日,俄罗斯东正教和梵蒂冈天主教之间的关系尚未完全正常化。2009年4月底,另一个东斯拉夫东正教国家、白俄罗斯的总统卢卡申科访问梵蒂冈时,向本笃16世转达了莫斯科和全俄新的大牧首基里尔关于改善与天主教关系的愿望。但是,要完全改善双方的关系,还需要经过相当长的时间。

别尔嘉耶夫说,俄罗斯思想将导致这种意识:俄罗斯的道路是特殊的道路。俄罗斯是伟大的东西方之结合,她是完整的巨大的世界,俄罗斯民族包含着伟大

一 俄罗斯人性格主要特点

的力量，俄罗斯民族是未来的民族，它将解决西方已经无力解决，甚至从其深层来说都不能提出的问题①。

他在论述东正教时指出，"俄罗斯人认为，俄罗斯完全是一个特殊的国家，它具有特殊的使命。但是，最主要的并不是俄罗斯本身，而是俄罗斯给世界带来的东西，首先是人们兄弟般的团结和精神自由……无论莫斯科是第三罗马，还是莫斯科是第三国际，都与弥赛亚思想联系在一起，然而又都表现为对这一思想的歪曲。历史上好象没有一个民族，在它的历史上并存着这样的对立。帝国主义始终是对俄罗斯思想和俄罗斯使命的歪曲。但是，俄罗斯如此之大不是偶然的。这种大是命中注定的，而它又和俄罗斯民族思想和使命联系在一起。俄罗斯之大是它的形而上学属性，而不是它的经验论的历史属性。伟大的俄罗斯精神文化或许只是一个大国，一个大的民族所特有的。伟大的俄罗斯文学只能在生活在广大国土上的人数众多的民族那里出现。俄罗斯文学、俄罗斯思想充满对帝国的憎恨，揭露了帝国的恶。同时又必须以帝国，必须以俄罗斯之大为前提。这就是俄罗斯和俄罗斯民族的精神结构本身所固有的矛盾②。

陀斯妥耶夫斯基在长篇小说《群魔》中借沙托夫的口说，俄罗斯民族是体现了上帝旨意的民族。俄罗斯民族具有伟大的神圣使命，在时代的终点应当说出自己的新话③。

因此，别尔嘉耶夫认为，陀斯妥耶夫斯基有最强烈的俄罗斯弥赛亚意识。

有些人则指出，俄罗斯人对待过失和罪行的态度比较特别，这就是同情那些堕落的、受屈辱的人，而不喜欢那些自高自大的人。

美国人认为，从15世纪开始，俄罗斯人就幻想俄国在世界上起一种什么作用或者使命，喜欢教训别人，给别人指出某种新的道路甚至拯救世界。这种"俄罗斯弥赛亚主义"（即"救世主"思想）起源于16世纪"莫斯科是第三罗马"的概念，而到了近代，则是俄国开始的全世界社会主义革命。

有人指出，俄罗斯的许多重大事件，如1917年爆发的十月社会主义革命、二战后建立华沙条约组织和经济互助委员会并竭力控制东欧国家、1968年出兵

---

① 《俄罗斯思想》第67页。
② 《俄罗斯思想》第213页。
③ 《俄罗斯思想》第199页。

捷克斯洛伐克和1978年出兵阿富汗,都与俄罗斯人的弥赛亚意识有关。

20世纪30至50年代,苏共领导人"把苏联在特殊历史条件下建设社会主义的经验绝对化和神圣化,并强迫其他社会主义国家照搬苏联模式。1948年5月,斯大林在致铁托和南共中央的信中说,'在与南斯拉夫社会主义有关的问题上,低估苏联的经验,在政治上是极其错误的,而且对马克思主义者说来这是不允许的,';"那些反对照搬苏联模式,主张建设社会主义要从本国国情出发的领导人普遍受到镇压和迫害。"①

波兰人认为自己对俄罗斯的看法最为权威和深刻,因为"长期的相互关系史,给波兰造成的损害,先是俄罗斯的考验、而后是苏联的统治,特别是第一手获得的知识,丰富了波兰人对'俄罗斯灵魂'的认识"。"波兰人很了解俄罗斯,所以他们有理由害怕俄罗斯。②"

波兰人难以忘怀的是,1772年8月,1793年1月和1795年,沙俄、奥地利和普鲁士三次瓜分波兰领土,使昔日辉煌一时的波兰蒙受严重损失。第二次世界大战后,苏联与波兰之间不平等、不正常的国家关系也使大多数波兰人对俄罗斯颇有微词,其中症结之一就是"卡廷事件"。因此,在波兰人对俄罗斯人的看法中,负面评价占多数。只是在2010年俄罗斯总统梅德韦杰夫访问波兰后,俄波关系的坚冰才开始有所融化。

俄罗斯东正教弥赛亚意识也体现在俄罗斯人的对外活动中。不少外国人反映,他们与俄罗斯人接触时,常常感受到一股大国主义、强国主义的气质,是从骨子里冒出来的一股盛气凌人的气质。一些俄罗斯人在与外国人打交道时,往往流露出大国心态,做出缺乏尊重和礼貌、我行我素、不顾及对方感受等表现,因而容易引起对方的不悦和不满。

一些中国人在与俄罗斯人接触后也有一种感觉,就是有些俄罗斯人非常高傲,孤芳自赏,瞧不起中国人,内心深处藏着一种不屑一顾的想法。

毛泽东曾抱怨,苏联领导人总是以老大自居,自以为一贯正确,错误都是别人的。毛泽东的翻译师哲回忆说,1949年毛泽东访问莫斯科时,斯大林批评中

---

① 《苏联真相》序言。
② 《世纪之交的俄罗斯人和波兰人》第75页。

方的翻译"工作没有做好，耽误了贸易协定文本的印刷"。毛泽东听后对师哲说："缺点和错误都是中国人的！"

师哲说，斯大林的身材比毛泽东略低，当斯大林和毛泽东一起照相时，斯大林总要往前移动一两步，以便在照片里不会显得比毛泽东矮，或许还要高些①。

20世纪50年代后期和60年代初苏联和中国关系恶化，原因错综复杂，但与俄罗斯人的这种弥赛亚意识也有一定关系。

由此可见，俄罗斯人的弥赛亚意识和自傲性格培养了俄罗斯人的自尊和自信性格。在我们与俄罗斯人交往时，对他们的自尊心必须有充分的考虑。

（六） 俄式勤劳，对感兴趣的事全力以赴去做

——"斯拉夫人的三个基本特点决定了他们具有很强的生命力：异常勤劳，有时达到自我折磨的程度；爱国，甚至经常爱得发狂；以及天才"。

（白俄罗斯科学院哲学研究所）

——很遗憾，俄罗斯人不喜欢缓慢的、细致耐心的、复杂的、长时间的和系统的工作。他们喜欢全体动员式的紧急工作，对创造性的工作很感兴趣。但他们不会像日本人那样在不计较奖金和奖励的情况下把自己的工作做得最大合理化。对于俄罗斯人来说，这样的劳动是枯燥的、非创造性的和没有意思的。

（俄罗斯社会学家瓦列里·费奥德罗夫）

——俄罗斯人驾辕很慢，但驾好后跑起来很快。

（俄罗斯俗语）

西方人大多认为俄罗斯人懒惰和散漫。美国《国际先驱者论坛报》曾发表评论说，整个19世纪，俄罗斯所谓的西化者指责俄罗斯人的民族性：这种民族性经过数百年的宗教正统和政治压迫变得懒惰、神秘和爱空想。他们认为，俄罗斯需要一剂西方哲学和科学的良药，让社会变得理性。而有些反西化者则鼓吹斯

---

① 师哲回忆录《在历史巨人身边》第462页。

俄罗斯人
性格探秘

拉夫优越论，憎恶西方哲学日益扩大的影响，把斯拉夫人的头脑浪漫化。①

1993 年，德国人马可斯·维贝尔出版了他的著作《新教伦理和资本主义》。他认为，斯拉夫俄罗斯人天生就是"懒惰和缺乏好奇心"。西方的新教和东斯拉夫东正教伦理之间的区别在于：勤劳得利是新教所赞同的价值观，因此，西欧人勤劳发财。而基督东正教的价值观是受难、顺从和毫无前途的劳动，在下世和阴间得到奖励。既然没有劳动和迅速致富的动机，所以在俄罗斯谁也不爱劳动。②

汽车厂的工人

但是，俄罗斯学术泰斗利哈乔夫指出，俄罗斯人民总是以勤劳著称，准确地说是"农民的勤劳"，农民具有良好的农业组织习惯。农耕劳动曾是神圣的。

俄罗斯高等院校关于国情的教科书中对俄罗斯人性格这样写道：首先，俄罗斯人民非常勤奋和有天赋。它很有才能，在社会生活的各个领域都具有很强的能力。它天生就有很强的观察力、理论和实践的智慧、机灵、发明能力、准确的美感、创造性和精湛的技艺。俄罗斯人的所有这些品质不仅在其日常生活中，而且在其文学创造的优秀形象——从《伊戈尔远征记》、安德烈·鲁勃廖夫的圣像和

---

① 2007 年 8 月 29 日新华网。
② 莫斯科国际关系学院教授弗拉基米尔·梅金斯基，《关于俄罗斯人酗酒、懒散和残酷》，第 471 页。

俄罗斯人性格主要特点

壁画、莫斯科克里姆林宫的建筑群到大型工业建筑、独一无二的创造发明和宇宙飞船中都有体现。在历史活动的过程中，俄罗斯人民以自己的劳动和天才建立了强大的国家和强大的工业，积累了巨大的科技和知识力量。俄罗斯人的知识直觉和科学认识能力鲜明地表现在自然科学、技术和人文思想的所有领域，包括俄罗斯的哲学史中。俄罗斯人民最关心的问题是生活的意义、人类在地球上的作用、上帝和灵魂等问题。俄罗斯人的这一性格特点在陀思妥耶夫斯基的《卡拉马佐夫兄弟》中有精彩的描写。[①]

俄式勤劳的一个特点是厚积薄发。正如俄罗斯俗语所说，"俄罗斯人驾辕很慢，但是驾好后跑起来很快。"

俄罗斯的特点是夏天短暂，冬天漫长。以首都莫斯科为例，一般 11 月份就开始下雪，然后冰天雪地，一直到次年 4 月才冰雪融化，春回大地。在短暂的夏季必须紧张、迅速地完成过冬准备工作。夏天十分紧张地劳动，冬天则坐在壁炉旁，饱食终日。在寒冷的大雪纷飞的冬天，休眠是最好的生活方式。俄罗斯人的祖先生活在平原，远离海洋。寒冬里他们惟一的办法就是耐心地熬过几个月，养精蓄锐，待到春花烂漫时。

外国人称俄罗斯人为"俄国熊"并非偶然。棕熊生活在俄罗斯人居住的领土上，到了冬天就休眠，躺在熊窝里"吸吮熊掌"。一俟春天来临，棕熊就走出熊窝，成为森林之王，开始积极的生活，并为新的冬天作储备。从表面上看，熊缓慢笨拙，但实际上它体内蕴藏着厚实的力量。也正是由于熊的憨厚朴实、威武有力量，俄罗斯人特别喜欢熊，熊成为俄罗斯民族的图腾。著名画家列维坦所绘的《松树林中的小熊》被选为巧克力糖的包装。1980 年在莫斯科举行的国际奥运会吉祥物就是小熊"米什卡"。

2010 年 4 月底，普京总理特地到北极地区考察北极熊的生存情况。他和科学工作者们一起丈量北极熊从鼻子到尾巴的长度，并把一个卫星传送装置安放在这只被麻醉的白色北极熊颈圈上。俄罗斯电视台在报道普京和北极熊的消息时还特别强调，这只熊"随时可能醒来"。

显然，决不能因为俄罗斯人冬天过懒散生活就把他们看作懒人。俄罗斯多数

[①] 普希金语言学院教科书《俄罗斯人民》第 41 页。

俄罗斯人

性格探秘

莫斯科博物馆里的白熊标本

地区气候寒冷，冬天长达五六个月。寒冬里朔风怒号，雪花纷飞，天气非常恶劣，所以农民在家休闲。但是城里人仍然需要劳动，以保障国民经济正常运转。

不畏严寒，善于在寒冷的天气里劳作，也是俄式勤劳的特点。

在莫斯科工作期间，冬天是我们中国记者最难熬的季节。由于地处高纬度，每天下午3时左右天就开始黑，到次日早上8时许，仍然暗无天日。每天清晨，当我们还睡眼惺忪时，就会听到院子里铁锹铲雪的声音——那是俄罗斯外交人员服务局的工人们在干活。不管风吹雪打，不管天有多冷，他们总是按时出工，清扫积雪和冰面，保证行车和行人安全。有时，雪越下越大，气温降到摄氏零下30多度，我们这些外国记者足不出户，但朴实的工人们（其中有不少女工）照样穿着标志环卫工人的杏黄色棉袄在铲雪、装车、把雪运走。而在大街上，司机们开着扫雪车，把雪扫到路边，接着开过来装雪车，把雪装载到另一辆卡车上运走。这一连串的流水作业井井有条，效率极高。每当我看着这些工人和司机，一种尊敬的感情油然而生——不怕严寒，不畏艰难，辛苦自己而方便别人，这不是俄罗斯人勤劳的品质吗？

近年来，随着气候变化，中国的雪冻天气也越来越多，甚至南方很多省份也

一
俄罗斯人性格主要特点

频遭雪灾，给人们的生活和生产造成诸多不便。而我们国内抵御雪冻天气的办法还不多，效率还不高，常常采用人海战术，以铁铲为主要工具。在这方面，俄罗斯人的经验也许值得我们学习和借鉴。

俄罗斯农民的勤劳在俄很多文艺作品中也有描述，例如在列夫·托尔斯泰的《安娜·卡列尼娜》里，容易羞涩、但勤劳朴实的康斯坦丁·列文是一个"从事于牧畜，打猎，修造仓库的乡下绅士"，善良、能干，把自己的土地经营得很好。可以说，他是一个出色的务农专家，是俄罗斯人勤劳淳朴的代表之一。正是由于千百万个勤劳和善于耕作的农民，沙俄时期的俄罗斯才成为欧洲重要粮食生产国和出口国之一。但是 20 世纪 20 年代后期打击富农、剥夺富农财产后，"大锅饭"体制作祟，农民生产积极性受挫，苏联农业生产受到严重破坏。农业成为"老大难"部门，虽然投入很多，但效率一直不高。

苏联解体后的头十年，俄罗斯农业仍然处于低谷徘徊，直到 2000 年后才重新恢复粮食出口国的地位。不过粮食生产尚不稳定，2010 年森林燃烧大火，粮食产量降为 8000 万吨，2011 年预计为 9000 万吨左右。

有一次，我问一位白俄罗斯出租汽车司机，他认为俄罗斯人性格的主要特点是什么？他立即回答："懒惰。"理由是白俄罗斯的土地经营得很好，而俄罗斯到处是荒地。在俄罗斯工厂，工人们不好好干活，只追求产品数量，而不重视质量。

我对他说，这一看法并不全面。俄罗斯不少农田荒芜，与俄罗斯农业人口短缺有关。管理不善也是原因。前苏联时期实行国营农场和集体农庄制，搞平均主义，未能调动广大农民的生产积极性，所以农业始终是苏联经济的大问题。工业中也存在类似问题，平均主义、管理不善养成了工人们偷懒的习惯。但不能因此就说俄罗斯人的性格是懒惰。即使在苏联时期，虽然农业连年歉收，但居民别墅的土豆却连年丰收。只占农业耕地百分之几的宅旁园地所收获的土豆，竟占全国土豆产量的一半以上。难道能说俄罗斯人不勤快吗？

我曾多次去俄罗斯朋友的别墅作客，看到他们以及他们的邻里都在菜园里辛勤翻地、浇水、拔草、种植蔬菜和果树、制作西红柿和黄瓜罐头、果酱，去森林采蘑菇并晾干贮存，或者养蜂、建房。别墅里则摆满各种大大小小的玻璃瓶，装的是她们自己腌制的黄瓜、西红柿和自制的果酱。在漫长的冬季，这些就是他们

俄罗斯人
性格探秘

在别墅园子里劳动

餐桌上的主要食品之一。别墅劳动充分展现了俄罗斯人热爱劳动和朴实无华的品质。

和其他一些民族一样，俄罗斯也确有一些比较懒惰、酗酒成性的人，但总的来说，俄罗斯民族是一个勤劳勇敢的民族，一个富有创造力的民族。如果单靠丰富的自然资源，而缺乏勤劳的品质，俄罗斯社会绝不会发展到今天的水平。俄罗斯人在历史发展的各个阶段都证明自己是爱好劳动并善于劳动，不仅在科学和精神方面，而且在物质文化生产方面也是如此。俄罗斯人劳动态度的形成可以追溯到古罗斯，即接受基督教的初期。俄罗斯科学院士利哈乔夫写道："基督教理想给俄罗斯带来了极重要的美德——爱劳动、关心整个集体的财富，无论是修道院的、公国的，还是全国的……"

他还指出，俄罗斯农村的美丽，也是农民精心安排和劳动的结果。

是啊，我们在欣赏俄罗斯美丽的自然风光和田园景象时，绝对不能忽略它们的主人——俄罗斯人民为此付出的辛勤劳动和耕耘！

试想一下，为了开发俄罗斯北部地区，需要花费多么巨大的劳动！俄罗斯人修建了数万公里的铁路和公路、数百座城市和海港（包括北极圈附近的），开辟

一 俄罗斯人性格主要特点

了沿北极地带6000公里长的北方海道，建造了数以千计的工业企业以及伏尔加河和西伯利亚河上的大型水电站；在非常困难的自然和气候条件下开垦了数百万公顷耕地，包括处女地和熟荒地。仅20世纪50年代下半叶苏联就开垦了面积相当于一个意大利的耕地；铺设了从西伯利亚至欧洲的石油和天然气管道，穿过高山、河流、原始森林和沼泽地，架设了从俄罗斯的欧洲部分到太平洋的高压电线，在占地球六分之一的土地上建立了统一的能源系统；建造了拜克努尔宇宙发射场并向太空发射了数百颗宇宙装置……

这些科技、文化和建设成就充分证明了俄罗斯民族的勤劳智慧和创造能力。天才不仅有杰出的天赋和智商，而且要有异常的勤奋和顽强的劳动。俄罗斯历史上涌现了无数天才的艺术家、作曲家、舞蹈家、科学家、优秀的运动员等等，除天赋外，勤劳、刻苦是他们获得成功的重要条件。

在梦中受到启示的门捷列夫就是个天才的、成就卓著的科学家，曾获得俄罗斯科学院、外国科学院和大学授予的100多个荣誉证书。

但是他却不喜欢别人称他天才。他说："我是什么天才啊？我是劳动，劳动，一辈子劳动不止……"

我在莫斯科工作期间，曾亲眼目睹俄罗斯朋友的勤劳品质。俄罗斯科学院士、俄罗斯科学院远东研究所前副所长米亚斯尼科夫一生研究成果丰硕，著述甚多。有一次我对他说，俄罗斯是多事之秋，大事不断，震惊世界，在莫斯科当记者很辛苦，除了写新闻报道外，没有时间读函授研究生的课程，也没有时间做自己想做的问题研究。他听后语重心长地说："时间是挤出来的。我最感到时间紧迫的是几年前遭遇一次车祸、险些命丧车轮下之后。那时我深切体会到，我还有很多研究工作尚未完成，必须抓紧时间。"

他还慷慨表示，尽管研究工作繁忙，仍愿作我的研究生指导老师。

俄罗斯功勋音乐活动家左贞观的岳父帕纳修克是《红楼梦》和《三国演义》俄文版译者。他从未到过中国，却翻译了这两部巨著，其中的艰辛多么巨大！艰巨的翻译工作使他养成嗜酒习惯，每天都要喝一点，但喝酒并不影响他从事翻译工作。

另一位著名翻译家是前俄罗斯驻华大使罗高寿的父亲阿列克谢·罗高寿先生。他把古典名著《水浒》、《西游记》以及鲁迅的《祝福》、老舍的《无名高地

俄罗斯人
性格探秘

有了名》、马烽和西戎的《吕梁英雄传》等中国著作翻译成俄文、推介给俄罗斯读者。他一边任教,一边从事翻译,完成了这么多著作的翻译工作。这难道不是俄罗斯人坚韧、顽强、刻苦、耐劳的反映吗?

特别需要指出的是俄罗斯妇女的勤劳。每当谈到俄罗斯人民的勤劳时,我眼前总是首先浮现出俄罗斯妇女的形象。在集体农庄田野开着联合收割机前进的妇女,提桶给奶牛挤奶的农妇,身穿工作服在铁道叉口值勤的扳道女工,手拿长杆笤帚打扫屋顶的清洁女工,在工厂车间机床前俯身铸造零件的女工,开着天车在车间高空转来晃去的女驾驶员,以及在医院、学校、剧院等单位和男人们一起紧张工作的女人……

刺绣女工

虽然离开莫斯科多年,但使我难忘的是光明日报驻莫斯科记者站所在楼道里,每天都有一位俄罗斯老妇努力地擦地板、楼梯台阶及其扶把,她自觉地、默默地、不停地擦啊,擦啊,把整个楼道擦得干干净净。周围没有任何人监督,她本可以少做一点,图个轻松,但她却丝毫没有偷懒。

还有我认识的俄罗斯妇女柳芭、斯韦特拉娜、娜塔莎等,个个都是心灵手巧的家庭主妇,把家务料理得整齐干净,做菜、烤蛋糕、在别墅种植蔬菜、土豆和

俄罗斯人性格主要特点

蔬菜、做果酱、腌黄瓜……几乎无所不能。柳芭的英语水平很高，多年来一直作几个朋友的孩子的家庭英语教师，70多岁高龄仍孜孜不倦地教授英语。而且她只是象征性地收一点钱，教学的主要目的是为了提高孩子们的英语水平。

可以毫不夸张地说，在俄罗斯各条劳动战线几乎没有看不到妇女身影的地方。甚至在俄罗斯体坛，也是阴盛阳衰的现象。在大型国际比赛中，俄罗斯女运动员的成绩一般都比男运动员的好。这一方面是妇女获得解放和平等的体现，另一方面也充分反映了俄罗斯妇女勤劳勇敢的品质。

很多西方男人愿意娶俄罗斯姑娘为妻，除了她们的美丽贤惠外，正是看中了她们勤劳朴实和勤俭持家的品质。

遗憾的是，也应指出，苏联时期劳动曾是最重要的价值观之一，而现在它占的位置却比较低。很多年轻人不愿像父辈那样辛勤劳动，幻想一夜暴富。虽然俄罗斯人自己并不觉得懒惰，而且他们对懒惰的认识也很有自知之明，常说"懒人不受尊重"，"聪明的大脑不喜欢懒惰的双手"，但是一些外国与俄罗斯合资企业的老板却抱怨俄罗斯职工"懒惰"，"做事马虎"，缺乏恒心。

俄罗斯人能够较快地掌握新技术，如IT产业、欧式服务业和管理方式。但他们的工作心理没有变化，这与数百年前就形成的俄罗斯民族文化特点有关。

如果俄罗斯人对所做工作不感兴趣，他在上班时就不会好好干，一会儿抽烟，一会儿喝茶，一会儿聊天，等着下班时间到来。如果他对这项工作感兴趣，他就会全力以赴地去做，专心致志，甚至连下班铃声都不顾。如果工作使他们感到愉快，他们就会使劲地干，甚至对工资也不很计较。

还有一些俄罗斯人则是为高工资而劳动，不在乎这些劳动的强度有多大。

约有一半俄罗斯人很重视工作条件，希望"劳动集体的气氛友好"，"有利于自己专业水平的提高"，"工作时间弹性较大"，"不损坏健康"。苏联的大锅饭制度曾经使不少俄罗斯人养成平均主义、滥竽充数的习惯，他们不善于工作，缺乏设计和建设自己未来生活的习惯，过着得过且过、"今朝有酒今朝醉，明日无酒明日愁"的生活。他们不喜欢像中国人那样"蚂蚁般地劳动"，而认为过好今天的生活才是最重要的。

俄罗斯社会学家瓦列里·费奥德罗夫指出，"很遗憾，俄罗斯人不喜欢缓慢的、细致耐心的、复杂的、长时间的和系统的工作。他们喜欢全体动员式的紧急

俄罗斯人
性格探秘

工作,对创造性的工作很感兴趣。但他们不会像日本人那样在不计较奖金和奖励的情况下把自己的工作做得最大合理化。对于俄罗斯人来说,这样的劳动是枯燥的、非创造性的和没有意思的……俄罗斯的人口稠密度很低,70%的领土几乎还没有被利用。"[1]

(七) 幽默风趣,几乎人人都会说笑话

> ——幽默在俄罗斯人生活中占有重要位置,没有幽默,也就没有俄罗斯的生活。
>
> (俄罗斯记者)
>
> ——俄罗斯人喜欢自己开自己的玩笑。他们把这种自己开自己玩笑的幽默称作"黑色幽默"。
>
> (白俄罗斯图书馆工作人员)
>
> ——"在欧洲人看来,俄罗斯人对待微笑的态度过于严肃。俄罗斯人不苟言笑,他们脸上总是凝神思索、皱着眉头、孤僻冷漠。这使那些习惯于微笑、甚至在与陌生人接触时也微笑的欧洲人感到不安"。
>
> (阿拉·谢尔盖耶娃《俄罗斯人的行为准则、传统和民族心理》)

在了解俄罗斯人的幽默感时,先让我们来看俄罗斯《消息报》一则别具一格的征订启事。

苏联政府机关报《消息报》是这个国家最重要、最有影响的报刊之一,日发行量曾高达5千多万份,可谓世界第一大报。但是1991年初,苏联报刊准备大幅提价。这使报刊面临失去大批读者的危险。因此,这一年《消息报》的征订启事独具匠心:

"亲爱的读者:

从1990年9月1日起开始征订《消息报》。遗憾的是,1991年的订户将不得不增加负担,全年订费为22卢布56戈比(0.86卢布折合1美元)。在纸张涨

---

[1] 2010年11月29日《消息报》第9版。

俄罗斯人性格主要特点

儿童滑稽剧

价、销售劳务费提高的新形势下，我们的报纸为了生存下去，别无出路。

而你们有办法。你们完全有权拒绝订阅《消息报》，将22卢布56戈比的订费用在急需的地方。《消息报》一年的订费可以用来：在莫斯科市场上购买924克猪肉，或在列宁格勒买1102克牛肉，或在车里亚宾斯克购买1500克蜂蜜，或在各地购买一包美国香烟，或购买一瓶好的《五星牌》白兰地酒。

这样的'或者'还可以写上许多。但任何一种'或者'只能享用一次，而您选择《消息报》将享用全年。事情就是这样，亲爱的读者。"

读完这则征订启示，您不得不为它拍手叫绝。一些原来可能放弃订《消息报》的人，读了这则启示后改变了想法。结果，《消息报》的订数不仅没有下降，反而大幅上升[①]。

俄罗斯人的幽默感由此可见一斑。

"在欧洲人看来，俄罗斯人对待微笑的态度过于严肃。俄罗斯人不苟言笑，他们脸上总是凝神思索、皱着眉头、孤僻冷漠。这使那些习惯于微笑、甚至在与

---

① 《幽默大王》，2008年第1期。

俄罗斯人性格探秘

陌生人接触时也微笑的欧洲人感到不安。"①

英国人凡多林说,"俄罗斯人一生中平均微笑的次数比欧洲人少两倍半,更不用说与总是笑嘻嘻的美国人相比了。"

对此,不爱别人批评的俄罗斯人反唇相讥,称俄罗斯人较少微笑的原因首先是长期以来的艰苦生活。其次,是因为俄罗斯的自然条件恶劣,天气寒冷,生活环境严峻。如果俄罗斯人像美国人那样在大街上遇见不熟悉的人也频频微笑,人们一定会认为他患有精神病。

我对俄罗斯幽默的了解始于阅读汝龙翻译的《契诃夫短篇小说》。在契诃夫笔下,小公务员、变色龙、套中人、跳来跳去的女人等一个个小人物被刻画得惟妙惟肖,令人忍俊不禁。例如《一个文官的死》中的八等文官切尔维亚科夫,看到被自己吐沫星子所喷的是在交通部任职的文职将军布里兹扎洛夫时,突然脸色发白,耸肩弯腰,缩成一团。此后两天他两次上门谢罪未遂,终被吓死。这反映了等级森严的俄罗斯官僚制度下人们害怕上级的心态。又如《变色龙》中反映了连将军家豢养的狗也比普通人重要的现象。巡官奥丘梅洛夫在有权势者的家犬前摇尾乞怜,而对小百姓却张牙舞爪。这种"狗仗人势"的情况反映了一部分俄罗斯人"媚上"的心态。《挂在脖子上的安娜》、《醋栗》和《约内奇》则反映了一些人的庸俗、自私和铜臭。即使在现今俄罗斯社会上,我们也仍然可以看到具有这些性格特点的形形色色的"小人物"。契诃夫真是一位幽默大师,阅读他的作品,简直是一种愉快的享受。

后来我又读了克雷洛夫反映俄国现实生活的寓言、果戈理的喜剧《钦差大臣》和长篇小说《死魂灵》等作品,对俄罗斯人的幽默感有了更多认识。不过,那些都是从书本上间接地了解俄罗斯人的幽默。从20世纪80年代起,我有机会三度在莫斯科常驻,对俄罗斯人性格中的幽默特点逐渐有了直接和比较深入的了解。

俄罗斯的幽默几乎无处不在。有一次,我到俄罗斯一个"地主庄园"参观。昔日的"地主庄园"如今已是供人们参观的建筑精品。宏大的庄园建筑当然令人拍手称奇,但是庄园里的一个厕所更令人拍手叫绝。这个小厕所造得精致巧妙,简直就是整个庄园建筑的一个缩影。原来,庄园建成后,庄园主以资金不足

---

① 《俄罗斯人的行为准则、传统和民族心理》,第92页。

俄罗斯人性格主要特点

为由拖欠建筑师和工人们的工钱。建筑设计师为了报复这位吝啬的主人,就设计了这个标志性的小厕所,并对庄园主说:"这就是您的庄园。"

最能反映俄罗斯人幽默感的是包括滑稽语言艺术(类似中国的单口相声和双人相声)、小品和流行歌曲在内的小型文艺节目。借助这种形式,人们即使在苏联书报审查最严格的时期也得以隐晦地嘲笑和讽刺社会弊病。阿尔卡基·莱金是小型艺术节目的鼻祖,其接班人根纳季·哈扎诺夫、米哈伊尔·日瓦涅茨基、弗拉基米尔·诺维库尔、叶夫根尼·佩特罗相、扎多尔诺夫、克拉拉·诺维科娃则是"青出于蓝而胜于蓝"。这些才艺出众的演员在俄罗斯家喻户晓。他们特别擅长妙语横生的词句搭配和恰到好处的幽默故事,自编自演,口才出众,表演风趣。这些节目的内容极其广泛,无论任何题材,工农兵学商、东南西北中、男女老幼、生老病死,都有相应的幽默故事和语言艺术,其中不少是针砭时弊,讽刺权贵的趣闻佚事。演员们不仅妙语连珠,动作有趣,而且经常男扮女装,令人发笑。有的节目,演员说一句,观众就笑一次,剧院大厅里笑声如潮,此起彼伏。佩特罗相除表演单口相声外,还与夫人叶莲娜·斯捷帕年科联袂表演,可谓珠联璧合,比翼双飞。

著名演员佩特罗相和斯捷帕年科

俄罗斯人
性格探秘

他主持的名为"歪曲"的短小节目音乐会,以相声、小品和流行歌曲为主,每个月都在滨河大街"小型文艺节目剧院"演出,是莫斯科观众最喜爱的音乐会。而扎多尔诺夫则喜欢手拿自己创作的台词,照本宣科,但由于其内容非常有趣,观众照样笑声不绝。这与我国天津已故相声艺术家马三立以及最近几年骤然走红的"立波一周秀"有异曲同工之处。普京任总统时曾到滨河大街"小型文艺节目剧院"观看演出,既是表彰这座名闻遐迩的剧院,也是感谢和鼓励对丰富人们生活作出重要贡献的演员们。

俄罗斯各地都有这种小型艺术节目音乐会,为普通市民所喜闻乐见。

俄罗斯马戏和杂技也与幽默有关。在马戏和杂技演出的每个节目之间,有两个小丑串演哑剧。他们服装奇异,表情和动作滑稽,或斗智斗勇,或装傻卖乖,逗得全场观众开怀大笑。著名的小丑演员尤里·尼库林(1921—1997)和舒伊丁这对搭档曾因"丑"而扬名全国。

另一对搭档奥列格·波波夫和米哈伊尔·鲁缅采夫也是"丑"得可爱,"丑"得受人尊重。尼库林后来成为莫斯科街心公园附近的马戏院经理兼艺术总监,并在很多电影中饰演幽默角色。他去世后,被葬在莫斯科新圣女公墓(名人墓地),离俄罗斯前总统叶利钦墓地不远。这是一尊夹着烟卷、坐在舞台旁休息的滑稽演员雕像,似乎马上就要返回舞台表演节目。对于广大的俄罗斯人来说,尼库林永远留在他们心中,他的幽默形象永远印在他们脑海里。

由于街心公园附近的马戏院规模较小,很多大型杂技节目无法上演,后来在莫斯科大学附近的韦尔尼茨基大街上又建造了一座新的马戏院,面积更大,设备也更先进。由于它紧挨着莫斯科大学地铁站,交通方便,人们都喜欢前去观看。尤其是幼儿园至中学的孩子们,更是把去马戏院看节目作为他们生活中的重要节日,个个穿得整洁漂亮,脸上洋溢着幸福的笑容。幼儿一般由他们的父母带着进去,除了观看逗乐的节目外,很多孩子都要购买彩色气球、白色的玉米花糖和味道甜美的冰淇淋。很多中国人去莫斯科访问或旅游,也喜欢到这个剧院一睹俄罗斯杂技和大马戏的风采。

俄罗斯木偶戏也充满幽默。在木偶戏中,最著名的是莫斯科小环街上的"奥布拉佐夫"国立中央模范木偶剧院。该剧院1931年由谢尔盖·奥布拉佐夫创建,拥有两座楼房,一个木偶文学艺术图书馆和一个木偶博物馆,是世界上最大的木

一
俄罗斯人性格主要特点

偶剧院。剧院大门上端有一个大钟,每到时针指向一个整点,这个钟点的小门就会打开,跳出来一只小动物。而到 12 点钟时,12 扇门就会全部打开,12 只小动物一齐出来,十分有趣和热闹。这时,总有很多人驻足站在剧院门口欣赏这一奇景。

"奥布拉佐夫"剧院演出的节目很多,其中最著名的传统保留节目——讽刺剧《一场与众不同的音乐会》,经久不衰。这出剧由木偶们扮演歌手、舞者、音乐家、杂技驯兽员和魔术师等角色,嘲笑某些演员的自恋、盲目模仿以及缺乏职业技能的行为。在舞台上操纵大木偶的演员们,完全融入木偶世界中,和手中的木偶们一起哭,一起笑,同悲伤,同欢乐。当演出结束,一个个演员手举剧中自己操控的木偶人物走上舞台向观众谢幕时,人们才恍然大悟:"原来是他们操纵了这些惟妙惟肖的木偶人物!"

杜罗夫家的驯兽、基奥家的魔术、康杰米罗夫家的马术和"空中飞人"也都惊险而幽默,令人惊叹和发笑。杜罗夫家的动物剧院,全部演员都由动物担任:鹦鹉报幕,小狗钻火圈,海狮顶球,猎犬做操,印度小象念俄语,猴子爬杆和翻筋斗,棕熊跳绳和做单杠动作,狐狸跳狐步。演到最后一个节目《动物列车》时,三四十种动物在"月台"上全部亮相,载歌载舞,各尽所能,演出达到高潮。

和杂技院一样,杜罗夫剧院是少年儿童们最愿意去的地方。如今,莫斯科政府正在对杜罗夫动物剧院进行扩建和改造,使之能容纳更多的观众,具有更多的功能。

给俄罗斯幽默气氛推波助澜的还有俄罗斯电影和电视。可以说,没有幽默,就没有俄罗斯影视。

苏联时期,最有名的幽默电影之一恐怕要数梁赞诺夫导演的《命运的捉弄》(上下两集)。由梁赞诺夫执导的这部贺岁片自 1975 年 12 月 31 日首映以来,经久不衰,成为俄罗斯人最喜爱的喜剧片。

影片的梗概是:新年前夕,外科医生热尼亚在结婚前与几个好友去公共澡堂洗澡,不善喝酒的他被灌得酩酊大醉,还被送上去列宁格勒的客机。他从机场乘出租汽车来到"建设者大街",走进与他在莫斯科市同样街道同样单元同样楼层同样门号的房间,而且室内家具、器皿等摆设也几乎与他家一模一样。他以为到了自家,就倒在床上酣睡。房主娜佳回来后大吃一惊,经过一番争吵,终于搞清

俄罗斯人
性格探秘

楚这是一场误会。但是娜佳的男朋友却醋意大发，愤然离去。热尼亚返回莫斯科家中后，心里却仍惦记娜佳。惺忪松睁开眼，忽见娜佳站在他床边。原来，他把手提包忘在娜佳家，她特来莫斯科把手提包送归物主。于是两人喜结良缘。

32年后，2007年12月，著名年轻导演别克马姆别托夫执导的《命运的捉弄》续集上映，再次轰动全国。在续集里，热尼亚和娜佳终因不和而分手，娜佳回到圣彼得堡"建设者大街"那幢公寓楼。30年后，也是新年前夕，热尼亚的儿子——卢卡申也是在澡堂洗澡后从莫斯科乘飞机来到这里，寻找父亲的情人娜佳，却意外地与娜佳的女儿相识，两人也由误解发展到相爱。而从莫斯科赶来寻找儿子的热尼亚也与娜佳重归于好。

这两部电影可谓俄罗斯幽默电影的代表作。但是，其他很多电影，如我们所熟悉的《办公室的故事》、《莫斯科不相信眼泪》、《西伯利亚的理发师》等，也有不少幽默情节。例如《两个人车站》中的片尾，当男主人公一觉睡过站，眼看做早操就要迟到，为了不让劳改营的领导怀疑他逃跑，累倒在马路中间的他背靠着女友，拉起了手风琴。值勤军官在点名时听到远处传来的悠扬手风琴声，便欣慰地说："他没有逃跑。他已经来了！"

俄罗斯的动画片也非常幽默。以大灰狼和小白兔为主角的动画片《嘿，等着瞧！》以非常有趣的情节和动作，表现了小白兔的机智和灵巧，颇受俄罗斯儿童喜爱。此片堪与美国的《唐老鸭》和捷克的《鼹鼠》媲美。俄罗斯儿童观看有趣的动画片，从小就接受幽默教育，受到幽默感的培养。俄罗斯电视台还经常播放以单口相声和小品为主的短小节目，使那些不能去剧院的观众也能一饱眼福。

广播电台当然不甘落后。"俄罗斯广播电台"FA－AS 98.90波段每天下午的"讲笑话"节目，邀请各位听众讲自己知道的笑话，连线直播，讲得好的有奖，前提是该节目主持人不知道这个笑话，如果他已经知道，就不能得奖。令人惊叹的是，该节目主持人知道的笑话非常之多，通常听众刚把一则笑话讲到半截，主持人就会接着把后半截叙述出来。因此，要想获得他的奖并非易事。

报刊杂志和图书出版也很重视幽默。全国性的漫画报——《鳄鱼》图文并茂，以讽刺见长。《共青团真理报》、《论据与事实》等报刊每期都刊登几则在俄社会上流传的最新笑话，以飨读者。

一 俄罗斯人性格主要特点

各种各样的段子

苏联时期,官方书报检查制度非常严格。斯大林时期还有数以千计的人因讲笑话而被捕。但官方对百姓的私人生活、新闻传媒和文艺的严格控制却导致幽默艺术迅速发展。因为很多人看到了苏联政治、经济和社会制度的弊病、低效率甚至很多荒唐的事情,却不能公开批评和议论,而最安全和最简练的表述就是私下开玩笑,讲段子(俄语叫"阿涅克多德")。只要几个人(特别是男人)聚集在一起,喝茶或喝咖啡,用餐或闲聊,就一定会说笑话。而且大家争先恐后地说,以显示自己说段子的能力。会开玩笑的人很受欢迎,因为他活跃气氛,消除大家的疲劳。幽默者常被邀请作客,并被选为桌长,主持酒席。政府官员常因善于说笑话而得到提拔。据说,俄远东地区的一位官员就是因为善于说笑话而受到叶利钦总统青睐并被调到莫斯科克里姆林宫工作。

俄罗斯人的笑话,主要分为这样几大类:

第一类是苦涩的,建立在自己的痛苦基础上。

第二类笑话是关于婚姻和性生活的。例如,有一则笑话说,丈夫回到家里,妻子正在与情夫做爱。还没等丈夫开口,妻子吼道:"你又来指责我。你总是怀疑我。你跟从前一样,总是相信你自己可耻的眼睛,却不相信你自己的妻子……"她一边说,一边穿睡衣。

第三类是关于少数民族的。人们常拿楚克奇人①开玩笑。有一个笑话是这样的:一个楚克奇人来到莫斯科红场,听斯巴斯基钟楼自鸣钟的钟声入了迷。一个狡猾的高加索人看到他,便问:"想买这钟吗?"(大家都知道,楚克奇人很有钱,但在冻土带没法花费。)楚克奇人说:"我当然想买。"高加索人说:"您给我2000美元,我去把钟给您摘来。"楚克奇人就给了他2000美元,但是高加索人一去不复返。

第二年,这个情景又发生了。来莫斯科的是那个楚克奇人的哥哥。那位高加索人也来了,询问楚克奇人是否想买这个钟,"只要2000美元。"

"好吧,"楚克奇人回答,"给您钱,但这一次我自己去摘钟。"

---

① 楚克奇人是住在俄罗斯北极地区的少数民族,因对俄罗斯中部的事情了解甚少而显得单纯幼稚。

俄罗斯人

性格探秘

在俄罗斯笑话里，高加索人经常是不好的角色。

第三类笑话是讽刺苏联领导人的。如讥讽勃列日涅夫老年衰颓却仍酷爱奖章，学勃列日涅夫歪着嘴说话含糊不清；嘲讽戈尔巴乔夫口若悬河，连篇废话，讥笑他在政治上的失误，特别是反酗酒政策的失败。

也有一些讽刺叶利钦的笑话。如一则笑话模仿叶利钦在德国访问时酒后指挥乐队，令人忍俊不禁。

也有一些关于现在俄罗斯领导人的笑话。普京执政后提出几年内使俄罗斯国内生产总值翻一番，当时有很多人不相信这个目标能够达到，就出现了这样一则笑话：

普京决心使俄国国内生产总值翻一番，这实际上已经做到，因为普京的名字、父名加上姓的全称就是"国内生产总值"①。

2000年4月普京当选俄总统后，大量启用自己的家乡圣彼得堡的人。于是出现了很多关于圣彼得堡人的笑话。有一则是这样的：

俄罗斯总统办公厅官员来到火车站，从圣彼得堡开来的列车乘客中选拔干部。官员看见一个年轻人，就抓住他的袖子问：是否愿意作为"圣彼得堡人"进入政府工作。

另一则笑话说，一个俄罗斯男子来到普京总统办公厅找工作。组织部的官员问他："您在克格勃工作过吗？"

"没有。"

"您是在圣彼得堡出生的吗？"

"不是。"

"您在圣彼得堡有亲戚吗？"

"没有。"

"那您在莫斯科住在什么地方？"

"列宁格勒大街。"

"您看，这太好了。我们接受您来工作。"

我还听说过这样一个段子：

---

① 俄语的"国内生产总值"缩写与"弗拉基米尔·弗拉基米罗维奇·普京"的缩写一样。

俄罗斯人性格主要特点

在莫斯科公共汽车上，一名男子不小心踩了身边的人一脚。那被踩的人便问："您在克格勃工作？"

"不是。"

"在普京竞选班子里工作过？"

"不是。"

"是'统一俄罗斯党'人？"

"不是。"

"那您是来自圣彼得堡？"

"也不是。"

"什么都不是，那您为什么踩我？"说着，他使劲踩了那个人一大脚。

大多数俄罗斯人对普京都非常尊重，很多妇女甚至对他表示喜爱。普京任总统时，一曲《嫁人就要嫁像普京这样的人》风靡俄罗斯全国。

现任总统梅德维杰夫于2008年3月当选。按宪法规定，普京应在同年5月卸任。因此，俄罗斯又出现一则新的笑话："现在俄罗斯真正成为'双头鹰'了！"

还有一类笑话是关于国际问题的，这些笑话反映了俄罗斯人的爱国主义情绪。有一则笑话是这样的：

美国的爱滋病和苏联的爱滋病有何不同？苏联人答："美国的爱滋病是不可救药的，而苏联的爱滋病是战无不胜的。"

另一个笑话是说美国总统、法国总统和俄罗斯总统比赛谁更灵巧，看谁能够让猫吃芥末。布什忙了半天，试图把芥末塞进猫的嘴里，但是没有成功；希拉克劝说猫，但是猫没有听进去；普京想了想，把芥末抹在猫尾巴上。猫疼得要命，就用嘴去舔尾巴上的疼处。

俄罗斯实行私有化后，出现了很多关于"新俄罗斯人"的笑话。俄罗斯外交部新闻局国际处副处长马尔科夫是说段子的高手。有一次，他给我讲了两则有关"新俄罗斯人"的段子：

一个新俄罗斯人向他的朋友夸耀自己的新领带："我刚在伦敦买了一条领带，259英镑，是英国名牌。"

他的朋友回答："哦，我的领带也是刚买的，而且和你的领带的牌子一模一

俄罗斯人性格探秘

样,但价格却是你的两倍。"

另一则笑话是这样的:

一个"新俄罗斯人"开着奔驰600在莫斯科街上行驶,手机响了。

"安德烈,你现在哪里?"

"在特维尔大街开车。"

"你小心点。听说有一个疯子正以160公里的时速在逆行线上开飞车。"

"得了吧,哪止一个人,至少有上千人。"

俄罗斯人的幽默感无所不在,特别反映在日常生活中。2002年,我陪俄罗斯过渡时期研究所①副所长弗拉基米尔·马乌及其夫人伊林娜和岳父斯塔罗杜勃罗夫斯基在北京和西安访问。在平时对话中,他们也经常表现出幽默感。例如,我问:你们俩都是著名经济学家,那么在家里谁管账呢?

伊林娜说:"我先生知道我每月的工资额,而我却不知道他的工资是多少。"

马乌反唇相讥:"我管的只是戈比②,而她管的却是卢布。"

2003年秋,俄罗斯共产党第一副主席库普佐夫应中共中央联络部邀请来华访问。我到他下榻的饭店看望。他谈笑风生,心情非常愉快。他称赞饭店的装饰和摆件很优雅,说:"我决定把房间里的水晶吊灯、意大利式的雕塑铜钟和中国字画都作为送给我们的礼品带走,然后全都送给一个人。"

我好奇地问:"谁?"

"宾馆的总经理。"他说。

俄罗斯人的另一个特点,就是伊林娜给我说的,"俄罗斯人喜欢开自己的玩笑。"他们把这种自己开自己玩笑的幽默称作"黑色幽默"。俄罗斯人对自嘲的特点感到自豪,认为不回避自己的缺点和弱点并敢于讥讽自己,是有自知之明和有力量的表现。但对于很多欧美国家的人来说,俄罗斯人的幽默经常不被理解,他们的幽默故事也被认为是粗鲁和愚蠢。西方人经常把俄罗斯人看作"野蛮之人"和"不文明的人",喜欢在他们面前显示欧美人的优越感。而这也恰恰是俄罗斯人最反感欧美人的一点,因为俄罗斯人生性自傲,很少把哪个国家的人真正

---

① 所长是已故俄罗斯第一副总理盖达尔。
② 1卢布等于100戈比。

俄罗斯人性格主要特点

当作"神灵"来对待。

2011年初俄罗斯人与日本人在领土争执中所表现的幽默，也给人深刻印象。这年2月19日，继俄罗斯总统梅德韦杰夫等政要视察南千岛群岛后，日本官房长官枝野幸男乘日本海上保安厅的飞机到日俄边境，从空中远眺北方四岛。20日，枝野幸男又在北海道根室市根室半岛的纳沙布岬一侧，从陆上眺望了北方四岛。

对此，俄罗斯报刊诙谐地指出：俄罗斯不反对日本政治家"远眺"俄罗斯南千岛群岛的美丽风光。

总之，勇敢粗犷，不拘小节，却又颇具幽默感，这两种反差很大的品质同时存在于俄罗斯人身上，是他们复杂性格的特点之一。俄罗斯人性情开朗，爱开玩笑，您和他们在一起，绝不会感到寂寞。一位俄罗斯中年记者对我说，"幽默在俄罗斯人生活中占有重要位置，没有幽默，也就没有俄罗斯的生活。"

幽默的4个原因

那么，俄罗斯人幽默的原因是什么呢？是天生幽默，还是后天造成？我以为主要原因有四个：

一是由于他们所生活的广阔领土孕育了他们宽广的胸怀和豪放的性格。一般来说，心胸开阔才能幽默乐观。心胸狭隘的人是不会幽默的。

二是得益于良好的教育。俄罗斯国民教育事业较发达。20世纪80年代后期，俄罗斯所有城市和镇一级的农村居民点均已建立11年制学校。在边远农村地区，也建立了4年制或9年制学校。到20世纪80年代末，居民识字率达100%。11年级学生毕业后，或进入高等院校学习（30%），或进入职业学校学习（30%），或进入国民经济各部门从事生产劳动。在工作期间，继续读函授大学课程。早在1725年，第一所综合性大学——隶属于俄罗斯科学院的科学院大学就在圣彼得堡建立。1755年，根据著名科学家罗蒙诺索夫的倡议，创建了莫斯科大学。截止2001年初，俄罗斯共有1018所高等院校，其中562所国立院校归联邦政府管理，在校学生为48万，每1000居民中有327名大学生。凡到过俄罗斯的中国人都有一个共同的印象，即俄罗斯人的文化素质较高。这就是俄罗斯人性格幽默的基础。因为没有受过良好教育、没有文化知识的人是缺少幽默感的。

　　三是俄罗斯社会欣赏和重视幽默人士。在俄罗斯，会讲笑话的人是受欢迎的贵宾，会讲笑话的人仕途比较通达。政府对幽默予以鼓励，就连俄罗斯姑娘的择偶标准，也把配偶是否具有幽默感作为重要的条件之一。

　　四是图书出版和媒体的作用。包括媒体在内的文化既是俄罗斯社会幽默的载体，又是幽默的培养者和促进者。在俄罗斯，幽默图书是畅销书，在各书店，你都能买到幽默大师日瓦涅茨基、佩特罗、扎多尔诺夫的幽默图书。

学生们参观托尔斯泰故居博物馆

一 俄罗斯人性格主要特点

媒体的幽默也无所不在。俄罗斯人从小生活在幽默的文化和社会氛围里，受到戏剧、杂技、电视、报刊以及日常生活中周围人的影响，耳濡目染，长期被熏陶，自然而然就养成了幽默习惯。

俄罗斯已经把幽默作为自己生活方式的一部分、自己文化的一部分，因此，具有深厚群众基础的幽默之树，将在俄罗斯继续茁壮成长。

（八）热情好客，喜欢热闹

> ——不要光抖动桌布，而不铺到桌子上。你请了人，就要给好吃的！不要让客人坐到空桌旁！
>
> （俄罗斯俗语）
>
> ——多数德国人认为，俄罗斯人的主要优点是：好客、好交际、友好。
>
> （塔季扬娜·切斯诺科娃和纳塔利娅·切尔凯索娃的《删除俄罗斯吗？》）

有一个段子反映俄罗斯人喜好热闹的性格特点：一个俄罗斯人、一个法国人和一个意大利人乘船旅行。不巧，游轮失事，他们三人被遗留在一个荒岛上。一起在岛上过了一段时间后，有一天他们逮住了一条神鱼。神鱼答应只要放了它，就满足他们每人一个愿望。法国人提出要回巴黎喝葡萄酒，于是立即被送往巴黎的一家饭店；意大利人表示要去西西里岛情妇那里作客，于是立即被送往西西里岛。最后轮到俄罗斯人，他提出的愿望是："把那个法国人和意大利人召回岛上来吧，我一个人在这里太冷清了！"

这个笑话具有一定的客观基础。很多学者和专家都对俄罗斯人的这个特点有共识。

别尔嘉耶夫说，俄罗斯民族是世界上最具共同性的民族，俄罗斯的生活方式、俄罗斯人的性格，都是如此。俄罗斯人的好客是共同性的特色[①]。

利哈乔夫也指出：俄罗斯人喜欢朝圣者、过路人和商人，也殷勤地招待客人，即过往的商人。"不招待一个客人，就不能让他走"。"许多民族固有的好客

[①] 别尔嘉耶夫，《俄罗斯思想》，第100页。

俄罗斯人

性格探秘

维克托一家在别墅招待中国朋友

传统成为俄罗斯性格的一个重要特点。"①

21世纪初,在柏林学习的圣彼得堡大学的学生们在涅利·赫鲁斯塔列娃教授领导下,就俄罗斯人性格特点问题对79位德国人做了问卷调查。结果表明,多数德国人认为,俄罗斯人的主要优点是:好客、好交际、友好;最大的缺点是缺乏条理、不善经营,不遵守法律、墨守成规、不尊重秩序。同时,这些德国学生认为,德国人的特点是遵纪守法,条理性强,而缺点是存有私心、太固执②。

《科学决策》执行主编李晓宁认为,"俄罗斯人一般来说比较好客、热情、奔放。孔子讲'君子讷于言'。中国人讲沉静,不喜欢张扬自己的个性。而俄罗斯人比较喜欢张扬自己的个性,也愿意承担责任。"③

俄罗斯问题专家邢广程也认为,"俄罗斯人比较直率,中国人说话比较含蓄。比较直率的俄罗斯人碰到一个委婉的中国人,交流就会碰到一些问题。有时中国

---

① 德米特里·利哈乔夫,《解读俄罗斯》,第5页。
② 《删除俄罗斯吗?》,第139页。
③ 《专家作客新浪聊天室与网友共话俄罗斯》,www.sina.com.cn 2003年5月27日。

俄罗斯人性格主要特点

人说了半天，俄罗斯人可能不知道你要说什么。俄罗斯人非常直接，而中国人觉得太直接，不一定能接受得了。这是一个习惯问题。但总的来说，直率的俄罗斯人对中国人来说还是比较容易交往的。"①

与有些国家的公民对外国人淡然冷漠不同，相对来说，俄罗斯人对外国朋友比较热情好客。多数俄罗斯人，无论男士还是女士，都比较浪漫、大方和洒脱。扭扭捏捏，矫揉造作，或者孤僻冷漠，都不是俄罗斯人的做派。他们喜欢聚在一起聊天，天南海北，什么都聊。几个俄罗斯人坐在一起，就讲笑话，开玩笑，乐乐呵呵，热热闹闹。寡言少语不是他们的性格特点。他们好与人交往、善于交际，不仅喜欢和同胞聚在一起谈论各种问题，而且经常主动与外国人攀谈。如果您乘飞机或列车时与俄罗斯人坐在一起，他很可能会主动与您搭讪，问长问短，并且坦率地告诉您很多有关他自己的故事。你们之间的陌生感和距离感很快就会消失。这与矜持的德国人、孤僻的日本人形成鲜明对比。

乍看上去，与日本人和德国人一样，俄罗斯人不苟言笑，表情严肃，比较内向和封闭。由于冬天漫长寒冷，少见阳光，俄罗斯人得抑郁症的比较多。

但这些只是一些表面现象，实际上大多数俄罗斯人生性好动，热情好客，喜欢热闹。《俄国人》作者、美国记者史密斯认为，"俄国人尤其是莫斯科人，在公开场合常常显得粗鲁、冷漠、顽固、没有人情味。但在私下，在得到信任的圈子里，他们却是世界上最热情、最快活、最慷慨、最易动感情、最好客的民族之一——通常是在家人和亲密朋友之间，但如果触动了个人的某种移情作用的弦，结交新朋友往往也很快。"②

2007年9月，莫斯科中餐馆"金鼎楼"的主人李娜给我说了她对俄罗斯人的一点看法：几天前，一个中国商人在这家中餐馆举行生日晚会，邀请了不少华人和俄罗斯友人。宴席上，中国同胞显得拘谨和约束，情绪高涨不起来，气氛较沉闷。过了一个多小时，中国人陆续离去，而俄罗斯友人却又吃又喝，载歌载舞，兴高采烈地玩到半夜。他们不仅自己玩得痛快，而且让主人也感到心情愉悦。老板娘说，她比较喜欢俄罗斯人的这种性格，"干活就使劲干，玩就玩个痛

---

① 《专家作客新浪聊天室与网友共话俄罗斯》，www.sina.com.cn 2003年5月27日。
② 《俄国人》，第193页。

快"，活得比较轻松自在，而不像有些中国同胞，该出手时不出手，该潇洒时不潇洒，活得很累。

没有孤独主义

俄罗斯人生活的感性直觉强，这表现在他们需要密切接触、相互帮助，对周围人们严重依赖。在俄罗斯没有个人或家庭的孤立主义，有的则是"集体精神"、聚会和人以群分的习惯。也正因如此，俄罗斯人的另一个性格特点就是很会感受别人的心思，平易近人。素不相识的人很快就能熟识起来，即"见面熟"。两个人第一次相识，不到一个小时，就熟得好象已经交往了一辈子似的。英国人、美国人和法国人与您交谈时，只要您的语音语法有错，他们就会不理解您，因为他们注意的是您讲话时的外表。而俄罗斯人则不然，他们注重的是您讲话的内容而不是语音语调。尽管您发音不准或语调不正确，但他们非常能够理解您。他们对别人的理解能力特别强。如果您在俄罗斯学习俄语，谁也不会因为您发音不准或语法的毛病而对您吹毛求疵，周围的人会努力理解您的意思。即使您不能表达，他们也会竭力理解[①]。

俄罗斯人永远不会有感觉上的饥饿。不会缺乏人际间的交流和亲密的关系。他们不喜欢、甚至讨厌日常生活中的繁文缛节，即"小节"，俄文中称过多的礼仪和规矩是"中国的繁文缛节"。

很多人指出，在与别人打交道时，俄罗斯人像孩子般的轻信。他们很容易相信任何事物好的方面、相信新的思想、新的形式并努力接受它们，很容易接受时髦，服从强人的权威。

面包和盐

"面包和盐"的礼仪是俄罗斯欢迎贵宾的崇高方式。贵客刚来到，身穿鲜艳民族服装的俄罗斯姑娘就手捧一只放着一个大面包和一小瓶白盐的彩绘木托盘献给您。有的外国人对此不知所措，想把托盘接过来，把整个面包拿起来甚至吃掉。而正确的做法是掰下一小块面包，蘸一下盐，送进嘴里。即使您不喜欢面包

[①] 《俄罗斯人的行为准则、传统和民族心理》，第92页。

和盐,也一定品尝一下,因为这是对您表示的尊敬,并非每个人都能享受这种礼遇。

与中国人见面时握手不同,俄罗斯人(相互比较熟悉的人)见面时一般要按左、右、左的次序在脸上亲三次,以表示高兴之情。从礼仪上看,这种见面方式也比一些国家的公民见面时亲脸一次显得更热烈。

列车上更显热情

在长途旅行中,最能体会到俄罗斯人的热情好客。与其他欧洲国家不同,由于欧洲国家大多是小巧玲珑,那里的长途旅行可能只需要四五个小时,就到达目的地。路上可以不与别人说话,自己读报刊和书籍也很愉快,反正不一会就走下飞机或列车了。但在俄罗斯就不同,幅员辽阔,疆土无垠,旅途漫长。俄罗斯领土略呈长方形,从最东端白令海峡的杰日尼奥夫到最西端加里宁格勒的波罗的海海岸,长约1万公里,横跨11个时区。俄罗斯疆界总长度超过6万公里,其中海疆约占三分之二,海岸线长4.3万公里。从莫斯科到圣彼得堡,列车需要行驶约10个小时。而从莫斯科乘火车到远东的符拉迪沃斯托克,则要花费7天。怪不得在俄罗斯作家的小说和故事中,很多情节都发生在火车上:托尔斯泰《安娜·卡列尼娜》中安娜·卡列尼娜和沃沦斯基是在列车上相识的。陀斯妥耶夫斯基《白痴》主人公莫什金公爵和商人罗戈任是在列车上第一次谈到大美女纳斯塔西娅·菲利波夫娜。电影《西伯利亚理发师》中的俄国军官学校学生安德烈·托尔斯泰和美国寡妇珍也是在从莫斯科开往西伯利亚的列车上相识并相爱的。

1978至2000年我在莫斯科工作时,曾多次在俄罗斯大地上乘飞机、列车或自己驾车旅行。无论是在莫斯科至圣彼得堡的"红箭"列车上,还是在符拉迪沃斯托克经布拉戈维申斯克、赤塔和乌兰乌德至伊尔库茨克的贝阿大铁路上,坐在4个人一间的包厢里,同室的俄罗斯乘客都主动热情地拿出随身携带的香肠、腌黄瓜、西红柿、伏特加等食物,请我和陈艳一起享用。我们也按照中国人礼尚往来、互相尊重的习惯,赠送他们各种中国工艺美术品留作纪念。双方很快就熟悉了,好像多年未见的老朋友。

俄罗斯人
性格探秘

俄罗斯科学院远东研究所副所长阿斯拉诺夫一家在别墅和本书作者合影

邀请到家作客

我在莫斯科任记者期间，曾应俄罗斯朋友邀请多次去他们家做客。在他们的住家或别墅里，我们坐在桌旁一边喝茶，一边交谈，或一块劳动，摘他们自己种的草莓、西红柿和黄瓜。当然，也免不了饮酒吃饭，品尝"俄罗斯大菜"的美味佳肴。

到俄罗斯朋友家做客，一般午餐在下午2时至3时，晚餐在傍晚6至7时。他们待客是真诚和热情的。俄罗斯俗语说："不要光抖动桌布，而不铺到桌子上"。"你请了人，就要给好吃的！""不要让客人坐到空桌旁！"这些俗语反映了俄罗斯人的热情好客。

俄罗斯人家的餐桌非常丰盛。红的或黑的鱼子酱，白的和黑的面包，新鲜的和腌制的黄瓜和西红柿，青的、黄的和或红的柿子椒，新采的和腌制的蘑菇，煮土豆或土豆丝，腌的或烤的鱼，香肠和火腿肉，奶酪、黄油和酸奶，加上香槟、伏特加、葡萄酒、红莓苔子汁或格瓦斯、穗醋栗汁等。

在餐桌上不言不语、闷头吃饭，不是俄罗斯人的习惯。俄罗斯人很会祝酒，祝酒词一套又一套，绝不逊于中国东北人。俄罗斯人喝酒，除第一杯通常必须喝

俄罗斯人性格主要特点

干外,一般不会劝酒。在餐桌上,他们争相开玩笑,讲笑话。

餐后,主人会端上红茶、白糖、蛋糕、果酱和甜点,以及各种时令水果。

喝完茶,主人家成员或主人请来的其他俄罗斯朋友就会坐到钢琴前,或拿起吉他和小提琴,奏起快乐的乐曲;有时,三两人一起放开歌喉,一个唱高音部,一个唱低音部,配合默契。

《少先真理报》总编辑奥尔加·格列科娃和她的女儿就是这样配合的。1990年秋格列科娃应《中国少年报》邀请访华,我陪同并作翻译。后来我作为《中国青年报》记者常驻莫斯科时,应邀去她家作客。用餐后,喝过茶,奥尔加就开始弹钢琴,两个女儿表演二重唱,3人配合得如此默契,如此和谐,就像一个文艺演出小分队。

还有一次,我去退休的俄罗斯朋友马雅和瓦列里家做客。除我和妻子陈艳外,她们还请了另外一位会弹吉他和唱歌的俄罗斯女友。用过晚餐,她们就开始弹琴唱歌,唱得那么优美动听,好像受过专门训练一样。知道我喜欢苏联歌曲后,她们就唱《红莓花儿开》、《莫斯科郊外的晚上》、《山楂树》、《喀秋莎》、《草原》……我俩也随之唱附,更增添她们的兴致。

叶利钦总统的前政治问题助理萨塔罗夫也是多才多艺。那次我们在他家用餐后,他操起吉他,自弹自唱。其夫人也站在他身旁轻声哼唱,真是"夫唱妇随",珠联璧合。

1998年的一个夏日,俄共第一副主席库普佐夫过生日,我和陈艳有幸被邀参加晚宴。20多位客人(主要是库普佐夫的家属和亲戚)坐在一家餐馆的一张长方形桌子周围,频频举杯祝贺,气氛非常热烈。酒过三巡,大家高兴地唱起歌来,没有乐队,没有伴奏,也没有卡拉OK,就是清唱。使我感到惊讶的是,他们唱了一支又一支歌,歌词都背得出来。而我们中国人往往是旋律记得住,歌词记不住,唱卡拉OK是高手,清唱就较难。库普佐夫他们唱着20世纪50年代至80年代的歌曲,唱得那么高兴,那么投入,那么深情忘我,真令人感动。

对于俄罗斯人的这种慷慨热情,很多外国人也深有同感。荷兰记者兹瓦尔特说,"还在我第一次去莫斯科时,俄罗斯人的热情好客就给我留下特别好的印象。与叶戈尔家第一次相见时他们就设丰盛的家宴款待我。他们展示了烹调的奇迹,

俄罗斯人
性格探秘

做了各种各样的美味佳肴,买了很多好吃的食品,尽管价格很高。"[1]

他还写道:"在我访问期间,我们多次去俄罗斯人的郊外别墅。它们是安宁的绿洲,帮助您恢复创造力。就像与世隔绝一样,在大自然中,坐在壁炉旁读书,或者阅览报刊上的时事新闻,真是妙极了!几个小时后您就会完全习惯这样的生活,把城市里和英特网上徒劳的生活忘得一干二净。几杯伏特加酒下肚,就会使您情绪盎然,障碍全无。您会听到一连串毫无羞涩的、带诨的笑话。"[2]

也有"扰民"之嫌疑

性格开朗、感情热烈奔放、举止潇洒确是一种优点,但如果不加注意,放任自由,恣意妄为,就会变成缺点。与中国人有些相似的是,俄罗斯人喜欢热闹,不仅在熟人内部范围,而且在公共场所也经常满不在乎,旁若无人,惹得别人很有意见。

有些俄罗斯人在公共场所的表现确实难以令人恭维。例如,一位俄罗斯作者写道,"在国际航班上飞行时,不得不承认,我们同胞的行为确实令人产生这样的一些想法。不久前我和一些不为人知的议员们一起飞往法兰克福,他们不仅'大喝伏特加,骂人,敲桌子',而且毫不羞耻地把机舱里面弄得很脏。我很想否认俄罗斯人的这一性格,但天生讲求客观的素质使我难以这样做。几乎所有富庶国家的人们都认为,我们日常修养的水平很低。"[3]

在北京飞往莫斯科的航班上,也常可看见一些俄罗斯乘客又吸烟,又喝酒,使不吸烟的人觉得与他们坐在一起真是倒霉。2009年6月12日从北京飞往莫斯科的909航班上,就有两名俄罗斯年轻人肆无忌惮地不停地喝酒、说话,或者站在机舱过道上又吻又抱,影响别人行走,而他们却没有丝毫歉意。

很多西欧人认为,俄罗斯人是一个好动、好热闹的民族。凡是有俄罗斯人的地方,就不会安宁。英国切斯特市一户人家的主人们回忆说,在他们的印象里,俄罗斯人喜怒无常。因此,当一位俄罗斯女大学生在他们家住了几个星期以后,他们直

---

[1] 2010年4月16日《消息报》第10版《俄罗斯·我的故事》。
[2] 同上。
[3] 《删除俄罗斯吗?》,第138页。

率地对她说:"我们曾经以为,你可能会突然大喝伏特加、骂人、敲桌子……"

2008年6月,荷兰文化学者维萨尔公布了她所做的一项问卷调查结果:大多数荷兰游客认为,最不适合度假的地方是土耳其、埃及和阿联酋,并不是因为当地的度假环境不好,而是因为俄罗斯人是这些地方的常客。他们抱怨,有俄罗斯人在侧,他们就得不到应有的休息。①

维萨尔在报告中列举了俄罗斯人在海外旅游时暴露的一些公德问题:俄罗斯男人经常喝得酩酊大醉,而女游客则向欧洲游客卖弄风情,故意穿着泳装走来走去,引起荷兰女游客不满。

一些荷兰人还抱怨,在土耳其和埃及的一些旅馆里,99%的房客是俄罗斯人,被俄罗斯人包围的感觉令他们很不舒服。

维萨尔认为,解决这个问题的办法只能是加强沟通。她建议俄罗斯人多学习外语,改变自己的排外心理,走出自己的小圈子,多和欧洲游客交流;而荷兰人则应抛弃成见,改变用有色眼镜看人的习惯,不要把所有来自前苏联国家的游客一概称为俄罗斯人。

总的来说,在俄罗斯人的性格中,浪漫多于保守,活跃多于呆板,开朗多于郁闷,热情胜于冷漠,好客胜于冷淡。与英国、德国、波罗的海国家等欧洲国家的人相比,俄国人是最热情、最容易交往的。即使与另外两个东斯拉夫民族——乌克兰人和白俄罗斯人相比,俄罗斯民族也是最容易接近、最大方、最阳光的。

(九)"熊"脾气,情绪化和随意性很大

——俄罗斯人的性格像婴儿的脸,喜怒哀乐变化无常。俄罗斯人的性格像夏季的云雾,瞧得见却看不透。

(一位西方外交官)

——当一个西方外交家发表挑衅性言论时,赫鲁晓夫同志脱下皮鞋,用它敲打桌子,也许这使西方世界的外交女士们认为有伤体面,但这简直是妙极了。

(《苏联共产党第22次代表大会文件汇编》)

---

① 中新网2008年6月18日电。

俄罗斯人
性格探秘

俄罗斯人性格中的矛盾性和复杂性导致他们性格的另一个突出特点——不稳定性和随意性,即情绪化。有一次,我去白俄罗斯科学院哲学研究所图书馆借书,女管理人员问我要借什么书,我说是有关俄罗斯人性格特点的书。她马上说,"哦,俄罗斯人的性格特点,就是像熊一样,随意心很大,反复无常。"

根据英国培因和法国李波特提出的性格分类法,人的性格有理智型、情绪型和意志型三种。情绪型性格的人通常用情绪来评估一切,言谈举止易受情绪左右,这类人的最大特点是不能三思而后行。

很多俄罗斯人的性格似可归于情绪型。

从国家领导人行为看俄罗斯人的随意性

彼得大帝为所欲为的性格世人皆知。例如,他对俄国人蓄长胡须很反感,便开始同胡须作斗争。他规定剪胡须是全国居民应尽的义务,并亲自动手把前来欢迎他的大贵族的大胡子剪掉。有一次他检阅军队,看见一人没有剃胡须,就命令鞭挞。他还要求把莫斯科公国盛行的长袍改为欧洲的短装,因为他认为,俄罗斯传统的、华丽的服装"妨碍活动,全然不适合于工作"。在一次宴会上,他"像那次剪胡子一样拿起剪刀,剪起客人们的衣袖来"。他一边剪,一边说:"大袖子太碍事,到处惹祸:不是把玻璃杯拂落下地,打个粉碎,就是弄泼菜汤,撒满一身。剪下来的这一段,你还可以拿去做一双靴子。"①

1718年6月,彼得大帝把自己的继承人阿列克谢判处死刑,几年后却因失去男性继承人而后悔不已。"深沉的痛苦引起他的痉挛症大发作。彼得闭门不出,一连3天不见任何人,也不思饮食。"②

无独有偶,伊万雷帝也在一次与儿子的争执中,盛怒之下把手杖向儿子猛掷过去,击中儿子的头部,血流如注。他睁大恐怖和悔恨的双眼,抱着儿子的尸体欲哭无泪。

19世纪80年代,著名俄罗斯画家列宾用此题材创作了题为《1581年11月16日恐怖的伊凡和他的儿子》的作品,却被沙皇当局禁止展出。多年后此画再

---

① 《彼得大帝》,国际文化出版公司出版,第93页。
② 尼·帕夫连科,《彼得大帝》,第305页。

俄罗斯人性格主要特点

度展出时,改名为《伊凡雷帝杀子》。

赫鲁晓夫的随意性也是很多人茶余饭后的笑谈。他改革的魄力和勇气固然令人敬佩,因为在 20 世纪 50 年代,没有他的改革,苏联社会就难以发展。然而,赫鲁晓夫的改革缺乏总体规划和理论准备,特别是在改革的后期,带有明显的主观随意性和主观盲目性。"赫鲁晓夫的改革还具有强烈的个人色彩,性格上的轻率、鲁莽、缺乏耐心和急于求成的特点在改革过程中随处可见。"①

赫鲁晓夫之墓气场如何?

例如,赫鲁晓夫在 20 世纪 50 年代后期就宣布:"我们这一代人将生活在共产主义时代。"为此,他冒险急进,决定把小农庄和小农场合并成大的农庄和农场,跑步进入共产主义。他不分青红皂白,不管地区差别,竭力在全国推广种玉米。他认为,"就是那么简单,玉米就是灵丹妙药"。"除了玉米以外,没有一种作物能够取得这样出色的成就。玉米能够使农庄像插了翅膀一样飞腾起来"。对于一些不积极种植玉米的农业领导干部,赫鲁晓夫强烈不满。他不断更换这些领导干部,甚至没收了一部分党员的党证,不管他们的党龄有多长。同时,他提拔

---

① 《为什么偏偏是俄罗斯》,第 49 页。

俄罗斯人
性格探秘

那些支持种植玉米的人,并给种植玉米的农民和农庄以重奖。为此,人们给他起了个外号"古古鲁扎"(俄文意为玉米棒子)。但是,违背经济规律的做法终于受到大自然的惩罚。虽然全国玉米种植面积从1954年的500万公顷增加到1960年的2800万公顷,但由于很多地区的气候不适宜种植玉米,1963年玉米播种面积的62%几乎颗粒无收,"玉米运动"遭到失败。这也成为他1964年10月下台的原因之一。

在外交领域,赫鲁晓夫也有不少轻率和冒险行为。1962年7月,他下令把苏联导弹运往古巴,使苏美关系剑拔弩张,一度濒临战争边缘。后来在美国的压力下,苏联只好从古巴撤出导弹。

1954年,在俄罗斯和乌克兰合并300周年之际,赫鲁晓夫宣布将俄罗斯浴血奋战而夺取的克里米亚半岛划归乌克兰。不料此举在俄乌关系上留下了一个严重的隐患。1991年苏联解体,克里米亚半岛留在乌克兰版图。但部分俄罗斯人对克里米亚划归乌克兰的合法性持有疑义,对克里米亚半岛有主权要求。俄罗斯黑海舰队在克里米亚海港城市塞瓦斯托波尔的租期到2017年届满。而俄罗斯人反对将黑海舰队撤离这个要塞。

直至2010年初亚努科维奇当选总统,俄乌关系才开始改善。俄总统梅德韦杰夫在亚努科维奇宣誓就职后作为外国领导人第一个访问乌克兰,两国签署协议,将俄黑海舰队在塞瓦斯托波尔的租期在2017年后再延长25年。

赫鲁晓夫随意性最典型的表现,莫过于1960年9月他在联合国大会上用皮鞋敲桌子。据赫鲁晓夫的女婿、前苏联政府机关报《消息报》总编辑阿朱别伊1961年10月在苏共22大的发言中说,"当联合国讲坛上发出了侮辱社会主义阵营各国人民的挑衅性言论时,苏联代表团就"用拳头敲桌子以示抗议。拳头累了,就找其他方式来制止那些伪君子和骗子。""有一次,当一个西方外交家发表挑衅性言论时,赫鲁晓夫同志脱下皮鞋,用它敲打桌子,也许这使西方世界的外交女士们认为有伤体面,但这简直是妙极了。"[①] 2005年1月,赫鲁晓夫的儿子谢尔盖在接受俄罗斯《论据与事实》采访时也说,1960年9月赫鲁晓夫穿着棉鞋飞抵纽约,那里的天气还很热。于是,他就换了一双在当地商店买的美制棕

---

① 《苏联共产党第22次代表大会文件汇编》,下册第1087页。

色皮凉鞋。几天后，他就是用这只39号的皮凉鞋在联合国大会上敲打桌子的①。

在与中国关系上，赫鲁晓夫的随意性也相当严重。1962年，他决定单方面废除苏联同中国的经济合作协议，提前撤走在中国的所有苏联专家。

值得指出的是，1964年10月14日苏共中央书记苏斯洛夫在苏共中央全会上作关于解除赫鲁晓夫总书记和部长会议主席职务的主旨发言时说，赫鲁晓夫的主要错误之一是主观性和随意性。"凡所提主张和意见不符合赫鲁晓夫同志心意的同志，他都会以盛气凌人的傲慢态度，给他们起各种轻蔑的和侮辱性的绰号，以贬低他们的人格……他的特点不仅是极端粗暴、出尔反尔、放荡任性和心胸狭窄，而且他还热衷于发号施令，鲁莽行事，考虑问题先入为主，偏颇不公，易于狂怒，尤其最近动辄轻蔑指责他人，过分自夸而自信。"②

苏联最后一位领导人戈尔巴乔夫也是"性情中人"。他的特点之一是信口开河。1985年时任苏共中央总书记的戈尔巴乔夫开始"改革和新思维"运动后，到处讲话，越讲越多，越讲越长，经常是一讲就口若悬河，滔滔不绝。苏联电视台每天晚上9时开始的新闻联播节目，一般都是40分钟。但一逢戈尔巴乔夫讲话，就会延长到一两个小时。对于戈氏这种讲话的随意性，中国驻苏联大使馆一些官员戏称他为"大侃"。

戈尔巴乔夫在执政中表现出的随意性，也反映在其进行反酗酒运动、去苏维埃化（苏联人民代表选举）等方面。这些举措都缺乏详实的论证和策划，带有很大的随意性，结果造成无法弥补的损失。对于事关国家和人民命运的经济和政治改革，对于改革引发的苏联民族冲突，戈氏缺乏解决问题的明确的目标和切实可行的措施，因此，苏联改革进程就像一架在空中飞行的巨大飞机，不知在哪里降落，最终连这场改革的始作俑者也感到莫名其妙，历史性的改革竟然违背了他的初衷，导致苏联解体。

在俄罗斯第一任总统叶利钦身上，随意性也屡见不鲜。例如，他在访问柏林时酒后失态指挥乐队；在美国访问时中午喝醉而无法参加下午的记者招待会；从美国返回俄途中因在飞机上喝醉酒而未能在都柏林机场与爱尔兰领导人举行会

---

① 《环球时报》2008年11月19日，驻俄罗斯特约记者方言良。
② 1964年10月14日，苏共中央十月全会速记记录。

俄罗斯人
性格探秘

作者与俄共主席久加诺夫在一起

晤，飞机在都柏林机场上空盘旋了很长时间却不降落，弄得在机场迎候的爱尔兰领导人百思不得其解。最后只好由第一副总理索斯科维茨走下舷梯替总统进行会见。

1996年4月叶利钦总统访问上海，登上"东方明珠"电视塔，鸟瞰上海市全貌，心旷神怡。他对随行的俄罗斯记者说，中国共产党是"干实事的党"，如果苏联共产党也像中国共产党那样脚踏实地，苏联也就不会解体了。

鉴于叶利钦的健康状况，俄罗斯医生不让叶利钦喝酒，但总统情绪高涨，执意要服务员上茅台酒。结果，夜游黄浦江的计划被迫取消。

1993年10月4日俄罗斯军队炮打俄罗斯联邦最高苏维埃所在地白宫的决定，也显得太随意。当时，俄罗斯最高苏维埃（议会）领导人及其支持者已被俄罗斯军队团团围住，不需动武就可让俄最高苏维埃领导人及其他议员就范。全国89个主体中的大多数共和国、边疆区和州以及俄罗斯宪法法院、东正教大牧首等都主张谈判解决，但刚愎自用的叶利钦却下令炮轰白宫，造成白宫变黑宫、数十人伤亡的严重后果。

叶利钦总统的随意性还突出表现在1998年3月至1999年8月5易总理的决

一 俄罗斯人性格主要特点

策上。1998年3月23日，叶利钦突然宣布解除切尔诺梅尔金总理的职务，由35岁的基里延科接任。8月17日，俄罗斯爆发了严重的金融危机，基里延科被迫宣布卢布贬值50%，延期清偿国家债券，对外还债冻结90天。叶利钦被迫解除基里延科的职务，重新让切尔诺梅尔金担任总理，但是未能获得俄罗斯共产党的支持，只好于9月11日任命俄共支持的普里马科夫外长为政府总理。好景不长，次年5月12日，叶利钦又把普里马科夫撤职，任命内务部长斯捷帕申为总理。过了不到3个月，即8月9日上午，叶利钦又宣布革去斯捷帕申总理的职务，让普京接任。这些令人眼花缭乱的人事变动，把俄罗斯政局搞得动荡起伏，社会不得安宁，人心浮动。俄共领导人批评叶利钦不是一个严肃的政治家，朝令夕改，反复无常，使俄罗斯失去发展经济的机遇。

作者采访俄罗斯前总理切尔诺梅尔金

也有人认为，叶利钦小事马虎，不拘小节，但大事不糊涂，关键时刻果断坚决，因此能够在1991年6月12日成功当选俄罗斯第一任总统，并于1996年7月3日蝉联总统。大多数人都认为，视权如命的叶利钦将在总统宝座上呆到2000年3月新总统选出后再下台。不料，在20世纪的最后一天——1999年12月31日叶利钦突然宣布，自愿辞去苏联总统职务并任命普京总理为代总统。

俄罗斯人
性格探秘

这一举动犹如晴天霹雳，令很多人目瞪口呆。

普通俄罗斯人的随意性

既然国家领导人都免不了随意做事，那么普通俄罗斯人在日常工作和生活中的随意性就更司空见惯。例如，肉类加工企业的职工下班时经常随意怀揣香肠往家带，不少酒鬼酗酒后驾车造成交通事故，一些男主人在家里任意殴打妻子和孩子，"家庭暴力"非常严重。

俄罗斯人开车也很随意，在街上行车，不仅车速快，而且见缝就钻，直到街道全部堵塞、汽车不能动弹才罢休。怪不得前白俄罗斯内务部长纳乌莫夫说："从汽车的行驶状态就可知道此车是俄罗斯的，还是白俄罗斯的。礼让行人的是白俄罗斯汽车，而不让行人的就是俄罗斯人开的车。"

从俄罗斯人喝酒的习惯上也可以看出俄罗斯人的随意性。很多俄罗斯人喝酒没有节制，随心所欲，想喝就喝，一开喝就收不住，一醉方休。这种不计后果地喝酒结果，使我们在俄罗斯的很多场合都可以看到酒气醺醺的酒鬼。在电梯里，在公共汽车上，只要有俄罗斯男人在场，就常能闻到一股酒气。在莫斯科办厂的中国企业家郝先奇对我说，他开豆芽厂时，一些俄罗斯工人每月领到工资的那天，都要喝酒自乐。次日早晨来上班时，仍处于半清醒状态，使他无法将那些复杂和难度较大的工作交给他们做。

无奈的车辆年检

在俄罗斯政府部门办事的随意性中，给我印象最深的是每年的车检。几乎所有驻莫斯科的中国记者以及外国驻莫斯科的记者都为汽车年检感到头痛。每年一次对所用汽车进行的技术检查，总要耗费我们一个多月时间。首先是去俄罗斯外交部新闻司外国记者管理处获取关于我们记者站的登记证明，以证明记者站的合法身份；然后带着这一证明和报社社长关于此车属于记者站财产的证明信，去莫斯科海关办理有关此车是从国外购买并运入俄罗斯境内的证明信。接着，去莫斯科警察局车辆管理处办理验车手续，到银行交费后把车开到该局交通处门口接受检查。由于去进行年检的汽车很多，而每天检查的车辆数量有限，必须一早就去排队才行。验车通过后再到管理处窗口排队领取有关证件。在这一环扣一环的过

一 俄罗斯人性格主要特点

程中，任何一个环节都有可能出现问题，使年检的过程中断。而一旦不能在规定期限完成年检，记者就会面临被警察罚款、汽车被警察扣押等麻烦。前《人民日报》驻莫斯科记者刘刚就是因为未能在规定期限通过年检而在雨天被警察扣住汽车，冒雨"打的"返回记者站。他给我打电话叙述了汽车被扣的过程，言语中充满对警察的愤怒。

在涉及年检的任何一个环节中，都可能发生始料未及的事情。例如，莫斯科海关说您的购车发票有问题，需要出示更多的证明。您的半天排队等于打水漂，起码还得再去一次海关；警察局车辆管理处说您的车有问题，不能通过技术检查。您只好忧心忡忡，不知如何是好；行贿吧，此钱无法报销。不送钱吧，眼看汽车的年检期限将过。真是左右为难。1991年5月我为记者站购置的一辆白色"230E奔驰"，在1993年汽车年检时，警察硬说发动机上有两个数字看不清而不能通过，称该车"有犯罪的痕迹"，必须到莫斯科大环以外莫斯科警察局一个专门的处室去检查。好不容易获得该处出具的"此车无刑事问题"的证明，车辆检查处依旧不能痛痛快快地盖上"通过年检"的戳。

最后只好找与警察局沆瀣一气的一个越南人帮忙，采用经济手段才解决问题。

本来很透明、很容易解决的事情，让俄罗斯各个环节的人员一搅，就变得面目全非，令人哭笑不得。记得有一次我开车帮助一位俄罗斯朋友运输杂物去他在莫斯科郊外的别墅，途中突然被国家汽车监察署的检查站截住，非说我的车辆"超速"，须交纳罚金。真是"秀才遇到兵，有理说不清"，只好交钱了事。

1992年初，新华社莫斯科分社一位记者从分社所在的"友谊街"右拐，两名警察非说他违反交通规则，要罚200卢布。这位在莫斯科工作了十多年的老记者差点鼻子都气歪了：我在这条路上开车拐了十几年，而且其他车辆也都是这样拐上罗蒙诺索夫大街的，从未有警察说违规，怎么今天就"违反交通规则"了呢？无可奈何，老记者只好自认倒霉，给200卢布走车。

后来才知道，两名警察是缺钱喝酒才灵机一动，上演了"罚款"一幕。

中国人在与俄罗斯人打交道中，常常感到俄方的不确定性和多变性。昨天还在餐桌上一起喝酒，几天后再次相遇，他却好像不认识您一般。一件事情今天已经决定，但明后天就可能变卦。一个问题昨天已经解决，但过一些日子可能又成

俄罗斯人
性格探秘

为问题。

1968年苏联出兵捷克斯洛伐克，1978年12月苏联几个领导人仓促决定出兵阿富汗，1991年12月8日叶利钦总统决定解体苏联，1993年10月4日炮打白宫，1994年12月下令进攻车臣……

除其他因素外，这些急躁行为是否与俄罗斯人的性格也有一定关系？

俗话说，性格决定命运。俄罗斯人的性格决定俄罗斯的命运。

随意性如何形成

由此可见，自生性、自发性、随意性，或者说情绪化确是俄罗斯人的性格特点之一。"这体现了俄罗斯人性格很粗糙的一面"。

"随波逐流"和"鲁莽行事"是俄罗斯人两个比较主要的性格特点。俄罗斯人在"随波逐流"的过程中，经常会做一些出人意料、毫无根据、不是建立在以往经验基础上的、与各种分析相悖的事情。俄罗斯自发性的特点与欧洲其他国家的方法论、系统论和组织性不同，所以，俄罗斯人的性格特点也与多数欧洲国家的人民不同。一位西方外交官说，"俄罗斯人的性格像婴儿的脸，喜怒爱乐变化无常。俄罗斯人的性格像夏季的云雾，瞧得见却看不透。"

人们常称俄罗斯人为"北极熊"，不仅因为它是庞然大物、体力巨大，而且由于它性格乖戾、变化不定。虽然它在一般情况下步履沉稳、姿态憨厚，但不知道它什么时候就会突然发怒，对周围环境造成多大损失。

俄罗斯人性格中的随意性，可能与俄罗斯广阔的领土有关。

俄罗斯的领土空间没有被严格的结构化。俄罗斯广袤的领土给人的行动留下巨大的自由空间，给生活提供发生各种转折的可能性，使各种方案在生活中都可能实现。

他们的随意性也与俄罗斯的历史有关。

这个国家长期实行君主制，专制主义非常严重，而法制却很不健全。因此，俄罗斯人的法制观念和遵守规矩的意识也远没有西方国家的人们那么强。这一点与我们中国人比较相似。假如深夜美国人、德国人、俄国人和中国人各开一辆汽车在城市里行驶，当4部车行驶到十字路口遇见红灯时，美国人和德国人会自觉停车等待，而俄国人和中国人一看周围没有其他人和车辆，很可能会闯过红灯继

一
俄罗斯人性格主要特点

续前行。

作者采访俄罗斯前第一副总理盖达尔

俄罗斯人的随意性还与他们直觉敏感型的心理特点有关系。

西方人的特点是逻辑思维，而俄罗斯人的特点则是形象的直觉思维。西方人按自己的意志和理智行事。而在俄罗斯人那里，首先是形象和知觉起作用，然后才是理智和智慧。俄罗斯人能说会道，更善于理解对方所说的含义，更能理解对方。但是，俄罗斯人不大善于把自己的预感和情绪变为合理地解决具体问题。虽然他们花很多时间、反复和深刻地考虑日常问题，但在需要集中意志、自主解决问题的关键时刻，他们的反应常常"像孩童一般"。在这种情况下，他们一般更倾向于听从长者、聪明者或长官和国家。因此，他们更喜欢生活在能够保护他们利益的"强大的国家"，而不像西方国家的公民那样，更强调个人和自由。

俄罗斯人性格探秘

（十）不大懂得相对的东西，爱走极端

——要么全有，要么一无所有。

（俄罗斯谚语）

——我们就像出自树木一样，既能做棍棒，又能做神像。

（俄罗斯俗语）

——俄罗斯自古以来就是一个好走极端的国家。国家精神史在颇大程度上反映俄罗斯激进主义的历史，俄罗斯激进主义总是要求"在这里、现在、立刻"就改变生活。

（俄罗斯哲学家米罗诺夫）

——在俄罗斯民众中，善与恶的摆幅特别大。俄罗斯民族是一个极端性的，从一端迅速而突然转向另一端的民族，因此这是一个历史不可预测的民族。

（德米特里·利哈乔夫）

提起俄罗斯人的这个特点，我想起一个中国留学生说的一个故事：有一次他和一个学汉语的俄罗斯同学看到一副中国对联，其中写道："不行也行"，"行也不行"。这位俄罗斯同学被搞懵了："这怎么可能呢？行就是行，不行就是不行，怎么可以又行又不行呢？"

这位中国同学认为，俄罗斯人的思维方式是直线思维，不大容易拐弯。平时他们说话也是喜欢直来直去，不喜欢拐弯抹角。

与俄罗斯人打交道的其他中国人也有同感，觉得俄罗斯人看问题比较单一、固执，不大懂得变通。

《科学决策》执行编辑李晓宁指出，"俄罗斯人比较容易犯偏颇的毛病，这是思想方法的问题。"第一是由于语言和思维方式问题，俄语和英语不大一样，俄语具有严谨、强调逻辑化等特点；第二是俄罗斯人比较强调概念和它的逻辑关系。一旦要搞计划经济，他们的思维方面就变得非常刚性。在实施一些错误概念时，经常推理到尽头，直至产生巨大的负效应时才会想到去改它；第三，他们的

俄罗斯人性格主要特点

纠错能力比较差，但是反过来说，他们的坚持能力又比较强（而英国和美国的纠错能力则比较强）……他们想实施一种新的政治体制，但常常停留在基本概念设计中，而不去关心出现的新情况、新问题。这是他们的历史给他们造成的缺憾。他们总是在适应性、补偿性问题上考虑较少，也就是我们中国人常说的——一锤子买卖。他们过于拘泥概念方面的东西[①]。

毋庸置疑，在俄罗斯人诸多消极性格中，爱走极端可能是最大的毛病。俄罗斯哲学家米罗诺夫说，俄罗斯历史发展的一个显著特点，就是俄罗斯民族具有"激进"或"极端"的倾向。"俄罗斯自古以来就是一个好走极端的国家。国家精神史在颇大程度上反映俄罗斯激进主义的历史，俄罗斯激进主义总是要求'在这里、现在、立刻'就改变生活"。

别尔嘉耶夫对俄罗斯人的极端性也有深刻的阐述。他说，"要记住，俄罗斯人天性很极端化"。由于俄罗斯人好走极端，它所讲的人性能够兼有残酷性的特征。不过，人性毕竟是俄罗斯具有的特征，人性是俄罗斯思想之最高显现。对于丧失了社会地位的人、被欺辱与被损害的人的怜悯和同情，是俄罗斯人很重要的特征。俄罗斯温顺的反面是异常的俄罗斯自负。最温顺的，也就是最伟大的，最强壮的，惟一负有使命的。

他在《俄罗斯思想》中还指出，"俄罗斯人不是怀疑主义者，他们是教条主义者，在他们那里，一切都带有宗教的性质，他们不太懂得相对的东西；

"俄罗斯民族是最两极化的民族，它是对立面的融合。它可能使人神魂颠倒，也可能使人大失所望，从它那里永远可以期待意外事件的发生，它最能激起对其的热烈的爱，也最能激起对其的强烈的恨。这是一个以其挑衅性而激起西方其他民族不安的民族；

"俄罗斯民族有着巨大的自发力量，并且奢爱形式。俄罗斯民族在民族文化方面没有西欧那些民族的优势，它是更加直爽和更富有灵感的民族，它不懂得方法而好走极端；

"在俄罗斯人身上可以发现矛盾的特征：专制主义、国家至上和无政府主义；残忍、倾向暴力和善良、人道、柔顺；信守宗教仪式和追求真理；个人主义、强

---

① www.sina.com.cn 2003 年 5 月 27 日。

俄罗斯人
性格探秘

烈的个人意识和无个性的集体主义；民族主义、自吹自擂和普济主义、全人类性；

"世界末日——弥赛亚说的宗教信仰和表面的虔诚；追随上帝和战斗的无神论；谦逊恭顺和放肆无理；奴隶主义和造反行动。""哥萨克的自由逃民是俄国历史上很有意思的现象，它最能体现俄罗斯民族性格中的两极性、矛盾性。"

利哈乔夫认为，那些说俄罗斯人在一切方面都倾向极端的人完全正确。这种对极端的偏爱又与同样极端的轻信结合在一起，这种轻信在俄罗斯历史上引起过而且至今还在引起数十个"自称为王者"；俄罗斯人的不幸在于他们的轻信；俄罗斯人准备以最珍贵的东西去冒险，他们在履行自己的设想和思想时激昂狂热；俄罗斯性格的极端性并不意味着俄罗斯文化的极端化。俄罗斯性格中的善与恶绝不是均衡的。善总是比恶珍重几倍。众多偶然性的主要原因之一就是俄罗斯人的民族性格。这种性格远不是统一的。在这种性格中不只是不同的特点交织在一起，而且这些特点还交织在"统一的音区"中：宗教性和极端的无神论，无私与吝啬，实践主义与在外部状况面前的完全无助状态，好客与仇视人类，民族自我蔑视与沙文主义，不善于同突然出现的战斗力顽强的庞大突击者作战[1]。

莫斯科普希金语言学院教科书也说，喜欢走极端也是俄罗斯人的特点。俄罗斯人做事经常是本着这么一个原则："要么拥有一切，要么什么也没有。"因此，在俄罗斯人的日常生活中常能看到一些极端的现象：狂热、过激和极端主义。

有人指出，俄罗斯人的"决斗"就是极端性格的反映。普希金死于同法国人丹丁士的决斗。莱蒙托夫、赫尔岑、屠格涅夫、托尔斯泰都曾参与决斗或走到决斗边缘[2]。

刘文飞先生认为，"各个民族都会有性格的两个方面，但是俄罗斯人的两极之间距离最大。"[3] 各个民族都有一些矛盾的性格特点，但在俄罗斯人身上，这些矛盾的特点格外突出。

俄罗斯人看问题和处理问题经常容易绝对化。例如，中国共产党领导人民获

---

[1] 《俄罗斯民族的性格特征》，2008 年 11 月 4 日亚心网。
[2] 郭军宁，《双头鹰国徽——民族性格的象征》。
[3] 《刘文飞研究员来中国诗歌研究中心讲座交流》，www.poetry-cn.com。

得解放后,对末代皇帝溥仪实行了改造政策,让他在北京植物园工作,后来又让其担任第四届全国政协委员、国务院参事室和中央文史研究馆资料专员。但苏联却把末代沙皇尼古拉二世及其皇后、女儿和儿子全部杀害。

1994年9月我在叶卡捷琳堡采访时,当地居民给我讲述了末代沙皇一家被残杀的经过:1918年7月17日深夜,在尼古拉二世全家临时居住的当地矿业工程师伊巴契耶夫的屋子里,末代沙皇全家7口——尼古拉二世、皇后亚历山德拉、大女儿奥尔加(23岁)、二女儿塔吉扬娜(21岁)、三女儿玛丽娅(17岁)、小女儿阿娜斯塔西娅(16岁)和不到14岁的儿子阿列克谢在半地下室全部被枪杀。同时被杀害的还有沙皇的医生、仆人等4人。叶卡捷琳堡一位记者把我带到市郊一片森林里,指着一个坟坑说:"这就是沙皇全家被毁尸的地方。"

末代沙皇一家被埋葬的地方

俄罗斯人的极端性格在俄罗斯外交上也有反映。"俄罗斯民族性格方面所表现出的极端性和矛盾性,使俄罗斯外交理念也具有极端性的特点,中庸在其外交理念上没有地位。在俄罗斯外交理念中,要么是激进超前的理想主义,要么是极端保守的现实主义,俄罗斯外交理念总是在激进与保守、东方的理性和西方的想象两端摇摆，不偏不倚对它而言是十分少见的。"①

在同南斯拉夫、阿尔巴尼亚的关系中，克里姆林宫犯了"顺我者昌，逆我者亡"的错误。在对待中国的问题上，也在很大程度上反映了俄罗斯人走极端的特点。一旦中国领导人不服从苏联"老子党"的指挥棒，不盲目地跟着克里姆林宫亦步亦趋，赫鲁晓夫就粗暴地指责中国，发表《致苏联各级党组织和全体共产党员的公开信》，全面批驳中共的观点。苏联甚至不惜撕毁两国政府间协议，撤回在华的全部专家，致使中苏在长达20多年的时间里连正常的国家关系都不能保持，对两国人民的文化和人员交往以及双边关系的发展造成了极其严重的后果（当然，中国在与苏联的关系上也有自己的教训可以总结）。

20世纪30年代至80年代上半期，苏联人搞计划经济，就把全国经济制度搞成99%的公有制，除了居民的宅旁园地（相当于1978年改革开放前中国实行的自留地）外，根本没有任何私有经济的影子，连个体工商户都见不着。直到已经实行改革的1989年，苏联领导人对市场经济仍讳莫如深，在大会报告和讲话中竭力回避出现"市场"字眼。苏联领导人的思想如此僵化，其国内出现经济危机并导致苏联解体就在所难免。

苏联解体后，俄罗斯国内又出现了另一个极端——否定十月革命和苏联的思潮，认为十月革命影响了俄罗斯的发展，如果没有十月革命，俄罗斯将比现在更发达更强盛。有人开始对十月革命的领导者和苏联的缔造者列宁从神化变为妖魔化，全国各地数以万计的列宁雕像被推倒，以列宁名字命名的街道也被改名。2003年10月我出差去莫斯科时，在"总统饭店"后面参观了"露天雕塑博物馆"，只见很多被推倒的列宁雕像、克格勃总部大楼前的捷尔任斯基全身雕像以及原来矗立在列宁大街和科学院士皮留金街交叉口上的苏联国徽等雕塑，都横七竖八地躺在地上，不堪入目。对自己国家的历史和过去的国家领导人采取这种蔑视态度，也反映了部分俄罗斯人对本国历史和人物的极端评价。

在20世纪90年代初，也就是叶利钦执政初期，俄罗斯又不顾本国的国情，从苏联时期全面否定西方的立场转变为对西方顶礼膜拜，照抄西方的政治制度和经济制度模式，实行"休克疗法"和大规模私有化，结果不仅导致经济和人民

---

① 杜正艾，《俄罗斯外交传统研究》。

俄罗斯人性格主要特点

1993年10月4日俄罗斯最高苏维埃大厦被炮轰

生活水平急剧下降,而且政治和社会矛盾激化,由反对派占多数的议会同总统在一系列重大问题上立场尖锐对立,国内形势达到极端危险的程度。1993年9月21日,叶利钦总统下令解散俄罗斯最高苏维埃(议会),并对议会大厦——莫斯科河畔的白宫实行封锁和包围。此事最后通过极端的做法——炮打白宫而解决,再次反映了俄罗斯人走极端道路的思维方式。

  一些学者指出,矛盾性是俄罗斯人性格的最大特点和思维方式。这一矛盾性表现在俄罗斯人生活的各个方面和俄历史发展的各个阶段,在俄历史、哲学、文学等各个方面都得到了反映。俄罗斯人生活中的另一个矛盾性是体现君主制的专制体制和植根于社会意识中的民主传统。民主的传统首先是与俄罗斯的村社有关——这是自古以来俄罗斯社会制度的重要因素。

  俄罗斯人性格中的各种特征离奇般地结合在矛盾性中,例如自大自豪又缺乏自尊,对人热爱、开放、无私却又残忍粗暴,既善良又有暴力倾向,既渴望自由又有奴隶般的顺从,既天才、勤奋又很懒惰,既有个人意识、勃勃野心又富有集体主义思想,既遵守传统又喜欢虚无主义,既寻求上帝又崇尚战斗的无神论……可以说,极端性是俄罗斯民族性格中最主要的特征,是俄罗斯人性格中起支配作

俄罗斯人
性格探秘

用的东西。正像俄罗斯俗语所说："我们就像出自树木一样，既能做棍棒，又能做神像。"

对俄罗斯民族心理的研究表明，在今日俄罗斯人的意识中，一些矛盾的行为标准和准则经常发生碰撞。对俄罗斯一些大城市305位居民的测验结果表明，他们身上显示了不同的心理特点和行为准则：一部分人主张集体主义，包括热情好客、相互帮助、慷慨和信任；第二部分人主张精神价值，包括正义、良知、真理；第三部分人赞成加强政权，包括服从领导、树立偶像、加强管理；第四部分人向往美好的未来，包括希望有"好运"出现，不相信自己，不负责任、缺乏行动；第五部分人希望尽快解决生活问题，包括通过紧急动员全体工作、英雄主义、勇敢精神、高度的劳动生产率等手段。

2007年7月，英国女作家莱斯莉·张伯伦出版了《祖国：俄罗斯哲学史》一书。在谈到俄罗斯人的思维方式时，她指出了俄罗斯人的矛盾性。她认为，俄罗斯文化一方面为自己在社会和科学上的落后感到耻辱，一方面又坚信自己在道德上高人一等。悲天悯人和天真率直这些俄罗斯人的传统优点在实用主义、虚无主义、无政府主义和西方的种种"主义"面前渐渐消失。

中国有句俗话："成也萧何，败也萧何。"

套用这句俗语，俄罗斯人是"成也极端，败也极端"。

（十一）疑心较重，具有狭隘的排外性

——一些俄罗斯人的特点是不喜欢甚至仇恨外国人。

（列宁格勒出版社出版的《18世纪外国人眼中的俄罗斯》）

——俄罗斯有很多名胜古迹，但并不欢迎外国旅游者去参观。在俄罗斯并不存在完全意义上的旅游业这个词。

（《苏维埃白俄罗斯报》）

——"俄罗斯是俄罗斯人的"思想支持者们不仅破坏了俄罗斯这个多民族国家，而且破坏了其联盟体系。俄罗斯的力量在于尊重别人，而不尊重的结果是自己反被削弱。

（俄罗斯政治学者维亚切斯拉夫·尼科诺夫）

俄罗斯人性格主要特点

2004年5月26日,3名中国公民手持俄罗斯驻华使馆颁发的签证在莫斯科机场入境,却被俄边防站工作人员扣留。俄方以发邀请单位的材料不全为由,决定把3人遣返回国。中国驻俄使馆官员与俄边防人员据理力争,说明既是俄驻华使馆发的入境签证,理应视为有效签证,边防无理由不让入境。如果是邀请单位有问题,不具备发邀请的资格,俄使馆就不会也不应该发签证。但俄方人员坚持己见,拒绝与我使馆合作。3人在过境厅里度过漫长和艰难的4天后终被遣送回国。

俄罗斯太平洋舰队停泊在符拉迪沃斯托克

两天后,即5月28日,有两名中国乘客在莫斯科谢列梅季沃国际机场过境时,俄边防检查站工作人员以邀请单位与接待单位不符为由要遣送他们回国。中国驻俄使馆立即与他们的邀请单位和接待单位联系,并与俄方反复交涉,两人才被允许入境。

同年6月11日,又有4名中国人在这个莫斯科机场被拒绝入境,俄边防解释的原因是邀请单位情况不明、接待单位未派人到机场接机。这4人中有两名妇女,一人身体不好。中国使馆领事官员赶赴机场与俄方交涉,希望本着人道主义精神善待我公民,然而他们还是被扣在机场4天,身心疲惫,精神备受折磨,被

俄罗斯人
性格探秘

迫回国。

在中俄两国战略协作伙伴关系不断发展的背景下,俄罗斯机场却接二连三地发生上述现象,令很多中国人百思不得其解。

其实,早在18世纪,西班牙驻沙俄大使利里斯基就指出,一些俄罗斯人的特点是不喜欢甚至仇恨外国人。例如,海军上将阿普拉克欣是公主的兄弟,能力平常,从未去过国外,不喜欢新生事物,对外国人恨之入骨。自私自利,险些为钱而送命,但又被钱所拯救。不懂政治,虽是海军上将,但连海事的起码知识都不懂;切尔尼舍夫将军聪明勇敢,服务得很好,但非常吝啬,好说谎。不喜欢外国人……[1]

"俄罗斯总是处于专制体制统治下,血腥和破坏性的社会剧变之中。伊凡雷帝、彼得大帝和斯大林时代就是证明。但俄罗斯人总是不能正确理解自己的不幸。他们用怀疑和敌对的眼光看待所有其他民族,喜欢把自己苦难的原因归咎于别人,如鞑靼人、希腊人、日耳曼人、犹太人等等,只是除了他们自己。"[2]

俄国人一个很显著的特点是"不相信并怀疑外国人","对自己人和外国人采取不同的道德伦理准则。"[3]

北京外国语大学俄语学院前任院长张建华在一次谈话中也指出,俄罗斯人具有"提防外族入侵的忧患意识",这不仅是俄罗斯不断加强国防的主要原因之一,而且也是俄罗斯人怀疑和不信任外国人的重要原因。

俄罗斯人在心理上没有准备好接待外国旅游者

俄罗斯国土辽阔,历史悠久,旅游资源非常丰富,但是,这个国家的旅游业却总是发展缓慢。据俄罗斯《消息报》报道,2007年去俄罗斯旅游的外国游客为220万人,比2006年减少10%,比1997年还少30万人[4]。除了俄政府不重视发展旅游业外,一个重要原因就是俄罗斯人内心深处的排外情绪。给人的印象是,俄罗斯人在心理上没有准备好接待旅游者。俄罗斯并不在乎是否有很多外国

---

[1] 《18世纪外国人眼中的俄罗斯》,第246页。
[2] 《俄国人生活的意义》334页。
[3] 弗·弗拉基米罗维奇,《俄罗斯人生活的意义》,第335页。
[4] 《消息报》,2008年4月7日。

俄罗斯人性格主要特点

人去他们国家旅游。

2009 年，到中国旅游的外国旅游者为 2193 万人，其中俄罗斯公民为 130 万人①，而 2010 年去俄罗斯旅游的外国人仅为 210 万人，其中中国公民为 15 万至 17 万人②。

白俄罗斯国内发行量最大的日报、白俄罗斯总统办公厅机关报《苏维埃白俄罗斯报》驻莫斯科记者拉里萨·拉科夫斯卡娅认为，俄罗斯有很多名胜古迹，但并不欢迎外国旅游者去参观。无论是交通基础设施、旅馆数量、卫生条件，还是安全、政治稳定和生态状况，在世界经济论坛公布的 130 个国家名单中，瑞士、奥地利、德国名列前茅，而俄罗斯名列第 64 位。"在俄罗斯并不存在完全意义上的旅游业这个词。"③

说起旅游，使人想起莫斯科机场服务。

近年来莫斯科机场刁难中国旅客的事件常有发生。2003 年 8 月，新华社莫斯科分社、中国国际广播电台莫斯科记者站关于中国乘客在莫斯科机场受辱的报道曾被国内媒体广为传播。中国读者不仅为俄罗斯航空公司和莫斯科机场的恶劣服务态度感到震惊，而且通过此事再次认识到一些俄罗斯人对中国人的歧视心理。

那年 8 月 23 日，因俄罗斯航空公司突然取消航班，50 多名中国旅客在莫斯科谢列梅季沃 2 号机场转机。由于当天从北京飞往莫斯科的 SU－572 客机发动机发生故障，起飞推迟，航班延误。中国乘客被迫滞留莫斯科。照理，鉴于国际航空业普遍不景气，各航空公司为了获得稳定的客源，都会在改善服务方面下工夫，给延误了航班的旅客提供周到体贴的服务。但是，自 SU－572 在北京发现发动机故障开始，到最后排除故障飞抵莫斯科的长达 20 个小时的时间里，俄罗斯航空公司莫斯科机场办事处的工作人员对这 50 多名中国乘客态度冷淡，没有为他们提供必要的安顿措施。

辽宁省本溪外贸局的张殿涛先生从北京乘 SU－572 航班抵达莫斯科，要到德国参加一个重要的外贸活动。他本来是第一批在莫斯科换了登机牌准备转机的旅客之一，但却被告知：他去欧洲的航班已没有座位。与此同时，在更换登机牌时

---

① 《2009 年度中国旅游业分析报告》。
② 2011 年 3 月俄新网。
③ 《苏维埃白俄罗斯报》2008 年 6 月 5 日第 3 版。

俄罗斯人

性格探秘

曾排在他身后很远处的、与他乘坐同一航班的几个欧洲乘客却开始登机，对于同样因 SU-572 航班晚点不能按时转机的一些日本旅客，俄航也很快给予妥善安置，为他们提供了房间和食物。但是，对于由于俄罗斯航空公司原因而延误航班的 50 多名中国旅客，俄航却不闻不问，尽管在这些旅客中，还有三名四五岁的儿童和多位老人。中国乘客找到俄航办事处，要求给予妥善安排。而俄航工作人员一再搪塞，后来干脆表示，他们既没有房间安排乘客住下，也没有多余机位让他们离境。而中国旅客由于没有俄罗斯签证，无法走出转机厅自行解决住宿问题①。

中国使馆获悉此事后，立即派人与机场值班经理交涉，但这位经理说，十几年来俄航从未因航班延误而给旅客提供任何赔偿。"我们的航班延误是常有的事，我们从未赔偿过，但还是有很多人照样坐我们的飞机"。于是，身着单衣的中国旅客又冷又累又饿，在转机厅熬过了一夜。②

一位常去莫斯科出差的中国商人说，在莫斯科机场，有些工作人员根本就不是为旅客服务，而是像"大爷"。这种冷漠的态度与其他一些国家机场热情迎送客人的景象形成鲜明对照。由于莫斯科机场服务质量较差，现在很多中国团组和公民前往欧洲其他国家时，尽可能不经莫斯科，而绕道法兰克福、维也纳、阿布扎比等地而行。

独联体公民也埋怨

与俄罗斯关系比较密切的独联体国家也对俄罗斯人的狭隘性颇为不满。一位乌克兰外交官对我说："我与俄罗斯人在一起时，经常感觉不那么舒服，因为他们总是自以为是，不大尊重别人。"

俗话说，一个人的性格影响一个人的命运，一个民族的性格也影响一个民族或国家的命运。俄罗斯人的性格特点对其外交关系也具有深刻的影响。

前苏联外长莫洛托夫的外孙、"俄罗斯世界"基金会执行主席维亚切斯拉夫·尼科诺夫撰文说："俄罗斯与许多最密切最重要的盟国和伙伴的关系相当意

---

① 《同是乘客待遇却不同，50 名中国旅客横遭俄航刁难》，2003 年 8 月 26 日中新网。
② 来源同上。

俄罗斯人性格主要特点

外地出现了危机,而且这并非最高国家政策或外交的结果。关闭莫斯科切尔基佐沃市场的事件引起中国的极大反应,中国问题专家认为,这样的消极反应在过去30年以来从未见过;我们与惟一的联盟国家伙伴又陷入激烈的口水战和贸易战,我们以卫生原因停止从白俄罗斯进口肉类,白俄罗斯随即以生态安全为由关闭了俄罗斯通往拉脱维亚的石油管道。塔吉克斯坦是独联体、集体安全条约组织、欧亚经济共同体和上海合作组织的核心成员国之一,最近也宣布缩小俄语在塔吉克斯坦官方使用的范围,以便加强塔吉克斯坦的民族尊严。的确,有时俄罗斯的这些伙伴并不简单,但很多事情取决于我们。"[1]

尼科诺夫写道:"俄罗斯(特别是最近)积极地维护本国公民在国外的权益。当(西方国家)不允许俄罗斯母亲与其亲生孩子见面,外国不允许俄罗斯游客上飞机,外国扣押俄罗斯海员时,俄人民举国愤怒。这是对的,每个有自尊的国家为了关心本国及本国公民的自尊都会这样做。正因如此,我们不应拒绝其他国家也具有这样的权利,因为它们对自己公民尊严的关心并不亚于我们,尤其是事关我们亲密的国家。"

尼科诺夫指出,俄罗斯人对塔吉克斯坦人的傲慢态度终于导致塔吉克斯坦宣布在这个中亚国家限制使用俄语。使塔吉克斯坦作出这一决定的导火索是俄罗斯一部电影把塔吉克斯坦人描写得完全像白痴一样。多年来,在俄罗斯打工的塔吉克斯坦人经常受到侮辱,有的甚至被"光头党"残酷地杀害。但是塔吉克斯坦都忍了。这次火山终于爆发,塔吉克斯坦这个俄罗斯的盟国再也无法忍受俄罗斯电影对整个塔吉克民族的这种歧视和嘲笑,给了俄罗斯人一个严肃的回击。"因此,当这个民族开始做令我们不高兴的事情时,我们不必感到大惊小怪。"[2]

尼科诺夫还说,"俄罗斯是俄罗斯人的"思想支持者们不仅破坏了俄罗斯这个多民族国家,而且破坏了其联盟体系。腐败警察对国家形象的破坏程度并不亚于反俄罗斯的新闻媒体。经济上的自私自利导致的是别国的经济保护主义。"俄罗斯的力量在于尊重别人,而不尊重的结果是自己反被削弱";"您想别人怎样对待您,就应该这样对待别人。"[3]

---

[1] 2009年7月31日《苏维埃白俄罗斯报》。
[2] 同上。
[3] 同上。

俄罗斯人

性格探秘

尼科诺夫是当今俄罗斯社会上少数不支持"经济利己主义"和"外交利己主义"政策的政治学者之一。如果民族利己主义在一个国家泛滥,那么它的一些官僚机构、工作人员对外国人不合理的限制、排斥甚至侮辱就难以避免,那里的大众媒体上就会时常出现对某些国家不友好、不尊重、冷嘲热讽、挖苦的言论。

"中国移民威胁"论

一位苏联领导人曾坦承,由于俄罗斯先辈占有了广阔的领土,现在苏联外交有了很大回旋余地。

尽管最近十多年中俄关系是历史上最好的时期之一,但在俄罗斯一些报刊上还是经常看到所谓"中国移民威胁"的言论。有的文章说,在广袤的俄罗斯远东和西伯利亚土地上只有1000多万人口,而中国仅东北三省的人口就有1亿多。中国要解决人口问题,必然向俄移民。中国对俄实行"悄悄的人口扩张",中国进一步强大后必将对俄提出归还历史上被侵占领土的要求。

全俄舆论研究中心的资料表明,三分之二的俄罗斯人对中国移民持反对态度。远东地区81%的人,全俄66%的人认为,中国人参加开发俄罗斯的财富是"危险的"。

俄罗斯有时就像一个身材高大但心眼狭小的人,虽有广袤的疆土,但心胸狭隘,生怕别人会掠夺它的领土。近20年来,所谓中国移民威胁的论调在俄罗斯从未消停。

阿穆尔州前州长波列瓦诺夫在俄罗斯《生意人报》发表文章称:"我们从来就不是也不会成为兄弟。俄罗斯和中国一直都是大国,不管怎么说仍将是大国,而大国之间没有兄弟和永恒的朋友或敌人,因此,我们现在和中国是战术联盟。"[1]

俄武装力量前第一副总参谋长马尼洛夫在《生意人报》上撰文称,要消灭远东的"中国基因":即制止俄中通婚。因为在他看来,俄罗斯男人娶了中国女人,生的孩子是中国人;俄罗斯女人嫁给中国人,生的孩子也是中国人[2]。

---

[1] 《环球时报》,2003年1月17日。

[2] 同上。

一 俄罗斯人性格主要特点

那么中国人在俄罗斯的实际情况如何呢？

在俄罗斯媒体关于中国对俄罗斯实行移民政策的报道甚嚣尘上的背景下，1996年春天我去远东的哈巴罗夫斯克边疆区采访。该区副区长兼经委主席斯列文塔尔对我客观地介绍了情况。他说，远东总面积为620万平方公里，占俄全国领土的36.4%，人口只有779万，占全国的5.3%。该地区资源丰富，但经济比较落后，与俄罗斯的欧洲部分有很大差距。远东地区要加快发展速度，必须与亚太地区国家发展合作关系。哈巴罗夫斯克边疆区内务局新闻处副主任巴拉诺夫上校也对我说，当时在哈巴罗夫斯克全区有中国公民约4000人，主要是个体经商者。与俄罗斯人通婚并定居的更是凤毛麟角。因此，他不明白，"中国对远东进行人口扩张"的说法是从何而来。

时任俄罗斯国家杜马国际事务委员会主席的卢金在记者招待会上回答我的问题时也说，"那些关于在俄罗斯远东有数百万中国移民的报道是不真实的。"

无论在美国、加拿大、英国、匈牙利，还是巴西、阿根廷等国家，都有唐人街或华人集中经营的大市场，它们对活跃和发展这些国家的贸易和经济，方便人们生活，促进文化交流和人文合作，都起了重要作用。近年来，每逢中国传统佳节春节，或者总统和议会选举前夕，这些国家的政要都要到唐人街去会见华裔选民，争取他们的支持。但俄罗斯却不是这样，俄罗斯政府官员声称，不允许中国以及其他外国移民在俄罗斯建立类似唐人街那样的移民区[①]。

2006年11月15日，俄罗斯总理弗拉德科夫签署一项法令，从2007年1月1日起，禁止外国移民在俄罗斯从事酒类和药品零售贸易。从同年4月1日起完全禁止外国人在俄罗斯市场从事零售业。

这一禁令发布后，3万名来自中亚和外高加索地区的外国人离开了莫斯科市场。约10万名中国商人也受到严重影响。但是，事情并不像俄方想像得那么简单。外国人退出零售业，莫斯科的市场状况越来越糟。各市场70%的摊位空置，食品、特别是肉类和蔬菜价格上涨15%－20%以上，给当地居民生活带来许多不便。于是，过了不到3个月，莫斯科市政府便作出决定，取消关于禁止外国人不能从事零售贸易的法令。莫斯科市长卢日科夫说，取消此禁令不仅可以让市场重

---

① 环球网2008年2月28日。

俄罗斯人
性格探秘

哈巴罗夫斯克的大市场

新焕发生机,而且能把市场上的价格降低。

取消禁令确实使莫斯科市场恢复了繁荣局面。但是,过了不足一年半,一场更猛烈的风暴席卷而来。2008年9月11日,莫斯科护法机关突然检查莫斯科东部的切尔基佐沃市场,查封约6000个集装箱货物,总重量约10吨,货值约20亿美元,3.5万名华商受到影响①。

而据在俄罗斯的浙江同乡会会长倪吉祥说:"何止20亿美元!6000个集装箱啊!每个集装箱货物的价值都在50万到100万美元之间,这次华商的损失是空前的。"②

此事不仅在华商中间掀起轩然大波,而且在部分俄罗斯人中间也引起强烈反应。俄罗斯著名政治学者尼科诺夫指出,"我们不知疲倦地重复道,我们和中国形成了战略伙伴关系,目前两国关系是历史上最好时期。但是数以千计的中国公民一刹那间失去工作、金钱和财产,流浪失所地出现在莫斯科街头。在切尔基佐沃市场很可能有走私集团。但在允许这些商品通行的俄罗斯边界和海关里工作的

---

① 《俄罗斯屡屡被封查真相》,刊登于2009年7月14日《瞭望东方周刊》。
② 《中国商人百亿资产在俄遭查扣》,www.china.com.cn/news。

不是中国人。而在市场劳动的有数以千计的俄罗斯人和邻近国家的公民。我并不反对在市场贸易中整顿市场，其实早就该整顿了。但我相信，那些决定关闭切尔基佐沃市场的人根本没有考虑国际后果。"[1]

尼科诺夫还认为，"由于切尔基佐沃市场关闭，为俄罗斯市场而生产的一些中国企业倒闭，在该市场出售自己产品的一些俄罗斯中小企业以及一些来自俄罗斯各地的批发商失去了工作和资金。莫斯科街头充满愤怒的商人，其中很多是地道的俄罗斯人。在市场被扣押的商品被允许运出来，但需要行贿。中国政府代表团到莫斯科想搞清楚中国公民究竟发生了什么事情，但莫斯科市高级官员却不愿会见他们。"[2]

那么，为什么一些俄罗斯人的性格中会有严重的怀疑性和狭隘的排外性呢？

首先，俄罗斯人具有强烈的忧患意识。曾任北京外国语大学俄语学院院长的张建华认为，"斯拉夫民族是豪放和开阔的，从欧洲地区到乌拉尔山，到远东，到黑海、波罗的海……长期的迁徙史催发了他们的忧患意识，提防外族入侵成为他们这一忧患意识的重要内容。另一方面，无边界性、宽边界性、多民族的聚居与共存也削弱了民族的凝聚力以及与其他民族的认同性的增强。"[3]

其次，极端民族主义思潮抬头。1991年12月苏联解体后，俄罗斯社会动荡，经济下滑，人民生活水平降低，俄罗斯的国际地位急剧下降，俄罗斯人的民族自尊心因此受到伤害，孤立主义和民族主义思想逐渐上升。据全俄社会舆论研究中心调查，1998年有43%的俄罗斯居民支持"俄罗斯是俄罗斯人的！"口号，2000年其支持率增加到49%，到2002年上升到58%。1998年有30%的居民反对这个口号，到2002年只有20%的居民反对。

莫斯科中心电视台2005年11月15日的民意测验表明，参加测验的人中有74.9%的人对其他民族的人持有"戒心"，4.5%的人持"中立"态度，有20.6%的人持"友好"态度。与此同时，多数俄罗斯人对这种情况有清醒的认识。在莫斯科中心电视台2005年11月8日举行的民意测验中，在受访的12500人中，有95%的人认为，"民族仇视是俄罗斯的一个危险"。

---

[1]《苏维埃白俄罗斯报》，2009年7月31日。
[2] 同上。
[3]《张建华和他的俄罗斯情结》。

俄罗斯人
性格探秘

"有理由希望，俄罗斯人民容易相处的传统和爱好和平的特点，加上其他民族的善意，将使俄罗斯人不致于达到极端。"[①]

第三，具有一定的社会基础。对于俄社会上流行的狭隘和狂热的民族主义思潮，我在1993年12月俄罗斯国家杜马选举时感受得特别深刻。当时，我在采访报道议会竞选活动时发现，以日里诺夫斯基为首的俄罗斯自由民主党竭力鼓吹强烈的民族主义，他的很多竞选言论近似狂妄和极端。例如，他在一次群众集会上说，"俄罗斯人很快死去对他们（美国人）不利。穆斯林有可能突然不讲理，从南方侵犯欧洲，过去就有过这种情况，或者中国人口增加到20亿，占领半个俄罗斯，再进军欧洲。他们要把俄罗斯人当作看门狗，所以就不能让俄罗斯人很快死去。万不得已时，还得重新武装俄罗斯人，让他们去打穆斯林人或者去远东对付中国人。"[②]

他称，"应当保留俄罗斯现在的样子，并逐渐恢复俄罗斯在前苏联全境的统治权。只能这样。一切都可以不流血地、不经过战争地做到。许多人已经对此作好准备。"[③]

日里诺夫斯基在其代表作《向南方的最后冲刺》中写道："美国土崩瓦解，波兰四分五裂，阿富汗和伊朗遁迹匿踪；而俄罗斯士兵却用印度洋的暖流洗刷战靴，俄罗斯教堂的钟声回荡在土耳其海岸。"

他在另一部著作《俄罗斯的命运》中也毫不掩饰自己的主张。他说，"世界应当感谢俄国发挥了拯救者、解放者的作用。俄罗斯每过百年便履行一次历史使命，为此而受穷，我们并不寻求奖赏。""拉脱维亚将在俄罗斯版图内。俄罗斯境内将有一个不大的立陶宛国。要是乌克兰争取人民运动分子希望生活在小小的乌克兰内，那就让他有一个不大的乌克兰共和国吧。但是这一切只有当俄罗斯达到南方、停在印度洋岸边的条件下才有可能。所以，芬兰人、乌克兰争取改革人民运动分子、立陶宛人和爱沙尼亚人都希望俄罗斯确立新边界……"[④]

1993年12月，当很多人都看好亲西方的"俄罗斯选择"竞选团体时，议会

[①] 弗拉基米尔·弗拉基米罗夫，《俄罗斯生活的意义》，第476页。
[②] 日里诺夫斯基《俄罗斯的命运》，第241页。
[③] 同上，第247页。
[④] 日里诺夫斯基，《俄罗斯的命运》第193页。

俄罗斯人性格主要特点

选举却爆出冷门，日里诺夫斯基的党获得 22.79% 的选票而大获全胜，在议会获得 59 个席位。以第一副总理盖达尔为首的"俄罗斯选择"只获得 15.38% 的选票，占 40 个席位。

当时我迷惑不解："为什么这样的政党能够取得议会选举的胜利呢？"经过一番研究，才认识到这是激进的民族主义在起作用。

在 1995 年的议会选举中，日里诺夫斯基的自由民主党获得 11.10% 的选票名列第二，仅次于俄罗斯共产党。在 1999 年、2003 年和 2007 年的国家杜马选举中，自民党分别获得 5.98%、11.6% 和 8.14% 的选票而成为议会主要党团之一。自 2003 年 12 月以来，日里诺夫斯基一直担任国家杜马副主席。

这说明，这个俄罗斯民族主义色彩严重的政党拥有相当大的社会基础。

与此同时，俄罗斯社会上还有极端主义的组织。它们的严重排外行为不仅引起俄国内人民的担忧，而且也使国际社会感到不安。

最近十几年来俄罗斯"光头党"的出现和发展，反映了俄罗斯人性格的极端一面。1990 年 4 月 20 日（希特勒生日），极端民族分子亚历山大·巴尔卡绍夫创始了光头党分子的第一个政治组织——"俄罗斯民族统一党"。其党徒多是剃了光头的青年，身穿黑色外套，佩戴法西斯红袖标，完全模仿"纳粹"。在该党编写的《俄罗斯光头党入门》中，光头党的暴行被美化为"净化社会"的自我牺牲。"光头党是自己民族和种族的士兵。正是他们站在种族斗争的最前列。在任何合适的情况下，真正的光头党人都应当进攻外族人，不断寻找各种方式进攻他们。外族人就像贪婪的硕鼠，侵占了俄罗斯美丽的城市，抢走了本应属于我们的住房，喝着我们的水，呼吸着我们的空气。"俄罗斯光头党的口号是：俄罗斯是俄罗斯人的俄罗斯。他们主张俄罗斯人（白种人）至上，仇视一切居住在俄罗斯的非俄罗斯人，崇尚暴力。高加索人、黑人和亚洲人是他们攻击的主要对象[①]。

1998 至 2000 年我常驻莫斯科时，中国留学生对"光头党"已达到"谈虎色变"程度。有一天，一个中国留学生打电话给我说，在莫斯科"塔甘科沃"地铁车站，他看见一群"光头党人"追赶一名中国留学生，直至追进地铁车厢，

[①] 《环球时报》2005 年 10 月 19 日第 11 版。

一顿拳打脚踢，把那学生打得鼻青脸肿。如果不是警察赶来，非被打死不可。

1999年4月下旬，俄媒体上刊登了这样一则报道：在莫斯科西南区热电站附近的一口井里发现两具黑人尸体。打捞起来看，是两个非洲学生，身上遍体鳞伤。

因为我是自己驾车，所以未曾碰到被"光头党人"追剿的险情。而我妻子陈艳经常步行去基辅火车站附近的农贸市场买菜，就有过受屈辱的经历。有一天，她买菜回家后，眼里噙着泪水。我问她出了什么事情，她说：她买菜后走到大街上，因为买的东西较多，手里拎着费劲，就想乘公共汽车回家。等到一辆汽车停在汽车站时，她准备从后门上车。突然，车上几个年轻人站在车门口，伸出黑色的皮靴，阻止她上车。于是她走到汽车前门，但这几个光头党人又转到汽车前门口阻挡。汽车开走了，陈艳却只好拎着沉重的食品袋，步行回家。

2000年4月，我去俄罗斯北部城市阿尔汉格尔斯克出差。晚餐后，我沿着滨海大道散步，突然看见20多名青少年聚集在道路一侧，对一些外国游客寻衅。我边走边用俄语说："中国，俄罗斯，好朋友！"他们见我穿着整齐，举止端正，俄语说得不错，而且对他们表示友善，就没有对我动手。

但是，很多有色人种的人就没有我那么幸运。1999年，塔吉克斯坦一名女孩在圣彼得堡街头被光头党毒打致死。塔吉克斯坦政府对俄方提出严正抗议。

2006年1月11日傍晚，一个名叫科普采夫的21岁俄罗斯年轻人闯进莫斯科市中心一座犹太教堂，向正在祈祷的人们乱砍乱杀，造成8人受伤。凶手承认自己是"光头党"成员。

吉尔吉斯斯坦外交官对我说，在俄罗斯打工的吉尔吉斯人中，每年都有十多人被光头党迫害致死。

莫斯科市检察院的材料显示，"现在俄罗斯近100个城市有光头党团伙，全俄约有6万至7万名光头党成员，其中莫斯科地区约有5500名。"[1]

根据莫斯科人权事务署的数据，在莫斯科、圣彼得堡等人口超过100万的大城市，每年都有2500起带有种族仇恨色彩的犯罪事件，不少中小城市所发生的

---

[1] 新华网2008年3月20日。

一　俄罗斯人性格主要特点

类似事件也超过1000起①。

莫斯科市内务总局局长弗拉基米尔·普罗宁也说，"2008年，袭击非斯拉夫族人的事件达到95起，其中47起凶杀案，另外46起是严重伤害他人的事件"。警方成功制止了5个俄罗斯新纳粹团伙，对58起刑事立案，对其中52个刑事犯罪案件进行侦查并移交法院。"所有这些嫌疑犯都是年龄15岁至21岁的中学生和大学生。"②

俄罗斯联邦总检察院侦查委员会副主席皮斯卡廖夫说，2005年登记在案的光头党犯罪事件为152起，而2009年增加到548起，5年内增长3倍。这些案件主要是那些"具有极端主义倾向的非正式青年团体"制造的。它们在全国范围内建立了500多个散布民族仇视的网站。

俄罗斯领导人十分重视光头党的问题。2004年5月普京总统发表国情咨文指出，"目前，民族极端主义已经成为俄罗斯一个严重的社会问题。"他要求执法部门严厉打击光头党等极端民族主义行为。

2005年9月，他在与国民交谈时再次强调："我们将加强执法机关的工作，让'光头党'和法西斯分子从俄罗斯的政治地图上消失。"

2008年12月16日，俄罗斯地方法院对莫斯科一个光头党暴力集团的两名头目判处10年有期徒刑。他们被控在过去几年杀死包括中国人在内的20名外国人。

2009年仅在莫斯科一个案件中就抓获13名光头党分子，其中9名是未成年人。他们制造了10起民族仇杀案件，并犯下两起抢劫罪。

但是，总的来说，光头党的行为还比较嚣张。皮斯卡廖夫认为，打击不力的主要原因是"内务部、未成年人事务委员会、行政部门和教育部门协作不好"。曾经发生一些重大案件，但被地方警察局搁置起来或者不了了之③。

一些外国记者也指出，"俄罗斯强力机关在'光头党'暴力袭击事件的处理中总是睁一只眼闭一只眼，甚至将种族仇杀当成流氓寻衅立案。"④

---

① 《俄罗斯光头党》，http：//hi.baidu.com 2009年2月13日。
② 俄新网莫斯科2009年1月21日。
③ 《俄罗斯报》2010年4月14日第一版。
④ 《俄罗斯：消除种族主义任重道远》，光明日报2006年1月14日。

俄罗斯人
性格探秘

看来，俄罗斯光头党的产生和发展有其深刻的历史、政治、经济和社会原因，要将其"从俄罗斯的政治地图上消失"，还需要采取一系列坚决、有效的措施。

（十二）相信迷信，最怕"毒眼看坏"

——22%的俄罗斯人害怕别人的"毒眼"，13%的受访者承认自己会为一些不好的兆头，如遇到黑猫而不安。

（俄罗斯科学院社会学研究所《俄罗斯人怕什么》的调查报告）

——不要在家里、办公室或汽车里吹口哨。这意味着你会乱花钱，把钱都"哨出去了"。

（俄罗斯习俗）

——在俄罗斯，自然精神还没有完全被人类文明所认识。在俄罗斯大自然中，在家里和人们中间，经常能够感到一种在西欧所没有的神秘性。

（别尔嘉耶夫）

有一次，我请俄罗斯记者朋友萨沙去莫斯科"北京餐厅"用餐。席间，我得知他几天后将届满40岁生日，就举杯预祝他生日快乐。不料，他急忙拒绝，说："在俄罗斯是不能提前祝贺生日的，因为人们担心万一活不到那一天。而且俄罗斯人的习惯是不大张旗鼓地庆祝40岁生日，这一天应该悄悄地、不声张、不张扬、低调地度过，以免下半生遭到不测和不幸。"

不仅生日不能提前过，而且连其他事情也不能预测。有一次我和俄罗斯司机一道驾车从外地返回莫斯科，我说，估计晚上6时回到莫斯科记者站。他连忙打断我："不要做预测，预测会出问题的，万一18时到不了呢？"

原来我只知道中国人很讲迷信，现在明白了：俄罗斯人也是很迷信的一个民族。这是他们的性格特点之一，表现在生活的各个方面。这一特点从信奉多神教的祖先那里继承下来，虽然俄罗斯改信东正教已1000多年，但多神教的传统依旧保留下来。

俄罗斯人认为，如果您行路时，在您面前突然出现一只黑猫，将意味着您将

发生不幸。因此，俄罗斯人非常害怕和忌讳看见黑猫，尤其是在走路时。圣彼得堡马林斯基剧院和莫斯科大剧院是激烈的竞争对手。传说有一次马林斯基剧院在莫斯科大剧院演出芭蕾舞剧，当主角叶莲娜·安德烈亚诺娃在舞台上演出时，有人将一只黑猫扔到舞台上，猫脖子上还挂了一张纸条："给最优秀的芭蕾舞演员。"对于这种侮辱行为，马林斯基剧院的支持者采取了报复行动。他们在莫斯科大剧院著名演员叶卡捷琳娜·珊科夫斯卡的演出服上做了手脚，使她在演出时当众出丑。

俄罗斯人对黑猫的恐惧由此可见一斑。

俄罗斯人忌讳几个人同时"交叉"握手，因为交叉握手形式类似"十字架"，是不吉利的举动。由于中国人没有这种迷信，我们一些代表团在俄罗斯访问期间，有时在与俄罗斯客人见面或分手时，就会出现这种交叉握手的情景。这时，如果您知道俄罗斯人的习俗，避免交叉握手，他们会赞赏您对俄罗斯习俗的了解。

俄罗斯人还认为，隔着门槛握手会损坏友谊。有一次我到俄罗斯朋友安德烈家去作客，一按门铃，他打开门，我按照中国人的习惯把右手伸出去握他的手，但是他笑嘻嘻地说："不忙，不忙，按照俄罗斯的习惯，两人不能隔着门槛握手，一定要迈过门槛才能握手。"

对于一些欧洲国家的人来说，13是个不吉利的数字，那么对于俄罗斯人来说，周一是个困难的日子。如果既是周一，又是13号，那就更不好了。从体力上来说，也许人们经过休息后，一下子很难适应工作的节奏。俄罗斯人在周一一般不安排重大事项，主要是做准备。这一天医生尽量不做复杂的手术，船长竭力不驾船出海，生意人千方百计把签字推迟到星期二。不借钱给别人，不新建企业。

很多俄罗斯人怕"毒眼看坏"，为此脖子上戴十字架的项链坠，或在衣服上挂佩针，特别是妇女。2008年12月俄罗斯科学院社会学研究所公布的题为《俄罗斯人怕什么》的调查报告说，22%的俄罗斯人害怕别人的"毒眼"，13%的受访者承认自己会为一些不好的兆头（如遇到黑猫）而不安[①]。

[①]《调查：俄罗斯人害怕匪徒、警察和医生》，新华网2008年12月8日。

俄罗斯人

性格探秘

俄罗斯人害怕预测自己的前途，不愿占卜。如果有人说到未来的出色计划或意外的成功，或者说"没有什么问题"，他由于怕别人"用毒眼看坏"，就会在木头上敲三下，或者往左肩后面淬三口吐沫。有一次，我与一个俄罗斯朋友谈论身体健康问题，我称赞他体格健壮，必定会健康长寿。他立即阻止我不要继续讲下去，而且用手指在桌上敲了三下，并把脸扭向左边，连淬了三口吐沫。他还告诉我，如果无意中把盐撒落在地，意味着将来会吵架，也要向左肩后淬三下。

俄罗斯人还有一个习惯，如果把什么东西遗忘在家里，就不要回去取。如果非回去不可，那么进屋后先要在镜子前照一照自己，用手敲木头，并往左肩后淬三下。

在俄罗斯，左边被认为是幸福，右边则被认为是不幸。以上说过，为了避免"毒眼看坏"，必须向左肩方向淬三下。左眼痒痒是好事，右眼痒痒则是坏事。左手痒痒，将会得到钱，而右手痒痒，则会拿出钱。左脚绊了一下，将会是成功，而右脚绊了一下，将会不成功。

很多迷信与数字有关。与许多欧洲国家一样，在俄罗斯，13也是不吉利的数字，而7则是吉利的数字。在古俄语中，7就是一个星期的意思。很多成语与7有关。例如，"7人不等一人"。如果其他客人都到齐了，那么就不用再等缺席的一个人。我们中国人说，"三思而后行"，而俄罗斯人却说"量7次，裁一次"。我们说"九重天"，而俄罗斯人却喜欢说"七重天"。中国有一种香烟，叫"九重天"，而在莫斯科"奥斯坦金诺"电视塔上有一个餐厅，名字就叫"七重天"。

在俄罗斯，3的数字也很特别。在东正教中，神是三位一体的，上帝只有一个，但包含圣父、圣子、圣灵三位。一些教堂和餐厅就以"三圣"命名。以上说过，为了避免"毒眼看坏"，就须往左肩后淬三下，或者在木桌上敲三下。

很多俗语也与3有关。例如，说一个人在非常简单的问题上糊涂了，就说："他在三棵松树中迷路了"；把一个人解雇，或因丑闻而赶出家门，就说："赶出三个脖子"。著名的俄罗斯歌曲《三套车》，也是3。"头两次可原谅，第三次要惩罚"（类似我们中国的"事不过三"）；"祸中生祸，第三个祸自己跑来"（类似我们的"祸不单行"）；"两个人等第三人，而七个人则不等一人"；"不要吹嘘

一
俄罗斯人性格主要特点

已婚三天,等到三年后再吹嘘";"成,就一举成名,败,就身败名裂。没有第三条道路";"记住三件事:做祈祷,要忍耐,多干活"。

俄罗斯人对数字十分迷信。如果一张汽车票上的数字里前3个数字和后三个数字相加的总数相等,那么这个人就会发财。但为了保证成功,必须把这张车票吃掉。

如果一个人坐在两个名字相同的人中间,那么这个人一定会幸福。

如果两人相遇您没有认出对方,或者接电话时没有听出对方的声音,他就会说:"您快要发财了!"

不要在家里、办公室或汽车里吹口哨,否则就意味着您会乱花钱,把钱都"哨出去"。

也不能把自己的酒杯拿起来,让别人斟酒,这样就不会有钱了。必须把酒杯放在桌子上,让别人倒酒。

有的俄罗斯人在婚礼或命名仪式上喝酒后,把酒杯从肩后扔到地上摔碎。因为俄罗斯人认为,杯子打得越碎,幸福就会越多。如果把有裂纹的器皿(如酒杯)保存在家里,就会发生不幸。

如果您在节日里倒酒时,不小心把酒溢出,洒到桌布上了,您不必生气,因为这意味着很快就会有人请您去喝酒。

如果您把孩子抱在膝上,被尿湿,也不要生气。因为这意味着您将延年长寿,将被邀请参加这个孩子的婚礼。

不能把帽子放在桌子上,因为这样做就不会有钱。空酒瓶也不能放在桌子上,喝完酒的瓶子要放在地上或其他地方,否则也会缺钱。

如果遇见僧侣或修女,这一天办事失利的可能性很大。而如果遇到出殡,一切则会很顺利。

不要把零钱留在桌面上,否则会招灾惹祸。

太阳落山后,不要把家里的东西从屋内搬到屋外,否则会招致破产。

日落时不要借钱给别人,因为这意味着有去无回。

有人打喷嚏,您要说"祝您健康",一是表示关心,二是避免自己传染。

每年2月底或3月初的谢肉节,是俄罗斯人民最热烈、最喜庆的节日之一,人们载歌载舞,做游戏,走高跷,爬柱子,戴着假面具跳舞,最终以焚烧布人结束。当象征冬天的布人燃烧时，周围的人们纷纷在纸条上写下自己的愿望，并把纸条扔入火中。据说，这样就能实现自己的愿望。2007 年谢肉节我在参加焚烧布人的仪式时被周围的情绪所感染，也写了一个纸条扔入火中。不久这个愿望果然实现了，弄得我也搞不清楚，究竟是医生的治疗起了作用，还是这个纸条发挥了魔力。

为什么俄罗斯人这样迷信？

首先，这是从信奉多神教的祖先那里继承下来的。虽然俄罗斯人改信东正教已 1000 多年，但多神教的传统依旧保留下来，可见这些迷信的根深蒂固。别尔嘉耶夫认为，"在俄罗斯，自然精神还没有完全被人类文明所认识。在俄罗斯大自然中，在家里和人们中间，经常能够感到一种在西欧所没有的神秘性。在西欧，自然的精神已被文明所代替，但在俄罗斯，却不是这样。"

其次，俄罗斯人相信迷信恐怕与俄罗斯的大自然特点，与严峻的气候、国家的历史、拜占廷的影响有关。古时候人们在日常生活中遇到很多不可理喻的事情，诸如计划被打破、正常的生活节奏被破坏，而又不知真正的原因是什么，于是，他们相信有一种黑色的力量，即神奇妖魔的东西在起作用。这种迷信也成为俄罗斯人生活中的特别色彩。

迷信、偏见、相信妖魔鬼怪等，是一种民族心理，与民间传说、历史和文化联系在一起，因而值得重视和研究。

中国人讲究"入乡随俗"，知道这些习俗，懂得如何应对，是十分必要的。

（十三）随遇而安，侥幸心理

——20% 的俄罗斯人在遇到困难时喜欢"躺在床上，什么也不干"，听其自然。

（《消息报》）

——我是上司，你是傻瓜。你是上司，我就是傻瓜。

（俄罗斯俗语）

俄罗斯人性格主要特点

——俄罗斯从中世纪以来的历史决定了俄罗斯人的某些基本性格特点，这就是奴隶心理，缺乏自尊心，不能忍受别人的意见，既曲意逢迎又满怀仇恨，对别的政权既嫉妒又卑躬屈膝。

（弗拉基米尔·弗拉基米罗夫《俄罗斯生活的意义》）

首先，让我们从俄罗斯童话故事来看一看俄罗斯人的这个性格特点。

叶梅利亚是童话故事《只要一想就会到手》的主人公。他是老汉家三个儿子中最小的一个，每天躺在壁炉旁，什么都不做。

有一个冬日，两个嫂子吩咐他去河边打水。他在冰面上凿了个窟窿，准备打水。这时，他看见水里有一条狗鱼，便抓住了它。突然，狗鱼开口说："叶梅利亚，你把我放了，我会对你有用的。"

于是，叶梅利亚放了狗鱼，而从此以后，狗鱼就总是帮助他实现自己的愿望。

另一个童话故事《灰褐马》讲的是一个老头有三个儿子，老大和老二很聪明，而小儿子伊万努什卡像个小傻瓜，一天到晚就知道懒散地躺在炉灶旁睡觉。他们种了麦子，长势喜人。但是夜间有人来踩踏麦田，把很多麦子都踩坏了。老头说：夜间有人踩踏我们的麦子，你们去把小偷抓来。

头两天分别是老大和老二去麦田巡逻，他们根本没有巡逻，而是躺倒在干草堆上睡觉天亮后回家就说没有看到有人破坏。

轮到伊万努什卡值勤时，他坐在一块石头上，目不转睛地盯着麦田。半夜里，忽然看到一匹班驳的马来到麦田，吃得不多，但踩坏许多。

伊万努什卡立即跑到马的附近，拉弓搭箭，箭在弦上。灰褐马央求他：你放了我，我一定会报答你。

伊万努什卡便同意了灰褐马的请求。后来，灰褐马果然帮助他到达公主的闺房，从她手中摘下戒指，并因此与公主成亲。

不想付出艰苦劳动，总是期待会出现一个奇迹，碰到好运，使自己过上好日子，这是部分俄罗斯人的性格特点。

俄罗斯人的宿命论与他们相信命运有很大关系。这一点与我们中国人很相

俄罗斯人
性格探秘

似。中国人常说:"富贵在天";"谋事在人,成事在天。"俄罗斯人不像欧美人那样自信,他们认为,很多事情是命中注定的,不管您作出什么预测或努力,事情不依您的意志为转移。因此,俄罗斯人希望看到奇迹和意料之外的幸福,相信发生意外的惊喜,信任能够改变形势的强有力领导人。也正因如此,当生活中发生预料外的不幸时,他们常常无所作为,任其发展。他们会说:"这是我的命。""该发生的改不了。""无所谓。"

西方人常说,"今日事今日毕"。那里的人们做事目的性很强,而且努力尽快出成果。而在俄罗斯,人们却常说:"早晨比晚上聪明"。也就是说,不要急于去做什么事情,谁知道明天会发生什么?这是俄罗斯人从自身生活经验中得出的消极结论。俄罗斯俗语说:"不要超前!"

俄罗斯一项民意测验表明,有20%的俄罗斯人在遇到困难时喜欢"躺在床上,什么也不干",听其自然。[1]

俄罗斯政府机关报《俄罗斯报》说,48%的俄罗斯人在日常生活中没有计划性,顺其自然。虽然有53%的人表示他们要努力使日子过得有计划,但很多人仍然觉得还是"本能地"(灵机一动地)过日子为好。有25%的人根本不考虑明天,认为国内局势不稳定,还是得过且过为好[2]。

俄罗斯俗语说,"想发财的人发不了财"。"生死由天,富贵由命","一切都是命中注定的"。

雕塑家鲁卡维什尼科夫说,虽然他在工作中不能没有计划,但他在生活中很随意,顺其自然。他举2010年4月冰岛火山灰的例子说,"最近我们大家都相信这一点了,由于一个不大的火山,数百万人不得不改变自己的计划。这是一个很有代表性的情况。我自己没有遇到,但我的许多朋友都成了火山灰的人质。他还举2002年德国德累斯顿大雨成灾、博物馆被淹的事件说,"人们费了巨大努力发明保护文物的技术,但是突然,仅仅由于大自然作怪,在文明世界的中心,人的雄心和成就都失去意义。我们如此相信自己的设计,认为我们能够计划什么东西,但在全球范围内我们的计划是如此微不足道。"[3]

---

[1] 《消息报》2010年5月17日第9版。
[2] 《48%的俄罗斯人不制定未来的计划》,《俄罗斯报》2010年5月24日第10版。
[3] 同上。

一 俄罗斯人性格主要特点

莫斯科冬天的公园里

俄罗斯人从自己的经验教训出发,在谨慎的同时,又具有其他品质,如勇敢、不顾一切、爱冒险。这是宿命论的另一面,即人们指望得到自己的好运。他们说,"怕狼就不要进森林";"不冒险就没有事业";"人不会死两次,但一次是免不了的。"俄罗斯人的冒险精神由此可见一斑。俄罗斯人的宿命观念经常使他们得过且过,对劳动成果漠不关心。只要不到关键时刻,俄罗斯人经常是不慌不忙。

由于俄罗斯人的这种宿命论,他们的生活变得比较简单,随心所欲,随遇而安。而在工作和劳动中,则经常表现为不专业、不负责任、幼稚,甚至犯一些不必要的错误。

对上司的态度:习惯于忍受

俄罗斯人的宿命论还表现在他们对上司的态度上。从 14 世纪起,在蒙古鞑靼统治下,俄罗斯开始实行严格的等级制,人们的社会行为逐渐发生变化,形成了官僚制度和官僚心理。同一个人在不同的场合完全是两种态度。在下属面前,他完全摆出一副上司和不可一世的派头。而在上司面前,他却完全是低三下四、

俄罗斯人
性格探秘

奴颜卑怯的样子。后来，这种心态就遗留下来，成为俄罗斯人的一种惯性。在俄罗斯流传着一句话："我是上司，你是傻瓜。你是上司，我就是傻瓜。"就是说，没有权力的人，就不要把自己当回事，他的价值仅是一部大机器中的一个零件，一个庞大事业中的执行者而已，在长官面前没有权力提出异议、争辩或持反对意见。即使他的意见是正确的，结果也会对他不利。因此，数百年来，俄罗斯人的信条是："不要与领导顶嘴，他比您强。如果您敢同他争辩，没您好果子吃。"

很多俄罗斯人有一种奴隶心理。"俄罗斯从中世纪以来的历史决定了俄罗斯人的某些基本性格特点，这就是奴隶心理，缺乏自尊心，不能忍受别人的意见，既曲意逢迎又满怀仇恨，对别的政权既嫉妒又卑躬屈膝。"①

"自古以来，俄罗斯人就喜欢强大而残酷的政权，他们的历史就是奴隶般地服从暴力的历史。迄今俄罗斯人民的心理仍被政权所统治，有一种'想念主人'的情结。"②

知道了俄罗斯人的这一特点后，我们就不难理解，为什么苏联解体后俄罗斯出现如此严重的经济和社会危机，甚至连工资和退休金都不能按时发放，而俄罗斯人却很少罢工或示威游行。为什么2002年阿根廷人因为担心本国货币贬值50%的人举行坚决的抗议活动，迫使总统辞职，而俄罗斯人在1998年夏金融危机后仍能忍受卢布贬值400%的困境？俄罗斯居民失去了自己的存款，一夜之间变成穷人。但是俄罗斯人却没有像有些国家的人民那样进行大规模示威。

很多新闻媒体认为，这是俄罗斯人根深蒂固的等级观念和驯服思想在起作用。社会调查表明，在1995—1998年间，大多数俄罗斯人对叶利钦总统的改革方针消极对抗。人们照旧工作，工人照旧生产，虽然工资微薄。这在很多其他国家难以想象。

长期以来人们消极反抗的传统导致俄罗斯人习惯于忍受，失去了危险感。有些分析家把此称为"煮青蛙现象"。青蛙是冷血动物，其体内温度能适应体外的温度。如果把它扔进滚烫的水里，它会立刻跳出来。但如果把它放进水里并慢慢地加热，青蛙就会逐渐适应高温。

---

① 《俄国人生活的意义》，334页。
② 同上。

俄罗斯人性格主要特点

喂食

俄罗斯人适应环境的能力非常强，宿命论和能够忍受的韧劲使他们认为，没有必要进行强烈的反抗，因为"反抗可能使事情更糟"。

俄罗斯人只有在全体遭受灾难时，例如面临战争时，才会爆发出全民一致的力量。

（十四）缺乏持久的耐心，情绪多急躁

——俄罗斯人更喜欢用简单的经验主义解决复杂问题。俄罗斯人不愿花很多时间研究厚厚的一本指南。他刚打开一部复杂的陌生设备，就急于开动它，边干边掌握技术。只是在做不下去时，才会看使用说明。

（乌克兰前总统库奇马《乌克兰不是俄罗斯》）

——俄罗斯人缺乏耐心，这使俄罗斯不能经历酝酿过程，不能享受缓慢和自然的文化带来的益处。

（捷克前总统马萨里克）

——这一缺乏耐心的特点特别表现在俄罗斯人在接近完成任务时却对它失去兴趣。俄罗斯人最不喜欢内装修作业。

（乌克兰前总统库奇马）

俄罗斯人
性格探秘

一位俄罗斯朋友对我说,"我们俄罗斯人有一时的耐心,但缺乏持久的耐心。"

我对俄罗斯朋友的坦率直言十分佩服,但对他的这番话却将信将疑。只是在经历很多事情后,才对俄罗斯人的这一特点有了一些认识。

例如行车。我们中国人的理念是:"宁停三分,不抢一秒。""汽车事故,十有九快。"而果戈理早就指出:"哪个俄罗斯人不喜欢开快车?"

我在莫斯科几乎每天都遇到这样的情形:红灯刚变为绿灯,我正要挂档行驶,后面的司机已经鸣响喇叭催着快行。有时您稍微慢一些,他们会以为您故意刁难,不仅大声按喇叭,而且会绕行到您的汽车面前挡道,以示抗议。

白俄罗斯前内务部长纳乌莫夫指出,即使从汽车司机身上,也能分出俄罗斯人和白俄罗斯人的性格差别。2008年夏,在明斯克"第纳莫"体育场举行白俄罗斯足球队同俄罗斯足球队之间的比赛①,很多俄罗斯球迷从莫斯科开车来到明斯克。不用看车的牌照就可以知道,哪些车是俄罗斯人开的:那些开快车、而且在人行道上不礼让行人的就是俄罗斯人的车,而那些礼让行人的,则是白俄罗斯人的车②。

白俄罗斯规定,在没有交通信号灯的情况下,汽车在十字路口必须让行人先行。即使在绿灯情况下,如果行人要穿过横线上公交车(有轨电车一般都设在街道中间),汽车也必须等待行人上车、公交车关门后才能前行。与欧盟很多国家一样,在白俄罗斯普遍养成了汽车让行人的习惯。

当然,俄罗斯的开车人离此习惯还相差甚远。

俄罗斯人不仅开车性急,而且房屋装修也急于求成。

1991年3月我在莫斯科比柳金科学院士街租了两套外交公寓房作为中国青年报驻莫斯科记者站,检查装修质量时发现门锁的左侧墙纸有点翘起来,便请一名俄罗斯工人把墙纸用手指压平。不料他猛的一下就把这片墙纸扯了下来,墙上顿时出现一个"伤疤"。我指出不应这样扯墙纸,但他认为就是应该这样做。

我开始认识到,性急、马虎、粗枝大叶是部分俄罗斯人的性格特点。

---

① 1980年在莫斯科举行世界奥运会期间,足球赛的一些预赛就是在这个体育场进行的。
② 《苏维埃白俄罗斯报》,2008年11月11日。

一

俄罗斯人性格主要特点

不仅在平常生活和工作中，而且在合资企业里，俄罗斯人也急于求成。

与俄罗斯合作的一些中国公司和企业领导人说，他们的俄罗斯伙伴总是恨不得今天开张，明天就盈利，后天就发财。而一旦企业赢利后，就会对您分红感到不满，觉得"您凭什么拿那么多"，就想方设法排挤您，以便自己独吞独大。结果呢？经常是鸡飞蛋打。

在俄罗斯经营的不少合资企业，特别是中餐馆就遇到这种命运。最典型的例子是莫斯科马雅可夫斯基广场旁边的北京餐厅。

上个世纪80年代末，中国北京饭店和莫斯科市公共饮食局签署了为期十年的合作协议。中方投入大笔资金，派遣有经验的中国专家对餐厅进行装修，画梁雕栋，古色古香，一派中国餐厅风格。营业后，每天车水马龙，门庭若市，生意兴隆，应接不暇。"北京餐厅"成为莫斯科最好的一家中餐馆，在那里可以品尝到正宗的中餐菜肴。同时，它也是中俄文化合作的一个窗口，很多重要的代表团宴请和文化艺术活动都在那里举行。

然而，合作期限一到，俄方就拒绝续签，试图独家盈利。古色古香的装饰就这样全部归了俄方，它心满意足，以为从此有了摇钱树。

殊不知，再好的餐厅装饰也要靠科学管理和美味佳肴来支撑。过了不久，缺少中方经营管理和中国厨师的北京餐厅就口味大变，信誉大跌，门庭冷落。饭店只好把餐厅部分面积辟为赌场，以吸引顾客。但是，餐厅已经元气大伤，盛景不再。

俄罗斯人心情急躁的特点还反映在他们总是急于解决一些重大政治问题。

早在1952年联共（布）19大上，苏共就提出已完成初级阶段的社会主义，今后的任务是逐步过渡到高级阶段的共产主义。

1961年苏共22大上，赫鲁晓夫宣布，"在20年内我们将基本建成共产主义社会"，我们"这一代苏联人将在共产主义制度下生活"。

"欲速则不达"。社会发展具有自己的规律，并不因苏联领导人的宣言而改变规律。赫鲁晓夫急于求成，但苏联建设共产主义社会的道路却依旧曲折而漫长。1964年10月，赫鲁晓夫因"破坏列宁主义集体主义领导原则所犯种种错误和不当行为"而被解除苏共中央第一书记和苏联部长会议主席职务。苏联不再提"20年建成共产主义"。

俄罗斯人
性格探秘

中学毕业生

然而，新的领导人勃列日涅夫也是急性子。1967年11月庆祝十月革命50周年大会上，他郑重宣布：苏联"已经建成发达的社会主义社会"。1977年，又将此结论写入修改后的苏联新宪法。

根据苏联理论界的阐述，发达社会主义的主要特征是社会主义已经发展到成熟状态。全部社会关系在社会主义内在和固有的集体主义原则基础上的改造即将完成，社会生活各领域中社会主义的优越性得以充分显示，社会制度具有有机完整性、蓬勃的活力、政治上的稳定性和牢不可破的内部团结①。

虽然勃列日涅夫宣布苏联已是发达的社会主义社会，但是苏联"重工业太重、轻工业太轻"的畸形经济结构、日用消费品短缺、居民排长龙队购买食品和其他紧俏商品、居民住房紧张等基本生活问题长期存在，直至勃列日涅夫1982年11月10日去世时也没有解决。这为苏联解体埋下祸根。

苏联领导人关于共产主义和发达社会主义的这些超阶段理论，固然有苏联是第一个社会主义国家、没有如何建设社会主义的先例经验可循等原因，但这背后

---

① 《发达社会主义理论》。

俄罗斯人性格主要特点

是否也有俄罗斯人缺乏耐心、情绪急躁的性格因素呢？

有人指出，俄罗斯人的急躁心理可能是其领导人在相当长时期里制订和推行"左倾"路线的重要原因之一。

勃列日涅夫执政的 18 年，苏联人沉浸和自我陶醉在"发达社会主义"和"超级大国"的社会生活里。苏联媒体把这个时期称为"苏联综合国力最强大的鼎盛时期"，"稳定和发展的时期"。

然而，事实胜于自夸。现在多数中外学者一致认为，上个世纪 70 年代中期开始，苏联社会保守、僵化和停止改革的趋势日益明显，后来实际上取消了改革。"勃列日涅夫时期是以停滞和聚集危机因素并走近衰亡为主要特征的"[①]。

从"发达社会主义社会"到 1991 年底苏联分崩离析，其中沧海桑田般的变化和反面的历史教训令人刻骨铭心。赫鲁晓夫和勃列日涅夫等苏联领导人在人民取得的重大成就面前骄傲自满、固步自封、急躁或冒进的性格弱点，让苏联人民付出了极大的代价。

苏联解体后，叶利钦领导的俄罗斯放弃了建设社会主义社会，但俄罗斯人急于求成的性格还是难改。无论是 1993 年 10 月俄罗斯军队炮打白宫，还是 1996 年初在达吉斯坦解救人质事件，都反映了俄罗斯人的急躁心理。

1993 年 10 月 4 日上午，俄罗斯军队的几辆坦克开到最高苏维埃大楼对面的大桥中央，对着这个白色建筑猛烈开炮。几发炮弹命中大楼，火光冲天，黑烟翻滚，"白宫"顿时变成"黑宫"。下午 5 时，俄罗斯副总统鲁茨科伊、最高苏维埃主席（议长）哈斯布拉托夫等人鱼贯而出，举手投降。

一年多后，俄罗斯又发生了一起武装冲突，而且时间更长，后果更严重。

1994 年 12 月俄罗斯军队兵分三路，进攻车臣共和国首都格罗兹尼。时任国防部长格拉乔夫声称，他只要用一个空降兵团，在几个小时内就能攻占格罗兹尼。

如果这是进行心理战，还有情可原。但这是过于轻敌，过于自信和急躁，以为可以速战速决。结果相反，战争持续 20 个月，双方伤亡数万人，格罗兹尼伤痕累累，格拉乔夫本人也被撤职。

1996 年 6 月俄罗斯总统选举前夕，叶利钦为了蝉联总统，邀请车臣反对派到

[①] 陆南泉，《勃列日涅夫时期在苏联史上的定位》，刊登于 2010 年 12 月 6 日《北京日报》。

俄罗斯人
性格探秘

莫斯科克里姆林宫举行和谈,接着又亲自飞往车臣,安抚在那里作战的俄罗斯官兵及车臣居民。

对于俄罗斯人的性急特点,一些欧洲国家的人们也有评论。

捷克人、波兰人虽和俄罗斯人同属斯拉夫人种,但属于西斯拉夫人,与东斯拉夫人有着很大区别。曾担任捷克总统的马萨里克在其著作《俄罗斯精神》中指出,俄罗斯人缺乏耐心,这使俄罗斯不能经历酝酿过程,不能享受缓慢和自然的文化带来的益处。

乌克兰和俄罗斯人同属东斯拉夫人,是俄的亲戚和近邻。那么乌克兰人怎样看待俄罗斯人呢?

乌克兰前总统库奇马指出,"俄罗斯人远不是清一色的。沃洛格达人不像顿河哥萨克人,也不像地理上相距更近的沿海俄罗斯居民。我在西伯利亚遇见的人们似乎是与诺夫哥罗德州不同的人们,显得更严肃和孤僻。"

他认为,"乌克兰人比俄罗斯人更保守,但不像俄罗斯人那样无政府主义状态。"[1]

俄罗斯人没有乌克兰人那么乐观。如果发生一件不好的事情,俄罗斯人会说:"我早就知道会这样。"而乌克兰人则会说:"本来也许会更坏。"

与乌克兰人相比,俄罗斯人更喜欢用简单的经验主义办法解决复杂问题。俄罗斯人不愿花很多时间研究厚厚的一本指南。他刚打开一部复杂的陌生设备,就急于开动它,一边干一边了解技术。只是在做不下去时,才会看使用说明。

"俄罗斯人的基本特点之一是缺乏耐心,它表现在数以千计的大大小小事情中。怪不得俄罗斯作家尤里·特里福诺夫把他的小说取名为《缺乏耐心》……在日常生活中,这一缺乏耐心的特点特别表现在俄罗斯人在接近完成任务时却对它失去兴趣。俄罗斯人最不喜欢内装修作业。从外面看,屋子已经造好,但实际上没有完成,还有的磨蹭呢!"[2]

我的眼前又浮现出那个俄罗斯装修工在《中国青年报》记者站撕掉墙纸的情景。

---

[1] 《乌克兰不是俄罗斯》,第96页。
[2] 《乌克兰不是俄罗斯》,第98页。

一 俄罗斯人性格主要特点

（十五）神秘难测，行为费猜详

> ——在俄罗斯您永远不要提"为什么"的问题。原因很简单，就是您永远也不会得到回答。
>
> （荷兰记者耶列·科尔斯蒂乌斯）
>
> ——与西方人的"理智"相比，在俄罗斯人那里，当感情冲击判断，激情超过物质利益时，就会发生不合理的事情。从俄罗斯人那里，从他的"心声"中很难得到其行为的客观性和逻辑性。
>
> （叶夫根尼·科索夫的《做俄罗斯人》）
>
> ——俄罗斯是个难解的谜。
>
> （俄罗斯诗人勃洛克）

在谈论这个特点时，我想起这么一个故事：有一天，俄罗斯人民友谊大学新闻系举行一个写作研讨课。女教授要求在座的来自10多个国家的研究生们就俄罗斯人性格进行描述。大家七嘴八舌，各抒己见，90 分钟过去了，也没有达成共识。这时，女教授说，"俄罗斯人的性格具有独特的复杂性，外国人一时半会是搞不清楚的。"

不要说一时半会，就是一年半载也难以搞清楚。

俄罗斯学者丘特切夫有一个名言：

"俄罗斯并非理智可以语解，

普通的尺度无法对之衡量：

它具有的是特殊的性格——

惟一适用于俄罗斯的是信仰。"

在很多中国人看来，俄罗斯人性格活泼开朗，善于言谈交际。但是欧洲人对俄罗斯人的评论却大多是负面的。在很多欧洲人看来，俄罗斯人比较蛮横，总是以一些莫名其妙的法律为生活准则，难以被人理解。

俄罗斯学者叶夫根尼·科索夫认为，对于"西方人"来说，俄罗斯人灵魂之谜源于他们与俄罗斯人不同的思维方式。"西方人"的思维是纯理性主义的，

俄罗斯人

性格探秘

他们的行为主要遵循判断和合理的思维。俄罗斯人则更情绪化和难以预测。西方人主要是逻辑思维，而俄罗斯人则是形象思维。俄罗斯人需要的不是给他们证明，而是给他们看。但是，看到的也可能是表面的东西，而不是实质的东西。当他们所看到的表象互相矛盾时，理解就会发生替换。因此，与西方人的"理智"相比，在俄罗斯人那里，当感情冲击判断，激情超过物质利益时，就会发生不合理的事情。从俄罗斯人那里，从他的"心声"中很难得到其行为的客观性和逻辑性[①]。

几年前，我在三味书屋买到一本汪剑钊翻译的《俄罗斯的命运》，读后爱不释手。在该书第一章《俄罗斯民族的心理》中，别尔嘉耶夫指出：世界还不了解俄罗斯，所接受的是一个被歪曲的俄罗斯形象，对它下着片面而肤浅的判断。俄罗斯的精神力量还没有成为欧洲人内在的文化生活。对于文明的西方社会而言，俄罗斯还是完全不可知的，是某种异己的东方，时而以其神秘迷惑人，时而以其野蛮而令人厌恶；俄罗斯是矛盾的，是二律背反的。俄罗斯精神是任何学说所无法解释的。

别尔嘉耶夫还指出，俄罗斯人的离奇之处就在于，俄罗斯民族在社会化上比西方民族小得多，在共同性上却大得多，在交往上也放开得多。在革命影响下有可能发生突变和剧变。

对于俄罗斯人究竟属于西方，还是属于东方，相当一部分西欧人认为，俄罗斯从来就不是欧洲国家。

法国作家约瑟夫·德·迈斯特尔认为："剖析俄罗斯人，你会发现鞑靼人的影子。"

前英国首相丘吉尔也把俄罗斯人看作"亚洲荒原上成吉思汗的子孙"，主张"不让他们跨过莱茵河进入欧洲。"[②]

丘吉尔还写道，"俄罗斯是把秘密包裹起来的难猜的谜语"。

而19世纪初著名的法国女作家热尔梅娜·德斯塔尔则认为：俄罗斯人不仅过去，而且今后还将震惊世界。

[①] 叶夫根尼·科索夫，《做俄罗斯人》，第141页。
[②] 吴晓都，《新俄国：还原还是更新——评利哈乔夫的〈解读俄罗斯〉》。

一

俄罗斯人性格主要特点

的确，几个世纪以来，俄罗斯不止一次地令世界感到震惊：从1709年彼得大帝在北方战争中打败北欧强国瑞典到1812年库图佐夫元帅指挥俄军战胜拿破仑军队，从1917年列宁领导的伟大十月革命到1942年斯大林格勒保卫战的胜利，从1985年戈尔巴乔夫开始"改革和新思维"到1991年12月苏联轰然解体，从1993年10月俄罗斯军队炮轰莫斯科河滨的议会大厦到1999年12月底叶利钦突然主动把总统职位让给普京，俄罗斯总是出其不意，让世界人民心惊肉跳。

耶列·科尔斯蒂乌斯是20世纪90年代荷兰一家报纸驻莫斯科记者。离任回国后他写了两本关于俄罗斯的书，其中第一本书是这样开头的："在俄罗斯您永远不要提'为什么'的问题。原因很简单，就是您永远也不会得到回答。"①

不久前，这位荷兰记者拍了两集电视片，继续阐述他的这个观点。他指出，"如果您不断地问，为什么在俄罗斯事情是这样发生的，那么您很快就会成为偏执狂患者。承认这个事实并有所预见才是最好的良药。"②

20岁的达尼艾尔·兹瓦尔特是荷兰兹沃勒大学新闻系学生。他认为科尔斯蒂乌斯的看法十分正确，因为他在三次访问俄期间也有同样体会。例如有一个春天，他在莫斯科的一条街上看见至少10名油漆工在油漆一个普通的栅栏。共有6名工人在干活，但其中就有两人站在一旁，双手插在口袋里作指挥，另外3人坐在一边抽着烟，并不断纠正那两人的命令。只有一名工人在做所有的活。这是为什么？这时，他突然想起了科尔斯蒂乌斯的忠告：还是不要提问为好。

西方人把俄罗斯看作一个特别的世界，与西方世界有很大不同。他们不把俄罗斯看作西方文明范围之内的国家。特别是自19世纪以来，俄罗斯更多地被西方看作在很多方面是谜语般的、难以理解的国度，其生活方式、思维、文化和传统都独特而不同。

著名俄罗斯哲学家伊利因认为，西方人本能地难以理解俄罗斯，主要原因有三个。一是语言上的困难。俄语不属于罗曼—日耳曼语系，因而被排挤出欧洲。

---

① 《消息报》，2010年4月16日。
② 同上。

俄罗斯人
性格探秘

笔直的莫斯科库图佐夫大街

俄语对欧洲人来说很困难,而没有语言交流的人民之间就像聋子对话。

第二个原因是宗教方面的,西方人对东正教不感兴趣,欧洲从来是罗马控制的,先是多神教,后来是天主教。而俄罗斯遵循的则是希腊传统。罗马的和希腊的传统,天主教和东正教,相应的就是西方和俄罗斯,二者在很多方面是相互矛盾的。

第三个原因是世界观和心理结构不同。欧洲人的特点是意志和理性,而俄罗斯人首先是用心和想像力来生活,其次才是意志和智慧。

而最主要的是,"西方人具有傲慢和偏见,对他们来说,俄罗斯的东西是其他民族的、令人担心的、异化的、可怕的、没有吸引力的……他们高傲地从上到下地看我们,认为我们的文化要么是微不足道,要么是大而不当或像谜一般的'误解'而已……"[①]

[①] 沙波瓦洛夫,《俄罗斯文明的来源和意义》,第384至385页。

（十六）莫斯科人和圣彼得堡人互不服气

——圣彼得堡是彼得大帝的孩子，在俄罗斯城市中最欧化，但在欧洲城市中最俄罗斯化。

（德米特里·利哈乔夫）

——莫斯科和圣彼得堡是比肩而立的英雄城，文化天平上的两个称盘。

（刘文飞《莫斯科和圣彼得堡："双都"辉映俄罗斯》）

——不到圣彼得堡，就等于没有到过俄罗斯。

（圣彼得堡人俗语）

中国的南方人和北方人在性格上有明显的不同。北方人粗犷，南方人细腻；北方人豪爽，南方人内向；北方人说话幽默，南方人做生意精明。而在俄罗斯，其北部的居民和中部、南部的居民也有性格上的差异。"俄罗斯北方人的基本性格特点是：独立性，直率，自尊心强，冷静的审慎，说话不多，乍看上去有点孤僻；不像俄罗斯其他地区的农民那样对长官或多或少具有阿谀奉承和奴颜婢膝的习惯，但对长官客气宽容温和。他们具有自由的工业和实业精神，习惯于更多地依靠自己的知识、经验和能力，而不是靠碰运气。他们具有很强的自尊心和自信心，相信靠自己的力量能够掌控和开发自己的土地。"[①]

俄罗斯北部和南部居民语音和语调也有不同。例如，北方人对"什"和"奇"不分，都发"次"的音。把"希"发成拖长了的"什"音。莫斯科和圣彼得堡居民的说话都不一样。在语音语调上至少有5个不同：1. 圣彼得堡人不像莫斯科人那样，发 a 的音时，不像莫斯科人那样把 a 弱化成 o，而是明显的 a；2. 发 shi，zhi，都比较弱和长；3. Chn 发 shn；4. 在 e 之前的 d 和 t，都发得很硬；5. Cht 莫斯科人发 sht。

此外，莫斯科人管鸡蛋叫"伊伊什尼擦"，而不叫"亚伊奇尼擦"；把面包叫作"巴顿"，而不叫"赫列勃"。

[①]《俄罗斯北部》，第20页。2005年俄罗斯"环球"出版社出版。

俄罗斯人
性 格 探 秘

作者在红场波克罗夫大教堂前

  总之，圣彼得堡人发音比较软，比较"优雅"，就像中国人中的苏州人。
  但是，自20世纪60年代中期以来，随着媒体和文学语言（特别是广播电视）的迅速发展，俄罗斯北方人和南方人语言上的这些差别正在逐步消失。
  在俄罗斯各大城市中，差别最大、相互最不服气的也要数莫斯科和圣彼得堡。莫斯科是俄罗斯首都，政治、经济和工业中心。由于国家最高权力机构、

俄罗斯人性格主要特点

政府、各部都集中在莫斯科,这里官吏众多,国家公务员和行政管理人员多如牛毛。国家的主要资本集中在莫斯科,很多银行、生意人、"新俄罗斯人"和富人都在这里。因此,莫斯科人认为自己是社会的特权阶层,比其他俄罗斯人更聪明、更深沉、更认真。他们属于精英,社会地位显耀,生活富裕,有保镖护卫。现在莫斯科和外地财政精英的比例为25%和75%,也就是说,莫斯科的财政金融精英占全国的1/4,但是,全国70%以上的金融资本却集中在莫斯科。

也许正是由于接近精英,不管什么行业,无论是建筑、生产还是服务业,莫斯科的所有东西都应该是最好的,最高级的。莫斯科的生活更有活力。但与此同时,莫斯科又是一个充满矛盾的城市。一方面,它是一个非常吸引人的城市,工资高,服务和享受多,很多外省人想去那里工作和生活,攒钱和定居。因此,这几年首都房地产急剧上涨。2009年5月1日,我路过莫斯科回北京时,看到莫斯科的建筑比20年前增加许多。中国驻俄罗斯大使馆所在的沃罗比约夫山上和莫斯科电影制片厂大街旁,过去对住宅建筑有严格的限制,现在一幢幢新的住宅楼拔地而起,造型各异。从使馆去谢列梅季沃国际机场的环城公路上,各种超市、住宅楼鳞次栉比。莫斯科成为全世界各大城市中房价最高的城市之一。

另一方面,莫斯科是一个压力巨大的城市,人口密度大,物价高,节奏快,生态条件差,交通经常堵塞。官僚主义的管理经常与居民发生冲突。人际关系冷淡,如果您不是我的家人,不是我的亲戚,似乎您就不存在。除了赚钱,人们不大关心其他事情。莫斯科的古老文化和传统正在消失,不存在"统一的莫斯科人行为"。富人和普通居民之间存在很大差距。

在莫斯科,人们的穿戴各种各样,一味追求穿名牌服装的时期已经过去,现在人们穿着随便,不大追求时髦(当然不是所有人)。由于收入相当高,很多人不砍价就买商品。追求时髦是莫斯科人的爱好,例如莫斯科人开玩笑说,"现在首都已经没有人喝咖啡。多数人改为喝绿茶、铁观音,特别是功夫茶。"

2010年4月,美国有线电视新闻网列出全球治安最差的10个城市,莫斯科和卡拉奇分别在欧洲和亚洲名列前茅。

刘文飞先生把莫斯科和圣彼得堡称作"比肩而立的英雄城","文化天平上的两个秤盘"。他引用《战争与和平》中彼埃尔的话来说,莫斯科和圣彼得堡"两者之间的最大不同,就是前者的忙忙碌碌和后者的闲情逸致,莫斯科人总是脚步匆匆地奔走在各个地铁站之间,圣彼得堡人则有着更多的时间和心情在涅瓦河畔不紧不慢地散步。"①

圣彼得堡滴血大教堂

"莫斯科人看起来严肃,冷漠,拘谨,自信,牛气。""圣彼得堡人表情丰富,开放,浪漫,纵情。我在这里十天,游览冬宫夏宫、叶卡捷琳娜宫,看芭蕾舞剧《天鹅湖》,更多的时间是漫步大街,这里的一切让我兴奋。我已经分不清游客和市民了。在这里,警察远没有莫斯科多,只要遵守法律,警察不会打扰你"②。

"这里人们的神态也是悠闲而散淡的,不像莫斯科人那样行色匆匆。他们用不着那么浮躁,莫斯科是政客和商人的舞台,用圣彼得堡人的话来说,那是一个

---

① 刘文飞,《莫斯科和圣彼得堡:"双都"辉映俄罗斯》,2006年5月23日《人民日报》。
② 《莫斯科人PK圣彼得堡人》,远方雪新浪博客。

一
俄罗斯人性格主要特点

外表美丽的彩贝,内里却腐烂发臭了。圣彼得堡人自矜的是一种很有底气的雍容优雅,虽然这中间带着几分古典,几分慵懒,令人想起油画上的那个叫叶卡捷琳娜的贵妇人。但,圣彼得堡决不是一座女性化的城市……这是一座崇尚英雄的城市!"

圣彼得堡人最不买莫斯科人的账。莫斯科人说:"想要了解俄罗斯,请到莫斯科来!"圣彼得堡人就说:"莫斯科还不是整个俄罗斯。""不到圣彼得堡,等于没有到过俄罗斯。"

圣彼得堡被联合国教科文组织列为世界文化遗产,更使圣彼得堡人感到自豪和骄傲。

莫斯科人和圣彼得堡人各不服气。以下的对话可以看出双方都怀有很强的自尊心。

莫斯科人说:"我们有克里姆林宫。"

圣彼得堡人就会说:"我们有艾尔米塔什(冬宫)。"

莫斯科人说:"我们有莫斯科大剧院。"

圣彼得堡人就会说:"我们有马林斯基剧院。"

莫斯科人说:"我们有莫斯科大学。"

圣彼得堡人就会说:"我们有圣彼得堡大学。"

莫斯科人说:"我们钱比你们多。"

圣彼得堡人就会说:"但是文化在我们这里。"

莫斯科人认为圣彼得堡人土里土气。但圣彼得堡人却称莫斯科是个大农村,认为圣彼得堡人素质比莫斯科人高,治安也比莫斯科好。

的确,圣彼得堡是一个不能不去的城市。1703年,彼得大帝打败瑞典军队,攻占芬兰湾畔几个城堡后,决定在"兔岛"上建立名为彼得的新城堡。1712年,他又决定把首都从莫斯科迁到彼得堡。此后200多年,彼得堡不断发展,成为沙皇俄国的政治、经济和文化中心,直至十月革命。1918年3月,布尔什维克决定重新迁都到莫斯科,主要原因是当时德国军队就在离彼得堡300公里的爱沙尼亚,布尔什维克政权面临危险。而莫斯科离彼得堡600多公里,比较安全。

圣彼得堡处于莫斯科和其他地区之间,因此被认为是比莫斯科更民主的城市。圣彼得堡又是俄罗斯和世界文化的瑰宝,一直占有特殊的地位,是"通往欧

俄罗斯人
性格探秘

洲的窗口"。其形象是俄罗斯和西欧文化结合的象征,即圣彼得堡风格。随着城市地位的变化,居民的性格也发生变化。这个城市是彼得大帝建造的,在坚固的地基上已经300多年,这有点像圣彼得堡人的性格——表面上向对手表示信服和依赖,内心里却进行强烈的反抗。圣彼得堡人不是那种轻易就可以拉拢过来的人。

圣彼得堡的彼得大帝雕像

民族混合是圣彼得堡市民的特点之一。从人数上来说,该市一直是俄罗斯族人占多数。但外地人所占比例也不低于10%。著名学者利哈乔夫说,圣彼得堡是"彼得大帝的孩子,在俄罗斯城市中最欧化,但在欧洲城市中最俄罗斯化"。

早在18世纪末,彼得堡人就被认为有点轻浮,但非常殷勤。"热情好客是圣彼得堡所有居民突出的道德品质"。在19世纪,随着工业发展,彼得堡市民的成分逐渐发生变化,"新来的人们"丧失了农民的传统和行为准则,但又没有成为真正的市民,正像俗话所说:"离开了农村,但没有到达城市。"因此,几十年来这里是两个世界并存:官吏的彼得堡——行政的和文化的中心,以及周围的工

俄罗斯人性格主要特点

人区。

城市的氛围,伟大的文化,和谐的美丽和悠久的传统教育了人们。圣彼得堡人以有礼貌和有修养著称。经过最近十几年的危机,该城仍保留了自己的特色。例如,商店的售货员很诚实,有礼貌,天使般的耐心。交通中,较少粗鲁行为和吵架。在汽车上见不到酒鬼独白,或者年轻人的大声喧哗和大笑。

圣彼得堡青年指出:"在圣彼得堡发生的一切具有地方的、自给自足的性质,不像莫斯科那样流动,我们也许是住在北部,所以不像莫斯科人那样情绪化。"

近年来,外地精英不断挤占莫斯科精英的空间。在俄罗斯生意人中,有10%是圣彼得堡人。

普京当选俄罗斯总统后,在有些方面对自己的家乡圣彼得堡采取了有所倾斜的政策。例如,俄罗斯联邦宪法法院被迁址到圣彼得堡。

有人建议俄罗斯海军司令部也迁移到圣彼得堡,但需要花费300亿卢布。如果把首都迁到圣彼得堡,那么需要的经费将是天文数字。

这也是圣彼得堡没有成为新首都的原因之一。

(十七) 中国人眼中的俄罗斯人

——在中国民众中,对俄罗斯感到"非常亲近"的人占被调查者总数的6.24%,感到亲近的占36.47%。回答"一般"的最多,占46.9%,而回答"不亲近"和"很不亲近"的人数最少,分别占4.1%和1.75%。

(《俄罗斯中亚东欧研究》杂志)

——走在俄罗斯城市大街上,人少我会很警惕,人多我又会紧张;没有警察我会担心,看到警察我更害怕。

(一个普通中国人的感受)

——你要爱一个人,就把他送到俄罗斯去;你要恨一个人,也把他送到俄罗斯去。

(北京大学教授任光宣)

60多年来,中国人对俄罗斯人的看法经历了曲折的变化。20世纪50年代,

俄罗斯人
性格探秘

在中国奉行向苏联"一边倒"、向苏联"老大哥"学习、请苏联专家帮助中国经济和文化建设时期,中国人以友好、赞美、羡慕、向往、几乎全盘肯定的眼光看待苏联人。很多中国人认为,苏联是一个完美的社会,"苏联的今天就是中国的明天",苏联人是我们最好的朋友、同志和"老师"。60年代中期至70年代中苏关系不断恶化,意识形态分歧日益严重,边界纠纷导致珍宝岛武装冲突。在打倒"苏联修正主义"和"苏联社会帝国主义"浪潮中,很多中国人以片面、不信任甚至敌视的态度看待苏联人,对苏联缺乏客观、真实和全面的了解(苏联人对中国也是如此)。直到80年代中苏关系逐步缓和后,中国人对俄罗斯人的认识和了解才逐渐增多,渐趋客观和全面。从1989年5月戈尔巴乔夫访华实现中苏关系正常化至今,时光流逝20多年。在这期间,随着中俄两国关系的发展,两国人民的相互了解比过去增进了许多。

作者和苏联女宇航员萨维茨卡娅在红场观看阅兵式

那么,现在中国人对俄罗斯人性格的基本看法如何呢?

近年来中国人撰写的关于俄罗斯人性格和精神的图书资料日渐增多,例如中国社会科学院社会科学文献出版社出版的乐峰主编的《俄国宗教史》,四川出版社出版的王宇博的《骁勇俄罗斯》,长江文艺出版社出版的宋瑞芝的《俄罗斯精

一 俄罗斯人性格主要特点

神》，人民出版社出版的郭小丽的《俄罗斯的弥赛亚意识》，当代世界出版社出版的张昊琦的《俄罗斯精神》，中国工人出版社出版的辛越的《客居莫斯科》，山东人民出版社出版的张冰的《透视俄罗斯》，新华出版社出版的万成才的《新俄罗斯观察》，南方日报出版社出版的郑建新的《俄罗斯证人——目击历史旋涡20年》，上海外语教育出版社出版的吴克礼主编的《当代俄罗斯社会与文化》、东方出版社出版的唐修哲、孙润玉的《岁月有痕——从苏联到俄罗斯亲历》，等等。

中国还发表了一系列有关文章，如《张建华和他的俄罗斯情结》、刘文飞的《俄罗斯民族性格与俄罗斯文学》、李立水和徐茜的《俄罗斯国民性格的二律背反及成因简析》、马风书的《俄罗斯对外政策的政治文化背景及其影响》、《俄罗斯民族精神的两面性》。

与此同时，一些出版社出版了关于俄罗斯精神和俄罗斯性格的译著，如雷永生和邱守娟翻译的别尔嘉耶夫的《俄罗斯思想》、汪剑钊翻译的别尔嘉耶夫的《俄罗斯的命运》、刘文飞先生翻译的恰达耶夫的《俄罗斯思想文库·箴言集》、吴晓都和季志业等人翻译的俄著名学者德米特里·利哈乔夫的《解读俄罗斯》，中国水利水电出版社出版的美国外交官耶鲁·瑞奇蒙德的《解读俄罗斯人》等等。这说明中国学者和专家越来越重视俄罗斯性格问题的研究，而且研究的水平逐渐提高。

粗略归纳起来，中国人对俄罗斯人性格的认识主要似有以下三方面：

1. 认为俄罗斯人性格中有很多值得肯定的、积极的特点。例如，俄罗斯人"有强烈的宗教色彩和理想意识，崇尚道德与精神"；俄罗斯人善良，"其民族性格中有一个非常优秀的东西——乐于助人"；具有尚武精神、爱国主义和英雄主义，以及一往无前和强悍的民族性格。"承受力非常强，是一个非常顽强的民族"；是一个很有艺术气质的民族，孕育了无数天才和杰出的艺术家；比较直率、开朗、真诚坦率，有豪爽义气，喜欢直来直去，讨厌拐弯抹角和遮遮掩掩，不喜欢慢条斯理，敢于直接表达自己的意见和建议；比较好客、热情、奔放，比较喜欢张扬个性，也愿意承担责任；幽默、洒脱甚至浪漫。这些性格特点受到中国人的青睐和赞赏。

2. 关于俄罗斯人性格的消极方面，很多中国人谈及最多的是俄罗斯人酷爱

俄罗斯人性格探秘

伏特加，嗜酒无度，不像欧洲人那样彬彬有礼地喝酒，也不像东方人那样有节制地喝；鲁莽急躁，偏执极端，逞强斗勇；缺乏责任感，自尊自傲，具有相当强烈的保守思想；缺乏理性，过于情绪化，易变，易摇摆；对外国人的戒备心理较强，好走极端，盲目排外，不是拒绝融入世界就是企图傲立世界；比较贪婪。

3. 认为俄罗斯人的"性格独特、奇怪"，具有浓厚的两面性、矛盾性、两极性（二律背反性）和复杂性。比如，俄罗斯人既勤劳又懒惰，既热情又冷漠，既剽悍善战，又多愁善感，既有很粗糙的一面，又有非常精细的一面。中国社会科学院外国文学研究所研究员刘文飞先生在一次演讲中总结道："俄罗斯民族性格具有两面性，有时非常懒惰，有时又非常勤奋；有时非常霸道，有时又非常恭顺；有时非常蛮横，有时又非常虔诚；有时非常暴躁，有时又耐性十足。""俄罗斯就是这样一个既富有哀婉之情，又富有阳刚之美，既严肃又天真，既入世又出世的民族。这种民族性造就了俄罗斯文学永久的魅力。"①

一些中国人对俄罗斯人有着复杂的情感。他们指出，作为欧亚大国的俄罗斯公民，既有其性格开放的一面，也有其保守和排外的一面。任光宣教授引用普遍流行的俗话说："你要爱一个人，就把他送到俄罗斯去；你要恨一个人，也把他送到俄罗斯去"。

另一位在中国驻苏联和俄罗斯使馆工作30多年的老外交官也说，"对俄罗斯是爱也爱不起来，恨也恨不起来"。这是为什么呢？他没有解释。我猜想，其原因一定十分复杂。

警察、边检和光头党被赴俄华人称为"三怕"

不少中国人对于俄罗斯人性格的认识来自于切身经历。对于那些去过俄罗斯的中国人来说，俄罗斯的蓝天白云、清澈的河水、大片的绿化和生态保护、宏伟建筑和宫殿式地铁，众多博物馆以及俄罗斯百姓的文化素养和艺术气质，都给他们留下美好的印象。但是，长期以来，作为"国脸"的莫斯科机场管理混乱和低效，特别是边防和海关的刁难一直令中国乘客不爽。

世界上绝大多数国家都重视本国首都机场的服务质量和效率。然而，作为一

---

① 《刘文飞研究员来中国诗歌研究中心进行讲座交流》，www.poetry-cn.cmliuwenfei。

俄罗斯人性格主要特点

开学第一天,老同学肩扛新入学的学生绕场一周

个国家或城市的"窗口"和"脸面",莫斯科谢列梅季沃2号国际机场的服务实在令人心寒,机场边防人员和海关人员的冷面孔令人不敢恭维。飞机抵达谢列梅季沃2号国际机场后,经常是数百人拥挤在一个不大的厅里,排长队等候边检。而俄罗斯边检人员却一点也不着急,慢慢地审查护照和签证。平均每个乘客需检查10分钟左右。

2007年7月21日,我途经莫斯科,虽持外交护照,却找不到排队的地方,因为那个作为外交人员优先通行的窗口前面密密麻麻地排满了人。有一个从泰国来的外交官带着夫人和三个孩子在找"绿色通道",一位俄罗斯边检人员告知:外交官可以沿墙边挤到前头办理通行手续。他们一家靠着墙走,我就跟着这一家往前挤,总算挤到前头较快地通过边检。但与我同行的一个持普通护照的旅客就没那么幸运了,她在拥挤的人群中排了两个多小时队才走出边检的狭窄通道。

还有一名乘客好不容易排到窗口,边检人员看了一眼护照,不容分说地命令她站到一旁,暂不受理。她急得快要哭出来:"我有签证,为何不让通过?"

边检的士兵根本不理她,开始检查下一个人的证件。

《文汇报》记者邵宁在其俄罗斯见闻一书中写道:"如今中国人在边检被扣

俄罗斯人
性格探秘

下已成惯例,尤其是不懂俄语、第一次来俄罗斯的,要等所有的人都通过了,再找来翻译,对他们单独询问、盘查,往往要等上好几个小时。"

关于莫斯科街头警察的冷漠和贪婪,很多中国人也是"谈虎色变"。如果您违犯交通规则,那么按条款处罚是理所当然。但经常出现这样的情况,您没有违反交通规则,却被处罚。真是"秀才遇到兵,有理说不清"。披着"罚款"外衣的敲诈行为,成为一些警察的"固定收入"。一名警察说:"我罚一个月的款,就可以换一辆汽车。"

一位在莫斯科居住多年的中国人说:"走在大街上,人少我会很警惕,人多我又会紧张;没有警察我会担心,看到警察我更害怕。"

中国社会科学院哲学研究所的一位中年学者给我讲了他在莫斯科的遭遇。2008年8月,他应俄罗斯科学院哲学研究所邀请到莫斯科访问两周。因担心护照被窃而带来麻烦,他把护照留在招待所房间,怀揣护照复印件出门上街。不料,在莫斯科市中心遭到警察盘查。因不肯给钱,复印件没起作用,警察不由分说把他送进警察局。他给同事打电话,同事把护照送来才算了事。

2008年10月,浙江宁波慈溪一位镇领导对我讲述了他的遭遇,更反映了莫斯科个别警察的寡廉鲜耻。一年夏季,他与几个同事带着俄罗斯驻上海总领馆签发的签证赴俄旅游。正当他们兴高采烈地在莫斯科红场观瞻时,迎面走来一个身材魁梧的警察,要求出示护照。一位胆小怕事的同事按照从别人那里听来的办法,把100美元夹在护照中间递了过去,警察收钱后不再盘问。还有一位同事急忙躲开,朝前走了几步。警察追了上去,这个同事掏出护照给他看,被扣下。他给了警察200美元才拿回护照。

同事们说:"如果刚才你主动给,100美元就够了;你跑了几步,就多交出100美元。这几步真值钱!"

还有一个中国游客随旅游团去莫斯科作七日游,最后一天他独自活动时,由于护照在旅游团领队手中而被警察以"没有护照"为由带往警察局,延误了回国航班。

他伤心落泪的说:"早知如此,何必当初!"

同伴问:"当初怎么了?"

他说:"当初就不该来莫斯科。"

一
俄罗斯人性格主要特点

大多数中国人对俄罗斯仍然"非常好"

俄罗斯光头党的犯罪行为,以及边防、海关、机场、内务部等部门一些工作人员的非礼行为并没有改变大多数中国人对俄罗斯的友好印象和友善态度。2007 年 8 月至 10 月,在中俄互办"俄罗斯年"和"中国年"背景下,中国社会科学院俄罗斯东欧中亚研究所课题组进行了题为"中国人眼中的俄罗斯"的舆论调查,其结果刊登在该研究所主办的《俄罗斯中亚东欧研究》杂志 2008 年第 5 期上。

这次调查结果表明,中国民众对俄罗斯保持着较高的亲近度:对俄罗斯感到"非常亲近"的人占被调查者总数的 6.24%,感到亲近的占 36.47%。回答"一般"的最多,占 46.9%,而回答"不亲近"和"很不亲近"的人数最少,分别占 4.1% 和 1.75%。还有 4.54% 的人因不清楚而未作答。在不亲近的理由中,主要是认为"沙皇俄国曾经侵略中国"、"是我国潜在的威胁"、"和俄罗斯做生意没有规矩可循"、"俄罗斯人看不起中国人"、"俄罗斯人办事效率低"。

在回答"您心中的俄罗斯形象是什么"的问题时,选择领导人普京的票数最多,达到 1010 票,占总票数的 18.45%,超过了列宁和斯大林的得票数(977 票,17.84%)。关于俄罗斯形象的其他标志,被调查者选择较多的是"红场"、"白雪覆盖的大地"、"芭蕾舞"、"反法西斯的卫国战争"、"克里姆林宫的红星"和"北极熊"。

从调查结果看,对中俄关系性质作积极评价的占压倒多数,认为"非常好"和"良好"的占总数的 70.9%,其中选择"良好"的占 64.31%,而选择"不好"和"很不好"的仅占 2.7%。认为"不好不坏"的占 21.38%,还有 5.02% 的人回答"不清楚"。

关于"您认为要使中俄关系健康发展最重要的是什么?"的问题,回答最多的是"发展经贸关系"、"加强国际事务上的合作"、"开展文化交流"和"领导人经常接触"。对于中俄能源合作现状,61.04% 的被调查者认为"有积极作用",但也有近 1/3 的人给予不高的评价,认为"作用一般"。该项调查的课题组认为,这与俄罗斯在与我国能源合作(如石油管线、提供原油的方式和价格等问题)上表现出来的谨慎和左右摇摆的态度有关。

可惜,这项调查没有包括中国人如何看待俄罗斯人性格的问题,希望该研究所今后能就此问题做一次舆论调查,以便我们进一步、全面地了解这个问题。

二、什么造就了俄罗斯人性格

（一）斯拉夫人种遗传

> ——俄罗斯人的染色体组结构在很大程度上与欧洲人的染色体组结构相一致，而有别于亚洲和非洲人种的染色体组结构。
>
> （俄罗斯医学科学院通讯院士戴维德·扎里泽）
>
> ——在俄罗斯人的锅底，你能找到鞑靼人的影子。
>
> （俄罗斯俗语）
>
> ——生活在俄罗斯中部和南部的居民与其他斯拉夫人种有着血缘关系，而生活在俄罗斯北部的居民则与芬兰—乌戈尔语系的人种有基因遗传关系。
>
> （美国《人类遗传》杂志）

造成俄罗斯人与众不同的复杂性格特点的因素是哪些？

首先，俄罗斯人这些性格特点与他们的遗传有关。和其他民族的性格一样，俄罗斯人的性格是由先辈遗传基因以及他们的文化历史因素结合和影响而形成。

俄罗斯学者维亚切斯拉夫·茹科夫指出，人的生长有40%—70%由遗传基因所决定。其他则取决于母亲怀孕期间的状况、婴儿生活条件、环境污染和医疗保健水平等[①]。

一般都倾向认为，遗传因素通过气质和智力而影响人的性格，由于遗传因素的作用形成的气质，按照自己的活动方式，使性格具有独特的色彩。

俄罗斯医学科学院心理健康中心的科研人员经过多年研究，发现了人体中影响人性格和行为特点的基因。他们指出，"人的性格和行为特征的 30－50% 取决于基因遗传，基因在人的性格和行为的形成中起着重要作用。血清素是影响人的

---

① 《论据与事实》，俄罗斯周报，2010年第19期，第28页。

什么造就了俄罗斯人性格

哈巴罗夫斯克市一家三代

性格和行为特征的神经介质的一种。"①

  性格遗传和身高也有类似情况。在日常生活中,我们经常发现,某个男人"像他父亲一样性急暴躁",另一个女人则"像她母亲一样温顺慈善"。确实,人的性格在一定程度上是遗传的。一些科学家发现,人的个性特点中至少有一半直接由基因的特性所决定。大量的基因混合在一起互相作用产生综合效应决定了某人说话的语气、风格以及脾气等。不久前,由以色列和美国生物学家组成的研究

---

① 2003年9月29日中国《科技日报》。

俄罗斯人性格探秘

小组称,他们已经发现第 11 号染色体上有一种叫 D4DR 的遗传基因,对人的性格有不可忽视的影响。

有的科学家认为,人的性格一半来自遗传,一半来自后天,即家庭教育的作用、个体与环境的关系及其所处的历史、文化和社会背景的影响。"根本性格"是心理遗传学中性格的深层部分,活泼、开朗、冷静、急躁、内向等性格在很大程度上是遗传的。

一个人如此,一个人种也是如此。那么,俄罗斯民族的性格是如何遗传的呢?

俄罗斯历史学家古米廖夫在其两卷集《古代罗斯和大草原》中指出,俄罗斯民族是在可能带有日耳曼根源的罗斯部落同几个斯拉夫部族融合的基础上形成的。而导致俄罗斯民族独立自主的战争主要是同哈扎尔汗国的战争(哈扎尔人是5—10 世纪居住在伏尔加河下游、顿河和喀尔巴阡山麓部族)。哈扎尔汗国包括进行压迫和剥削的哈扎尔突厥人和实行统治的犹太商人部落。①

俄罗斯国内外都有人认为,俄罗斯人具有鞑靼人血统。俄罗斯俗语说:"在俄罗斯人的锅底,你能找到鞑靼人的影子。"法国作家约瑟夫·德·迈斯特尔也说:"剖析俄罗斯人,你会发现鞑靼人的影子。"② 还有一句话说得更生动:"撕下一个俄罗斯人的脸皮,你就会发现一个鞑靼人。"③

但是,这种观点没有很强的说服力。2008 年 1 月,美国《人类遗传》杂志发表了由俄罗斯和爱沙尼亚遗传学家联合进行的关于俄罗斯遗传基因研究的文章。研究结果出人意料:原来俄罗斯人的遗传基因由两个方面组成,生活在俄罗斯中部和南部的居民与其他斯拉夫人种有着血缘关系,而生活在俄罗斯北部的居民则与芬兰—乌戈尔语系的人种有基因遗传关系。过去人们认为,在俄罗斯人种遗传基因中有鞑靼人基因。但这次研究却证明,俄罗斯人种与鞑靼人没有任何关系。

这一研究还表明,白俄罗斯、乌克兰和波兰这几个斯拉夫民族与俄罗斯不仅语言不同,而且遗传基因也不同。最早的斯拉夫人是在俄罗斯中部、白俄罗斯、

---

① 《删除俄罗斯吗?》,第 118—119 页。
② 2006 年 5 月 26 日,《光明日报》。
③ 欧文·拉兹洛,《多种文化的星球——联合国教科文组织国际专家小组的报告》,第 120 页。

乌克兰和波兰居住，然后才向南迁移。而古代诺夫哥罗德居民则起源于北部斯拉夫人。

参加该项研究工作的俄罗斯医学院医学和遗传科学中心人种遗传实验室工作人员奥列格·巴拉诺夫斯基说，"伏尔加河畔鞑靼共和国的鞑靼人更像欧洲人，而不像蒙古人。虽然俄罗斯人和鞑靼人的遗传基因具有一定的差异，但不是很大。俄罗斯人完全是欧洲人，而鞑靼人基本上是欧洲人。""我们得出结论，而且这一结论多次被证明，俄罗斯人的遗传基因中几乎没有亚洲的或乌拉尔山以东的人种遗传基因。"[1]

2009 年底，俄罗斯科学院院士康斯坦丁·斯克里亚宾宣布，俄罗斯库尔恰托夫研究所的科学家们已经完全解读出俄罗斯人染色体组的密码。这是迄今世界上破译的第 8 起染色体组。俄罗斯医学科学院通讯院士、俄罗斯"勃洛欣"肿瘤科学研究中心流行病学和肿瘤预防科主任戴维德·扎里泽教授在接受记者采访时说，"俄罗斯人的染色体组结构在很大程度上与欧洲人的染色体组结构相一致，而有别于亚洲和非洲人种的染色体组结构。""在俄罗斯人的染色体组中没有发现任何酒精遗传因素"。

研究还表明，古斯拉夫人性格不羁，喜怒无常。现代俄罗斯人在一定程度上遗传了他们的特性。

（二）心理特性的影响

——有一种性格类型叫做"情绪不成熟"，具有这种性格的人，不是他们控制情绪，而是情绪控制他们。

（弗拉基米尔·弗拉基米罗夫《俄罗斯生活的意义》）

——俄罗斯人的心理特点是"直觉敏感型"。这种类型人的特点是具有特别的预感能力，发达的直觉和特别的生活感性知觉。

（俄罗斯研究人士）

---

[1] 《科学家们揭示了俄罗斯人遗传基因的秘密》，俄罗斯《共青团真理报》，2008 年 3 月 19 日。

俄罗斯人

性 格 探 秘

俄国出生的日耳曼人、二次大战中在德国军队服役的施特里克－施特里克菲尔特·卡尔洛维奇在《俄罗斯人》一书中指出，首先，在俄罗斯人心理结构中聚集着非常丰富的感情和激情，情绪的冲动和意志的爆发，这些在他们行为中起着决定性作用。

乘小马车游览

他说，"非常强烈的感情和情绪，以及最矛盾的情绪经常性的、突然的变化是俄罗斯人的性格特点。因此，我们看到俄罗斯人既粗鲁又温柔，既笃实信仰又信奉枯燥的唯物主义，既很冷漠又有清晰的灵感，既勇敢又背叛，有时具有强烈的愿望，有时又突然加以拒绝。我们可以观察到俄罗斯人心灵里既软弱又有力量的矛盾；俄罗斯人知道这一点却又不能在自己身上找到克服这一矛盾的力量，或者是根本不想去找。因此，我们看到俄罗斯人经常是出尔反尔，答应了以后马上就反悔。"[①]

心理学家们认为，性格由心理特性所构成，不同的心理特性对不同的性格具有很大影响。

---

① 《俄国人生活的意义》337 页。

什么造就了俄罗斯人性格

俄罗斯心理学家和社会学家克塞尼娅·卡西扬诺娃采用西方通用的"标准的多相人格调查方法"(MMPI),对俄罗斯人心理特点进行了深入研究。这种方法是1942至1949年美国心理学家麦金利和哈特韦发明的。他们运用这一方法对人的个性进行研究,取得了很大成功。卡西亚诺娃利用了俄罗斯研究人员索布契克搜集的对580个男子和28个女子的调查结果,自己又对65名男子和65名女子进行了调查。此外,还利用了一些生产企业对150人所进行的调查结果。她在这些基础上进行分析综合,得出一些重要结论。

卡西扬诺娃认为,俄罗斯人的精神和俄罗斯人的心理性格特点是:

——高度的个人主义和自私自利;

——热爱自由;

——不会控制情绪;

——顽强;

——不着急,而且还有惰性;

——行为的周期性(积极的行为和抑郁相互交替,而以积极的为主);

——善良。

她把俄罗斯人的心理特点与美国人的心理特点作了比较,其中一些结果如下:

——在克制自己放弃下意识的爱好方面,俄罗斯男人比美国男人高出20%,俄罗斯女人比美国女人高出22%。因此,忍耐性是俄罗斯人的突出性格,是俄罗斯民族性格的基础。

在意志力方面,美国人虽然顽强,但也易变。而俄罗斯人则很固执,不是俄罗斯人控制情绪,而是情绪控制俄罗斯人。

——俄罗斯人进入角色比较慢,而一旦进入,很快就会熟练而充分地表现。

——俄罗斯人喜欢长时间地庆祝。

——俄罗斯人更富于同情心和怜悯心,更体贴人[1]。

——在"社会偏离目标",即准备破坏公认的标准方面,俄罗斯人远远超过美国人。美国人的这项指数是约三分之一(男人为36.6%,女人为30.5%),而俄罗斯人为约50%(男人为52.6%,女人为45.6%)。这就是苏联被解体、其

---

[1] 科切特科夫,《不同文化差异的心理学》,第81页。

俄罗斯人性格探秘

社会标准遭到破坏的原因之一。"我们自己允许自己破坏了这些模式,不相信其价值观,没感觉到其不容置疑的必要性。"①

——在随意性方面,俄罗斯人的指数也明显高于美国人。在俄罗斯城市街头,人们经常可以看到有人用大嗓门进行交谈,做着手势,面部表情异常丰富,全然不顾周围人们的反应。

很多研究人士指出,俄罗斯人的心理特点是"直觉敏感型"。这种类型人的特点是具有特别的预感能力,发达的直觉和特别的生活感性知觉。对于他们来说,内在生活(精神的和思想的生活)是最主要的。正因为俄罗斯人具有很强的感性知觉,他们具有更多的东方非理性,较少西方合理性,而且充满激情。在他们那里,情绪经常压倒理智,激情经常压倒物质利益。在解决困难问题时,他们经常凭着感情,而不是凭理智来解决。很难要求他们做到客观、理智、平静地对待事物以及严密的逻辑性。在他们那里,极端主义和最高纲领主义经常典型地表现为:"要么一切,要么什么都没有。"

因此,我们就不难理解,为什么俄罗斯历史上发生了那么多张扬的、言过其实的事件,那么多不可思议的东西。例如彼得大帝在短短几年内几乎在沼泽地上建造了彼得堡这座首都;俄罗斯革命者狂热地接受并实行马克思主义;斯大林时期苏联人民高涨的社会主义革命和建设热情以及肃反扩大化;苏联的轰然解体、1993年炮打白宫、"新俄罗斯人"野蛮掠夺国家财产并暴发、残酷的车臣战争,等等。

俄罗斯人生活的感性直觉强还表现在他们需要密切接触、相互帮助以及对周围人们的严重依赖。因此,在俄罗斯没有个人或家庭的孤立主义,有的则是"志愿者精神"、"集体精神"、聚集和人以群分的习惯。

也正因为如此,俄罗斯人的另一个性格特点是很会感受别人的心思,平易近人。与素不相识的人很快就能熟识起来,即"见面熟"。两个人第一次相识,不到一个小时,就熟得好像已经交往了一辈子似的。

俄罗斯人永远不会有感觉上的饥饿,不会缺乏人际间的印象和亲密的关系。他们不喜欢甚至讨厌日常生活中的繁文缛节。俄文中称过多的礼仪和规矩是"中国的繁文缛节"。

---

① 克塞尼娅·卡西扬诺娃,《关于俄罗斯民族性格》,第212页。

什么造就了俄罗斯人性格

在复杂的情况下，俄罗斯人容易冲动，自己把自己搞得紧张和绝望。在遇到冲突的危险时，他们宁可退让，也不愿斗争。对他们来说，与周围的人们保持正常关系比同他们冲突更为重要，有时甚至为此丧失正义。

俄罗斯人心理的另一个基本特点是矛盾性。很多俄罗斯哲学家和历史学家都指出了这一点。形成这一特点的原因，首先是俄罗斯人所处的东方和西方之间的地理位置，其次是在俄罗斯人的精神中，既有基督教，又有多神教处世态度的特点。再次就是俄罗斯历史上总是充满强大国家和人民爱好自由之间的冲突。

在俄罗斯人身上可以发现众多的心理矛盾特点：既有民族主义倾向，又有对所有文化和新思想的开放态度；既有残酷的一面，又有特别怜悯的一面；既有损害别人的一面，又有同情别人痛苦的一面；既尊重政权，又爱好自由直至无政府主义；既有勤奋劳动的一面，又有闲散、懒惰、消极怠工的一面。

"作为'寻求真理者'，俄罗斯人对任何暴力行为都采取否认的态度，但是由于他们内心深处不时爆发的反冲动，他们自己就倾向于暴力行动。"[①]

对俄罗斯民族心理的研究表明，在今日俄罗斯人的意识中，一些矛盾的行为标准和准则在发生碰撞。对俄罗斯一些大城市305位居民的测验结果表明，他们身上显示了不同的心理特点和行为准则：一部分人主张集体主义，包括热情好客、相互帮助、慷慨和信任；第二部分人主张精神价值，包括正义、良知、真理；第三部分人赞成加强政权，包括服从领导、树立偶像、加强管理；第四部分人向往美好的未来，包括希望有"好运"出现，不相信自己，不负责任、缺乏行动；第五部分人希望尽快解决生活问题，包括通过紧急动员全体工作、英雄主义、勇敢精神、高度的劳动生产率等手段。

卡西扬诺娃指出，顽强、不着急和惰性是斯拉夫人的品质。实际上这是俄罗斯民族性格的不同方面，俄罗斯人迄今也没有找到一个适当的词来形容自己的性格特点。顽强、不着急和惰性预先决定了俄罗斯人的坚强意志力和稳定的个性。美国人虽是顽强的人民，但其心理相当不稳定。俄罗斯人则性格执着，有时还非常"固执"。

人具有坚定性和庄重性。他们在争取共同目标的事业中经常是组织者和领先

[①] 弗·弗拉基米罗夫，《俄罗斯生活的意义》，第336页。

者，因为任何人也不能妨碍他们把共同的、团体的目标当作自己个人的目标，而当他们顽强地、不屈不挠地争取达到目标时，就会吸引其他人一起努力。其他人在争取目标的中途可能会多次失去信心，认为事业已经失败，但是俄罗斯人却坚信胜利，并且阻止别人放弃目标和改弦易辙。

（三）广袤、寒冷和横跨两洲的地理特点

——"俄罗斯土地的广袤无垠、辽阔广大与俄罗斯的精神是相适应的，自然的地理与精神的地理是相适应的"。

（别尔嘉耶夫《俄罗斯思想》）

——"俄罗斯不是'东西'"。

（前驻俄罗斯大使李凤林）

——如果说俄罗斯民族性格是被冰雪凝结和浓缩而成的，想来不是夸大其词。

（吕宁思在其《凤凰卫视新闻总监手记》）

"一方水土养一方人"。

地理因素无疑是造成俄罗斯人性格特点的最重要因素之一。

——利哈乔夫说：俄罗斯是广袤无垠的。这不只是因为其令人惊奇的多种多样的人种和多种多样的文化，而且还因为多种多样的水准，其居民全部心灵中的水准：从最高的精神直至在民间称作"取代灵魂的酒劲"的东西。

——辽阔性不仅为俄罗斯人居住的空间所固有，而且也为俄罗斯人的天性、俄罗斯文化所固有。

俄罗斯的地理至少有三大特点：首先是广袤辽阔。

苏联时期，其领土面积为2240万平方公里，占世界陆地面积的六分之一。即使苏联解体后的今天，位于欧亚大陆北部的俄罗斯领土总面积也有1707.54万平方公里，占地球陆地面积的11.4%，仍是世界上领土面积最大的国家。它东西横穿11个时区，南北跨越4个气候带。当沉沉夜幕在莫斯科降临时，在俄罗斯的远东地区已是翌日清晨。莫斯科的时间比符拉迪沃斯托克晚7个小时。

什么造就了俄罗斯人性格

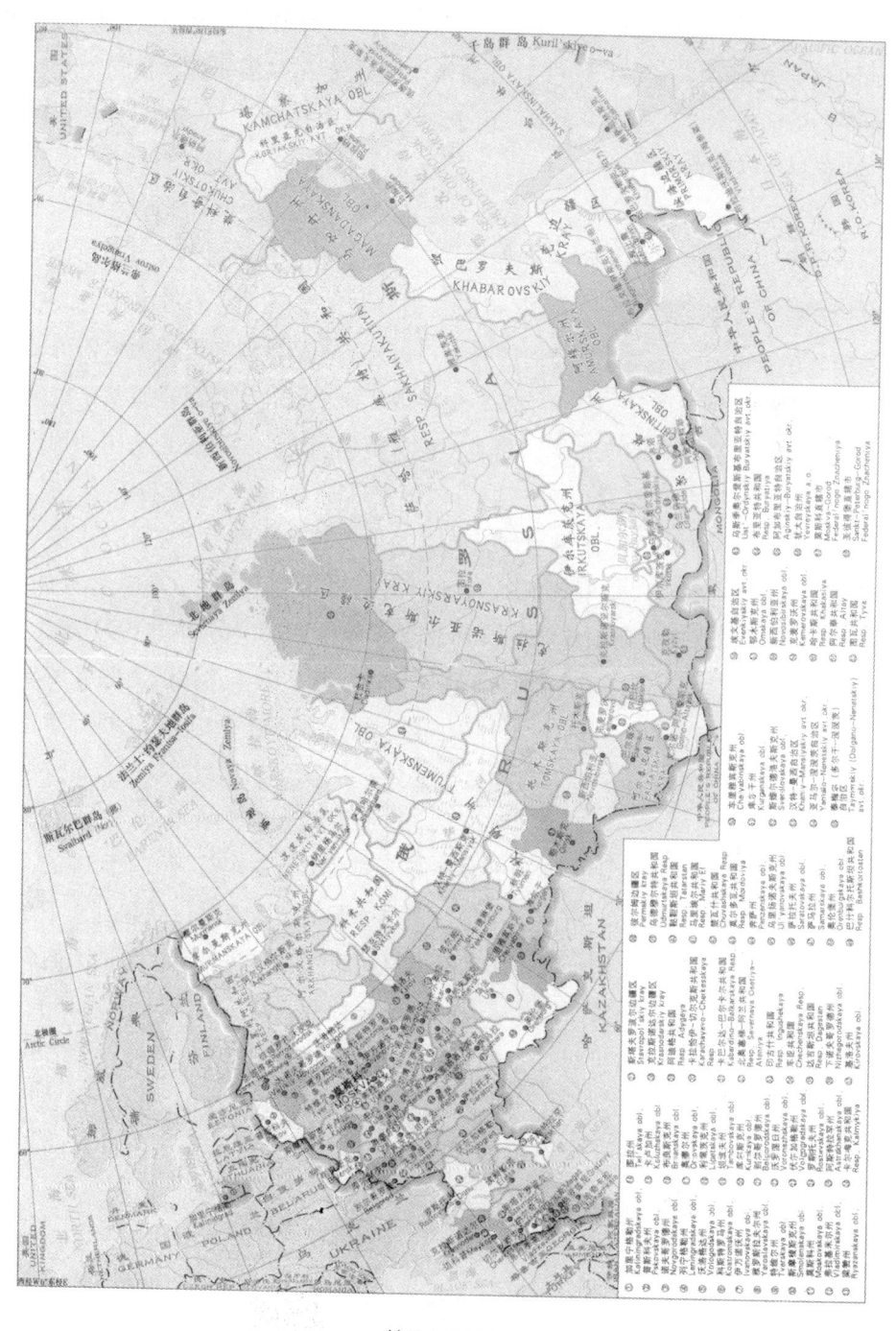

俄罗斯地图

俄罗斯人

性格探秘

东欧大平原，也称俄罗斯大平原，辽阔无垠，一望无际。这使俄罗斯广大居民的劳动方式和生活方式基本相同，他们的习俗、道德和信仰基本相同，有利于民族和国家的统一。从经济上来讲，由于不需要像山地国家那样翻山越岭架桥凿洞，生产的成本较低。

与此同时，由于疆土辽阔，没有雄关要隘，在东西方之间和北南之间没有障碍，"就像是一部没有栏杆的婴儿车"，毫无安全可言，所以需要大量的军力、人力和军费开支来保障安全。在17世纪，俄罗斯军事开支一般占国家财政收入的一半。在彼得大帝时期，甚至占四分之三。这消耗了俄罗斯人的大量财力和精力，使国家和人民长期处于紧张状态，也使俄罗斯个人的利益总是服从于国家利益。几个世纪以来，俄罗斯先后同瑞典、蒙古鞑靼、波兰、拿破仑法国和德国法西斯进行长期和艰苦卓绝的战争，结果，"国家巩固了，人民却衰弱了"。

我在莫斯科工作期间，曾多次乘火车从莫斯科到圣彼得堡出差，并多次驾车从莫斯科向西开往明斯克。俄罗斯大平原一马平川的美丽景色，令人如痴如醉。1989年7月，我乘国际列车从莫斯科到北京，行程7900多公里。1991年3月，又从北京乘火车去莫斯科，历经6天5夜，沿途所见，感受最深的就是俄罗斯的广袤无垠。1996年4月，叶利钦总统访华前夕，我去远东采访。乘飞机到达符拉迪沃斯托克后，换乘列车离开符拉迪沃斯托克，一路经哈巴罗夫斯克、布拉戈维申斯克、赤塔、乌兰乌德到贝加尔湖畔的伊尔库茨克。奔驰在长达4234公里的贝阿大铁路（西起贝加尔湖畔西伯利亚铁路上的泰舍特，东至阿穆尔河畔的共青城）上，看着铁路两边还在沉睡的土地、一望无际的茂密森林，联想到地下蕴藏的大量石油、天然气、煤炭、非金属和稀有金属矿藏等，我为这广袤的大自然所陶醉，为俄罗斯的地大物博所震撼，真正体会到俄罗斯的美丽富饶。要知道，仅西伯利亚的能源储量就占世界储量的1/3，其中石油储量2000亿吨，天然气40万亿立方米，煤炭5.3万亿吨。俄罗斯的森林覆盖率高达43.9%，森林面积74900万公顷，占世界森林总面积1/5以上。俄罗斯木材蓄积量占世界的1/4，仅西伯利亚和远东地区就达600亿立方米。

荷兰记者达尼艾尔·兹瓦尔特写道："您想象不出，俄罗斯是个多么辽阔的国家。荷兰人只要用三个小时就可以从北到南横穿荷兰。很多地方骑自行车，或者乘汽车和火车就可以到达。但当您在俄罗斯旅行时，您才能体会到，俄罗斯是

二 什么造就了俄罗斯人性格

多么广袤。"①

辽阔的大地孕育了俄罗斯人粗犷、慷慨和浪漫的性格,养育了他们的自然性和直觉性。别尔嘉耶夫指出,"俄罗斯土地的广袤无垠、辽阔广大与俄罗斯的精神是相适应的,自然的地理与精神的地理是相适应的。"② 与此同时,广阔无际的俄罗斯土地也使俄罗斯人缺乏欧洲人那种精打细算、务实、善于节约时间和空间的精神,缺乏文化的集约性,因为俄罗斯土地和精神的宽广性为俄罗斯人打开了粗犷发展的道路,而不是集约化道路。

伏尔加河源头

俄罗斯学者科斯季娜和古季娜指出,俄罗斯的自然地理条件不仅与西欧国家不同,而且与乌克兰也不同。在乌克兰黑土地带,甚至有一则玩笑说,"只要把棍子插进土里,它就会生长"。而俄罗斯农民所费的精力是西欧和乌克兰农民的一倍到两倍。贫瘠的土地使得庄稼每三四年就有一年歉收。"艰苦的体力劳动和距离国家中心相对遥远的孤立生活锤炼了俄罗斯人的体质和心灵。"③

---

① 《消息报》,2010 年 4 月 16 日。
② 《俄罗斯思想》,第 2 页。
③ 《现代俄罗斯的文化政策》,第 37—38 页。

俄罗斯人

性格探秘

别尔嘉耶夫认为,在俄罗斯人身上,没有欧洲人那种在不大的灵魂空间集聚自己能量的狭隘性,没有那种对时间与空间的经济打算和文化的集约性。旷野对俄罗斯灵魂的统治产生了一系列俄罗斯美德和缺点。同时,俄罗斯的惰性、满不在乎、缺乏首创精神、责任感薄弱,都与此有关。俄罗斯大地的辽阔与俄罗斯精神的宽广压制了俄罗斯的能量,导致了博而不精的后果[①]。

如同上海的地理和生活环境造就了平缓抒情的沪剧一样,俄罗斯的广袤和辽阔造就了奔放和豪迈的俄罗斯民歌。只有性格粗犷的俄罗斯人才能唱出如此高亢和自豪的歌曲。

一般认为,是人种(遗传基因)、地理、自然气候、民族、历史、社会经济、社会政治、文化和宗教等一系列因素造就人的性格。"的确,俄罗斯人独一无二的处世态度是由很多因素综合而成。自然条件的不可预测性,地缘政治的因素——辽阔的空间及东西方之间不同的地理位置,特别的社会结构和作为基本宗教的东正教,以及由此产生的特殊价值观系统——所有这些因素促成了俄罗斯性格的形成。"[②]

翻译家马振骋评论俄裔法国籍作家弗拉基米尔·费奥多罗夫斯基"俄罗斯三部曲"——《圣彼得堡故事》、《克里姆林宫故事》和《独特的俄罗斯故事》时指出,"在作者看来,疆域的辽阔,气候的严酷决定了俄罗斯亦欧亦亚、非东非西的民族心理,其特点是充满矛盾,遇事走极端,渴望与神灵相通,有时还有浓厚的宿命思想。"

俄罗斯地区的第二个特点是寒冷。

这个国家15%的领土,包括楚克奇、雅库特、泰梅尔(多尔干—涅涅茨民族自治区)的一部分、科米共和国的煤矿城市沃尔库塔和北方港口城市摩尔曼斯克都位于北极圈内,属寒带气候。我在大学上地理课时,就听老师讲到:俄罗斯大部分地区基本上属于寒带和亚寒带,冬季漫长而严寒,1月份雅库特的气温为零下摄氏50度左右,上扬斯克和奥伊米亚康两地的极端最低气温曾分别达到摄氏零下70度和零下71度,是北半球的"寒极"。冬季全国普降大雪,冰天雪地。

---

① 《俄罗斯的命运》,第56页。
② 安娜·科斯季娜和塔马拉·古季马合著,《现代俄罗斯的文化政策》,第37页。

什么造就了俄罗斯人性格

在西伯利亚苔原北部，全年有 260 天积雪。

伊尔库茨克的安加拉河

有一次，一位名叫纳杰日达的俄罗斯女教师给我讲述了她在北极圈内沃尔库塔生活的故事，令我听得如痴入迷。她说，1964 年她和父母亲在沃尔库塔生活，那里冬天寒冷，气温在摄氏零下 50 多度。1 至 8 年级学生放学在家。9 至 10 年级学生仍然上学。学生们把自己捂得严实，除了皮衣皮裤和皮靴外，还带着滑雪用的眼镜。街上刮着每秒 20 米的大风，为了不被大风卷走，几个同学手拉着手一起前行。一天夜里，他们全家乘火车从外地返回沃尔库塔市，遭遇特大暴风雪，列车走了三天三夜，极其艰辛。铁路两边的积雪竟然比列车还高！第 4 天凌晨 2 时，列车终于驶抵目的地。这时，天空突然出现了北极光，绚丽多彩，不断变幻，持续几个小时直至天亮。全市居民都被这大自然的神奇所震慑，纷纷走出户外，观赏这一壮美的景色。

西伯利亚如此，莫斯科又怎样呢？1987 年 1 月 11 日我第一次到达莫斯科，就遇到严寒，气温达零下 30 多度。口中吐出的二氧化碳立即变成白色的呵气，成团涌出。到了中国大使馆，满地都是冰雪，一不留神就会摔个跟斗。

在莫斯科工作的那些年里，1 月份莫斯科气温经常低于摄氏零下 20 度，连

俄罗斯人

性格探秘

记者站新买的奔驰车都发动不着。然而,很多俄罗斯人却在这样严寒的天气里在户外劳作。多少次,我站在屋内窗口旁,看外面鹅毛大雪纷飞,或暴风雪肆虐,情不自禁地想起《日瓦格医生》、《西伯利亚的理发师》等俄罗斯电影里展现的暴风雪情景,不禁对在寒冻和暴风雪中仍坚持劳动和生活的俄罗斯人民产生一种深深的敬意。

应该说,与欧洲许多国家相比,俄罗斯的寒冷地带,不是适合人类居住的舒适地区。而俄罗斯人却在那里生存和工作,生活与发展。单凭这一点,就值得人们尊敬。俄罗斯人不畏严寒,甚至喜欢严寒,特别是干冷。他们酷爱滑雪、滑冰、打冰球,冰球明星是俄罗斯姑娘们最崇拜的英雄。在千里冰封万里雪飘的日子里,俄罗斯男人常常蹲在冰冻的河面上垂钓,有时为了多钓鱼,甚至在冰河上搭帐篷过夜。次日,把钓的鱼带回家,做成"乌哈"(鱼汤),味道鲜美极了。每年1月中旬的洗礼日,是一年中最冷的日子。人们却纷纷到教堂接受洗礼,排长队领取圣水。身体健壮的人则跳进在冰面上凿出的一潭河水,进行冬泳。

正是这种寒冷的气候造就了俄罗斯人坚忍不拔和刚毅不屈的性格,锻造了他们不被一切困难所吓倒,却要压倒一切敌人的英雄气概。不可一世的拿破仑大军就是在白雪飘飘的冬季被迫从莫斯科撤退,沿途很多士兵不是冻死就是病死,侵入俄罗斯的60万大军只有数万多人狼狈地逃回法国。德国法西斯军队也是在寒冷的1942年冬季遭受重创。从1942年7月17日至1943年2月2日,苏联红军同德军在斯大林格勒进行了殊死战役。德国士兵不堪忍受寒冷,被红军打败。轴心国在东部战线的兵力损失1/4,从此开始走下坡路。

凤凰卫视新闻总监吕宁思在其《凤凰卫视新闻总监手记》中写道:"如果说俄罗斯民族性格是被冰雪凝结和浓缩而成的,想来不是夸大其词。一些现代学者在试图找到为何俄罗斯人形成了这种性格时,指出这是与他们发源于平原和冰雪中有关。在俄罗斯广袤大地上,一年里的平均冰冻期几乎占一半时间。正是冰雪造就了俄罗斯人这种冰冷与火热,缓慢而急躁,耐力和爆发力集于一身的特点。俄罗斯人的性格勇猛冲动而富有耐力,俄罗斯人外表冰冷而内心火热,俄罗斯性格就像冬天里的一把火。"

当然,寒冷也给俄罗斯人造成很多困难。每年冬天仅莫斯科等城市用汽车扫

什么造就了俄罗斯人性格

雪、往车上装雪、用运输车运雪，就消耗大量汽油和人力。1998 至 2000 年我任《光明日报》驻莫斯科记者期间，有一次，前苏联共青团中央第一书记米罗年科与我谈起俄罗斯时，首先强调的就是俄罗斯不利的地理和气候条件。他说，俄罗斯地理和气候的这些恶劣条件对农业生产极为不利，与一些热带国家一年收获两季甚至三季稻谷不同，俄罗斯每年只能生产一季粮食，而且很多地区冬天长达半年以上，对整个国民经济具有非常消极的影响。严寒耗费了国家的大量财力，影响了人民的生活，压抑了人民的精神。俄罗斯人酗酒、粗犷、马虎等性格特点，都与这个国家的自然环境有关。

一位气象学家认为，自然气候使地球不同区域形成了不同的人种，也使不同区域的人们形成了不同的性格。居住在寒冷地带的人，因为室外活动不多，大部分时间在一个不大的空间与别人朝夕相处，养成了能控制自己情绪，具有较强的耐心和忍耐力的性格[①]。

华东师范大学国际关系和地区合作研究院副院长贝文力认为，正是由于俄罗斯漫长的冬季，使俄罗斯人养成了慵懒的习惯。人们习惯于躺在火炉旁，喝酒打盹，但是幻想的翅膀从未合拢，他们等待大地复苏，春天来临。由于长达半年的冬天生活，使俄罗斯人对春天的来临非常敏感。当他们听到第一滴雪水融化的声音时，就会感到非常惊喜。他们性格中的细心和细腻特点，也正是与此有关。美丽的春天终于来临，人们积蓄了一个冬天的激情喷涌出来，这时的俄罗斯人是最勤快的。这种细腻性格反映在俄罗斯文化上，就是精致、登峰造极、无与伦比。俄罗斯的文学、建筑、绘画、雕塑、音乐、芭蕾等艺术，都有俄罗斯地理的影子。

俄罗斯地理的第三个特点是横跨东西方和欧亚两大洲。

从领土面积计算，俄罗斯三分之二的领土位于亚洲。1994 年 9 月我在叶卡捷琳堡采访江泽民主席访问这座乌拉尔山脉最大城市时，特地到欧亚分界线观看欧亚界碑。站在界碑前，一脚踏在亚洲，另一脚踩在欧洲，觉得地球真是有趣。

由于地处欧亚两大陆，俄罗斯人既受到亚洲文化的影响，又受到欧洲文化的熏陶。例如，西伯利亚的饺子，喝茶的习惯，就是从中国传到俄罗斯的。俄语

[①]《气候对人性格的影响》，连江气象网。

俄罗斯人
性|格|探|秘

在欧亚界碑旁，两脚分别踩在欧亚大陆上

"茶"的发音与汉语差不多。但是，饺子、茶传到俄罗斯后，又有了新的特色。"西伯利亚饺子"体积较小，一般都用肉馅，很少有蔬菜或其他馅，而且西伯利亚居民喜欢把饺子包好后冻起来，随吃随拿。俄罗斯人喝茶通常用茶炊。茶炊里装浓茶，另一个壶里装白开水，二者混合在一起喝。若不加开水，茶水就会太浓。

2003年4月，我跟随前驻俄罗斯大使李凤林去莫斯科外交学院参加一个国际问题研讨会。李大使在发言时幽默地说，"刚才几位先生的发言说明，俄罗斯不是'东西'"。语惊四座！在座的莫斯科外交学院教授、亚太问题研究中心主任亚历山大·卢金不禁哑然失笑。其他人也面面相觑，有的愕然，有的不解，有的则会心地点头：这是指俄罗斯位于欧亚大陆的东西方接合部，"不东不西"。

是啊，"俄罗斯不是东西"这句话里蕴涵着多么深邃的意思！俄罗斯既不是东，也不是西。既有东，也有西。俄罗斯人的性格中既有欧洲人的特点，又有亚洲人的特点。这就是俄罗斯地理位置给俄罗斯人打下的深刻烙印。复杂的地理自然环境对俄罗斯人的文化、对他们的衣食住行等生活习惯都具有极大影响，对他们的性格形成起着不可磨灭的重要作用。

别尔嘉耶夫关于俄罗斯欧亚两重性的性格特点曾有过这样的精辟言论。他

二 什么造就了俄罗斯人性格

说,"俄罗斯精神所具有的矛盾性和复杂性可能与下列情况有关:即东方与西方两股世界历史之流在俄罗斯发生碰撞,俄罗斯处在二者的相互作用之中。俄罗斯民族不是纯粹的欧洲民族,也不是纯粹的亚洲民族。俄罗斯是世界的完整部分,巨大的东方和西方,它将两个世界结合在一起。在俄罗斯精神中,东方与西方两种因素永远在相互角力。"①

19世纪俄罗斯哲学家恰达耶夫也说,"有一个因素支配着我们(俄罗斯)的历史运动,这就是地理因素。""我们从未与其他民族携手并进;我们不属于人类大家庭中的一员;我们不属于西方,也不属于东方,我们既无西方的传统,也无东方的传统。我们似乎置身于时间之外,我们没有被人类的全球性教育所触及。"②

俄罗斯现代学者维约诺夫在其《俄罗斯文化基础》中也指出,"俄罗斯人的性格是独一无二的欧亚文化历史型的表现,从这个意义上来讲,俄罗斯性格丰富了世界文明。"③

(四) 历史的烙印

——和英国人谈话结束于谈论体育,和法国人谈话结束于谈论妇女,和俄罗斯知识分子谈话结束于谈论俄罗斯,而和俄罗斯农民的谈话则结束于谈论上帝和宗教。

(安启念《东方国家的社会跳跃与文化滞后——俄罗斯文化与列宁主义问题》)

——从一定意义上来说,俄罗斯的历史就是一部战争史,一部拓展疆土的历史。

(潘德礼主编的《俄罗斯》)

——在俄罗斯民族的思维中存有亚洲文化传统这一点,是无法否定的。

(尤里·维约诺夫《俄罗斯文化基础》)

---

① 《俄罗斯思想》,第2页。
② 恰达耶夫《箴言集》,俄罗斯思想文库第6页。
③ 《俄罗斯文化基础》,第86页。

俄罗斯人
性格探秘

俗话说，"有什么样的世纪，就有什么样的人"。

民族的性格就是人民的历史。历史决定性格，性格影响历史。性格和历史是相互作用的。

诺夫哥罗德市纪念俄罗斯 1000 年的大钟

陀思妥耶夫斯基在解释俄罗斯人性格"尚未最终形成和不确定性"时指出，"俄罗斯人的天赋太聪明和太多面性了，以致尚未找到适合于自己的性格形态"。西欧人已经老了，所以具有明确的性格特点，而"我们，俄罗斯人，还是一个年轻的民族。虽然我们已经生活了一千多年，但才刚刚开始生活。就像一艘巨大的轮船，我们注定要行驶很远的路程。"[①]

与埃及、希腊、印度、中国等四大文明国家相比，俄罗斯确实还比较年轻。即使与两河流域的波斯、伊拉克以及欧亚非和拉美国家的不少民族相比，俄罗斯民族也是比较年幼的。然而，俄罗斯民族的起源、形成和发展具有其鲜明的特点。

作为东斯拉夫人，俄罗斯人的祖先居住在西起德涅斯特河，东到第涅伯河以

[①] 《俄罗斯的个人主义》，第 85 页。

什么造就了俄罗斯人性格

东和黑海北岸一带。8世纪末、9世纪初，这里出现了三个准国家组织：以基辅为中心的库雅巴、诺夫哥罗德地区的斯拉维亚和东部梁赞地区的阿尔塔尼亚。基辅罗斯是俄罗斯的第一个国家，基辅有"俄罗斯城市之母"称号。公元862年，应诺夫哥罗德贵族邀请，瑞典的瓦良格人留里克来到俄罗斯，平息了各部落之间争端，建立起诺夫哥罗德公国。从此开始长达700多年的留里克王朝。1584年伊凡雷帝去世，8岁皇太子德米特里在伏尔加河畔乌格利奇市教堂遇害，外戚大贵族鲍里斯·格杜诺夫篡权，留里克王朝结束。但是格杜诺夫好景不长，1605年突然死亡。俄罗斯进入"混乱时代"，直至1613年建立罗曼诺夫王朝。罗曼诺夫王朝统治俄罗斯304年，直到1917年2月被资产阶级革命推翻。

留里克王朝建立与斯堪的纳维亚文化的影响，"罗斯受洗"与拜占庭文化的影响，金帐汗国的建立与蒙古鞑靼文化的影响，彼得大帝改革与西方文化的影响，"十月革命"与马克思主义的影响，都对俄罗斯民族性格的形成起了重要作用[①]。

1917年十月革命后苏联逐步建立了社会主义社会。"苏联建立后在经济、政治、文化、法律制度方面的探索对俄罗斯民族性格的影响是巨大的。"[②]

由于这是世界上第一个社会主义国家，没有经验可以借鉴，加上西方资本主义国家的竞争和破坏，以及苏联领导人犯了一系列错误，苏联模式的社会主义社会政治和经济问题严重，陷入"停滞时期"。

1985年戈尔巴乔夫开始"改革和新思维"，试图使国家摆脱困境，继续发展。但他的很多政策措施失当，特别是应对民族问题的举措偏颇，导致国内出现一片混乱和地方分裂，使苏联这个世界上最庞大的国家于1991年12月间分崩离析，顷刻解体。

斗转星移，光阴荏苒。到2011年12月，苏联解体已经20年。在这期间，不仅俄罗斯政治、社会和经济制度发生了深刻变化，而且俄罗斯人的价值观念和性格特点也发生了重要变化。

千年历史对俄罗斯人性格的形成产生了重要作用，其中4个因素的影响非同

[①] 《俄罗斯民族性格形成的历史文化因素》，《俄罗斯中亚东欧研究》，2011年第1期。
[②] 同上。

俄罗斯人

性格探秘

苏联领导人别墅维斯库利——签署苏联解体文件的地方

小可。

1. 宗教，特别是拜占庭东正教的影响。

俄罗斯学者沃罗比约夫指出，"宗教性是俄罗斯民族性格的核心特征"。

古罗斯人崇拜原始的多神教，迄今在俄罗斯习俗中仍保留着多神教的一些风俗习惯，例如象征送冬迎春的"谢肉节"、类似中国清明节的"纪念死者节"（耶稣复活后的第一个周末）。

但是，对俄罗斯命运发生重大影响的是公元988年的"罗斯洗礼"。那一年，基辅罗斯大公弗拉基米尔为了抵御邻近强国入侵及其他教派的影响，同时为了用一种新的宗教把国内各地的宗教统一起来，决定将拜占庭的东正教奉为国教。

弗拉基米尔大公选择东正教的另一个目的，是为了攫取更大的权利，因为根据拜占庭传统，最高统治者不仅是国家最高管理者，而且是最高宗教领导人——基督全权代理人，直接从基督那里获得权力。

一部分历史学家则认为，拜占庭的东方政策在基辅皈依东正教中起了重要作

什么造就了俄罗斯人性格

作者在俄罗斯、乌克兰和白俄罗斯签署《别洛韦日协议》的
维斯库利纪念馆与馆长合影

用。拜占庭把基辅罗斯看作危险和强大的邻居,便努力利用宗教纽带把罗斯和自己拴在一起[①]。

无论主客观原因如何,接受拜占庭正教的决定不仅对俄罗斯的历史发展,而且对俄罗斯民族的性格演变都产生了不可磨灭的影响。

在政治上,东正教使古罗斯人认识到不仅要维护国家不受外敌侵犯,而且要建立和维护国内社会秩序,即新型的封建君主统治形式;

在思想上,东正教对基督耶稣的信仰开始成为古罗斯人的虔诚信仰;

在家庭关系中,东正教改变了古罗斯人一夫多妻制,建立起新型家庭关系。古罗斯人的道德伦理观念开始发生变化;

在日常生活中,东正教的节日和宗教活动成为罗斯人风俗习惯的一部分;

---

① 《删除俄罗斯吗?》,第128页。

俄罗斯人
性格探秘

公元863年,为了传播《圣经》和东正教其他经书的需要,正教神甫基里尔和梅福季在希腊语的基础上创造了古斯拉夫语字母表(又称"基里尔字母"),为现代俄语的产生和发展奠定了基础。如今,为了纪念这两位圣人,在莫斯科"老广场"上建造了基里尔和梅福季纪念碑。5月24日被列为国家法定节日——"斯拉夫文字和文化节",俄罗斯政府和东正教会在这一天都要举行宗教和文字活动加以纪念;

东正教的文化,如教堂建筑风格、神像绘制、宗教音乐和教育,促进了古罗斯的文化艺术和建筑风格的产生和形成。例如,基辅索菲亚大教堂就是模仿伊斯坦布尔索菲亚大教堂建造的,不过是体积略微小些而已。

基辅索菲亚大教堂

什么造就了俄罗斯人性格

由于拜占庭基督教（即东正教）的传入，古罗斯地区吸收了人类先进的文明成果，摆脱了蒙昧状态，加快了经济和社会的发展速度[①]。

几个世纪以来，沙皇把东正教奉为国教，把教会作为国家机器的一部分，为自己的统治服务。历史证明，在政权和人民及个人之间，俄罗斯东正教会总是离政权比较近。特别是17世纪"混乱时代"，东正教会几乎成了国家（政权）意识形态部门。而俄罗斯东正教会也通过自己的活动和影响，不断地"揉捏着"俄罗斯人的灵魂。教会对俄罗斯社会的影响是全面的，在人民的精神创作中，在俄罗斯的历史和文化中，在俄罗斯艺术中——绘画、音乐、建筑、艺术和科技中，几乎是无所不在。很多俄罗斯人是在教堂里寻找精神支柱与安慰。

宗教甚至成为一些俄罗斯人的主要话题。"和英国人谈话结束于谈论体育，和法国人谈话结束于谈论妇女，和俄罗斯知识分子谈话结束于谈论俄罗斯，而和俄罗斯农民的谈话则结束于谈论上帝和宗教。"[②]

2. 蒙古鞑靼人统治。

蒙古鞑靼人的野蛮入侵和长期统治也给俄罗斯造成了深远影响。1240年11月，成吉思汗的孙子拔都率领蒙古鞑靼人的军队占领基辅罗斯，并于1243年在伏尔加河下游建立了金帐（钦察）汗国，定都萨莱，罗斯各公国都成为它的藩属。这一状况延续了240年，直到1480年11月莫斯科大公伊凡三世的军队打败蒙古鞑靼人，金帐汗国土崩瓦解。

蒙古鞑靼人对俄罗斯两个半世纪的集权和专制统治，他们的尚武、狡诈、惟上等特点对俄罗斯人的性格形成无疑具有一定的影响。

以利哈乔夫为代表之一的大多数俄罗斯学者认为，无论从种族遗传、历史，还是文化和语言来看，俄罗斯人都是欧洲民族，属于统一的基督教世界。俄罗斯是欧洲文明的组成部分。但是，有些史学家指出，蒙古鞑靼对俄长达240年的统治，也给俄罗斯民族打下了深刻印记。著名诗人勃洛克在《斯基泰人》中写道："是的，我们是斯基泰人！我们是亚洲人"（斯基泰人，是指公元前7世纪居住在黑海北岸的部落）。

[①] 世界列国国情习俗丛书《俄罗斯》，第310页。
[②] 安启念，《东方国家的社会跳跃与文化滞后——俄罗斯文化与列宁主义问题》，第133页。

俄罗斯人
性格探秘

俄罗斯著名学者维约诺夫认为,"对于亚洲文化传统在俄罗斯民族身上占有多大比重的问题可以有争论,但是在俄罗斯民族的思维中存有亚洲文化传统这一点,是无法否定的。"[1]

莫斯科国际大学教授叶夫根尼·科索夫在其《做俄罗斯人》一书中写道:俄罗斯的"东方"性质来源于其历史。1000年前俄罗斯从拜占庭接受了东正教方式的洗礼,这使俄罗斯在精神上接近了希腊和中东——亚美尼亚人、格鲁吉亚人、叙利亚人和黎巴嫩人。当然,蒙古鞑靼人的入侵也影响了俄罗斯民族的形成。所有这些"东方性"便成为西方所谓"神秘的俄罗斯之魂"的基本推论[2]。

3. 连绵不断的战争。

从一定意义上来说,俄罗斯的历史就是一部战争史,一部拓展疆土的历史。俄罗斯从9世纪的一个小公国,经过1000年的扩张而成为世界上版图最大的国家。13世纪建立的以莫斯科为中心的莫斯科公国,在驱除蒙古鞑靼人后,先是对邻近公国实行兼并,而后不断扩张,从1462年到1533年,其领土从43万平方公里扩大到280万平方公里,成为欧洲幅员最大的国家[3]。

在沙俄历史上,俄罗斯同土耳其共发生9次战争。"彼得大帝在位期间,平均每7个月就有一场战争。叶卡捷琳娜女皇在位期间,对欧洲发动6次战争,占领了波兰和克里米亚半岛。"[4]

从1700年开始,经过21年的北方战争,俄罗斯最终取得对瑞典的战争胜利,夺得芬兰湾、里加湾、卡累利阿、爱沙尼亚和拉脱维亚的大部分地区。1721年,俄罗斯开始称为俄罗斯帝国。迄今,白俄罗斯共和国莫吉廖夫州还保留着北方战争的印记,在该州"斯拉夫城"附近的列斯纳亚村(俄语意为"林村")依旧巍然矗立着"1707年10月29日俄罗斯军队战胜瑞典人的纪念碑"。纪念碑顶部是一只展翅欲飞的双头鹰。旁边是圣彼得保罗教堂。这是按照沙皇彼得的指示建造的,因为在这次战役中,由莱文豪普特率领的瑞典军队被沙皇彼得率领的俄军击败,战场上遗下了瑞典军的2000辆辎重车和8000具尚未掩埋的尸体。这是

---

[1] 《俄罗斯文化基础》,第92页。
[2] 《做俄罗斯人》,第131页。
[3] 潘德礼主编,《俄罗斯》,第50页。
[4] 刘文飞,《俄罗斯民族性格与俄罗斯文学》。

什么造就了俄罗斯人性格

俄罗斯军队对瑞典军队的第一次重大胜利,从此以后,俄军开始在战争中处于有利地位。

2011年4月30日,我有机会参观了"林村",圣彼得保罗教堂、纪念碑巍然耸立。博物馆里的文字图片和沙盘展示了当时鏖战的情景。沙俄大军几乎全部包围了瑞典军队,其战斗优势非常明显。

1814年,俄国在战胜拿破仑军队后,由亚历山大一世亲率反法联军进入巴黎。波兰的大部分领土被划归俄国。

1904至1905年,俄国同日本进行的战争,以俄失败告终。这是俄罗斯在对外战争中少有的一次严重失败。

1914年8月,第一次世界大战爆发。俄与法、英等国组成"协约国",同德、奥等国组成的"同盟国"作战,直至1917年俄罗斯十月革命爆发,成立苏维埃政权并退出世界大战。

1918至1920年,外国武装干涉俄罗斯,企图把年轻的苏维埃政权扼杀在摇篮中。但是勇敢的俄罗斯红军战胜外国武装干涉军,消灭了国内残存的白军,巩固了红色政权。

20年后,即1941年6月22日,德国法西斯对苏联发动闪电式进攻,企图占领苏联,奴役东斯拉夫人。然而,英勇的苏联人民奋起抵御,经过将近4年的艰苦卓绝战斗,终于赢得胜利。5月9日成为俄罗斯的战争胜利日,俄罗斯人民最重要的节日之一。

二战结束后,苏联从未放松战备,同另一个超级大国——美国争夺势力范围。其中一个重要事件是1978年12月悍然发动攻占阿富汗的战争,但未能如愿,在10年期间苏联共派遣60多万官兵到阿富汗打仗,1.4万人死亡,10万多人受伤,300多人失踪。1989年2月15日,苏军彻底撤离这个山国。苏联对阿富汗的战争,师出无名,劳民伤财,引起苏联国内强烈反对,并在国际上受到广泛抵制。这是最终导致苏联解体的原因之一。

去过俄罗斯的人都有一个印象,就是这个国家最多的东西是烈士纪念碑、纪念像。几乎每个村镇都有一个以上的烈士纪念碑,提醒人们要记住历史和先烈,继承他们的事业和精神。

无庸置疑,连绵不断的战争和武装冲突锻炼了俄罗斯民族不畏强暴、敢于斗争、为了取得胜利而坚忍不拔的性格。而反映俄罗斯战争题材的雕塑、文学、电影、音乐、绘画等俄罗斯文化艺术对俄青少年的成长、对他们的性格形成,尤其是对他们爱国主义、民族主义思想和性格的形成和发展起了非常重要的作用。

4. 漫长的农奴制。

14至16世纪欧洲文艺复兴时期,西欧国家经历了伟大的思想文化运动,人们冲破神学的禁锢,从以神为中心过渡到以人为中心。文艺复兴运动唤起了人们的积极进取精神、创造精神及科学实验精神,对推翻封建制度起了重要作用,促进了资本主义经济发展,带来了科学与艺术革命。同时,这对人们的性格变化也产生很大影响。西欧国家的人们开始变得更加自由、开放、浪漫和文明。

与西欧不同的是,农奴制在俄罗斯存在数百年,侮辱了俄罗斯人的尊严,抑制了他们的发展,压制了他们的首创精神和自由情感,使他们产生了精神上的奴性和宿命论,对自己缺乏信心,任凭命运摆布。

别尔嘉耶夫说,"19世纪的俄罗斯是一个巨大的庄稼汉的王国,它被农奴制政权所束缚。这里存在着以专制君主沙皇为首的政权,它的统治不仅依赖军事力量,而且依赖人民的宗教信仰。"[①]

长期的农奴制使俄罗斯人养成了奴隶心理。"中世纪以来俄罗斯的历史决定了俄罗斯人的某些基本性格特点,这就是奴隶心理,缺乏自尊心,不能忍受别人的意见,既曲意逢迎又满怀仇恨,对别的政权既嫉妒又卑躬屈膝。"[②]

"自古以来,俄罗斯人就喜欢强大残酷的政权及其残酷性,他们的历史就是奴隶般地服从暴力的历史。迄今俄罗斯人民的心理仍被政权所统治,有一种'想念主人'的情结。"[③]

契诃夫在检讨自己时说,和大多数俄罗斯人一样,他也有奴性。所以,他要"一点一点地把奴性从自己身上挤出去"。

1861年3月3日(俄历2月19日),亚历山大二世签署《废除农奴制的特别宣言》,使农奴在法律上成为"自由人"。《宣言》规定,地主不能买卖农奴和干涉他们的生活,农民有权自由转换职业,从事工业和商业等活动。但是,此后

[①] 《俄罗斯思想》,第28页。
[②] 《俄国人生活的意义》,334页。
[③] 同上。

什么造就了俄罗斯人性格

契诃夫故居前的雕像

农奴制的影响继续存在,直到 1917 年十月革命前,俄罗斯农民的地位仍旧非常低下,多数农民受到地主压迫,没有自己独立的人格。

1917 年十月革命解放了俄罗斯人民,特别是农民获得新生,列宁签署的《土地法令》使他们获得土地,开始自主经营农业生产,过独立的生活。但是,这样的情形没有持续很长时间,1929 至 1933 年,苏联大规模开展将个体小农私有经济转变为社会主义集体经济的运动,建立了国营农场和集体农庄,再次改变了农民的生产方式和生活方式。尤其是 30 年代末开始形成的高度集中的官僚体制和个人崇拜,再次使人们出现害怕政权、对长官唯唯诺诺的心理,人们的性格变得扭曲。

实际上,不仅农业制度,而且整个经济制度、政治制度、文化制度和法律制度都对俄罗斯人的性格产生了重要影响。

靳会新指出:"排斥市场的、高度集中的苏联经济体制,只能强化俄罗斯民族性格中极端和激进的特征";政治体制"进一步巩固了俄罗斯民族性格中的集权主义、集体主义倾向,强化了个人对集体的依附,并延伸成为民族成员对共同体人格化的依附。人民习惯依赖国家,愿意相信权威,缺乏独立思考和理性分析能力";"由于国家文化制度过分强调同质性,将共同的信仰和观念作为社会整合的唯一手段,非此即彼的刚性意识形态,为极端的民族性格和民族性格中集体主义的存在发展提供了适宜的条件";"法治和法制观念十分淡薄,导致自由、平等、民主、人权等法治国家所倡导的精神一直无法在俄罗斯建立起来。相对于强大的国家,个体显得如此渺小,只能仰国家的鼻息生存。"①

(五) 文化陶冶

——俄罗斯就像一个巨大的文化钟摆,不断地在东西方之间来回摆动。

(《人民日报》)

——俄罗斯文学是俄罗斯民族创造的最好东西,其中包涵了俄罗斯所有的哲学,浸透着俄罗斯精神的激情。

(果戈理)

——傻瓜伊万是智慧和机敏的形象,而穆罗梅茨则是朴实和诚实的形象。

(尤利娅·切尔尼亚夫斯卡娅《白俄罗斯:自画像的细线》)

有人说:"文化决定性格,性格决定命运"。"性格好比水泥柱子中的钢筋铁骨,而知识和学问则是浇筑的混凝土。"

文化对于人的性格影响是显而易见的。一个人在成长过程中接受文化教育,受到文化的熏陶,其性格也就受到影响。俗话说,读史使人明智,数学使人的思维有逻辑,哲学使人睿智。这里说的就是文化知识对于人性格的影响。一般说来,读书多、学位高的人与读书少、文化程度低的人相比,后者保留与生俱来的性格特点更多些,而受教育多、文化修养较高的人后天的性格变化也较大。

例如,16 世纪沙俄时期东正教教会出版的《治家格言》,教导人们特别是教徒遵守各种清规戒律,这就约束了教徒的性格。又如彼得大帝统治时期出版的《青春宝鉴》(也称《处世指南》)一书,要求贵族子女养成高雅的生活习惯,在大庭广众面前举止得体,不用手指抠鼻孔,不随便吐痰擤鼻涕。该书是贵族青年

---

① 《俄罗斯民族性格形成的历史文化因素》,2011 年第 1 期第 60 至 61 页。

什么造就了俄罗斯人性格

诺贝尔文学奖获得者布宁的故居博物馆

的必读书。

一个国家的文化对其国人的心态和性格具有深刻的影响。大国文化造就大国心态和大国性格，而小国文化则造就小国心态和小国性格。爱国主义、大国主义的文化对俄罗斯人的影响是潜移默化的。

孩子们在特列季亚科夫画廊上课

俄罗斯人

性格探秘

比较特殊的是，俄罗斯文化既受到亚洲文化，又受到欧洲文化的影响。刘文飞先生指出，"俄罗斯就像一个巨大的文化钟摆，不断地在东西方之间来回摆动。""在俄罗斯人的民族性格和生活方式中，也并存有不同文化的基因。俄罗斯国徽上那个左顾右盼的双头鹰，似乎就是俄罗斯民族性格和文化构成的一个意味深长的象征符号。几乎每一位俄罗斯思想家都曾指出俄罗斯民族性格中固有的两极性和矛盾性，或曰双重人格和二元结构。"[1]

俄罗斯文化中还具有强烈的宗教色彩和理想意识。东正教决定了俄罗斯文化的许多特点，包括鄙视尘世富贵、弥赛亚情结（认为自己的文化是最理想的教育）、孤立主义（竭力使自己免受其他民族的影响）、共同性（集体主义，寻找拯救所有人的道路）、不断寻求理想以及对其他信仰者和其他民族表示容忍[2]。

这些因素也对一些俄罗斯人仇恨富人、夜郎自大、孤芳自赏、同情弱者等性格特点起了重要作用。"我们是柔和的，温顺的，有耐心的和准备吃苦受难的，这并非由于我们的天性，而是由于我们的文化造成。这一文化引导我们克制、自我限制、甚至作出自我牺牲。但我们的性格并非如此。它更多地使我们爆发出暴风雨般的和不可控制的激情。"[3]

在精深博大的俄罗斯文化中，文学是最璀璨的明珠。果戈理认为，俄罗斯文学是"俄罗斯民族创造的最好东西，其中包涵了俄罗斯所有的哲学，浸透着俄罗斯精神的激情。"

俄罗斯作家们在自己的作品中描绘了各色各样的俄罗斯人物，其鲜明的性格特点给人以深刻印象。例如"陀斯妥耶夫斯基在《卡拉马佐夫兄弟》中描写的阿廖沙的那种博爱，《白痴》里梅什金公爵的那种纯净，《罪与罚》中索尼娅的自我牺牲。"[4]

在《白痴》里，梅什金善良、无私、助人为乐，但显得有点幼稚，甚至有点愚蠢。书中关于他对任性的美女纳斯塔西娅的感情是这样描写的：纳斯塔西娅拉住他的手，引他到宾客面前去。而他却突然止步，露出特别惊慌的样子，匆匆

---

[1] 《人民日报》，2006年3月28日。
[2] 《现代俄罗斯的文化政策》，第38页。
[3] 同上。
[4] 刘文飞，《俄罗斯民族性格与俄罗斯文学》。

什么造就了俄罗斯人性格

忙忙地向她微语道:"您身上一切都是完善的……连您的纤瘦和惨白也这样……"他想阻止纳斯塔西娅嫁给惟利是图的依伏尔金,于是对她喊道:"不,不……您不要嫁"。纳斯塔西娅问道:"假如我一无所有,请问谁会来娶我?"

公爵表示,他会娶她这"空无所有的一个人"。

寥寥几笔,梅什金"善良、无私、助人为乐,甚至显得有点愚蠢"的形象便栩栩如生,跃然纸上。

装扮成"钦差大臣"的十四品文官赫列斯塔科夫擅长虚伪、欺骗,"每到一处,都要摆阔气,要顶好的房间,上等的饭菜","俨然一副大官的气派",酒醉饭饱后就"随心所欲地吹嘘开了"。看到县长夫人安娜和女儿玛丽亚,就把自己的"爱情之火"燃向她们。

当代俄罗斯人认为,俄罗斯北部地区的人们较多继承了梅什金的性格,而现代莫斯科人更接近狡猾的赫列斯塔科夫的性格。

根据圣彼得堡大学就俄罗斯人的性格特点所做的民意调查,在民间传说人物中,最典型的是俄罗斯土地的保卫者、壮士伊利亚·穆罗梅茨,投他的票的人占35.6%。傻瓜伊万也是被调查人的崇拜者,占20.8%。《只要一想就会到手》中的主人公叶梅利亚占19.3%。这些选择反映了俄罗斯人性格和价值趋向。

"傻瓜伊万努什卡"的故事在俄罗斯家喻户晓。俄罗斯民间认为,老大忠厚老实,老二聪明伶俐,而老三愚钝呆板,常被人欺。一些出力不讨好的事常委派老三去做。但老三总能韬光养晦,出奇制胜。伊万是俄罗斯人喜欢的人物。他被称为"傻瓜",实际上却一点不傻,大智若愚。他的性格特点是:聪明能干,但不张扬、勇敢顽强,很谦虚;孝敬父母,尊重兄长,但自有主张,绝不盲从;平时显得懒散,但关键时刻毫不含糊,"该出手时就出手"。他不被重视,常被忽略,但他有自己的目标,不达目的誓不罢休,性格顽强。他并不张牙舞爪,气势汹汹逼人,却悄不声响地努力做好自己的事情。说他傻,实际上他是有点装傻,是狡猾的一种表现。白俄罗斯专门研究民间故事的学者切尔尼亚夫斯卡娅认为,"傻瓜伊万是智慧和机敏的形象,而穆罗梅茨则是朴实和诚实的形象。"①

近千年来,俄罗斯文学描写和反映了俄罗斯人的各种性格。这些文学作品反

---

① 《白俄罗斯:自画像的细线》,第 13 页。

俄罗斯人
性格探秘

过来又影响了俄罗斯人的性格形成。很多俄罗斯人都认为，他们幼年和青少年时期读过的书籍对他们性格的形成有着重要影响。有些青年正是因为读了进步书籍，毅然走上革命道路。

而俄罗斯电影、戏剧、马戏、杂技、音乐、笑话等文化形式对俄罗斯人幽默等性格的形成所起的重要作用，不也说明了文化对性格的影响吗？

三、独特的生活方式

（一）吃的习惯属于面食世界

——世界分成"稻米世界"和"面食世界"，俄罗斯属于"面食世界"。从19世纪初到20世纪，俄罗斯饮食形成了自己的特色。

（俄罗斯学者叶夫根尼·科索夫）

——土豆是俄罗斯人的第二面包。

（俄罗斯俗语）

——不做馅饼的家庭是不完美的。

（俄罗斯谚语）

——不吃薄饼就不算过谢肉节。

（俄罗斯俗语）

俗话说，"靠山吃山，靠水吃水"；"一方水土养一方人"。一个民族所处的地理形势、生态环境和气候条件不同，其生活方式也就不同。而生活方式不同，也造就了人的不同性格特点。

一个国家的饮食文化，是一个国家人民的宝贵遗产。饮食文化是民族文化的一部分。从总的文化和生活方式来说，俄罗斯总是向西方看齐并受基督教欧洲的吸引。与欧洲生活一体化的倾向存在于俄罗斯发展的整个历史过程中，物质文化包括烹饪文化的发展也是如此。

在古罗斯和俄罗斯早期，贵族和普通人都吃同样的饭菜——黑麦面包、煮肉（一般是牛肉）、圆白菜稀汤、粥和奶羹。区别不过是穷人吃不饱，常挨饿，而富人和地主暴饮暴食撑破肚皮。

到18世纪，俄罗斯饮食发生了一个急剧的转折。俄罗斯统治阶级及整个贵族开始模仿西欧饮食方式，先是模仿荷兰和德国的，接着是法国的，然后是英

俄罗斯人
性格探秘

国的。

俄罗斯学者叶夫根尼·科索夫认为,世界分成"稻米世界"和"面食世界",这两个世界的领土面积几乎各为一半,而稻米世界的人口却占四分之三,面食世界的仅占四分之一。"稻米世界"的中国就有13.4亿多人口,还有印度、巴基斯坦和孟加拉国等,都是人口大国。和整个欧洲一样,俄罗斯属于"面食世界。"[①]

从19世纪初到20世纪,"出现了真正的俄罗斯饮食的曙光"。俄罗斯饮食形成了自己的特色。其主要原因是俄罗斯民族企业的蓬勃发展和作为当时科技进步的铁路业的迅速发展。俄罗斯饮食成为商业阶层的饮食。丰衣足食的富人们不仅要吃饱,而且要吃好,吃得丰富多彩。他们对法国式的贵族饮食进行了改造,既保留了俄罗斯民族传统的美味佳肴,又增加了许多新的花色品种。俄罗斯从来没有生活在孤立中,总是吸收对自己有益的东西。俄罗斯人不是囫囵吞枣地吸收整个外来的东西,而是吸收适合自己的那些部分。俄罗斯饮食文化也是如此,它吸收了法国的葡萄酒、西伯利亚的饺子、高加索的烤肉和中亚的手抓饭等美酒佳肴。因此,在俄罗斯餐桌上,既有遥远东方标新立异的食物,又有西方近邻合理营养的菜肴。

到了苏联时期,官方宴会上总是离不开以下菜肴:凉菜有鱼子酱、鲟鱼肉、"首都"沙拉(蔬菜、土豆)、腌蘑菇和腌蒜苔;热菜有牛排、用基辅方法做的鸡肉丸子和鲈鱼;点心有冰淇淋和咖啡。

任何一个民族的饮食都有自己独特的食品和著名的菜肴。那么现在俄罗斯饮食特点是什么呢?

在俄罗斯,最尊敬的食品是"面包和盐":在欢迎尊贵的客人时,一个身着民族服装的美丽姑娘上前行礼,并献上一个烤制得很好、表皮烤得有点硬的黑面包和一小碟精细的白盐。来宾吻一下面包,然后掰一小块,撒上一点盐,品尝一下并表示感谢。这种礼仪反映到日常生活中,就是餐桌上一定要有面包,去作客时一定要吃面包。在俄语里,"面包和盐"这两个词组成另一个单词——"好客"或"慷慨款待"。可见面包和盐在俄罗斯的重要性。

[①] 《做俄罗斯人》,第216页。

三 独特的生活方式

面包是俄罗斯人主食中的主角。街上每隔一定的距离就是一个面包店。到了星期天，其他商店都关门休息，惟有面包店照常营业。面包有圆的、椭圆的、长方的等各种形状。长面包约半公斤重，您买一个也行，半个也行。黑面包还可买四分之一个。

黑面包是俄罗斯人的最爱。早在罗斯时期就有了酸味黑麦面包，它几乎成为俄罗斯民族饮食的象征。直到20世纪中叶，黑面包还是俄罗斯人的基本食品。每人每天2至3俄磅（等于409.5克）。夏天就着克瓦斯（一种用麦芽或面包屑制成的清凉饮料，通常加蜂蜜饮用）吃，冬天就着热蜜水吃。特别是著名的"鲍罗金诺黑面包"，是许多俄罗斯人最喜爱的食品。年轻的俄罗斯将军亚历山大·图奇科夫1812年8月26日在莫斯科郊区鲍罗金诺战场同入侵俄国的拿破仑军队作战时牺牲（托尔斯泰在《战争与和平》中用他的原型塑造了安德烈·波尔康斯基），他的妻子悲痛不已，便进入莫斯科市郊的一个女修道院烤面包，以纪念在鲍罗金诺战役中死亡的将士。她用特殊方法制作"鲍罗金诺黑面包"，和好的面要发酵三天，多几分钟不行，少几分钟也不好，因此味道特别好，享誉全国。直到今天，很多俄罗斯人吃黑面包仍胜过吃白面包，尽管黑面包的价格比白面包贵。黑面包含有丰富的维生素，营养价值高。闻起来麦香夹着烤香，挺诱人的。吃起来略微带一点酸味，多嚼一会儿，就会有一股甜味。难怪有的老妇买了黑面包，马上拿到鼻子跟前闻一闻，甚至亲上一口，仿佛是久别重逢的亲人。俄罗斯驻北京的一位记者告诉我，由于北京没有黑面包，俄驻中国使馆的一些官员经常请他们的亲朋好友从国内带黑面包来。如果有人带来黑面包，那就是最受欢迎的礼物。这就像中国驻俄使馆外交官请人从国内带青菜去莫斯科一样。中国人的最爱是青菜，而莫斯科青菜品种少，像蒜苗、扁豆、丝瓜等青菜，在俄罗斯见不着。

俄罗斯人酷爱黑面包是有原因的，在气候比较温暖的国家，人们可以从水果、葡萄酒等食品中吸取"酸分"，而在气候严寒的俄罗斯，为了保持身体健康，人们需要黑面包、克瓦斯和酸白菜汤。特别要指出的是，制作真正的俄罗斯伏特加酒的酒精就来自发芽的黑麦芽。而白面包的消费量更大，因为小麦的产量比黑麦高得多。特别是食用鱼子酱时，俄罗斯人的习惯是在白面包（而不是黑面包）上抹一层黄油，然后把红的或黑的鱼子酱粘在黄油上。苏联时期，鱼子酱几

俄罗斯人
性格探秘

乎是居民家里的必备品。1992年放开物价以来,鱼子酱身价倍增,对普通人家来说,已是"可望而不可及"。

如今,面包店里的品种由原先的四五种增加到十几种、二十多种。除了普通的面包以外,还有各色甜面包、小圆面包、面包圈、夹心面包、法式长面包等等。作为基本食品。面包的价格相对便宜,不能随意上涨。

喜爱肉奶

俄罗斯人长得人高马大,体魄强壮,这与他们从小就摄取大量肉奶蛋的饮食习惯不无关系。早在1985年,苏联人均消费肉和肉制品就达61.4公斤,奶和奶制品323公斤,蛋类260个。

这肉多新鲜!
一位农民在推销猪肉

独特的生活方式

肉食是俄罗斯人不可缺少的食品。总的来说,俄罗斯人更喜欢牛肉,其次才是猪肉、羊肉、鸡肉等。鸭子在俄罗斯很少见。在苏联时期,首都以外的居民经常去莫斯科采购肉食制品。而现在,在全国各地,各种各样的香肠琳琅满目,任您选购。看到俄罗斯人吃肉的胃口,一些中国人不禁自嘲:他们是食肉动物,而我们是食菜动物。怪不得他们身体如此健壮!

俄罗斯人的早餐简单,一般是面包黄油或奶酪,果酱和牛奶,丰盛些的还有粥、煎鸡蛋、香肠、热茶或咖啡。夏季里,加上几片黄瓜和西红柿。午餐一般在工作单位的食堂吃,既简单又便宜:一杯果汁、一个色拉、一碗热汤、一个热菜、几片面包。俄罗斯人爱喝汤,红菜汤、罗松汤、白菜汤、肉丁(或鱼丁)稠辣汤、蘑菇汤,各种各样。汤里面常常放有几颗黑色油橄榄,或者加一片柠檬,可以把汁挤入汤里,也可以把整个一片放入汤盘。据说很久以前,俄罗斯人的生活并不富裕,家里人口多,肉不够吃,所以主妇就把肉切成小块放入汤里煮,同时把红菜头、元白菜、土豆、洋葱头、胡萝卜切成丝一并放进去,最后浇上酸奶油。这种红菜汤色鲜味美,很快就流传开来。

午餐的热菜多是牛排、猪肉、炸鸡、烧牛肉块或煎鱼,配上土豆条、元白菜或甜菜。苹果汁、葡萄汁、梨水、酸奶或加糖的红茶,是俄罗斯人喜爱的饮料。也有人为了省时省钱,到咖啡厅喝一杯咖啡吃几片甜点心了事。即使在俄罗斯联邦政府大厦、联邦议会、州府和市府,高级官员的午餐也比较简单,因为连午餐带休息总共只有一个小时,想奢侈时间也不够。

晚饭是家人团聚的时刻,比较丰盛。通常是几个凉菜,有蔬菜、香肠、火腿肉和酸黄瓜。热菜以荤菜为主,配上土豆、豌豆和调味酱。一般是一道热菜,有时,特别是逢年过节或客人在座时,也有两道热菜。晚上一般不喝汤,但是饭后可喝茶。俄罗斯人喝茶与中国人不同,他们喝茶时要上一些甜食,如自制的蛋糕、甜点心和果酱,还有蜂蜜、饼干、糖果等。所以,如果去俄罗斯人家作客,用餐时肚子应留有余地,否则,如果您不吃女主人自制的甜食,她会不开心。如果您去作客时带上蛋糕和巧克力等糖果,主人一定会感到高兴。

多数俄罗斯人喜欢喝红茶,而且要往茶里放入一片柠檬。这主要是为了增加维生素和预防感冒(俄罗斯人吃凉菜和鱼等食品时,也喜欢放柠檬)。但是近年来,越来越多的俄罗斯人,特别是到过中国的人,开始爱上绿茶。

俄罗斯人

性格探秘

有时茶后还吃冰淇淋。俄罗斯人对冰淇淋的喜爱程度令人吃惊,在寒冬腊月和冰天雪地的时候,也能听到俄罗斯人说:"太冷了,太冷了,去吃点冰淇淋吧!"苏联时期莫斯科有三个 M 出名,这就是 METRO(地铁)、MATRESHKA(木制套娃)和 MOROZHENOE(冰淇淋)。俄罗斯冰淇淋奶油含量多,味道纯正,不仅解渴,而且充饥。

俄罗斯人吃肉奶的饮食习惯,恐怕与俄国寒冷的气候有关。在漫长的俄罗斯冬季,人的机体消耗很多能量,特别是劳动时,耗量更大。肉奶所含的卡路里高,身体的脂肪厚了、含热量大就可以御寒。这与我们中国人以蔬菜和水果为主的饮食习惯不同,所以不少中国人去俄罗斯后,不大适应这种饮食结构。

俄罗斯人体格健壮的原因之一是他们吃大量奶制品。和其他欧洲人特别是北欧人一样,俄罗斯人酷爱牛奶和奶制品,如酸牛奶、奶渣、酸奶油、奶酪和黄油。没有牛奶及其制品几乎就无法生活。常见到这样的情景:有人在店里买了 0.5 升的鲜牛奶或酸奶,撕开口子,仰脖就喝,一饮而尽。对于很多俄罗斯人来说,餐桌上有没有蔬菜无关紧要,只要有奶酪就万事大吉。俄罗斯儿童可以不吃糖果,但用奶酪制作、糖纸包裹的小吃或点心却是最喜欢的"糖果"。我在莫斯科工作期间,经常看到住宅院子里俄罗斯儿童咀嚼奶酪的情景,就像中国儿童咀嚼糖果一样。而"友谊牌"融化干酪则是男人们下酒的最好小菜。

俄罗斯人喜爱奶制品是有原因的。人体内有一种特别的酶——乳糖酶,不同人种的婴儿出生时都有这种酶,因为婴儿的基本食品是母奶。但随着一个人的生长,其生物化学成分也发生变化。白种人的身体内能够不断产生乳糖酶,对奶制品的需求很大。而蒙古人种和尼格罗人种的人长大后,乳糖酶就停止产生,开始对牛奶不感兴趣。对于他们来说,奶的替代品就是大豆。

土豆——"第二面包"

俄罗斯人爱吃土豆是有名的。

苏联时期,土豆、圆白菜、胡萝卜和洋葱头是普通人的看家菜,一年四季不断。中国人戏称这四种菜是俄罗斯餐桌上的"四大常委"。

俄罗斯人对土豆有各种各样的吃法:煮土豆、烤土豆、土豆条、土豆丝、土豆片、土豆泥、用土豆做的小扁饼,等等。在中国餐厅,我们喜欢点几个菜,各

独特的生活方式

式各样。而在俄罗斯餐厅，无论是牛排、猪肉还是烤鸡，它们的配菜几乎都是圆白菜丝和炸土豆条，因此点其中一个就够了，否则就会重复。近年来，莫斯科又出现了油炸的咸味土豆片，作为小吃，深受大人和孩子的欢迎。据统计，俄罗斯每年人均土豆消费量为100多公斤，几乎与粮食制品的消费量差不多。土豆的食用范围如此之广，难怪它在俄罗斯享有"第二面包"之美誉。

大多数俄罗斯人都在自己的别墅和宅旁园地种植土豆，作为冬贮食品。有的自己吃不了，就送给亲朋好友，或者到自由市场去卖一部分。俄罗斯前总统叶利钦一家在别墅种土豆的习惯保持了30多年，仅1992年就收获了811袋土豆。和其他俄罗斯人一样，叶利钦也酷爱吃土豆，特别是带皮的土豆，就着咸鲱鱼吃。

一位俄罗斯妇女说，大量食用含淀粉多的土豆、面包以及高脂肪的肉奶和甜食，加上活动量小，不注意健美活动，正是俄罗斯妇女身体发胖的主要原因。同时，她对女士身体较胖不以为然，认为女士不应该瘦，瘦就是弱，胖就是强壮。

各种色拉

在俄罗斯人眼中，色拉这个概念远比我们的认识广得多。去俄罗斯朋友家作客，主人问："喜欢吃色拉吗？""喜欢。"于是端上来一盘米饭色拉，在土豆、豌豆中掺了许多熟米饭，上面浇了一层蛋黄酱；又送来一盘虾仁色拉，只见粉红色虾仁，黄色土豆，半透明的葱头，绿色的豌豆，拌上用橄榄油、蛋黄和香料搅成的色拉油；再递上一盘白菜色拉，是白菜丝和西红柿片拌上茴香末和素油。"这也叫色拉？跟中国的凉拌菜一样嘛！"后来，见得多了方知，只要几种菜组合凉拌，都可叫色拉，甚至我们中国人吃的生菜，俄罗斯人就起名"色拉"。因此，如果您在俄罗斯餐厅点菜，一定要把色拉的具体品种搞清楚。一般来说，蔬菜色拉比较符合我们中国人的口味。

馅饼是餐桌上不可缺少的

馅饼有大的，小的，肉的，菜的，奶酪的，鱼子酱的，品种极为丰富。

俄罗斯人说，"没有汤和馅饼的俄罗斯午餐是难以想像的"。"不做馅饼的家庭是不完美的"。"没有好老婆的男人，没有热腾腾澡堂的星期六，没有馅饼的星期天，就一文不值！"

俄罗斯人
性格探秘

除馅饼外，薄饼也颇受俄罗斯人喜爱。每年3月22日左右，在斋戒期开始前，是送冬迎春的谢肉节。按照习俗，人们一定要吃薄饼。俄罗斯谚语说："即使把自己所有的东西都典当了，也要过谢肉节。""不吃薄饼就不算过谢肉节。"这是一种烤得色泽金黄的圆形小薄饼，象征太阳、幸福和富足。

有一年谢肉节，我在莫斯科高尔基文化公园游玩，只见人们排着长队买薄饼。每个摊位有两名妇女服务。第一个妇女把一勺和好的面放到一块铁板上，半分钟后贴着铁板的一面就烤黄了。她拿起薄饼，把没有烤好的另一面朝下，放到身边另一位妇女的铁板上，根据买者的要求，在饼里加上鱼子酱、肉、鱼、鸡蛋、蔬菜、蘑菇或果酱、蜂蜜等，过了半分钟，薄饼就烤好了，色美味鲜。我也排了一个多小时队，荤的、素的、甜的咸的，各个品种都买了一些，带回来与同事们分享。很多俄罗斯人不在店里买，而是自己家里做薄饼，更便宜、更鲜美。

过了谢肉节，人们在6至7周斋戒期间不能食肉，只能吃素，一直到4月下旬的复活节。复活节那天，人们要吃红鸡蛋和圆柱形甜面包。信徒们把这些食品摆在教堂前的长桌上，神甫给食品洒上"圣水"，表示赐福。圣徒们相信，有病的人喝了这种圣水，可以治病。

"乌哈"鱼汤味道鲜美

俄罗斯河流纵横，湖泊众多。俄境内共有大小河流200多万条，总长度900多万公里。有湖泊270多万个，总面积49万平方公里。这就为俄罗斯人提供了丰富的鱼类资源。最珍贵的是鲟鱼，不仅肉质白嫩，味道鲜美，而且生产世界著名的黑鱼子酱。其次是鲑鳟鱼。如果说鲟鱼是俄罗斯的"黄金储备"，那么鲑鳟鱼就是"银色储备"。鲈鱼肉厚无刺，也是人们喜欢的佳肴。苏联70年代，因为肉类短缺，规定每周有一个"吃鱼日"。而鲈鱼是苏共中央政治局委员们的上品。

俄罗斯人说，"喝伏特加要就着鲟鱼喝，而喝啤酒要就着鲟鱼喝"。特别是熏制的鲟鱼，用手剥去鱼鳞后，其肉的味道非常鲜美。

在伏尔加河中游的"普廖兹"镇，有一种用树叶裹起来烤制的鱼，一般约半斤重，肉质细嫩，口感甚好。每当游轮到此停泊，当地居民都要到河畔来兜售这种鱼。俄罗斯著名画家列维坦曾在这个"金色普廖兹"写生。据说他很喜欢

三 独特的生活方式

吃这种用树叶烤熟的鱼。

俄罗斯人还特别喜欢喝一种叫"乌哈"的鱼汤。有人问一个在俄罗斯住了一段时间的外国人:"什么是乌哈?"这个外国人回答:"是非常普通的一种鱼汤,而且非常淡。但是,俄罗斯人就着'乌哈'喝很多伏特加。"

我见过俄罗斯人在冰雪覆盖的莫斯科河面上钓鱼的情景:钓鱼者把一根约一米半长的钢钻放在坚硬的冰面上,用右手使劲摇动钢钻,冰面上便旋转出一个直径半尺左右的洞,然后把鱼钩放下去。不一会就有一些鱼上钩,其中最多的是江鳕。钓鱼者把钓起来的鱼放入一个塑料袋,回家后把它们熬成味道鲜美的乌哈。但是每年春季冰雪消融时,俄罗斯都要发生很多起冰上垂钓者落水、或者因四周河面融化而被留在冰块上不能上岸的事故,迫使当地政府出动船只或直升飞机救援。

冰上垂钓

垂钓也是俄罗斯男人最喜爱的传统休闲方式之一。几个男人一起去钓鱼,钓了鱼,架起铝锅,熬成"乌哈",就着伏特加喝汤,然后高兴地唱歌。只有这

俄罗斯人
性格探秘

样,钓鱼才算获得成功。如果缺少其中一个环节,比如钓着了鱼,但没有熬汤;喝了酒,但没有唱歌——就意味着钓鱼没有成功。"乌哈"、伏特加和唱歌,是三位一体,缺一不可!

天然蘑菇多种吃法

俄罗斯幅员辽阔,森林覆盖率几近44%。森林覆盖面积74900万公顷,占世界森林总面积的1/5以上。真菌类非常丰富,有白蘑、草蘑、环柄菇、杏菌(鸡油菌)、牛肝菌、微绒牛肝菌、杂色牛肝菌、红菇、美味牛肝菌(白蘑菇)、鳞皮牛肝菌、变形牛肝菌等,数不胜数。这给俄罗斯人提供了采蘑菇的良好条件。大多数中国人吃的是人工培植的蘑菇,而俄罗斯人吃的则是天然蘑菇。他们吃蘑菇的方式很多,除吃新鲜蘑菇外,还把蘑菇腌起来,晾干或风干。住在乡村别墅的人家,在采蘑菇的季节里,每逢周末都要进森林采蘑菇。一个人几个小时就能采一大桶回来。您开车在公路上行进,会看到很多人(其中不少是中年妇女)在路边卖蘑菇,既新鲜又便宜。当然,每年都免不了发生一些吃蘑菇死人的事。但重要的是,绝大多数人用蘑菇丰富了餐桌,调剂了口味,补充了营养,得到了乐趣。

腌制蔬菜保过冬

俄罗斯夏短冬长,日照不足,时令蔬菜和水果少,又不宜贮存,因此,为保证家人冬季有菜吃,俄罗斯家庭主妇大显神通,练就了制作各种罐头菜和果酱的手艺。

1996年俄罗斯有2250万个家庭拥有私人园地或别墅,约占全国人口的三分之一。春种秋收,从八九月份女主人就开始为过冬做准备。她们把小黄瓜加些香料腌制成酸黄瓜,把西红柿、柿子椒、大蒜头和西葫芦用盐水浸泡在玻璃瓶里密封,把杏、樱桃、马林等各种浆果用糖制作果酱,把森林里采集的蘑菇晾干或者腌制……于是,装满果菜的瓶子在贮藏室里摞了起来,或者在双层玻璃的夹层中排成队,高高低低,红红绿绿黄黄,煞是好看。据说,三口之家存上三四十瓶,基本上可吃到第二年新菜上市。

近年来,由于市场经济的作用,随着进口蔬菜增多,莫斯科市场上蔬菜淡旺

三 独特的生活方式

季的差别缩小了，和北京大白菜销量逐年减少一样，莫斯科人购买过冬菜的劲头也不如从前。在超级市场上，有钱的人随时可以买到新鲜的蔬菜，甚至土豆也在那里买，因为那里的土豆干干净净，不像菜店里的土豆那样又黑又脏。但是超市的价格昂贵，对于多数居民来说，自制罐头蔬菜仍然是他们过冬的主要依靠。

莫斯科有3000多家餐馆

如果您在莫斯科看到一些餐馆里人影稀少时，不要觉到诧异。因为莫斯科的餐饮业很昂贵，不像中国，绝大多数餐馆里总是人头攒动，非常火爆。

莫斯科饭店价格高的原因之一是饭店、餐厅比较少。据统计，在纽约有2万家餐馆。在巴黎有1.7万家餐馆。而在莫斯科只有3000多家餐馆[1]。

多数餐馆集中在莫斯科市中心区，在那里用餐十分方便，但是价格特别昂贵。一般一个人在餐厅吃一顿晚餐需要100美元以上。莫斯科是"富人的天堂"，政府高级官员、生意人、实业家、文化界明星、经济学家、律师等，名人荟萃。他们似乎不在乎饭菜的价格，而在炫耀自己的成功——他属于"精英"阶层。

普京曾多次光顾普希金广场旁边的"普希金餐厅"。他还和德国前总理施罗德在列宁大街上的德国"啤酒屋"喝扎啤。已故俄罗斯第一任总统叶利钦则喜欢去莫斯科郊区俄政府别墅附近的"皇家狩猎"餐馆。2003年我也慕名前往这个以"地道俄罗斯风味"著称的餐馆用餐，真是百闻不如一见：彩椒黄瓜西红柿拌的色拉、黑红两种鱼子酱、腌蘑菇、三文鱼生鱼片、红菜汤、小牛肉或牛排等等，食品质量新鲜，烹饪精细，口味鲜美，不愧为莫斯科最好的餐厅之一。

最近十几年，莫斯科的餐饮业有不小的发展。以中国驻俄罗斯大使馆附近"大学生街"上的餐馆来说，就增加了乌兹别克斯坦餐馆、阿塞拜疆餐厅和日本餐馆。在莫斯科电影制片厂大街德国使馆旁边的一栋二层楼上，开设了格鲁吉亚餐馆。离它不远的塞尔维亚大使馆一侧，还开设了一家西餐馆，作料新鲜，做工精细，经常是食客爆满。

当然，莫斯科也少不了享誉全球的中餐馆。值得一提的是位于拉缅基街5号的两层"金鼎楼"，不仅中国人喜欢去那里用餐，而且普通俄罗斯人也乐于去光

---

[1] 《俄罗斯行为方式》，第73页。

俄罗斯人性格探秘

顾。餐馆墙上挂了在那里用餐的一些中国和俄罗斯名人的照片。来自丹东的餐馆老板娘李娜说，现在莫斯科总共约有上千家中餐馆，竞争激烈。但是她相信，只要诚实和公平竞争，中餐馆永远能够在莫斯科餐饮业中占有一席之地，因为很多俄罗斯人喜欢中餐，特别喜欢宫保鸡丁、木须肉、咕老肉等，而且很多人喜欢辣的菜肴。

（二）"我的家就是我的堡垒"

——85%的莫斯科市民无力购房。

（俄罗斯统计数字）

——人生有三分之一的时间在别墅度过。

（俄罗斯民意调查）

——俄罗斯人不大喜欢领客人参观自己的住房。

（阿拉·谢尔盖耶娃《俄罗斯人的行为准则、传统和民族心理》）

对于多数俄罗斯人来说，住房一直是他们的一个老大难问题。

20世纪30至50年代，莫斯科建造了一些雄伟的建筑，其中有高级住宅楼，专供克格勃高级官员、军队将领、高级知识分子和获奖的著名艺术家居住。同时也盖了大批普通人的住房。但是城市建设跟不上人口发展，"家庭合住房"是市民住房的基本形式。在这种"家庭合住房"中，多家合住，每家有一至两个房间，但共用一个厨房、一个洗澡间和一个卫生间。各家相互监督，"抬头不见低头见"，很少有隐私可言。

50年代，为尽快缓解住房困难，赫鲁晓夫下令建造标准统一的、火柴盒式的5层简易楼房。住房多为两间一套，虽然面积只有25至30平方米，但由于独居一套，每套配有厨房和卫生间，人们大有获得解放和自由之感。如果一个人能够拥有这么一套房间，被认为是他生活中的一大成功。这种被称为"赫鲁晓夫卡"的简易楼设计只能住50年，所以现在俄罗斯很多城市已在拆除这些楼房，取而代之的是符合21世纪设计的、22层以上的现代化住房。

80年代以后，俄罗斯的住房建筑更讲究材料坚固、设计合理和居住方便。

独特的生活方式

城区周围的住宅小区一个个拔地而起。各个小区多是同一设计图纸，十几、二十栋高层公寓楼。每栋4-8门，每门配有电梯（二小一大，24小时自动运转）和垃圾管道。楼门口有一装置，连通各户，客人要想进入楼门拜访，须输入密码，主人通过对讲机核实后按动机关，楼门便自动打开。

每层有4-8个住户，一间一套至4间一套都有。每户的厨房大至8-10平米，卫生间和盥洗室分开，暖气、电炉或煤气炉、冷水和热水配套供应。

在莫斯科等大城市，楼层增高，20层以上的高楼鳞次栉比，首尾相接，或围成圈，或随地势错落，远远望去气势壮观。

值得一提的是，俄罗斯市政建设注重居住的自然与社会和谐统一。临大街的楼房一层全是店铺，面包店、食品店、药店、邮局、储蓄所、修理铺等等，分布合理，居民不走出街区就可得到基本生活用品。小区内有幼儿园、学校、电影院和公园。住宅楼前设有儿童活动场所，幼儿们活跃在攀登架、滑梯、沙坑和公园里。少年儿童们喜欢骑着自行车在公园里兜风，大人们也在公园的树阴下散步、闲聊，在草地上训练狗，在小桌上下棋，在球场上打球，在湖里游泳，冬天则在公园里滑冰和滑雪。这使小区的居民有一个人与自然合一的社会空间，以及舒适方便和现代化的生活环境。

我在莫斯科工作和生活期间，常爱逛城区的大街小巷，不是为购物，而是被老城区的历史建筑所吸引。莫斯科的民居建筑，大的宏伟气派，小的精巧玲珑，旧的古韵迷人，新的典雅别致，向人们展现着不同时期的不同建筑风貌。

莫斯科二环以内的老城区，多建于100多年前是达官贵人的邸宅。一栋栋四五层高楼比肩而立，明亮鲜艳的色彩如彩虹落地，精美别致的窗框雕饰争奇斗巧，阳台多为大理石立柱或大力神托举，阳台栏杆由黑铁铸成螺旋形花纹图案。每栋楼各具艺术特色，而整条大街却是风格协调、色彩和谐。楼内每层约有5-7间，房间较大，十几、二十平米不等，可分为主人卧室、孩子卧室、活动室、餐厅、客厅等。各厅室之间有回廊甬道，转折相通。室内宽敞明亮，陈设富丽堂皇。枝形吊灯、瓷釉、壁炉、滚边流苏窗帘、浮雕镀金天花板。这些贵族邸宅十月革命后得到较好的保护，成为博物馆和纪念馆，有些分给劳动人民合住。老城区那些具有优秀建筑格局和艺术欣赏价值的建筑物都保留下来，十分珍贵。

如今，有些银行和公司或者收买、或者租用市中心这些旧时楼房，要想好好地装饰改造,只能按照莫斯科市政府的城市规划和保护古建筑的要求进行:内部任意改建,外部必须保持原貌。于是,大街旁就出现了内部全部拆光、只剩外墙壳的建筑工地,出现了内部是现代化的设备和装饰,而外部仍保持了上个世纪建筑文化风貌的楼房。

1990年以前,俄罗斯城市里的住房主要实行由国家建造和分配的制度,有45%的居民迫切需要住房,但排队分房的名单长得惊人。例如,在莫斯科,只有在首都居住10年以上、人均住房面积少于9平方米的人才有权利参加分房的排队。如果三口之家的住房超过28平方米,那么他们可能将终生都在这套住房里生活。而那些有幸被列入排队名单的人,至少还要等上10至15年。于是就出现了以各种手段争取早日分得住房的情况,如假结婚、假离婚、让远亲或在农村的年迈父母登记在自己的住房面积里、怀孕证明等等。行贿受贿、利用社会关系更是屡见不鲜。1996年俄罗斯人平均住房面积为17.3平米,还有800万户家庭在排队等候住房。2007年俄罗斯人均住房面积为20.8平方米,只是西欧国家的一半。因此,这在俄罗斯被认为是"正常"的住房面积,西方国家却认为:"在俄罗斯住得很挤。"

苏联解体后,俄罗斯实行住房私有化。1991年国家控制的住房占全国住房的一半以上,而现在只占6%。63%的俄罗斯人有可能按自己的财力、愿望和兴趣买房。但出现的新问题是,实际上只有经商发财的人或其他少数有钱人才买得起昂贵的住房。2005年莫斯科住房平均售价为每平米1000美元,每天卖出2000至8000套住房,买主大多是商业公司的经理或高级专家。2008年莫斯科市住房均价增加到每平米6100美元。由于受到国际金融危机影响,2009年莫斯科房价有所下跌,但即使如此,2009年8月莫斯科商品房均价仍为每平方米5320美元,其中高档住宅每平米要1.2万美元。统计数字表明,85%的莫斯科市民无力购房,"望楼兴叹",新婚夫妇大多租房居住,把拼命挣钱买房作为工作和生活的重要目标①。

我认识的俄罗斯外交部的一位朋友结婚10年多了,住房一直"打游击"。他的岳父是军队高级将领,在莫斯科郊区有一套宽敞的住宅,岳父一家加上女婿,

---

① 《中国青年报》,2009年10月18日。

三 独特的生活方式

人均住房也大大超过 12 平米，所以他想申请排队分得住房根本没门。小夫妻渴望自由自在地独立生活，就在市内租房住，或者出国工作，在大使馆住几年。回国后，在出国的朋友家住，长则半年，短则两三个月，没有固定的家，常为找房而烦恼。1992 年住房私有化，小俩口又添愁：分房没戏，买房没钱。所以俩人最盼望在国外常驻，"以使馆为家"。

伊拉是俄罗斯电视台记者。20 世纪 80 年代初苏联政府鼓励职工集资建房，一套 2 居室需交 1.3 万卢布（合 2 万美元），预付 5200 卢布，其余在 5 年内付清。靠着父亲的资助，伊拉筹集了 5000 卢布，两年后总算搬进了属于自己的住房。又过了两年，共同的生活使她发现了丈夫内心深处的极端利己与自私，便与他离异。伊拉带着刚满两岁的女儿住一间房子，丈夫住另一间，天天抬头不见低头见。丈夫一年后再婚，又添子。两户人家 5 口人尴尬地同居一套住宅好几年。直到 1995 年底，伊拉的男友花了两万美元，才把她前夫请了出去，结束了与前夫合住一套的历史。

维克托夫妇的住房位于环境幽雅的莫斯科市西部，苏联时期是党中央高干的住宅，居住面积 100 平米。建筑质量好，结构合理，门厅和过厅都很大，房间宽敞明亮。从客厅往外看，坡上小树林葱郁茂密，春天野花遍地，秋天满目金黄，出门向东走约 10 分钟，有一公园，绿荫蔽日，小湖宁静。步行七八分钟，就是地铁站。这样好的住房要卖掉，实在是出于无奈。维克托的工资和夫人的退休金加起来，正好在贫困线上。再过一年，维克托也要退休。老俩口体弱多病，膝下无儿。卖房得了几万美元，以养天年。

像这样卖房换得一笔养老金的大有人在，出租住房求得细水长流稳定收入的更是不计其数。退休人员塔尼亚将自己的两居室出租，又在别处租了一个一间套，每月可净得 200 美元。而租用她的两居室的是个"新俄罗斯人"，他拥有豪华的住宅，租这套两居室只是用来与情妇幽会。

俄罗斯人经常说："我的屋子就是我的堡垒。"

这里所说的屋子实际上是住房。现在俄罗斯人喜欢的住房是以下几种：

1. 大厨房，最好不小于 10 平米，楼层最好不要第一层或顶层；
2. 30 至 50 年代的"斯大林建筑"，因为它们通常是砖的，天花板高，房间大（20 至 30 平米）；

3. 近年建造的 17 至 22 层楼的住房；

4. 位于富人区或生态清洁区的住房；

5. 住房最好距离地铁站较近，有阳台，如果有玻璃凉廊更好；

6. 木地板，厨房是瓷砖；

7. 很多俄罗斯暴发户喜欢"欧式室内装修"，即高质量、最好的室内装修；

8. 斯大林时期建设的"家庭合住房"。过去几家合住，所以很拥挤。现在有钱的人把整套合住房都买下来，把几家住户分别安排到其他住宅楼，或者给钱让他们自己去买房。我曾经去过两家这样的新型"家庭合住房"。这些住房间架结构高，材质坚实，经过室内改造后，显得高档舒适。

那么，在普通的俄罗斯人家里，"典型的住房内部"是怎样的呢？

在很多俄罗斯人家里，通常没有卧室、客厅和书房的严格区分。能区分当然好，可惜他们的住房不够大。但孩子，特别是小孩的房间是明确的。客厅里没有床，家里的某个人夜晚睡在客厅沙发。家庭聚会的地方是厨房，不仅在这里用餐，而且在这里聊天，即使客人、朋友和亲戚来时也是如此。和大房间一样，厨房里有电话和小电视机，挂着油画，摆放着一些装饰物。一般有洗衣机和电冰箱，但没有洗碗机、微波炉和厨房机器人。

和欧洲国家一样，俄罗斯人房间里也喜欢摆放古典或时髦的家具，但墙壁不是白灰，而是糊壁纸，因为寒冷的气候使俄罗斯人认为壁纸比较暖和、舒服。

俄罗斯人家里最重要、最荣耀的地方是书架和书柜。这与欧洲其他国家的家庭不同，那里在最显眼的地方摆放的是物质文化的其他东西。俄罗斯人家里的书架和书柜是主人的名片，从书架和书柜上您可以了解主人的兴趣与爱好。

俄罗斯人十分喜欢毯子，不仅铺在地上，而且挂在墙上，一般挂在沙发或床旁边，因为比较暖和与舒适。这令人感到有点东方情调。

城里的住房朝着现代化发展，那么农村的住房又怎样呢？

郊区农村，典型的俄式传统木屋。农宅一宅连着一宅，沿马路两旁伸展。每户一院，由木房、贮藏室、地窖、菜园组成。木房方正敦实，屋顶为人字形斜坡，以便积雪自动下滑。木房地下有半层，约一人多高，既可防潮湿、隔低温，又可堆放杂物。迈上四五级台阶，走过长方形门廊，方可进入。屋内宽敞，木板铺地。一般有三四间厅室，分起居室、卧室、餐厅和厨房，面积十几、二十几平

独特的生活方式

米不等。人们常爱在原木墙外钉上刨光的木条，涂上蓝、绿、黄、紫红等鲜艳色

俄式传统木屋

彩，屋檐、窗框用白色镂空花纹装饰。宽大的窗台上摆着一盆盆鲜花，大花图案的纱帘挡住人们的视线。整个木屋如同一件工艺品那样精致令人喜爱。正屋外有侧房，可放农具或作仓库，有棚屋，里面堆满劈柴。院子用木栅栏围住，院内菜园翠绿，果树玉立。

三分之一的人生在别墅度过

别墅是大多数俄罗斯人生活中的重要内容。人们有了钱以后，都会在郊区或者离城市较远的农村购买或者建造一个别墅。越是有钱，建造的别墅就越豪华。

我曾经去过一些俄罗斯朋友的别墅作客，它们大概可分为三类：第一类是父母在农村的住房，稍加修理或改建，成为夏季去休息的别墅；第二类是苏联时期购置的面积为0.06公顷的小别墅，通常没有园子；第三类是苏联解体后中产阶层特别是"新俄罗斯人"购置或建造的别墅，不仅面积大（20至30平米），而且造价高。

俄罗斯人
性格探秘

前俄共中央莫斯科组织部部长邦达尔丘克的别墅位于距莫斯科市100多公里处，由一个火车车厢改造而成。住所虽简单，但园子里种的蔬菜和浆果很多，西红柿、黄瓜、草莓、大葱、生菜、圆白菜、土豆、马林果、茶醋栗等，可谓赤橙黄绿青蓝紫。他们的邻居是一座三间房的木屋，结实又美观。邦达尔丘克说，这个别墅的主人是一家国营大商店的总经理。他又指着不远处一座高大的两层别墅说，那家主人是某区的人民监督委员会主席。

近年来，莫斯科郊外雨后春笋般地涌现了许多高级别墅，小楼造得犹如童话世界里的宫殿一般，有的像城堡那样古色古香，有的用现代材料装饰得富丽豪华。卧室、起居室、客厅、健身房、台球室、乒乓球室、游泳池、桑那浴室、甚至发电设备，集于一楼，设备先进，舒服至极。

俄罗斯国际文传电讯社一位资深记者的别墅就属于这种豪华别墅。它位于莫斯科市至卡卢加市途中，占地一公顷。别墅是20世纪90年代中期新建的，建筑材料大多是石头和木材。一层的厅有20多平米，壁炉里燃烧着截成段块的松树枝，发出"吱吱"的响声，散发着阵阵松香。他请我坐在壁炉旁的沙发上，斟满一杯鲜啤酒，边喝边聊，其乐融融。

还有一次，在一个凉爽的夏日，俄罗斯一家著名报纸的总编辑请我去他的别墅。这是一幢舒适美观的木屋，森林环抱，空气清新，景色秀丽。也是坐在红色火苗串行的壁炉旁，喝着可口的啤酒，非常惬意。这么好的别墅，令人羡慕！但听了总编辑的一番话后，我更吃了一惊。他说，该别墅前主人——莫斯科海关一位官员以10万美元的价格把此别墅卖出，他自己又在著名的"鲁勃廖夫公路"俄罗斯政府高级别墅区建造了一座新的别墅。那可是莫斯科最高档的别墅区！没有几十万至上百万美元是造不起别墅的。

每年4月下旬，俄罗斯人就开始到郊外别墅翻地、种菜。从市内通往郊区的电气火车上，都是带着农具和各种建筑材料的市民。夏天，每到星期五或星期六上午，城里的居民就开车去城外的别墅，城里面空荡荡的，行人和车辆大为减少。到星期日傍晚，回城的车辆排成一字长龙，络绎不绝。记得一个星期天下午我从梁赞市开车返回莫斯科，沿途的长龙车队排了足有几公里，我不断超车甚至违章在逆行线上超车前行，才没有耽误回到莫斯科记者站看晚9时的新闻联播节目和一周新闻综述。秋天，人们满载土豆、菜蔬、苹果等劳动果实从别墅返回市

独特的生活方式

里，不仅丰富了自家的餐桌，而且送给亲朋好友分享。

那些高级的别墅，由于具有暖气设备，甚至冬季都可以居住。有一次我去俄罗斯外交部亚洲司一位司领导的别墅做客。它位于距莫斯科市60多公里的市郊，别墅里装有发电和供暖设备。他告诉我，一年四季他都住在这里，自己开车进城上班。

总之，别墅是俄罗斯人财富的象征，俄罗斯人把自己的很多财富倾注在别墅建设上。别墅也是他们生活方式的重要一部分，他们一生中有近三分之一的时间是在别墅度过。

由此也可看出俄罗斯人喜欢大自然、亲近大自然的性格特点。

俄罗斯人的别墅

（三）穿衣重在谐调

——无论着装潮流怎样变换，俄罗斯人都不会改变这样一个特点：服装的整体美。

（中国留学生）

——服饰是集文化、智慧为一体的外在表现，体现了人的文化素养和审美观。俄罗斯人有良好的气质、优美的体形，加上和谐的服装，就产生了独特的美感。

（阿拉·谢尔盖耶娃《俄罗斯人的行为准则、传统和民族心理》）

俄罗斯人

性格探秘

俄罗斯人穿衣的风格是"整洁、端庄、高雅、和谐"。注重仪表,衣着整洁,是俄罗斯人的一大特点。对于他们来说,干净是最起码的准则,不仅知识分子,而且工人农民,男女老少都讲究洁净。1991年3月我在莫斯科建立《中国青年报》记者站时,找了几名俄罗斯工人帮助铺设地板。他们满手老茧,做一手好活,但很注意自己的仪表。劳动时换上工作服,上面漆点油迹木屑都有,可是细看他们的衬衣,衣领袖口洗得干干净净,烫得平平整整。下班时,把脸、手洗干净,梳理好头发,换上西装,乘车回家。公寓的清洁工也是这样,上下班时都是西装革履,整洁大方。

这使我突然想起我在俄罗斯远东城市符拉迪沃斯托克看见的一个情景:几名中国工人下班后乘公共汽车回宿舍,他们穿的工作服非常肮脏,油腻不堪,沾满尘土。车上的俄罗斯乘客皱起眉头,连忙躲避,尽量离他们远一点。

同是工人,服饰习惯却大相径庭。

在莫斯科,不修边幅、衣冠不整的只有三种人:难民(大多来自塔吉克斯坦等独联体国家)、吉普赛人和酒鬼。有一次,我们在莫斯科地铁过道里见过这样一个镜头:一位美丽的少妇身穿质地上乘、款式不凡的毛皮长大衣,默默地靠墙站着,一个小男孩在她身边静静地玩耍。如果不是距她一步之遥的一个放钱的纸盒,单从她一身打扮,您绝对不会想到她是在乞求别人给她帮助,可能还会以为她是在等候朋友。

冬天,室内外温差大。窗外白雪飘飘,零下十几、二十度,室内却是热气腾腾,摄氏20度上下。所以,妇女常常是内穿薄呢衣裙,外套皮大衣或加厚呢大衣。多数俄罗斯妇女都有名贵的皮大衣,大多是在苏联低物价时期买的。长的紫貂皮和水貂皮等华丽的皮大衣,配上俄罗斯妇女白皙的皮肤,俨然是"贵妇人"风度;羊羔卷毛皮大衣,多为中老年妇女所爱好;而银狐、蓝狐皮大衣,则被时髦的年轻姑娘所青睐。甚至在冬天,您也能在大街上看到这样的姑娘,脚蹬长统靴,腿穿单丝袜,身着超短裙,外套一件银狐或蓝狐短大衣。我们中国人一看到她们那双裸露在外的玉腿,就会从心里替她们冻得哆嗦。可她们却迎风冒雪,信步街头。

呢大衣质地厚实柔软,多是从澳洲进口的毛呢,或由澳毛纺成。里面衬着一层晴纶棉套,长至膝盖以下,甚至拖到脚脖。配上翻毛狐狸皮或貂皮大衣领,足

独特的生活方式

以抵御严寒。银灰、深红、豆沙红、豆绿、海蓝等多姿多色的呢大衣，给昏暗漫长的莫斯科之冬增添了色彩和活力。

春秋两季，是各种款色的薄呢大衣和风衣的世界。最别致的要数妇女戴的帽子和围巾。到莫斯科不久就会发现，俄罗斯人的脑袋最怕受冻，无论老幼都戴帽。开始，我们按照在北京的习惯，很少戴帽，俄罗斯朋友见了很惊讶，劝道："一定要戴帽子，莫斯科风硬。"难怪他们把头部作为重点保护部位。

夏天，各色各样的薄的衣裙更是把莫斯科打扮得绚丽多姿。老年人喜欢布料的、色彩鲜艳的、大花的连衣裙，中年妇女多为套裙，而年轻姑娘喜爱素色，突出天生丽质。黑色紧身超短裙勾勒出姑娘优美的身段，修长经典的碎花长裙显出女性的婀娜多姿，豪情奔放的牛仔装更显年轻人的青春活力。俄罗斯妇女穿套裙套服，习惯把上衣塞在裙（或裤子）里，或者干脆系上一条质地不错的皮带。男士则多穿T恤衫、白衬衣，也是塞在长裤里，绝不会穿着跨栏背心或花色沙滩短裤出现在公众面前。有时也能看见穿西装短裤的姑娘，但是男士不穿。

1995年冬俄罗斯议会选举时，一对年老的夫妇来到投票站，男士戴一副深度近视眼镜，是一家研究所的退休高级工程师，身上的褐色半长呢大衣颇有年头：衣襟和袖口的呢绒已磨掉，露出里面的棉布丝。女士的深蓝呢大衣稍好些，但是裹不住年老发胖的躯体，只好不系扣子。他俩的衣服虽旧，却非常干净，没有一点污迹。

淘气的孩子也是这样，尽管他们喜欢在草地上滚，雪地里爬，冰上滑，但他们的衣服总是洗得干净透亮，崭新如初。清洁的习惯就是这样从小养成的！家长们也舍得花钱让孩子们穿得暖和、漂亮、不与别人的孩子雷同。

参加晚会、观看演出，俄罗斯人习惯穿晚礼服，就像过节一般。进了剧院、影院的大门，最热闹的是衣帽间。人们脱去厚重的外衣和靴子，在大镜子前梳理化妆。男士们身着西装套服，系领带或领结，展示倜傥洒脱的英姿；女士们身穿各色晚礼服，配上珠宝首饰、精致手包，显得雍容华贵，温文尔雅。听音乐会、看歌剧、芭蕾舞剧和话剧，是俄罗斯人高雅的文化生活中不可缺少的一部分，当然要以最华贵的服装相配。

观看展览、出席大会，俄罗斯人也很讲究衣着。有一天上午，在莫斯科的一家中国公司组织工作人员去参观一个艺术展览。把这个消息告诉俄罗斯女雇员后，她想了一下，说："今天我不能去。"经理很奇怪："你不是一直想看这个展览吗？"女雇员说："是的，但我今天不能去，因为你没有事先通知我，好让我换一身衣服。现在已经来不及了。"经理看着她身上灰色合体的套装："你这身套装就很好嘛！""不！去这种场合应该穿得更高雅。"她以自己的这身衣服不够格而放弃了参观的机会。

观看克里姆林宫芭蕾前梳妆打扮

最近几年，俄罗斯社会发生了巨大变化，人们的穿着也换了几次时髦，既反映了他们着装观念的变化，也记录了各国服装在俄国市场激烈竞争的过程。1990年以前，俄罗斯男女多穿西装套服和套裙，朴素端庄，很少有牛仔系列，基本看不到女子穿长裤的。随着与各国贸易和人员交往的增多，中国的邮差绿羽绒服、猪皮茄克、针织拉绒晴纶带檐帽、欧式长方型毛料格披肩、意大利皮靴、法式碎花长裙、东方的、西方的、粗糙的、精致的，都曾领过风骚。

社会贫富的悬殊也从人们的着装中反映出来。前苏联时期，西装、大衣、童装等各种服装价格低廉，人们不用为买衣犯愁。到了20世纪90年代中期，普通的一套西装就要100多美元，而全国职工的月平均收入只有80万卢布（合150美元），3000万人处于贫困线以下，月收入低于37万卢布（75美元）。对于多数居民来说，他们的收入主要用于购买食品，穿的衣服大多是以前留下来的。但

三 独特的生活方式

是，对于在私有化过程中暴发起来的50万"新俄罗斯人"，花几千美元买一件法式貂皮大衣只是"九牛一毛"。一般来说，50至100美元一件的做工精细的晴纶棉大衣受到低收入家庭的欢迎，中等收入者大多购买土耳其皮夹克和光皮加厚长大衣。牛仔服装、名牌休闲服和运动装越来越被人们所接受。质次的服装（如1991至1992年抢购一时的中国羽绒服和皮茄克）很快就被淘汰，而质地优良的服装（如意大利和土耳其皮货、真正的"阿迪达斯"）却经久不衰。着装的风格由严肃端庄又有些沉闷呆板，发展到简洁明快、潇洒飘逸、活泼生动而充满个性神韵。

无论俄罗斯人根据自己的经济实力选择哪一种服装，无论着装潮流怎样变幻，他们都不会改变这样一个特点：服装的整体美。他们讲究着装的整体协调，头上戴的，脖上围的，身上穿的，脚上蹬的，手里拎的，质地和配色，都要协调。

的确，服饰是集文化、智慧为一体的外在表现，体现了人的文化素养和审美观。俄罗斯人有良好的气质、优美的体形，加上和谐的服装，就产生了独特的美感。衣为人增色，人为衣之魂。注意衣着整洁，讲究整体和谐，反映自信与自然，就是俄罗斯人穿衣的风采。俄罗斯人的衣着反映了他们的艺术气质、审美观念和爱好整洁的性格特点。

（四）超市如雨后春笋

——买我们自己的产品，买俄罗斯的产品。你们不会后悔的。

（叶利钦）

——我想买国货，但它们在哪里呢？

（俄罗斯顾客）

苏联时期，商品短缺和排长队是商店的两大特点。即使苏联上层家庭，也要凭票购买食品。前苏共中央总书记戈尔巴乔夫的女儿伊林娜说，和其他家庭一样，他们家也有食品卡，她经常带着这些卡去商店购买。那个时期，苏联人到西方国家出差，看到琳琅满目的商品，非常吃惊。当时流传着一个笑话："从莫斯

俄罗斯人
性格探秘

科向西行,越往西道路越好,商品越多。"1989年7月我从莫斯科驾车去波兰,接着去西德,真切地体会了这一笑话的内涵。

苏联解体后,俄罗斯经历了民间贸易、街头贸易、批发市场贸易、小商亭生意等市场经济发展的不同阶段。男女老少站在街头卖货的情景至今仍历历在目。中国低质、伪劣和假冒商品也曾一度充斥俄罗斯市场,以至后来我们费了很长时间、很高代价才逐渐挽回"中国制造"的声誉。

20世纪90年代初,一些俄罗斯年青人看到商店少,便搭起简易商亭,拾遗补缺。同时,也缓和了就业矛盾。90年代后半期,由于人们的收入水平较低,露天批发市场应运而生,雨后春笋般地发展。那里的价格比商店里低得多,因为税收也低。1980年莫斯科奥运会的主体育场——卢日尼基体育场成为莫斯科最大的批发市场,全国各地的批发商都云集到这里来倒货。

从莫斯科市西区友谊街6号中国驻俄罗斯大使馆出来,往右拐,步行几十米,就是罗蒙诺索夫大街的一家食品店。几年前,这里还是物价低廉然而食品匮乏的萧条景象。如今,食品琳琅满目,品种增加了上百种。1991年春,一个500克的面包价格仅为80戈比(约合3美分),但是面包经常脱销。而现在仅面包就有14种。1991年凭出生证明书才能为6岁以下的儿童购买大米。今天,大米由顾客随意购买。芬兰黄油、德国香肠、丹麦猪肉、美国鸡腿等食品也应有尽有。柜台上还有可口可乐、百氏可乐、德国"白熊"啤酒、意大利"马爹尼"葡萄酒、法国威士忌以及万宝路和骆驼牌香烟。

食品店旁边,昔日空荡荡的简朴的蔬菜水果店已改为精致的杂货店,不仅屋内四周货架上摆满了商品,而且中间一块空地上也堆满了杂货,有日本的雨伞、中国的锁头、西方的灯具、铝合金梯子和卫生设备。

"这商店是什么性质的?"我问售货员。

"私人的。我是雇员。"20多岁的姑娘回答。

"来买东西的人多吗?"

"不多也不少,主要是买季节性商品。"

商店附近有一个私人经营的商亭,出售的大多是进口的啤酒、白酒和香烟。

穿过马路,来到"巴拉顿"商店。从前这里主要出售匈牙利商品,几年前经过装修,商店的档次提高了,卖的东西也比较高档,有意大利的皮鞋皮包、法

独特的生活方式

国化妆品和美国服装。就连旁边电影院里放映的电影也是美国的："《脱衣舞女郎》，18岁以下儿童不宜观看。"

最令我吃惊的，是在与罗蒙诺索夫大街相交的米丘林大街上一片蔬菜店里所见到的外国蔬菜和水果：以色列柿子椒，荷兰茄子，意大利萝卜，荷兰的胡萝卜和苹果，法国的白菜和菜花，西班牙的西红柿、柠檬和香瓜、巴西的芒果、摩洛哥的橙子和土耳其的穗橘。甚至连俄罗斯人最喜欢吃的土豆，也是来自荷兰。

红场旁边莫斯科最大的国营百货商店"古姆"如今已是股份公司。一层的多数柜台已经出租给西方公司，许多商品用美元和马克标价。一件上衣300多美元，一套西装500多美元。日本的相机，英国的瓷器，法国的化妆品，韩国的丝织品，英国和印度的茶叶，还有美国的肯塔基快餐。过去这里面顾客熙熙攘攘，摩肩接踵。现在来买东西的人少了，因为这样的高价对于多数俄罗斯人来说是可望而不可及。

一个中午，我来到列宁大街加加林广场旁边的食品批发市场，映入眼帘的主要是西方的饮料、酒类、罐头、点心、水果、服装等商品。这里的商品比普通商店一般要便宜四分之一至三分之一，所以不少莫斯科市民来这里购物。还有一些人在这里批发后运到外地去卖，从中牟利。实际上最大的受益者是西方厂商和公司，它们以批发的形式倾销自己的产品，占领俄国市场。

据俄罗斯报刊报道，20世纪90年代后期，俄罗斯65-70%的消费品靠进口，其中莫斯科所占比重更大。民族主义和爱国主义情绪浓厚的俄罗斯人对此状况早就不满，要求予以改变。1997年4月15日，叶利钦总统发表广播讲话说，他已经下令禁止为领导人购买外国小轿车。官员们使用的所有外国汽车都将公开拍卖。以后官员们将一律乘坐国产汽车。

他说："我希望我国人们优先购买俄罗斯食品，穿俄罗斯工厂生产的服装和鞋类，买俄罗斯的电冰箱和俄罗斯的家具。"

他指出："买国产货，就是帮助我们的国家，我国的工业和我们自己。我喜欢这样的爱国主义。你们想减少我们的失业吗？想帮助俄罗斯企业家吗？想让我们的工厂得到恢复并满负荷开工吗？那么我告诉你们：买我们自己的产品，买俄罗斯的产品。你们不会后悔的。"

很多俄罗斯人欢迎总统的这一讲话，但是也有人说："我想买国货，但它们在哪里呢?"

的确,1991年至2000年俄罗斯工业生产下降50%多,其中纺织业下降80%多,消费品和服装生产下降85%。要想在与西方产品的竞争中立于不败之地,首先要振兴民族工业。

莫斯科"红色的十月"糖果厂、皇村肉类加工厂、切尔基佐夫奶制品厂、奥恰科夫啤酒厂、"莫斯科"家具厂等一系列以质量著称的莫斯科企业成立了"莫斯科质量"俱乐部,试图以自己的努力来证明:"只有提高质量,才能取得商业成就。"

近十多年来,莫斯科和其他大城市出现了一系列大超市:"阿尚"、"一佳"、"第七大陆"、"拉姆斯托尔"、"梅特罗"等等。仅在莫斯科工会大街西头,就有"阿尚"、"一佳"等三个大超市鳞次栉比,竞争激烈。

莫斯科的大超市一般都离地铁站不远,这就吸引了广大顾客,甚至不会开车的老年夫妇都可以乘地铁到超市购物。他们虽然购得不多,但积少成多,对超市来说,既需要大量采购的"新俄罗斯人",也需要小量采购但经常光顾的老年顾客。

法国的"阿尚",瑞典的"一佳"、土耳其的"拉姆斯托尔"等超市,都是一个接一个地开张,形成连锁网。惟有中国的超市,开张一个关一个,让人心寒。如新阿尔巴特街上的"天客隆"和塞瓦斯托波尔大街上的中国商店,开张不久就宣布倒闭,使有关公司蒙受很大损失。其中的教训发人深省。最主要的教训是,不是这些公司自愿去莫斯科办超市,而是根据上级领导的旨意,拿了国家的投资去办超市。即使超市关了,也不了了之,无声无息。正如一个中国公司的工作人员所说:"我们来这里经商,赚钱是成功,不赚钱也是成功。"真有点阿Q精神!

当然,讲到莫斯科的商店,还必须补充的是,莫斯科的物价几乎是世界各大城市中最昂贵的城市之一。虽然肉奶制品比欧洲国家便宜,但蔬菜和水果则比欧洲很多国家贵。

物价昂贵的原因何在?一是莫斯科集中了俄罗斯70%以上的金融银行资本。二是莫斯科人的平均收入在俄罗斯全国是最高的。三是物以稀为贵。既然俄罗斯自己不能生产很多商品,单靠进口,外国供应商当然就要提高价格,牟取最大利润。

独特的生活方式

（五）善饮的4个特点和7个原因

> ——如果用一个词来形容一个民族的特点，那么中国人最大的特点是"赌博"，俄罗斯人的最大特点是"酗酒"。
>
> （俄罗斯朋友）
>
> ——过度消费酒精是俄罗斯人的生活方式。15至59岁的男人死者中，有50%以上因酗酒而死亡。
>
> （中国中联部《当代世界》杂志）
>
> ——反酗酒运动的主要目的是保护人民，提高人民的身体和道德健康水平，提高苏联人的工作能力，巩固家庭和国家安全。
>
> （《共青团真理报》）

欧洲人对俄罗斯人的各种描写中，嘲笑最多的无疑要数酗酒。

法国人雅科尔·马尔热雷特早在1607年出版的《1590至1606年俄罗斯大国和莫斯科大公国的状况》中，就描写了俄罗斯人的英勇善战，并刻画了俄罗斯人的懒惰和酗酒。他写道，俄罗斯人"不懂得任何工业，非常懒散，不喜欢工作，对酒无比酷爱。"他的这些话后来经常被欧洲人用来证明俄罗斯人的懒惰和酗酒。

有一则题为《比富》的欧洲幽默这样说：在一列开往欧洲的火车上，一节车厢里坐着一个俄罗斯人，一个古巴人，一个美国商人和一个美国律师。途中，古巴人拿出几根雪茄分给同伴。他自己也点燃一根，没吸几口就把它扔出窗外。

美国商人奇怪地问："为何把这么好的雪茄扔了呢？"

古巴人满不在乎地说："我们有的是雪茄，永远也抽不完。"

美国商人沉默了一会，然后站起来，抱起身边的律师，把他扔出窗外。

古巴人瞪圆眼睛，问："为什么把他扔出去？"

美国人说："因为我们美国有的是律师。"

这时俄罗斯人拿出一瓶伏特加酒，逐个给大家斟满，然后将剩下的半瓶往窗外一甩。

"您这样做不太浪费了吗？"美国商人惊奇地问。

俄罗斯人
性格探秘

"俄罗斯有的是伏特加,我们根本喝不完!"俄罗斯人骄傲地说。

美国威斯康星大学的一群大学生不久前做了一次关于俄罗斯人的民意调查。很自然,对俄罗斯人的评价有正面的,也有反面的,但反面的占多数。在每项以 10 分为最高分的这次调查中,认为俄罗斯人不友好和残酷的各占 5 分,认为俄罗斯人喜欢酗酒的占 4 分,认为俄罗斯人穷困和傲慢的各占 3 分,其他几项分别为:俄罗斯人喜欢带有耳罩的皮帽子和穿长大衣(3 分),喜欢谩骂(2 分),原始、无情、固执、不幸和被压迫,很喜欢抽烟(各占 1 分)。还有 3 人认为,俄罗斯人是典型的共产主义者[①]。

虽然日本人也爱喝酒,其青酒堪与伏特加媲美,但他们在俄罗斯人面前还是自叹弗如。

俄罗斯和日本因为千岛群岛(日本人称为北方四岛)归属分歧至今未签订和约。俄罗斯人对日本经济和科技迅速发展比较羡慕,但对日本人总是抓住领土纠纷不放颇有反感。而在日本人眼中,俄罗斯人的性格特点是蛮横和酗酒。有一次,我在一个外交场合与日本外交官攀谈。他说他曾在"北方四岛"旁边的日本驻俄罗斯远东萨哈林总领事馆工作,那里的俄罗斯人"很懒","不会管理",很多人不愿在那里工作和生活,想离开那里,所以把那个地方搞得又乱又差,而日本人则对四岛充满感情,希望有朝一日"收回领土"。可是俄罗斯人"非常蛮横",日本人对俄罗斯无可奈何。

日本人心里比较蔑视俄罗斯人,但又害怕俄罗斯的武力,所以有时有点敢怒不敢言。

有两则关于日本人看各国国民性的笑话是这样的:

几个外国人在餐馆用餐,看见汤里有一只苍蝇,英国人说着讥讽的话从店中走了出去;中国人不为所动地吃掉了苍蝇;美国人开始准备提出诉讼;日本人环视周围,确认只有自己的碟子里有苍蝇后,悄悄地叫来服务员;韩国人大声叫喊"这是日本人的错",开始燃烧太阳旗;俄罗斯人则喝得醉醺醺的,没有发现苍蝇[②]。

[①] 莫斯科国际关系学院教授弗拉基米尔·梅金斯基,《关于俄罗斯人酗酒、懒散和残酷》,第 266 页。

[②] www.6park.com 2008 年 2 月 26 日。

三 独特的生活方式

一只满载各国乘客的豪华轮船撞上了冰山,眼看就要沉没。船长为了鼓励乘客跳海逃生,便针对各国乘客的性格特点做工作。他对中国人说:"你看,一些很好吃的鱼在游泳呢";对英国人说:"作为绅士这个时候可要跳下去哦";对德国人说:"按照规则可是要跳下去的";对意大利人说:"刚才一个美女跳下去了";对美国人说:"想当英雄吗,那就跳下去吧";对日本人说:"大家都跳下去了,您怎么还不跳";对俄罗斯人则说:"伏特加的瓶子被冲走了,现在追还来得及……"[①]

抢购

一位俄罗斯朋友对我说,"如果用一个词来形容一个民族的特点,那么阿尔巴尼亚人最大的特点是'懒惰',中国人最大的特点是'赌博',而俄罗斯人的最大特点是'酗酒'。"

他所说的阿尔巴尼亚人的这个特点我不敢苟同。1974 至 1976 年我曾在阿尔

[①] www.6park.com 2008 年 2 月 26 日。

巴尼亚这个"山鹰之国"学习,阿尔巴尼亚人民、特别是妇女的勤劳朴实给我留下深刻印象。

而酗酒确是俄罗斯社会的最大顽症。

俄罗斯人喜欢喝纯粹的白酒,不喜欢酱香型的酒。中国的曲酒,甚至茅台和五粮液,很多俄罗斯人喝不惯,而二锅头倒是挺合他们的口味。一般来说,女士们喜欢喝香槟酒、果酒和葡萄酒,而男士们则偏爱伏特加。伏特加的做法是将酒精经过活性炭处理,除去不纯气味,加水至含酒精36－60%。市场上出售的伏特加,大多为40度。用粮食制成的伏特加,清洌净爽,余味悠长。

俄罗斯人饮酒,习惯用大杯子喝,一杯就是200至300毫升,颇有豪饮气概。碰杯时,口里喊着:"巴叶哈里!"(意为干杯!)第一杯通常要喝干,然后各人按自己的酒量来喝,一般情况下不劝酒。在一起聚会时,第三杯酒常常是为在座的女士而干。男士为了表示自己的诚意,可以站起身,抬起右胳膊,一饮而尽。女士则坐着喝,而且随意喝。此外,最后一杯酒也可以敬女主人,感谢她的辛勤劳动和高超的烹调技术。

俄罗斯人喝酒的特点与中国人不同,至少有4个特点:集体一起喝、擅长致祝酒词、边喝边歌舞以及随意性。

首先,俄罗斯人喜欢找由头和朋友、同事、集体一起喝。这样喝酒气氛热烈,喝得痛快淋漓。俄罗斯人热情好客,而没有伏特加的餐桌是无法想象的。

其次,俄罗斯人的祝酒词都讲得很好,祝愿相会,祝愿健康,祝愿女士,祝愿孩子,祝愿和平,祝愿友谊,头头是道,让您难以拒绝。几乎每个人都会讲笑话或幽默故事,引得大家开怀大笑。如果您有机会参加与俄罗斯人的聚会,也一定要准备好祝酒词。

第三,俄罗斯民族能歌善舞,饮酒时也不甘寂寞。几杯酒下肚,雅兴大发,就唱起民歌,或者成双成对地翩翩起舞。俄罗斯的餐厅一般都设有舞池,以便顾客在席间跳舞。与很多中国人会唱歌谱却记不住歌词不同,俄罗斯人一般都会背歌词,一首民歌或一首老歌,在座的人几乎都会唱。

第四,有些俄罗斯人喝酒,常常是有多少喝多少,喝醉为止,不愿克制和约束自己。这也许是俄罗斯人随意性格的表现。中国诗人罗隐《自遣》所描写的"得即高歌失即休,多愁多恨亦悠悠。今朝有酒今朝醉,明日愁来明日愁"的心

独特的生活方式

态，对于不少俄罗斯人也很合适。

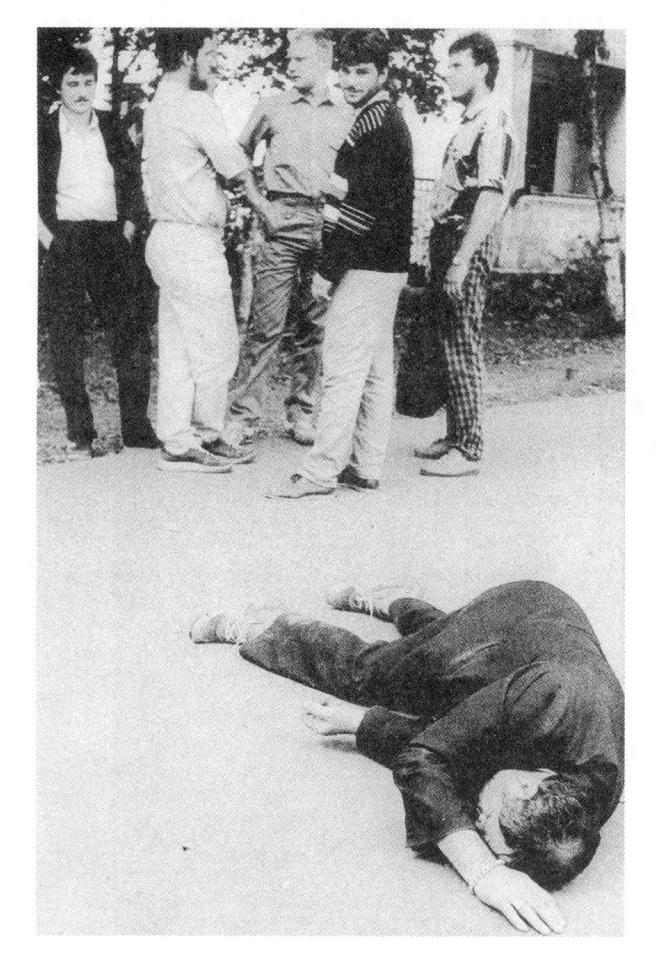

醉倒在地

人们奇怪，为什么俄罗斯人如此酷爱酗酒呢？

据俄罗斯图书和新闻媒体报道，俄罗斯人喜欢喝酒的主要原因有7个：

一是寒冷的气候原因。在冰天雪地里干活，或者在寒冷的天气里长途跋涉后，坐在餐桌旁，喝一些伏特加，顿时觉得疲劳尽消。

二是历史原因。伏特加是10世纪在俄罗斯出现的。那时大公们都喜欢和自己的侍从一起喝酒吃饭。喝酒和娱乐密不可分。这一礼仪加强了大公和壮士们的相互信任。俄罗斯勇士们也是在战斗后通过喝醉人的饮料来得到放松和休息。公元998年，基辅大公弗拉基米尔没有接受伊斯兰教的主要原因之一，就是伊斯兰教规与俄罗斯的传统习惯有差异。弗拉基米尔大公选择了东正教为国教，这不仅是因为东正教的仪式非常华丽壮美，而且是因为大公不愿破坏历史形成的传统。

俄罗斯人喜爱喝酒的第三个原因是生理因素。我们知道，每个人对酒精的反应是不同的，有的人喝了一点酒便面红耳赤，而有的人越喝脸色越白，似乎酒精对他们不起什么作用。这与每个人体内氧化酒精的酶的作用有关。不同的人，其体内酶的作用各不相同，有的甚至相差数十倍！例如，蒙古人种（即亚洲人种和黄种人）体内酶的作用比较低，不少人喝一点就会醉。极北地区一些民族开始时对烈性酒很不适应，喝了就失去知觉。烈性酒对他们来说就好比毒品。但是，他们逐渐地适应烈性酒并变得离不开它。这种现象不仅在俄罗斯北部地区，而且在美洲大陆上也可以看到。一般来说，欧洲人体内酶的作用比较大，他们比蒙古人种更能喝酒。很多欧洲人每到周末就喝得酩酊大醉，但次日照常工作。有人认为，在身体的酶作用方面，俄罗斯人处于亚洲人种和欧洲人种之间，能够较快地氧化酒精，适应酒精。但与此同时，他们也比较容易依赖酒精。我在与一些俄罗斯人喝酒时发现，他们一喝酒就收不住，缺乏自制力，非要喝醉为止。不少人在次日上班时仍是醉意未消，神志不清，以至在俄罗斯开业的中国老板不敢把复杂和精细的工作交给他们去完成。记得90年代初长春汽车厂为了购买俄罗斯一家企业的特大锅炉，派了几十名技术工人去莫斯科工作。这些中国工人个个都身怀绝技，一人会几个工种，既遵守纪律，又勤劳能干，乐得俄罗斯合作伙伴赞不绝口，合同期满后也不肯让中国工人回国，因为与中国工人相比，一些俄罗斯工人上班时醉醺醺的，本来技术水平就不高，加上脑子不清楚，很难胜任高精尖工作。

俄罗斯人酗酒的第4个原因就是心理因素，即酒精的麻醉作用。几个世纪以来，俄罗斯人一直是在酒杯里面逃避问题：地主刚愎自用，上司不公正，以及生活中的愁苦和困难。对于20世纪90年代初的"休克疗法"，47%的普通俄罗斯人的反应是："已经不能继续忍受这种贫困了！"而20%的酗酒者却不这么认为，他们因酗酒而变得麻木，失去理想和追求。

第5个原因是伏特加价格低廉。伏特加到处都是，穷人也买得起。苏联时

期，几十戈比（几角钱）就能买一瓶，现在几十卢布（一个美元左右）就能买一瓶，这个价格甚至比果汁和汽水还便宜。

第6个原因是，多年来一部分人失去了信仰，随之也失去了希望和生活的意义，造成了"精神空虚"。

第7个原因很有意思，就是"工作酒"在俄罗斯盛行。所谓"工作酒"，就是在工作单位、在自己人中间喝酒。"自己人"边喝酒边讨论工作，包括人事、住房、工作、奖金、住院、出差等。这些安排很快就会成为正式的决定而公布。在"自己人"中间，有人不仅善于喝酒，而且善于致祝酒词、讲笑话，容易被领导赏识和提拔。

因此，如果您想在生意和仕途上获得成功，那么就须知道，何时何地与何人怎样喝酒。当然，也许您遇到的俄罗斯合作伙伴不善喝酒，不喝酒也能把事情办好。但总的来说，会喝酒能帮助您结交俄罗斯朋友，有助于拉近您与俄罗斯人的距离，把生意做得更好，把合作搞得更紧密。

酗酒造成严重后果

第一，造成人口下降。65%的俄罗斯人从16岁起就喝白酒。1995年俄罗斯有300万名"酒鬼"，2000万名"伏特加爱好者"。世界卫生组织警告，人均年消费酒精超过8升就会导致不良后果，造成人口质量下降。据"俄罗斯酒精"康采恩专家说，现在俄罗斯约有250种伏特加，每年伏特加消费量为24.5亿升，人均18升，远远超过"饮酒大国"瑞典和芬兰。因此，一些外国人把俄罗斯人称作"血管中流淌着伏特加的民族。"[①]

2009年8月的《俄罗斯报》也证实了这一数字。该报说，俄罗斯人均年消费纯酒精18升。20岁至39岁的俄罗斯人中，38%有酗酒的毛病，而在40岁至59岁的俄罗斯人中，这个数字上升到55%[②]。

2009年7月29日，全俄社会舆论研究中心公布的一项调查结果显示，与戈尔巴乔夫时期相比，今天的俄罗斯人更迷恋于酗酒。74%的俄罗斯人经常饮酒，

[①] 2007年3月，《当代世界》。
[②] 《人民日报》，2009年8月31日。

俄罗斯人性格探秘

13%的男性和3%的女性每周都要喝几次酒，32%的男性和15%的女性每个月都要喝两三次酒，19%的男性和18%的女性每个月喝一次酒，只有18%的男性少于每月一次，16%的男性基本不饮酒[1]。

更为严重的问题是在俄罗斯农村，人们为了省钱，自酿酒精度数很高的伏特加，造成不少人酒精中毒。每年因此而死亡的人就有3.5万人。

统计数字表明，由于酗酒，俄罗斯人要比其他国家的居民少活9至22年。俄罗斯男人的寿命一般比女人短13至14年。从1992年至1995年，男人的平均寿命从62岁下降到59岁。

沃罗涅什州社会组织"共同的事业"的主席亚历山大·拉平说，"我的一位主要的同事去世了。他才44岁。因为酗酒而死亡。春天里我回家乡参加中学毕业40周年活动。我以为能遇见许多同学，殊不料，28个同学只剩下6人。其他人已葬于坟墓。他们都是因酗酒而死。"[2]

俄罗斯东正教大司祭季洪·舍夫库诺夫也大声疾呼，对俄罗斯来说，"现在对国家最大的威胁莫过于酗酒"。根据世界卫生组织公布的材料，由于沾染不良的酗酒习俗，2009年在俄罗斯十年制学校毕业的男孩子中，只有40%的人能够活到退休年龄。而在英国，有90%的中学毕业生能够达到退休年龄。俄罗斯男人所以短寿，是因为从13岁起，他们中的多数人就每天饮酒，每年有70万人由于酗酒而丧生[3]。

沃罗涅日州州长阿列克谢·戈尔杰耶夫也对记者发表谈话指出，在俄罗斯全国，特别是在非黑土地带和北部，一个一个的村庄都喝醉了。在有些村，酗酒导致几乎没有可以劳动的居民。给人以毫无希望的感觉。俄罗斯约有15万个村庄和小镇，其中3万个已经几乎没有常住人口。要知道，农业是生命攸关的部门，"失去农村，也就失去了俄罗斯"。因此，酗酒是俄罗斯生存的第一号威胁。"战胜酗酒，才能拯救国家！"[4]

近年来，虽然俄罗斯伏特加消费量有所减少，但香槟酒和啤酒的消耗量急剧

---

[1] 《俄罗斯酒祸猛于虎，这酒是喝还是不喝?》，刊登于2009年8月2日《中国青年报》。
[2] 《消息报》，2010年1月13日第9版。
[3] 来源同上。
[4] 来源同上。

三 独特的生活方式

上升。这是因为人们在节日、婚礼和其他喜庆场合使用香槟的越来越多。特别是年轻人对啤酒情有独钟，经常是手里提一瓶啤酒在大街上行走，边走边喝。在一些中小城市和农村，由于失业和无所事事，不少青年人以饮酒为乐。

俄罗斯总统梅德韦杰夫对酗酒的严重危害深感惊讶。他认为，当今俄罗斯人口下降的问题在很大程度上与此有关。

第二，酗酒使职工旷工增加，劳动生产率下降，工伤事故增多。

第三，酗酒造成汽车事故增加，车毁人亡。据统计，2004年俄罗斯全国发生汽车交通事故208000多起，死亡34500人。2008年共发生交通事故218322起，死亡29936人，受伤270883人。其中因道路不好而造成的事故39087起，因行人违犯交通规则而造成的事故38858起，因酒后驾车造成的事故为13611起，因车辆状况不好而造成的事故1725起，还有十几万起则是因司机违犯交通规则而造成。①

第四，酗酒造成犯罪增加。全国犯罪案件中几乎有一半是"酒鬼"干的。酗酒后常发生家庭暴力，毒打妻子和孩子。很多妇女不堪忍受"酒鬼"的折磨，与丈夫离异。

反酗酒的努力一直未断

俄罗斯历史上曾多次禁酒，但均未成功。最近几十年，俄罗斯同酗酒的斗争也几经曲折。1958年5月苏联领导人赫鲁晓夫发布禁酒令，此后酒鬼的行为有所收敛。但是1964年勃列日涅夫执政后，酗酒再次蔚然成风。到1976年，苏联人均年消费伏特加28瓶，成为世界上"喝酒最多的民族之一"。

1985年5月7日，戈尔巴乔夫主政两年后，苏联共产党中央委员会和苏联政府通过了《关于克服酗酒措施》的决议，理由是：1984年苏联人均酒精消费量高达15升左右，其中20个地区甚至高达30升。每年有90万人死于酗酒。每年全国各类酒的销售量收入为500亿卢布，但饮酒造成的损失（包括旷工、生病、受伤、离婚和犯罪等）高达1750多亿卢布。②

---

① 《在令人失望的道路上》，刊登于2009年11月20日《消息报》第1—2版。
② 《论据与事实》，2010年第19期，第35版。

俄罗斯人
性格探秘

俄罗斯人也爱喝茶

反酗酒运动的主要发动者之一、前苏共中央政治局委员利加乔夫说，发动反酗酒运动的主要目的是"保护人民，提高人民的身体和道德健康水平，提高苏联人的工作能力，巩固家庭和国家安全。"[①]

反酗酒运动来势凶猛，雷厉风行。每天售酒时间限制在14至19时，严禁向未成年人售酒，对在公共场所饮酒、喝醉后上班、非法买卖酒类的人处以罚款，并由其所属单位视情况给予取消奖金和休假或延期分配住房等处分，对酒后驾车者，即使没有造成事故，也要处以100卢布以上的罚金（苏联职工的月平均工资为180卢布）。

反酗酒运动初见成效。1985年伏特加酒销量比上一年减少4倍，因酗酒而死亡的人数减少10万人，数以万计的妻子和孩子多年来第一次看到丈夫和父亲处于清醒状态。酗酒花掉的钱留在了家里。居民存款增加了450亿卢布。出生率开始增长，1987年苏联出生250万人，死亡153万人。与1984年相比，仅1987年有劳动能力的居民的死亡率就降低了20%，其中男人的死亡率降低了37%；

---

① 《共青团真理报》，2010年5月13日。

独特的生活方式

1986年在驾驶员酗酒而造成的交通事故中死亡的人数减少了30%，工伤事故减少了20%，出生率增加，居民平均寿命增加，尤其是男人的平均寿命，从1984年的62.4岁增加到1986年的65岁。

但是，千年的积习并非靠一个运动就能改变。这场运动引起俄罗斯男人的不满，他们千方百计地设法喝酒，有的用矿泉水瓶装伏特加，蒙骗检查人员；有的从医院里偷酒精兑水喝；家酿酒在农村迅速发展。仅1987年就有50万人因私自酿酒被追究责任。由于禁酒，很多商店营业额大减。一些城市的商店挂出："从两点开始出售小瓶香水。每人只能买一小瓶。"而在农村商店，原本一半以上营业额靠售酒所得，现在几乎要停业。

反酗酒运动使国家减少了税收，1989年仅伏特加的销售额就减少了370亿卢布。关闭了许多酒厂，破坏了不少葡萄园。

社会上出现了很多讽刺反酗酒的笑话，其中一则是这样的：由于戈尔巴乔夫总书记开始反酗酒运动，苏联全国禁止卖酒。一位政府部长生日餐桌上摆的都是矿泉水，部长说："我们响应总书记的号召，今天只喝矿泉水，不喝伏特加。请大家干杯！"在场的宾客们都忙着拿矿泉水瓶。他们知道，矿泉水瓶里装的都是伏特加。

还有一个段子说：一个俄罗斯男人排长队买伏特加酒，排得不耐烦了，就去国家监察委员会反映意见。但过了一会，他就回来了。别人问他为什么回来。他答道："那里的队排得比这里更长。"

民意调查表明，到1987年底和1988年初，全苏90%的居民都不支持"反酗酒措施"，因为在苏联时期，对很多人来说喝酒几乎是在畸形的社会主义现实中借酒消愁的一种重要手段。反酗酒运动再次夭折。

1992年叶利钦总统下令取消国家对酒类生产的垄断，私营的酒厂如雨后春笋般涌现。市场上酒类奇缺的现象很快就克服了，各种各样的酒比比皆是，只要有钱，什么酒都能买到。外国酒冲击了俄国市场，私酿酒冲击了国家的财政收入。过去酒类的税收占国家预算收入的三分之一以上，"苏联酒类的收入可以弥补国防工业的开支"。现在酒类的收入却占不到国家预算收入的2%，国家每年因此损失10万亿卢布。

到1993至1994年，俄罗斯人均年酒精消费量又窜升到25升。

俄罗斯人
性格探秘

1995 年 11 月，叶利钦总统签署关于国家调整酒类生产和销售的命令，加强国家对酒类生产和销售的监督，由国家规定酒类的最低和最高零售价格。同时，俄罗斯政府决定降低本国酒类生产的税收以促进酒类生产，减少酒类进口，保护国内的酒类市场。

俄罗斯议会举行关于《俄罗斯反酗酒政策的基础》法律草案和关于《国家对酒类生产和销售的调节》法律草案听证会，以便使反酗酒的措施法律化。

到了普京和梅德韦杰夫执政时期，俄罗斯反酗酒的力度进一步加大。普京政府决定，为了减少酒精销售量，提高伏特加质量，从 2010 年 1 月 1 日起提高伏特加价格，每瓶半升装的伏特加酒售价不能低于 89 卢布（约合 3 美元）。

梅德韦杰夫总统要求遏制年轻人酒类产品消费上升势头，规范啤酒等低度酒精饮料生产行业，严禁在学校周边销售酒精饮料，积极开展预防年轻人酗酒的活动，帮助他们建立健康的生活方式。

俄罗斯议员们指出，民族的健康终究比国家的财政收入更重要。加强反酗酒宣传、提倡"清醒的生活方式"，仍是政府的一项重要任务。"我们想快些让人民摆脱这一长久以来的痛苦。但是我们想错了。为了战胜酗酒，需要长期地实行积极的、理智的反酗酒政策。"[1]

（六）哪个俄罗斯人不爱开快车

——由于交通堵塞（包括交通事故），莫斯科市每年损失 380 亿卢布。
（莫斯科市统计部门）

——1996 年俄罗斯每 100 户家庭中约有 23 户拥有小汽车。
（莫斯科市统计部门）

——解决莫斯科交通堵塞的办法是：或者把每天行驶的车辆减少 30 万辆，或者新建 300 公里道路。

（《俄罗斯报》）

---

[1] 《共青团真理报》，2010 年 5 月 13 日。

三 独特的生活方式

俄罗斯地域辽阔，横跨欧亚两洲，所以它的公路特点是又宽又长。公路网四通八达，把城镇和乡村连接起来，交通比较方便。在许多地区，开车半天，都难得遇见行人和车辆。

俄罗斯公路的缺点是路石差，不少地方坑坑洼洼，难于行驶。虽然高速公路比东欧国家的宽阔，但路面不平，道路质量较差。

长途公路两侧，除了加油站以外，很少看到餐厅、旅馆、邮电局和其他服务设施，只有个体农户在路边摆摊卖一些水果、土豆等农产品。

现在俄罗斯公路总长度为50多万公里，其中硬路面的汽车公路为40多万公里。全国有1万多条公共汽车路线，每年客运量达7亿多人次。在各种运输货物周转总量中，汽车运输所占比重不足5%，但在旅客周转总量中却占40%以上，特别是在市内交通中独占鳌头。

俄罗斯规模较大的汽车厂是下诺夫哥罗德的伏尔加汽车厂（GAZ）、萨马拉州的陶里亚蒂汽车厂和莫斯科的吉尔汽车厂（ZIL）。苏联解体前，以这几家汽车厂为主的苏联汽车工业每年共生产100多万辆小轿车。"吉尔"汽车是苏共中央政治局委员的专车，"海鸥"是部长们的特权，"伏尔加"则是司局长们享受的待遇，老百姓一般是购买"莫斯科人"、"拉达"或"日古利"。鞑靼共和国生产的8-12吨的重型卡车则颇受工矿企业欢迎。

苏联解体给俄汽车工业造成严重困难。1986年"吉尔"汽车厂生产20.7万辆中型载重汽车，而1996年只生产了7200辆。1995年伏尔加汽车厂只生产各种汽车27万辆，其中卡车13万辆，小轿车14万辆。1.5吨的轻型卡车售价6000美元一辆，既能运货又能载客，受到中小型公司和企业青睐。而新型宽大的伏尔加小轿车价格1.5万至4.5万美元不等，取代了过去部长们坐的"海鸥"牌及政府司局级官员坐的老式"伏尔加"。

1992年以前，在俄罗斯很少见到西方生产的高级轿车。1987至1989年我在新华社驻莫斯科分社工作时，我们开出去的奔驰车经常引来一些青少年围观。他们露出羡慕的目光，对奔驰车喳喳称赞。

苏联解体后，由于经济下滑，人们生活困难，而政权机构又被削弱，警察工作效率下降，偷车现象应运而生，成为一个严重的社会问题。20世纪90年代上半期，仅中国驻俄罗斯使馆和中资机构就有数十辆汽车被盗。

俄罗斯人
性格探秘

汽车不让行人

　　随着私有化和市场经济的发展，西方高级轿车迅速涌进俄罗斯，奔驰、奥迪、大众、宝马、沃尔沃、林肯、福特、卡迪拉克等名牌车比比皆是。1996 年俄罗斯每 100 户家庭中约有 23 户拥有小汽车。到 2010 年，注册汽车达 3500 万辆，平均 4 人就有一辆汽车。莫斯科的私人汽车简直成了海洋，漂亮的高档汽车令人目不暇接。据《论据与事实》周报的一次民意调查，42% 的俄罗斯人回答有车，17% 的人准备买车。只有 23% 的人回答说没有私人汽车，也不准备买车。

　　莫斯科人最喜欢的是奔驰车，其次是宝马，再次是沃尔沃。近年来，豪华的吉普车，如陆地巡洋舰、罗弗、切诺基也倍受青睐。这些名车是"新俄罗斯人"的财富和身份的象征。但大多数莫斯科人还是购买 7000 至 1.5 万美元的中档车。以几年前为例，大宇 Nexia（6900 美元）、斯科达—奥克塔维亚（1.2 万美元）

三 独特的生活方式

和雷诺 Clio Symbol（8500 美元）是最抢手的汽车。近年来，中国奇瑞汽车也打入俄罗斯汽车市场，其销路逐渐扩大。

俄罗斯城市的公共汽车交通比较发达，公共汽车、无轨电车、有轨电车、出租小汽车等各种类型的交通工具一应俱全。2010 年 9 月我去莫斯科出差，重温了十几年前乘公共汽车和地铁出行的经历。我在中国驻俄罗斯使馆附近一个小商亭购买公共汽车票，一张票 24 卢布，折合 80 美分。和苏联时期一样，乘客也可以在汽车上从驾驶员处买票，但要比在商亭买略贵一些。公共汽车上没有售票员，乘客上车后把票塞入检票机验票。此外，人们也可以买汽车、电车和地铁的通用月票和半月票，或者单独购买公共汽车（不包括地铁在内的）月票或半月票。1 张地铁票 26 卢布，折合 87 美分。如果一次购买 10 张，每张可便宜 2 个卢布。莫斯科地铁既方便又迅捷，价格也不贵，所以很多人出行都选择乘地铁。虽然近年来莫斯科地铁发生过几次恐怖爆炸事件，但总的来说，地铁交通还是比较安全的。而且莫斯科地铁就像一个值得参观的艺术博物馆，乘地铁可以便捷地达到目的地，还可以欣赏各个地铁车站的建筑艺术，真是一举两得。

20 世纪 90 年代以来，由于公共汽车处境困难，既缺少司机，又不能及时更新那些旧汽车，莫斯科的"小巴"应运而生，成为很多年轻人和中年人喜欢的交通工具。乘小巴的多是大学生、教师、医生和手提重物的家庭主妇。他们通常要赶时间，来不及在车站等候公共汽车。而退休的老人则有时间等待公共汽车，何况退休者可以免费乘坐公共汽车。

在苏联时期，乘出租汽车很容易，车辆多而且便宜。以莫斯科为例，1991 年首都有 17，000 多辆出租汽车，出租汽车公司利润很大，用来弥补公共汽车和电车的亏损。到 1994 年，由于私有化等原因，莫斯科只剩下 4000 多辆出租汽车。怪不得出租汽车司机漫天要价，从谢列梅捷沃国际机场到莫斯科市中心起码要收 40 至 50 美元。

有一个诀窍，在莫斯科市区您可以搭乘普通公民的私人小汽车。只要您伸手拦车，很快就会有私人汽车停到您身旁。他们索要的价格比出租汽车便宜得多，因为他们经常是顺路捎个脚，顺便赚一点外快而已。这样的人被称为"揽私活的人"，其传统可以追溯到苏联时期。那时出租汽车少，所以一些政府官员的司机就趁机把自己开的公务车当作"非法的出租汽车"。例如，一个局长的司机开车

俄罗斯人
性格探秘

送主人去参加工作会议，把汽车停在会议大楼外面。会议要开两个小时，司机就可以利用这段时间拉"私活"。我自己就碰到过这种情况。

有一次，我在俄罗斯国家杜马大厦里参加一个重要会议的报道，会议尚未结束，我有事需要返回记者站。走出议会大厦，一个司机问我是否需要用他的车。我看了他黑色"伏尔加"牌汽车及车号，便知道他是政府官员的司机。他以低于出租汽车的价格把我送回记者站，然后返回议会大厦继续等候他的领导。

随着俄罗斯社会治安和人民生活逐渐趋于正常和改善，俄罗斯偷车问题有所缓解，但交通堵塞却成为十分突出的"谈虎色变"的问题，其中最严重的是莫斯科、圣彼得堡、符拉迪沃斯托克、车里亚宾斯克和叶卡捷林堡。30%的莫斯科人每天或是开车奔跑在路上，或是被堵塞在汽车长龙中[1]。

中国驻俄罗斯使馆的官员说，由于交通堵塞严重，他们半天只能去一个地方，办一件事情。从使馆到谢列梅捷沃2号机场只有42公里，但是为了赶上航班，在中国使馆招待所住宿的客人们必须提前3至4个小时出发去机场。

据莫斯科有关部门统计，由于交通堵塞（包括交通事故），莫斯科市每年损失380亿卢布。还有一种说法是，损失3%的国内生产总值[2]。

造成交通堵塞的原因是多方面的，其中道路不够、车辆过多和司机开车文明程度不高是三个重要原因。著名俄罗斯作曲家马捷茨基指出，经常看到这样的情景：市内一个地方发生车祸后，交通警察紧急驾车赶往事故地点，但是沿途很多司机却不让路。有时警察需要开2个小时才能到达事故地点，而在这期间道路越来越堵。还有一种现象，就是眼看交通灯就要变红，但是所有司机不是谦让直行的车辆先行，而是纷纷往前拥挤，结果造成堵塞[3]。

汽车交通事故的原因"十有九快"，而俄罗斯人开车性急是出了名的。我在莫斯科工作期间对此有亲身体会。我在大街上行车，有时停在交通灯前面，红灯尚未变，或者刚开始变黄，后面的汽车就会使劲按喇叭。您稍微迟钝一些，他就会加速从您侧面超过去。有的司机不遵守交通规则，不愿排队而从有轨电车道上行驶到前面去。为此，莫斯科市汽车管理单位决定，在莫斯科市内一些有轨电车

---

[1] 《消息报》，2010年11月20日。
[2] 《俄罗斯报》，2010年11月18日第6版。
[3] 《俄罗斯报》，2010年11月22日第8版。

道上埋设尖的铁钉，钉子朝上。那些性急者再要违规在有轨电车道上抢行，他的车胎就会被扎破漏气，而且他还要受到罚款处理。

最近3年莫斯科每年增加20万辆机动车，2010年莫斯科市登记在册的机动车为389万辆，还有很多被允许进入首都的外地车辆。而道路网却缺少300公里。现在每天在莫斯科街上同时行驶着50万至70万辆汽车，据有关部门调查，如果把行驶的车辆减少到20万，莫斯科的交通就会达到正常水平。就是说，解决莫斯科交通堵塞的办法是：或者把每天行驶的车辆减少30万辆，或者需要新建道路300公里，特别是立交桥和高架路[①]。此外，需要采取一系列配套措施，例如禁止货车白天进入市区，限制其他机动车辆进入市区。还必须提高驾驶员的文明水平。2010年10月，担任莫斯科市长17年之久的卢日科夫被撤职，曾任总统办公厅主任和政府副总理的索比亚宁接任。他所做的首要工作之一就是努力解决交通堵塞问题。

（七）如果没有在俄罗斯澡堂洗过澡，您就不会了解俄罗斯人的性格

——澡堂是每个莫斯科人都要去的地方。如果没有澡堂，莫斯科就不叫莫斯科了。

（俄罗斯作家基里亚洛夫斯基）

——澡堂没有浴帚，就像花坛没有鲜花。

（俄罗斯俗语）

早在公元1世纪，基辅罗斯就有了澡堂，通常建在湖畔与河边。

俄罗斯澡堂与罗马澡堂和土耳其浴室不同，既不像亚洲的澡堂，也不像欧洲的浴室。俄罗斯澡堂一律都是用木头建造，而且并不豪华。罗马澡堂富丽堂皇，有的是用大理石建造，不同的澡堂里有不同的温度。而俄罗斯澡堂比较简单，里面是几层木头台阶，越是往上，蒸汽就越强烈，温度就越高。

[①]《俄罗斯报》，2010年11月18日。

俄罗斯人

性格探秘

日光浴是俄罗斯人喜爱的休闲方式之一

也很难把俄罗斯澡堂与芬兰浴相比。芬兰浴是电桑拿，里面的蒸汽比较干，空气湿度只有10—30%，容易缺氧。而俄罗斯澡堂里空气湿度为45—55%。

罗马和土耳其浴室里的温度通常不超过摄氏45度，与俄罗斯澡堂比微不足道。

日本澡堂通常是在公共澡堂或家庭木桶里，温度也不到45度。

俄罗斯澡堂具有自己的特色。

在俄罗斯的洗脸盆和淋浴出现以前，澡堂是清洗身体的惟一办法。每周洗一次。对于全家来说，这是特别的日子，就像过节一样。现在仍然如此，经常邀请最好、最尊贵的朋友来一起洗澡，在洗澡的同时喝酒聊天。很多人建造别墅时，特别讲究把澡堂造好。

如果您认为俄罗斯澡堂只是用于搞身体卫生，那就大错特错了。

俄罗斯澡堂最重要的是用干白桦树枝做成的浴帚进行按摩。浴帚——这是俄罗斯澡堂的标志物。俄罗斯俗语说："澡堂没有浴帚，就像花坛没有鲜花。"浴帚可以用白桦树枝做，也可以用橡树枝、椴树枝、寻麻枝和针叶树枝做。

洗桑拿时，先要把身体泡在热水里，使身体变得软绵绵的，然后用浴帚抽打

独特的生活方式

身体——按摩。乍一看，这很残酷，但实际上正是这种抽打能够治愈很多疾病，如早期感冒、风湿性关节炎、腰肌痛、低血压，并有助于消除劳累和紧张度。

在高温的蒸汽里呆一会后，人们很想到冷水里泡一泡肌肉，所以就跳进冷水池。在乡村，人们则习惯在冬天洗浴时赤身裸体跑到室外，在雪地上打几个滚，再回到澡堂继续蒸。

俄罗斯人相信，洗澡能治百病，谁的身体不舒服，首先想到的就是进澡堂洗个蒸汽浴。

在俄罗斯一些农村，许多传统也和澡堂有密切联系。在结婚前一天，新娘通常会邀请好朋友到澡堂谈心。而在结婚后第二天，新婚夫妇要一起去澡堂。新娘的母亲要烤制一种面包，配上烤鸡，与盘子等器皿一起用布包好，交给媒人。根据习俗，新婚夫妇洗浴后必须吃完这块面包才可以走出澡堂，因为他们相信，只有这样才能白头偕老。

许多家庭都有泡澡堂迎新年的传统。著名导演梁赞诺夫在电影《命运的嘲弄》中就讲述了4个好朋友每年新年前夕都要一起洗澡，结果有一年在澡堂喝醉酒后发生的一连串可笑的故事。

澡堂还是俄罗斯人享受美味佳肴的地方。几个好朋友一起坐在蒸汽浴室里，打开伏特加，就着熏鱼和酸黄瓜喝酒，简直就是浴室里的宴会。这种交流方式受到大多数俄罗斯人的喜爱，现在许多人去浴室已经不是单纯去洗澡，而是为了和朋友们聚会、饮酒。澡堂成了人们谈生意、叙友谊的交流场所。人们定期去浴室和朋友们一起喝点酒、聊天。不少人开玩笑说："只有这里才是我们的天堂。"

俄罗斯著名作家基里亚洛夫斯基曾在书中写道："澡堂是每个莫斯科人都要去的地方。如果没有澡堂，莫斯科就不叫莫斯科了。"可以说，如果没有在俄罗斯澡堂里洗过澡，您就不会了解俄罗斯人的性格。

这一点也被中国外交官的"桑拿外交"所证实。1987年至1989年我在新华社莫斯科分社工作时，经常看到中国驻俄罗斯使馆外交官请俄罗斯外交部官员来使馆洗桑拿，觉得十分好奇，就问使馆政治处官员为什么要这样做。一位朋友神秘地告诉我："只有在澡堂里，男人们才能毫无保留，无所不谈。"

后来，我有机会在莫斯科市内公共澡堂以及我的俄罗斯朋友安德烈家体验洗桑拿浴的感受，其中给我留下特别深刻印象的是安德烈别墅的澡堂。这是一座木

俄罗斯人
性格探秘

结构的两层建筑。一层有一间换衣房、一间桑拿房和一个约 1 平方米的水池。我们走进澡堂后，先脱下衣服，腰间围一条白色浴巾，头上带一顶白色毡帽，手里拿一把白桦树枝扎的浴帚，然后走进桑拿房。里面有三层原木台阶，旁边摆着一个电炉，炉中堆满石块。当石块烧红时，我们不时拿一个木勺从水桶里舀水，往石块上泼水。每次洒水后，就有一股雾状水蒸汽升腾起来，身上也感觉一阵湿热。这时，我们用浴帚拍打全身的各个部位，感觉非常爽快。

蒸浴一会后，我跟着安德烈跳进水池。几分钟后，沿着楼梯登上二层，来到一间台球室，四周墙上装饰着熊、野猪、狐狸、野鸡等野生动物的标本。台球室旁是一个客厅，中间摆放着原木餐桌和椅子，餐桌上的色拉、蔬菜、酸黄瓜、三文鱼、多种香肠、水果以及伏特加、果汁令我们胃口大开。我们落座后，边吃边聊，十分痛快。在这个时候，安德烈和所有其他俄罗斯人一样，是那么坦诚、开朗、愉快、健谈。我们一个接一个地讲各种段子，笑声不断，其乐融融。我似乎找到了俄罗斯人"天堂"生活的感觉。

（八）休闲和娱乐

> ——走进森林越远，木柴就越多。
>
> （俄罗斯俗语）
>
> ——多数俄罗斯人希望"像巴黎人那样生活"。
>
> （民意调查结果）

苏联时期，著名的口号是："生活是为了工作！""幸福在于劳动。"当时宣传生活是"为社会服务"，而不是为个人。很多人一心为工作，一心为人民，忘我工作，不追求自己个人的休闲和幸福。因此，苏联缺乏发达的休闲业。但是，由于国家重视人民的福利待遇，在全国各地建造了许多休养所和疗养院，职工们每年都有带薪休假，连往返机票和火车票都是由工会免费提供。最好的休养所建在黑海海滨的索契、雅尔塔、苏呼米等地。

苏联解体后，随着人们观念的变化，休闲业逐渐发展起来。"像巴黎人那样生活"成为多数俄罗斯人的期盼。

三 独特的生活方式

国际象棋下得真认真

如果把自由时间看作休息，那么俄罗斯不富裕的社会阶层人们的生活比较枯燥，主要是看电视，或者和朋友聚会，包括一起在澡堂泡澡。

根据全俄社会舆论研究中心关于"俄罗斯人如何过自由时间"的民意调查，74%的俄罗斯人在空闲时间里看电视，55.8%的人在别墅干活，54%的人喜欢在户外新鲜空气里散步，54%的人洗衣服，38%的人去商店或市场购物，34.5%的人与朋友聚会。

根据该中心2007年7月公布的材料，挣钱多、休闲多是俄罗斯人梦寐以求的"巴黎人的生活"。61%的受访者称他们有足够的闲暇时间，并且对自己的休闲方式感到满意。在莫斯科，14%的人平均每月至少参观一次博物馆，15%的人每月听一场音乐会，17%的人每月参观一次艺术展，21%的人每月去一次剧院。

苏联时期，文化娱乐的费用很低，几乎每个人都能去剧院或电影院，听古典音乐会，参观博物馆，或购买图书和唱片。话剧、歌剧、芭蕾、音乐会、电影曾是俄罗斯人丰富的业余生活内容。这对提高全国人民的文化素质起了重要作用。

俄罗斯人

性格探秘

实行市场经济以来，剧院的票价、图书价格提高了，不少人只好减少去看演出。但契诃夫的话剧，大剧院的芭蕾和歌剧，柴可夫斯基、普罗科菲耶夫和肖斯塔科维奇的作品仍经久不衰。据最新统计，现在俄罗斯有38%的人喜欢看喜剧，20%的人喜欢看音乐剧。2010年，克里姆林宫大剧院的一张芭蕾舞票卖150至3000卢布（约合5至100美元），莫斯科大学附近大马戏院的一张票要卖700至800卢布（约合23至27美元）。但与欧洲发达国家比，这些价格还是便宜不少。

俄罗斯的鱼具和狩猎工具很发达，到处都有卖鱼具和狩猎具的商店。

夏天和秋天，是俄罗斯人钓鱼或狩猎的季节。特别是冬季在冰上钓鱼，可称是俄罗斯一绝。中国有"独钓寒江雪"的诗句，而俄罗斯却有"众人钓冰雪"的习惯。一个摄氏零下二十几度的冬日，我来到冰冻三尺的莫斯科河里看俄罗斯人钓鱼，只见一位中年男子坐在一个不锈钢制作的绿色小箱子上，箱子里放着鱼饵、鱼线等鱼具，还有一小瓶伏特加和几片黑面包。他手拿一把一米多长的钢钎在冰面上旋转，旋出一个直径10公分的小洞，然后把上了鱼饵的白色丝线放入洞里。不一会，就看见丝线往下一沉一浮的——这是鱼儿在咬鱼饵。男士赶紧把丝线往上一提，一条小鱼就被拉出洞外。他把小鱼装到一个塑料袋里，换好鱼饵，又把鱼饵放入洞里。在他身旁还有一个绿色帆布帐篷和几根白色蜡烛，这是夜里用来避风挡雪的。他说，他是莫斯科一家工厂的工人，每个周末都和几个同事一起来垂钓。钓着的鱼并不是为了去市场卖，而是回家做鱼汤喝。

俄罗斯人还有一个很大的爱好，就是去森林采蘑菇。俄罗斯森林资源丰富，所以，去森林就成为俄罗斯人的爱好之一。俄罗斯谚语说："要是有面包和丈夫，任何人都会习惯森林里的生活"。

据俄罗斯卫生部的资料，现在经常进行体育锻炼的俄罗斯人约占俄全国人口的10%。足球和冰球是最普及的运动项目。但是58%的居民埋怨，他们住家附近没有可以锻炼身体的体育场所。33%的人则抱怨付不起费用。

独特的生活方式

冰上钓鱼

（九）浓厚的家庭观念：亲密的关系和优雅的妻子

——把最美好的东西都献给孩子们！

（俄罗斯谚语）

——58%的人认为家庭是第一位，健康是第二位，然后才是金钱、工作、住宅等等。

（民意调查结果）

——27%的男人认为，一个妇女最重要的是聪明，其次是性感（26%）、善良（24%）和外貌（24%）。66%的男人喜欢瘦小的女人，而不是胖女人。

（民意调查结果）

俄罗斯人

性格探秘

2006年7月我在意大利旅行，与一位意大利男人聊天时谈及意大利家庭状况。我好奇地问："现在意大利平均每个家庭人口是三个，还是两个半？"

没想到，他的回答令我非常吃惊："连两个都不到。"

什么意思？我顿时觉得如坠入五里雾中：难道夫妇俩不是两个人吗？

他见我纳闷，便解释说：如果夫妇正式登记结婚，离婚时还要去法院办手续，挺麻烦，所以意大利人干脆一起同居，但不去登记结婚，分手的时候，说分手就分手，非常方便。

我这才恍然大悟。后来我在欧洲有些国家也听到类似情况，就是现在比较流行的"公民婚姻"。

与意大利人相比，俄罗斯人具有比较浓厚的家庭观念。

在俄罗斯人的传统价值观中，家庭是第一位的。据一项民意调查结果，58%的人认为家庭第一，健康第二，然后才是金钱、工作、住宅等等。52%的俄罗斯人是结婚的，近30%的人未婚，但准备结婚。和西方一样，俄罗斯的离婚率也高达50%。

俄罗斯家庭的4个特点

第一，结婚较早。俄罗斯姑娘一般不到25岁就出嫁，多是嫁给同龄人，而且喜欢生育。通常是他们自己养育孩子，特别是在孩子3岁以前。而在欧洲，这个年龄的年轻人还忙于上学、玩耍和仕途。

但是，近年来俄罗斯人也开始晚婚晚育。苏联时期高年级大学生中结婚生育的占50%，现在只有15%。年轻人倾向于先要房子、工资和其他适当的条件（例如，是否有老人照看孩子），然后再结婚生子。

37%的俄罗斯人是因爱情而结婚，38%的人因为到了年龄需要结婚而结婚，17%的人是随大流（别人都结婚，所以我们也结婚），9%的人由于缺乏经验（突然怀孕又怕出丑）而结婚。还有8%的人为了仕途和金钱而结婚。

第二，家庭较大。在西方，家庭的概念一般指丈夫、妻子及其孩子。而在俄罗斯，对家庭的概念比较宽泛。如果您问俄罗斯朋友他家有几口人，那么他很可能把夫人、孩子、父母、奶奶爷爷以及姐妹兄弟（如果住在一起）都算上。有的俄罗斯人甚至把家里养的狗、猫和鹦鹉也算上。这样算的主要原因是过去俄罗

独特的生活方式

接吻

斯人居住条件差，上述人员都拥挤在一个屋子里住，无法分开。

第三，"公民婚姻"较少。在西方非常流行的同居现象在俄罗斯尚不普遍，只占已婚者的10%。但是近年来，同居在大学生中逐渐盛行起来。他们看到同龄人中这么高的离婚率，不想重蹈覆辙，所以采取试婚方式。

第四，对孩子特别操心。在西方国家，由于住房比较容易解决，孩子在学校毕业后就离开父母独立生活。十五六岁的孩子已是成人，开始自立。而在俄罗斯，不少孩子大学毕业多年后还住在父母家，靠父母抚养。造成这一现象的主要原因是经济条件，刚毕业的年轻人工资低微，而父母工资较高，可以依赖。自从实行市场经济以来，这一情况开始变化，不少年轻人成为富翁。但家庭关系的牢固传统和影响仍在起作用。

俄罗斯人
性格探秘

在苏联时期，一个著名的口号是："把最美好的东西都献给孩子！"苏联虽不复存在，但在俄罗斯，孩子仍是家庭的中心，几乎一切都围绕孩子而进行。20%的俄罗斯人表示，他们生活的主要目的是"保障我的孩子幸福"，14%的人说是为了"有一个好身体"，11.6%的人说是为了"有一个好家庭"。

在俄罗斯，33%的家庭只有一个孩子，27%的家庭有两个孩子，只有12%的家庭不想要孩子。很多人想多要几个孩子，但由于经济条件所限，只好生一个孩子。政府鼓励生育。妇女生育后可以在家带孩子三年，每月领取一定津贴，保留工职。

一般来说，独生子女比在多子女家庭长大的孩子更容易自私一些。由于父母的溺爱，在俄罗斯社会存在着相当大一部分道德上不成熟、幼稚型、性格不稳定和不负责任的孩子。这些人很难适应生活中的困难，从而给社会和家庭都造成一定的麻烦。

传统的家庭方式是俄罗斯人生活方式的一部分。俄罗斯家庭关系的牢固程度，可以与中国媲美。

俄罗斯男人认为忠贞、擅长料理家务和美貌是妻子的三大理想品质

从15世纪开始，俄罗斯按照《治家格言》一书中确定的原则建立家庭关系。按照这些原则，父亲是一家之主，具有绝对权威。

让我们来看一个普通家庭的日常生活。由于城市居民占俄罗斯全国人口的90%，我们所描写的主要是城市家庭。现在俄国三分之一的家庭平均有三口人：一对夫妻和一个孩子。孩子是个学生。

每天，通常是妻子第一个起床，为全家做早餐。因为8点半孩子必须到学校，而9时各单位开始上班，所以孩子7时就得起床。

孩子在上午下课后，13至14时回家吃午饭。他把妈妈事先做好的饭菜热一热，吃完后在家做作业，做完作业在院子里玩耍，在父母下班前必须做完功课。

一般情况下，父母晚上7时回到家。当然这要看单位离住家的距离有多远。在大城市，职工回家在路上平均要花40分钟。大约在20时，全家一起吃晚饭。

吃过晚饭，各行其是。父亲和孩子一般坐在电视机前看节目。母亲则继续其"劳动日"——洗碗、洗衣服、打扫屋子、准备第二天的饭菜，并检查孩子的家

独特的生活方式

庭作业。

丈夫帮妻子做一些体力活，例如去商店买东西，特别是需要买土豆、圆白菜、水果等食品的时候。根据妻子的吩咐，丈夫下班时顺便到商店逛一下，或者到洗衣店取一包洗过的衣服。有时，丈夫帮助妻子打扫屋子，用吸尘器吸地毯，或者逗孩子玩。

做饭洗衣被认为不是男人干的活，因此尽量不做。

在有些家庭，妻子的受教育程度、文凭、工作职位和社会地位高于丈夫，例如，妻子在科技、卫生或教育单位工作，而丈夫是工人和司机。但在家里，大多数家务仍然落在妻子身上。

很多男人喜欢在周末和其他男友一起聚会，他们不带妻子和孩子，自己去洗桑拿、喝啤酒或者喝伏特加。有些人则喜欢在公园、花园或郊外草地上搞野餐。

随着市场经济发展，越来越多的妇女开始经商或从事实业，经济上不再依赖丈夫，行动上受到长辈的监督也日益减少，她们在家里的地位与丈夫越来越平等，家庭关系更趋民主。

俄罗斯男人喜欢找什么样的妻子呢？据一项民意调查，27%的男人认为，一个妇女最重要的是聪明，其次是性感（26%）、善良（24%）和外貌（24%）。66%的男人喜欢瘦小的女人，而不是胖女人。俄罗斯男性希望选择一个比自己弱小的伴侣，一个生活事务中的小帮手。他们认为，一个好的配偶应该挚爱丈夫、善良、能够忍受丈夫的坏脾气，满足他所有的性要求、愿意生孩子、谨慎、爱整洁、有条理[①]。

据《全球性生活调查》公布的材料，俄罗斯男人一生中平均有22个半性伙伴，仅次于奥地利人而屈居世界第二。俄罗斯人平均一年做爱143次，仅次于希腊人和巴西人。在俄罗斯，55岁以上的男人有一半爱看色情杂志和电影。27%的俄罗斯人承认，他们有过口交经历。54%的俄罗斯人说，他们经常体验到性高潮的快乐。这比墨西哥人要少（那里66%的人称自己经常体验到性高潮），而比中国人（24%）、日本人（27%）、新加坡人（37%）要多。俄罗斯人平均每次做爱时间为18分钟，比法国人和印度人（13分钟）长，但比尼日利亚人（22

---

① 《环球时报》，2008年7月28日。

分钟）短。不过，很多人对于这一调查结果不以为然，认为它们很不准确，因为接受调查的男性一般都会夸大自己的能力。

9%的男人把会烹饪和会做家务作为妻子必须具备的条件。只有11%的男人（一般是私有企业主、富人和文化人士）喜欢精明能干、富足的女人。多数男人忌妒地看待女人的能干和发财。他们不想同一个没有头脑的女人生活在一起（俄罗斯俗语说，女人是"头发长，头脑简单"），但又无法容忍妻子比他还聪明，能够有理有据地批评他。10%的男人（通常是私有企业主、赌博者、新闻记者和不到35岁的年轻人）喜欢那些外表动人、性感、善于享乐和阔绰生活的妇女，但军人、科技工作者都不喜欢这样的女人。

2008年7月俄罗斯的一次调查结果表明，在俄罗斯男人心中，"忠贞不渝、擅长料理家务和美貌是妻子的三大理想品质"。

由此可见，大多数俄罗斯男人喜欢"传统的妻子"，她不仅是个好的家庭主妇，而且是"生活的伴侣"。俄罗斯男人心目中的理想妻子是契诃夫笔下的杜谢奇卡形象。她几次出嫁和改嫁，但每次都不顾自己的生活和利益，全心全意地支持丈夫，以他的事业和利益为重。俄罗斯男人从内心希望做一家之主，让妻子成为谦虚、驯服的生活伴侣，料理家庭这个"后方"。

4种不同类型的妇女

俄罗斯妇女在现代社会中的地位具有双重性。她们既受到男士的关注、恭维和物质保护，又发挥其女性、母亲、劳动者和家庭守护者的作用。

历史上俄罗斯妇女具有比西方国家妇女更多的经济和政治权利。在俄罗斯没有欧美式女权运动，因为妇女在欧美争取的权利，在俄罗斯已经有了。

17世纪的《治家格言》规定，对不尊重自己妻子的男人要进行谴责。而在中世纪的波兰，则强调要"教训"妻子，打她，捆绑她，并拴在烟囱上。在俄罗斯从未有过像西方那样的初夜权。俄罗斯妇女有权支配自己的陪嫁，可以从业，而且未经丈夫允许就可从银行取款。应该承认苏维埃政权在提高妇女社会地位中所发挥的巨大作用。妇女具有选举权，这比法国妇女还早30年。妇女具有就业、与男人同等劳动报酬的权利和受教育的权利。发达的托儿所和幼儿园系统使妇女能够从事创业和拥有自己个人的生活。三月八日被宣布为国家节日和休息

独特的生活方式

日。俄罗斯继承了这一节日，但改名为"春天和爱情日"，全民庆祝。

但是，自《治家格言》以来，俄罗斯妇女的主要地位是在家庭。她生来就是为了做母亲，为了丈夫和孩子牺牲自己，牺牲自己的梦想、健康和职业。她对自己的家庭负责。男人作为一家之主，当然要对孩子长期负责。如果他逃避责任，抛弃家庭和孩子并再娶更年轻的妻子，社会对他的谴责远比对同样这样做的妻子要轻。在俄罗斯，只有12%的父亲离婚后仍支付赡养费，更多的父亲却逃避这个责任。

女雕刻家

在俄罗斯，传统的家庭生活方式是家庭主要物质保障的作用不是由女人，而是由男人承担。这导致经常破坏妇女权益，而且从孩提时期就开始。例如，男孩可以为所欲为，淘气、做傻事、撒娇都不会引起问题。而女孩从小就必须安静、

俄罗斯人
性格探秘

听话、虚心、在各方面作让步，随时培养自己做妻子和母亲的品质。这样才是好女孩。

在俄罗斯，女孩很少准备进入社会工作。人们会对她们说，她们的主要任务是出嫁作妻子。不出嫁的妇女、独身的女人，经常被歧视，被认为是不正常的情况，必须想方设法纠正。

与西方妇女相比，俄罗斯妇女的自我评价较低。俄罗斯妇女为自己受教育程度高而自豪，但她们很少承认，她们大学毕业只是为了一个目的——嫁给一个好郎君。关于男女的权利和义务的冲突在苏联时代就存在。男人认为，女人就是应该做家务。他们不认为男人同样应该做家务，尽同等的义务。他们还认为，男人比女人更可以调情和背叛，选择伙伴的主动权在男方。他们应该参加积极的社会生活，而妇女则应做家务。他们不同意女人可以独立地选择自己的生活方式，认为让他们关心弱势女人是不公正的，并对妇女要求平等的主张不予理解。

我们应该对妇女所受的不公正待遇表示愤怒。应该看到，女性在俄罗斯社会的作用很大。她们在各个年龄段都很注重穿戴，发式时髦、化妆得体、引人注目。她们总是想取悦于别人，同时却不追求什么目的。这与欧美妇女明显不同。美欧妇女的特点是更解放、更自由、更自给自足，而不在乎男人的注意和评价，所以她们脸上总是带着严肃的表情，缺乏让人喜欢的表情。

在苏联卫国战争时期，妇女为了前线和胜利而艰难劳作。战后，为了恢复国民经济，国家强调在劳动中男女平等，繁重的体力劳动对她们的健康和生育造成不良影响。而在一些欧洲国家，如果发生这种情况，工会早就提出抗议了。

现在俄罗斯妇女的境地特别困难。离婚率激增，1000对夫妻中就有585对离婚。单亲家庭和独身母亲的数量很大。3300万俄罗斯儿童中有1400万没有父亲。抚养的责任都落在妇女肩上。

如果没有妇女，情况将更糟。很多男人经不起这么多问题，消沉起来。而妇女们虽然哭泣和生气，但然后会咬紧牙关，从土耳其和中国倒货。在很大程度上，正是由于妇女们的努力，俄罗斯才出现了富裕的商品。她们从自己的亲朋好友处借钱出国，买便宜的商品（主要是服装）运回俄罗斯并在国内市场出售。

年轻妇女中则出现新的趋势——妇女解放运动，不是像美国和欧洲某些国家那样咄咄逼人的争取女权运动，而是重点发生变化。5年前对于俄罗斯姑娘来说

独特的生活方式

生活的主要任务是嫁好郎，不要嫁错郎。据社会民意调查，1995年有一半被测验的妇女希望自己嫁得好，而希望找到好工作的只有30%。最近几年姑娘们却不急于出嫁，64%的俄罗斯人认为，对于现代女性来说主要是有个好工作，只有27%的人仍持传统观念。

最近十几年俄罗斯出现了全新的妇女类型，即女企业家。她们的平均年龄在36岁左右，已婚，有孩子。有意思的是，具有传统家庭的妇女在事业上比单身女人更成功。她们一般都受过高等教育（主要是经济和人文），做生意，或者担任企业领导人。她们具有社会交际能力，有新主意、新思想，善于经营。她们工作繁重，在非工作时间也忙于解决事业问题。她们不怕独立自主，敢于负责任和承担风险。她们的管理作风比较民主。她们疲于工作（一周工作62小时），因不能为家庭付出更多精力而受到良心的责备。同时她们对自己的工作感到满意。她们每月平均收入1150美元，因而能够在家里作主。在茫茫人群中她们表现优雅，服装得体，举止自信。

比较传统的是管理型妇女。她们平均年龄为31.7岁，通常已婚，有孩子，经常和父母住在一起，收入不高，占不到家庭预算的一半，因此她们在家里的经济作用不大。她们中的多数人受过高等技术教育，占60%。她们所有人几乎都是国营企业职工，劳动繁忙，甚至在自由时间里还满脑子工作。她们经常对低工资不满，在日常工作中表现出软性的、"女性的"、不冲突的作风。劳动并不能给她们带来物质满足，而是她们完成家庭义务和个人生活的障碍。

还有一个为数不少的类型——领导者型的妇女，即职业官员。她们的平均年龄为32.2岁，大多已结婚，但结婚的比例小于其他类型。不少人离婚或独身。有孩子的更少。她们的收入占家庭预算的一半以上，这使她们在解决家庭问题时拥有某些经济自由。她们具有很高的受教育水平（多数是在文科方面），而且希望继续提高，获得第二个文凭。一般她们也是受雇者，执行管理职能。她们工作非常忙，在实业管理中表现出"男人式"的女人作风，其心理与女企业家接近。

新型妇女在很大程度上改变了社会和人口结构。她们的出现说明，过去一些年俄罗斯人关于年轻妇女幸福的传统观念发生了急剧变化。现代的"成功"妇女在合资私营公司工作，工资很高，经济和精神上独立，开着汽车，穿着昂贵的服装，戴着各种首饰，掌握外语，性格坚强，办事果断。她们完全不同于传统的

俄罗斯人
性格探秘

俄罗斯姑娘，宁可为了不可分割的爱情而孤独、甚至去死。更重要的是，她们是用所爱男人的眼睛看世界。调查表明，妇女越是掌权，她们的工作作风就越强硬。

70%的男人认为，男人在事业的成功比妇女容易得多。很多人认为这不公正，因为妇女受教育程度高的比例比男人大。虽然俄罗斯宪法规定男女权利平等，但几乎一半的人认为，在俄罗斯男人更有可能实现自己的权益，只有35%的人认为男女在实现自己权利方面是平等的。

刺绣女工

三 独特的生活方式

随着市场经济发展和"新俄罗斯人"的出现，也产生了一种新现象，即"新俄罗斯人夫人"。很多暴富的人，其中包括生意人、金融家、国家杜马议员和大工厂厂长等，随着社会地位提高，改变了自己的生活方式，娶年轻美貌、双腿细长的姑娘为妻。在旁人看来，这些美女非常幸运，丈夫腰缠万贯，家住豪宅，出入门坐高级轿车，身戴珠光宝器。但如果您悉心观察，就不难发现，这些美女们生活孤独。她们过早地出嫁，有的甚至连大学都没毕业，在丈夫压力下放弃学业。她们没有女友，因为与她们的丈夫一样，她们对周围的人充满疑虑。整日里孤独郁闷的她们，在丈夫回家后仍得不到温暖。丈夫度过紧张操心的一天后回到家里，经常把内心的无名之火冲着妻子发泄，有时甚至殴打她们。而她们既没有人可倾吐苦衷，又不能发泄不满，因为已习惯于优裕的生活方式，害怕离婚，害怕被抛到街头，没有生活资本，没有职业。她们中的有些人沾上酗酒、吸毒的毛病，有的甚至自杀[①]。

跨国婚姻中受青睐

俄罗斯人的跨国婚姻中，有四分之一是与前苏联国家的公民通婚，大多数婚姻是与美欧等国家的居民结合。以1997年在莫斯科登记结婚的人来说，41人是与英国人结婚，31人与法国人结婚，47人与德国人结婚，23人与意大利人结婚。有意思的是，与外国人通婚的几乎都是俄罗斯妇女，而不是俄罗斯男人。原因何在？

俄罗斯妇女问题专家阿拉·谢尔盖耶娃认为，主要原因有三：一是俄罗斯男人一般具有大男子主义思想，不肯去国外当家庭里的次要角色。二是俄罗斯男人比较保守，较难适应外国的新生活，他们的自我评价都比较高，相信自己在国内的未来生活中会有好前程。三是很多俄罗斯男人染上酗酒的毛病，因而降低了他们与外国妇女结婚的可能性。而俄罗斯妇女却不一样。在"国际婚姻市场"上，对俄罗斯妇女的需求很大。

首先，俄罗斯妇女属于欧洲人，外表也是欧洲型。多数俄罗斯妇女都有姣好的面容和体形，具有良好的综合素质。在俄罗斯男人眼里，俄罗斯妇女举世无

---

① 阿拉·谢尔盖耶娃，《俄罗斯人的行为准则、传统和民族心理》，第112页。

俄罗斯人
性格探秘

双。一项社会调查表明，73%的俄罗斯男人认为，俄罗斯妇女是世界上最美丽的妇女。只有7%的俄罗斯男人认为，法国美女最美。3%的人认为波兰女人最美，2%的人认为乌克兰女人最美。

其次，俄罗斯妇女不仅美丽，而且具有较高的文化和受教育水平。在俄罗斯城市妇女中，55%的人拥有高等教育文凭，在教育、卫生和科技界工作人员中占多数。她们具有较高的智商和文化欣赏能力，与她们谈话时不会觉得枯燥乏味。欧美男子还喜欢俄罗斯姑娘的善良、勤劳、富有同情心、善解人意、善于把家里整理得舒适温馨。更重要的是，她们吃苦耐劳，能和丈夫同甘共苦，风雨同舟。

第三，在女权运动盛行的欧美国家，男子们十分欣赏俄罗斯妇女自愿在家里居次要地位，把各种家务承担起来的品德。

但是，很多俄罗斯妇女与外国人结婚后，却出现了一系列复杂的问题。有的丈夫单位的领导逐渐不再委派丈夫重要任务，不再派往国外出差或进行重要业务谈判，也不再提拔他。因为近年来俄罗斯与欧美国家关系渐趋复杂，欧美一些国家指责或怀疑俄罗斯通过输出美女搞"间谍"活动。"城门失火，殃及池鱼"。这种怀疑也殃及俄罗斯妇女的丈夫们。有的丈夫回到家里，便对妻子满腹怨言，大发牢骚。夫妻关系逐渐出现隔阂和疏远。

另一个问题是，由于苏联时期的"铁幕"政策，俄罗斯人对西方社会了解甚少，以为那里的生活就像天堂一般。但是嫁给欧美丈夫之后，发现那里的生活也很平淡，既不是住宽敞豪华的宅所，也不是每家都有高级轿车。婚前对生活的过高期待一下子被抛到现实生活中，不免大失所望。

亲密的父子关系

在俄罗斯，父母与孩子的关系与欧洲很多国家不同。俄罗斯父母不会失去和孩子的联系。年轻人即使不和父母一起住，单独在外住，也经常到父母那里吃饭。如果父母住在农村，就从父母家带土豆、水果等农产品回城。逢年过节，尽量与父母一起过。而在欧洲其他国家，孩子长大后一般不再依靠父母的物质帮助，相互是一种平等的善意关系。

在西欧国家，夫妻婚后与新的亲戚（如岳母、婆婆）的关系是一种比较冷淡、得体而又有礼貌的关系。可以与岳母讨论化妆品等问题，但一般不会去帮助

独特的生活方式

她解决生活中的问题。但在俄罗斯却不同,青年夫妇离开父母单独居住后,仍然得到双方父母的庇护。父母不仅在平日帮助孩子,而且在他们购置房子、家具、汽车或家电时提供物质帮助。在孙子或孙女出生后,爷爷奶奶的注意力就会转移到新一代身上。当女儿休产假或有病时,父母会特别帮助她。

当孩子们成家立业后,父母和孩子间的关系就会发生变化。在俄罗斯,孩子们不会像其他很多国家那样把父母送进老人院,而是把他们请到自己家里住。他们认为,把老人送到敬老院去住是不道德的。孤独的老人经常是冬天住在孩子家,夏天带着孙儿或孙女回自己家住。父母家需要修房时,孩子们会过来帮助,甚至不惜从老远的地方赶来。老人虽然失去了昔日的权威,但仍然是年轻家庭和亲戚的重心。而兄弟姐妹及其家庭之间的关系,就不像他们与父母的关系那么紧密。正是父母起着团结全家、承上启下的核心作用,在父母去世后,亲戚之间的关系也逐渐疏远。这些特点和我们中国的家庭关系十分相似。

父与子

遗憾的是,俄罗斯老人不像欧美国家的老人那样幸运。在西方国家,人们经过中青年时期的努力，到了晚年可以享受幸福生活。甚至俄罗斯老人的外表也显得比欧洲其他国家的老人寒酸，而且他们的健康也不如那些国家的老人，不少人缺牙或者镶着金属牙，穿得较差，看上去比实际年龄要老。但即使这样，他们仍然在孩子们需要他们时伸出援手。

更惨的是，1992年，正当一部分俄罗斯老人准备过安逸的晚年生活时，他们的美梦被"休克疗法"无情地粉碎。他们辛勤劳动一生所积攒的那些存款，一夜之间就被大量贬值。这也是为什么俄罗斯的民主派不受老龄选民欢迎，而俄罗斯共产党始终拥有约五分之一至四分之一选民支持的原因。

叶利钦执政时期，俄罗斯老人的退休金很少，而且经常不能及时发放。普京执政后，大力提高退休金，几乎每年都有不同幅度的提高。梅德韦杰夫总统继续执行普京的政策，2010年1月，3600万退休人员的平均退休金为7118卢布，约合237美元。其中参加过卫国战争的老战士月退休金为23500卢布，合783美元。卫国战争老战士遗孀的月退休金为17000卢布，合567美元。

（十）远亲不如近邻

在俄罗斯，邻里关系十分重要。苏联时期，特别是30年代解决住房问题的方式，例如"集体住宅"和简易宿舍，是形成这种关系的客观条件。而国家倡导的社会主义和集体主义思想，却是形成这种关系的主观条件。从50年代开始很多邻居分到了新房子，搬走了，但他们的友谊仍存在多年。

俄罗斯人在租用房子时，不仅看它所在的位置和条件，而且注意它的近邻。因为住宅的安全和楼道的公共卫生，需要邻里们共同关心和维护。平时里他们互相帮助，尤其是在发生紧急情况需要紧急帮助时。比如某个邻居得了急病，亲人或亲戚不在身边，需要呼叫急救车；必要时他需要把房门钥匙交给邻居，请她帮助浇花、喂家里的小鱼或其他小动物；有时他下班迟了，或者去别人家作客回来晚了，或者去看电影和戏剧不能按时回家，需要请邻居从学校接回孩子、哄他入睡等。

帮助总是相互的。时间长了，相互之间感情上逐渐接近，建立起牢固的互助关系，就会经常交换信息、介绍生活经验，或者一起看电视、喝茶、聊天。妇女之间则乐于交换烹饪技术和时装信息，探讨孩子教育问题。关系很好的邻里甚至

三 独特的生活方式

一起去户外休息和娱乐，彼此借钱用、借香烟抽、借面包吃，一起过节。

邻居还起一个社会监督作用，察看楼里有没有生人来，安全上有无隐患。在这方面退休老人的作用特别明显。他们监督孩子们的行为，看是否有坏人来，并把孩子的不良行为告诉他们的家长。

虽然邻居之间也难免会有一些相互影响和干扰，如经常发生噪音，但总的来说，人们从良好的邻居关系中获得的益处更大。

俄罗斯的这种邻里关系也与我们中国的邻里关系相似，但却是欧美国家所没有的。有一次，中央电视台驻布鲁塞尔记者来俄罗斯出差，看到这种邻里关系羡慕不已。他说，在比利时，邻里之间一般都不说话，不打交道，形同阡陌。俄罗斯人家庭邻里之间如此热情开朗，相互帮助，给他留下极为深刻的印象。

（十一）20%的家庭养狗

——五分之一的俄罗斯人喜欢家里养狗的政治家。

（社会调查结果）

——家里养动物有益于教育孩子。

（大多数俄罗斯父母的观点）

——如果您问一个俄罗斯人："您家有几口人？"他可能会回答："三口半，我和老伴、儿子，还有一条狗。"

（俄罗斯习俗）

大多数俄罗斯家庭都有动物，即使住在城里的人，也驯养动物。统计资料说，28%的俄罗斯家庭养猫，20%的家庭养狗，8%的家庭养鸟（主要是金丝雀、鸽子和鹦鹉），6%的家庭养观赏鱼，4%的家庭养豚鼠和仓鼠，还有3%的家庭饲养乌龟、家鼠或者其他珍奇动物。

那些有小孩的家庭特别喜欢养动物。俄罗斯父母们一致认为，家里养动物有益于教育孩子，孩子会因此变得安静、善良、关心其他生命、对"小兄弟"的生命负责任。老人也喜欢养动物，特别是温和的猫和小狗。医生们证明，家里有动物的老人较少患抑郁症、高血压和心理疾病。

俄罗斯人
性格探秘

遛狗是老人锻炼身体的一种方法。每天从早到晚，老人需要牵着狗去户外溜达两到三次。这既使老人的身体得到锻炼，又使他们在遛狗时结识其他朋友，增加生活情趣。同时，狗更多是起保护者作用，而不是家里的玩物。当老人和孩子散步时，狗起着保护作用。平时，狗也起着看护家里财产的作用。

俄罗斯对养狗有严格的规定，养狗协会经常在周末进行狗的训练。有一次我在中国青年报驻莫斯科记者站附近的沃龙佐夫公园散步时看到训练狗的情景。教练首先训练狗听主人的话，不随便咬人。其次是不让狗随地大小便。第三是训练它会找东西、叼木棍、钻铁圈等本事。

在俄罗斯，不仅有狗医院，还有狗旅馆。有一次我的一位俄罗斯朋友要去外地出差几天，临走前把狗寄存到一家狗旅馆。

在莫斯科市塔干广场附近的"下城街"，有一个"鸟市"。名曰"鸟市"，实际上鸟并不多，而以狗为主，所以人们又称之为"狗市"。狗市平时不开，每逢周末，首都市民和莫斯科市周围的居民、甚至很远的外地人都赶来这里进行交易。一个冬天的周末我去狗市参观，看见卖各种各样的狗、狗食和嚼子的，非常热闹。不少妇女身穿皮大衣，把小狗揣在胸前，只露出一个毛茸茸的头。个头较大的狗被拴在铁架上，"汪汪汪"地叫个不停。有些狗的身上挂满各种奖章，据说是在莫斯科狗赛中获得的。这些"优秀的"狗身价不凡，少则几百美元，多则1500美元。卖狗的同时，主人把狗的户口和免疫证也交给买主。狗的户籍上写着狗的名字、出生年月日和家史。

对于"新俄罗斯人"来说，狗也是财富的象征。狗越是高大，越名贵，就越显得主人有地位、有身份。

据俄罗斯社会学家调查，五分之一的俄罗斯人喜欢家里养狗的政治家。如果一个选民知道某位政治家家里养狗，他对这位政治家的态度就会明显改善。俄罗斯领导人普京很喜欢养狗，经常带着自己的狗出现在电视等新闻媒体面前。这是否也与俄罗斯人的动物情结有关？

俄罗斯人喜爱养狗，甚至把狗看作自己家庭的一员。如果您问一个俄罗斯人："您家有几口人？"他可能会回答："三口半，我和老伴、儿子，还有一条狗。"因此，俄罗斯人没有吃狗肉的习惯，家狗死后，就找一个地方把它掩埋。20世纪90年代有一段时间，我国延边地区的一些商人去俄罗斯经商时，对那里

独特的生活方式

的"野狗"发生兴趣,悄悄地宰狗吃肉。这在一些俄罗斯人心里留下不好的印象,他们不能理解这种行为。俗话说,"入乡随俗"。我们应该尊重俄罗斯人的习俗,包括珍爱动物。

生活方式和性格的相互关系

从上所述可以看出,俄罗斯人的生活方式和他们的性格有着密切的关系。

例如,俄罗斯人非常讲究穿着,注重穿着的和谐,这与他们的艺术气质有关。同时,对穿着的艺术追求又进一步培养了俄罗斯人的艺术气质。

俄罗斯人喝酒的风格豪爽率直、干脆利落,往往是一醉方休,毫无顾及。这种酒风体现了俄罗斯人豪迈大度的性格,但也反映了他们不愿意克制自己、随意性较强的一面。

澡堂文化反映了俄罗斯人浪漫的性格特点,同时也培养了他们爱清洁、讲卫生、善交际的习惯。

开车性急既是俄罗斯人以开快车为乐趣、为自豪的一种生活方式,但也反映了他们急躁、争强好胜、不甘落后的性格。俄罗斯人喜欢开斗气车,喜欢抢行,而不像白俄罗斯等国公民那样,行车时主动礼让。

别墅生活既是俄罗斯人悠闲自得、享乐主义的生活方式,又是加强他们个人主义、自由散漫性格的一个因素。平时在城市、在单位上班时只能正襟危坐、拘谨守纪律。但在家里,特别是周末或暑期在位于农村的别墅里,难得过一种放松的生活。这就是俄罗斯人那么喜欢去别墅的原因之一。

俄罗斯冬季漫长,所以滑雪滑冰运动成为俄罗斯人最喜爱、最普及的休闲和运动项目之一。尤其是高山滑雪,更是俄罗斯人最崇尚最喜好的运动。俄罗斯总统梅德韦杰夫和总理普京就喜欢在俄罗斯南部索契高山上进行滑雪锻炼,而很多富裕的人,如"新俄罗斯人"则喜欢在冬季,特别是新年里去奥地利的阿尔卑斯山滑雪。滑冰和滑雪运动反映了俄罗斯人勇敢、坚毅的性格,同时又锤炼了他们的这种性格。

要弄清俄罗斯人的性格特点以及形成这些性格特点的原因,就必须对俄罗斯人的生活方式进行研究。这也是本书研究俄罗斯人生活方式的原因所在。

俄罗斯人性格探秘

四、复杂的社会和精神价值观

（一）社会结构变化，消费主义盛行

> ——一个民族的性格与其成员的动机体系（他们的要求、利益、价值趋向、信仰和理想等等的总和）密不可分。该体系最终决定性格的方向，包括人的心理从需要到理想的所有"层次"。它还包括以概括形式出现的世界观、道德原则和利益。
>
> （弗拉基米尔·科切特科夫《不同文化差异的心理学》）
>
> ——价值观和性格有着密切联系。民族性格是一个民族特别的社会心理特点。
>
> （《社会心理学》）
>
> ——"更好地工作"逐渐被"更好地消费"所代替，"互相帮助"被"自我中心主义"所代替，"优先为社会服务"被"优先为自己的利益服务"所代替。
>
> （瓦列里·费奥德罗夫的《俄罗斯选择》）

苏联解体后，20世纪90年代俄罗斯的社会结构发生严重变化。由于实行"休克疗法"和大规模私有化，社会出现两极分化，少数人迅速暴富，形成了一批金融寡头和"新俄罗斯人"阶层，而多数居民却陷于非常困难的境地。出现了一些新的职业和新的阶层，例如，苏联时期没有企业家和个体商人阶层，而现在它们基本形成并在社会上发挥积极作用。

俄罗斯出现了一股盲目向西方学习的浪潮，从私有化、政治体制、选举模式到摇滚音乐，照搬照抄，似乎很快就能融入西方世界。俄罗斯开始实行总统制和议会两院制，国家安全委员会（克格勃）也一分为二，改为联邦安全局和对外情报局。人们的价值观随之发生很大变化，极端自由、极端民主、无政府主义、

四 复杂的社会和精神价值观

工艺美术品很走俏

个人主义等思潮迅猛泛滥。

但是西方的政治社会制度和经济体制及相应的一些政治价值观在俄罗斯水土不服,因为俄罗斯与西方国家在很多方面有着严重的差别。例如,在政权的地方组织上,俄罗斯实行的是行政管理,而西方实行的是联邦的或非集中的管理;在各级政权的相互关系上,俄罗斯实行的是职位等级制度,即"垂直体制",而西方实行的是分权制和自治;在各种思想和观点竞争方面,俄罗斯是通过全体大会和根据一致意见作决定,而西方则崇尚多党制和民主多数制。

叶利钦执政后,大规模的政治和经济改革造成社会分裂和政局动荡。在1993年10月解散俄罗斯最高苏维埃、炮轰议会大厦后,在1998年3月至1999年8月一年半时间里,叶利钦走马灯式地撤换了切尔诺梅尔金、基里连科、普里马科夫和斯捷帕申4位总理职务,俄罗斯共产党议员团则在国家杜马启动了弹劾叶利钦总统的提案。政治和经济政策中的失误,加上国际金融危机的影响,终于在1998年8月使俄罗斯发生了一次严重金融危机,卢布大幅贬值,俄罗斯政府丧失还债能力,财政濒临破产,银行出现支付危机,陷于瘫痪。霎时间俄罗斯几乎回到了苏联解体前商品匮乏、卢布剧贬、人们到处排队购物的时期,广大群众怨声

俄罗斯人
性格探秘

载道。

　　但是,坏事也能变成好事。危机给俄罗斯人当头泼了一瓢冷水,使他们痛定思痛,在一系列原则问题上达成共识:70%的居民认识到,90年代初以来在俄罗斯形成的经济和政治制度必须改变;75%—80%的居民认为,必须加强国家在经济和生活领域的作用;68%的居民认为必须在各领域整顿秩序,必要时不惜采用"铁腕手段";58%的人认为,应该克服社会两极分化的弊病,甚至不惜重新分配某些金融寡头"以不公正手段攫取的财产";73%的居民认为,不能盲目指望"西方文明",而应该按自己的方式生活①。

　　这样,苏联解体后价值观急剧转变的时期结束了,取而代之的是保守主义、新传统主义,强调稳定、公正和爱国主义的价值观,消费作为生活准则之一提高了其道德地位,消费不再是可耻的事,而成为正常的事情。人们不再掩盖自己的消费,而开始炫耀自己的成功,甚至不顾获得这种成功的方式方法如何。如果说苏联时期人们的价值观主要反映"集体趋向的劳动",那么现在则"首先看金钱,看他以合法和半合法手段获取的个人成功。"②

　　把以下两次社会调查的结果进行比较,我们就可以看出俄罗斯的明显变化:1981至1982年俄罗斯科学院社会研究所进行的调查表明,只有3.4%的人认为他们周围的人"只忙于他们自己的事情,自己的福利"。还有17.8%的人认为"多数人在忙他们自己的事情"。但是,2008年进行社会调查时,这两个数字分别增加为15%和39.3%。与此同时,社会上助人为乐的人数骤然减少。1981至1982年期间,17.9%的人认为周围所有人都"助人为乐",还有63.2%的人认为周围大多数人是这样的。但是2008年,这两个数字相应地降为12.7%和42.9%。"更好地工作"逐渐被"更好地消费"所代替,"互相帮助"被"自我中心主义"所代替,"优先为社会服务"被"优先为自己的利益服务"所代替③。

　　1999至2005年俄罗斯居民实际货币收入年均增长11%,总共增长90%。消费结构得到很大改善。2001年居民用于购买食品的开支占消费总支出的46%,2005年降为33%。面包和土豆的消费减少,而肉类、蔬菜和水果的消费增加。

---

① 《俄罗斯选择》,第42页。
② 同上,第44页。
③ 同上,第45页。

四 复杂的社会和精神价值观

自由市场上的帽子专摊

1995年每100户家庭有15台录像机和摄像机及两个音箱，2004年增加到62台和28个。1995年每百户家庭拥有18辆小汽车，2001年为27辆，2004年为33辆。1989年每1000人中有130人受过高等或不完全高等教育，2002年达到191人。受过中等教育的人也增加了三分之一。1999至2004年出版的图书和小册子增加一倍，图书总发行量增加60%[①]。

多数研究者认为，在2005年前后，现代消费社会已经在俄罗斯形成，其中首先是中产阶级的形成，他们是现代社会科技进步的主要消费者，如购置小汽车、家用电器和家具，建造豪华别墅，经常出国旅游。多数俄罗斯居民赞成现行的以促进消费和福利为主要发展动力的社会发展模式。而消费主义的特点是"及时行乐，尽情享受，不关心未来，目光短浅，社会交际的短期性和表面性，唯我主义和冷漠。"[②]

---

① 瓦列里·费奥德罗夫，《俄罗斯选择》，第45页。
② 同上第47页。

俄罗斯人 性格探秘

俄罗斯人的价值趋向

根据2004年全俄社会舆论研究中心的调查，俄罗斯的价值趋向如下：

价值观	百分比
劳动、稳定、集体主义、公正	42.90
自由、市场、生意、民主	19.03
秩序、民族、传统、爱国主义	18.28
社会主义、共产主义、苏联、革命	3.96
其他	2.51
我没有具体趋向	11.68
难以回答	1.63

现在63%的俄罗斯人希望生活在一个公正的社会，但60%的人又认为这样的社会几乎难以建成。39%的人认为社会主义模式是最有可能实现社会公正的社会制度。32%的人主张建立一个"人人机会平等的国家"。19%的人赞成建立平均的共产主义制度，只有5%的人主张建立自由主义社会[①]。

在平等和自由之间，多数人选择平等。如果说在年轻人中有50%的人选择平等、42%的人选择自由的话，那么在60岁以上的老年人中，有79%的人选择平等，只有13%的人选择自由。如果说叶利钦时期有相当多选民投票支持俄罗斯共产党所代表的回到"光明过去"的主张，那么普京时期人民已经接受俄罗斯国家资本主义的现实，不同程度地适应了这种社会并要求尽可能完善它[②]。如今，俄罗斯的"左派"不是要求回到苏联时代，而是要求在现行制度框架下加强国家的社会作用。总的来说，俄罗斯社会已向左转，向加强社会公正和俄罗斯国家主权的方向转变了。

2005年全俄社会舆论研究中心就"您认为现在什么样的口号最能团结俄罗斯社会"做了一次调查（每人能回答5个问题），结果是：

稳定	44.3%

[①] 《俄罗斯选择》，第51页。
[②] 同上第50至51页。

四

复杂的社会和精神价值观

法制	37.4%
强大的国家	35.1%
对居民的社会保障	27.1%
财富、繁荣	25.1%
平等、公正	24.5%
恢复俄罗斯的尊严	22.8%
避免灾难和国内战争	22.2%
顽强的劳动	17.6%
牢固的家庭	15.1%
进步、发展	14.9%
一切权利归劳动人民	10.1%
发展民主	11.4%
融入世界共同体	9.3%
政府应负责任	8.4%
继续进行改革	8.1%
恢复苏联	6.5%
俄罗斯属于俄罗斯人	6.4%
拯救祖国	5.5%
东正教	3.7%
共产主义	3.1%
其他	0.8%
难以回答	2.8%[①]

把俄罗斯建成一个强国，实现平等和公正的理想，保持稳定和实行法治，成为多数俄罗斯人的核心价值观。人们注意到，赞成"顽强劳动"的人数已经比较少，人们主要是期望国家起重要作用，因为对多数人来说，单靠自己的努力来实现个人的计划很困难。在发达国家，这一任务在很大程度上是靠发展小企业来

---

① 2007年《选举指南》第223页。

解决，而在俄罗斯，中小企业的发展缓慢，国家和大企业仍然起着主要作用①。

从上所述我们就不难理解，为什么"统一俄罗斯"在最近几次全国和地方议会选举中能够获得多数选票。全俄社会舆论研究中心于2007年3月24日所作的调查表明，"统一俄罗斯"31%的支持者是那些主张建立"强有力的面向社会的国家"的选民，27%的支持者是主张建立"强有力的国家和市场经济"的选民。

（二）老中青三代不同的价值观

——69.3%的俄罗斯人依然认为，人们在自己的生活中应该努力做到良心平安、精神和谐，生活中最主要的是要做到人人和处处机会平等。

（阿拉·谢尔盖耶娃《俄罗斯人的行为准则、传统和民族心理》）

——人们物质福利在相当大程度上得到增长，但文化和精神没有得到超前发展，因此私有道德和消费心理开始活跃，狭隘的自私考虑和兴趣经常限制人们的视野。

（《论据与事实》周报）

2010年6月25日，俄罗斯《消息报》刊登了由全俄社会舆论研究中心进行的关于俄罗斯《价值观排行榜》的报告。在这份报告中，对家庭和家的热爱名列榜首。在被调查的人中，有97%的人选择这两项；92%的人选择友谊；86%的人选择爱情，其中主要是年轻人。"发生在俄罗斯国内的事件"也获得86%的选择。这说明，俄罗斯公民对政治的兴趣仍然相当浓厚。排在此后的是"职业和工作"，有83%的人选择了这两项，这个比例比2005年的87%下降了4个百分点，其中主要是很多妇女放弃了这两个选择。接下来的是"性生活"，有70%的人选择了它，其中45岁以下的人中有86-89%选择了这一条。有68%的人，其中包括一部分25岁至34岁的年轻人选择了宗教和信仰。这一点与前几年有明显的变化。

---

① 《俄罗斯选择》，第53页。

四 复杂的社会和精神价值观

新郎新娘向无名烈士墓献花致哀

全俄社会舆论研究中心总经理瓦列里·费奥德罗夫指出,这份报告表明俄罗斯社会处于一个比较稳定的阶段。在20世纪90年代,社会处于急剧的变革之中,人们的价值观也大相径庭。而2010年的这个报告说明,21世纪头十年人们的价值观正趋于一致。

为了了解现在与苏联时期人们价值观的变化,让我们简略回顾一下苏联时期的价值观情况:

1985年苏联就"您认为什么是'生活好'"的问题进行了一次社会调查,结果38.3%的人回答是"富裕的物质生活"。其他回答是:

"有一个好家庭,有孩子"(30.7%)。

"有一份有意思的工作并诚实地劳动"(28.7%)。

"在和平与社会公正条件下生活"(25%)。

"自己身体健康,亲人们也健康"(20.6%)。

"有良好的住房条件"(13.5%)。

"能充分休息和娱乐"(7.8%)。

俄罗斯人
性格探秘

对另一个"总的来说您生活得怎样"的问题，54%的苏联人回答"好"，44%的人回答"令人满意"，只有2%的人回答"不好"。这2%主要是病人和鳏寡老人①。

这在一定程度上反映了苏联人的生活价值观。苏联科学院院士沃兹米捷尔和列维金评论说，这一调查结果证明苏联共产党中央文件中得出的结论是正确的，即："人们物质福利在相当大程度上得到增长，但文化和精神没有得到超前发展，因此私有道德和消费心理开始活跃，狭隘的自私考虑和兴趣经常限制人们的视野。"②

苏联领导人以为苏联制度能够永恒，其价值观也能永存。然而，"人算不如天算"，1991年12月8日俄罗斯、乌克兰和白俄罗斯三国领导人在白俄罗斯别洛韦日森林举行秘密协商，废除了1922年12月30日成立苏联的协议，15个加盟共和国成为15个独立国家。

苏联解体使俄罗斯失去了其领土中最温暖的部分，即南部和西部，领土面积减少了四分之一，失去了一半的居民和40%的国民生产总值。近20年来，俄罗斯人口每年减少约100万人，死亡率超过世界平均水平1.5倍，其中主要原因是交通事故和酗酒。在俄罗斯，男人平均寿命为58岁，女人为73岁，低于蒙古、越南和埃及居民的平均寿命，也低于中国（2009年中国人平均年龄为74岁，其中女性75岁，男性72岁）。

"迄今俄罗斯多数公民仍然认为苏联解体是一个不幸，一个悲剧，是20世纪最大的地缘政治灾难。"③俄罗斯的老龄人迄今仍很好地记得苏联生活方式。他们曾是少先队员，然后加入共青团组织，很多人参加过开垦处女地和"共产主义建设工地"劳动。"30%的俄罗斯人在提到苏联时仍抱有良好的感觉"；"40%的俄罗斯公民仍对苏联给以积极的评价。"④

俄罗斯领导人普京说，"谁要是不对苏联解体感到悲痛，他就是没有良心；谁要是还想恢复苏联，他就是没有头脑。"

---

① 《论据与事实》周报，2010年第13期。
② 同上。
③ 《节日序言》，刊登于2009年6月15日《消息报》第6版。
④ 《论据与事实》周报，2010年第6期第6版。

四 复杂的社会和精神价值观

良心是重要的,理智也很重要,所以,还是良心和头脑兼备为好。

在看到苏联解体给俄罗斯造成损失的同时,我们也应看到,最近十多年来,俄罗斯发生了许多积极的变化。"古拉格群岛"(斯大林时期关押政治犯的监狱和劳改营)消失了,一个政党对公民个人生活和社会生活所有方面进行意识形态和政治的严格控制局面不见了,随之远去的还有短缺经济、食品卡、长龙阵等等。

苏联解体后的 20 年间,随着俄罗斯社会向市场经济和民主化过渡,原有的经济结构及其各个环节,如科学中心、企业、生产综合体、设计局、计划和管理机构都被改变。在新的条件下,教育文凭、进修、荣誉证书、奖章、工龄等都变得微不足道,这在很大程度上打击了一大部分公民的自尊心。记得我担任中国青年报驻莫斯科记者时,在我们居住的外交公寓,看管停车场的是一位中年工程师,由于原来的工作单位不复存在,他只好成为看车人。当我与他谈起为何改行时,他耸了耸肩,脸上现出无奈的样子。

2007 年 7 月,全俄社会舆论研究中心就"什么是优质生活"做了一次调查。结果表明,多数俄罗斯人希望"像巴黎人那样生活"。有自己的住房、美满婚姻和较高的薪金是俄罗斯人心目中"优质生活"的核心部分。7% 的俄罗斯人认为他们已经过上这样的"优质生活"。29% 的人认为他们的生活几年后就可以上升到这一水准。54% 的人则认为这样的生活对他们来说遥不可及。他们很难有机会,甚至完全没有机会在可预见的将来走进"这样的生活状态"[①]。

老中青三代的不同特点

苏联解体后,俄罗斯三代不同的人对社会问题,特别对俄罗斯的过去和现在的看法大相径庭。根据社会民意调查,对于俄罗斯的过去和今日,俄罗斯社会有三种看法:最年轻的和最年长的居民经常持对立的观点和评价,而中年人的观点一般比较客观和中庸,不走极端,起着过渡环节和社会缓冲器作用。比如在回答"西方民主、个人主义和自由主义是否适合俄罗斯人的价值观"的问题时,16 至 24 岁的年轻人中有 24.4%,25 至 35 岁的人中有 40.7%,36 至 45 岁的人中有

---

① 《光明日报》,2007 年 7 月 27 日。

49.4%的人表示赞同，而55岁以上的人中有62.9%的人表示反对。年龄越大，对西方民主价值观就越是持否定看法。

五·九胜利日在红场

关于"勃列日涅夫时期的特点是不是人们之间相互信任"的问题，在24岁以下的年轻人中，有27.4%的人持否定回答。在45岁以上的人中，有61.1%的人持肯定态度。而在56岁以上的人中间，有71.8%的人认为那时确实存在相互信任。可见越是年纪大的人，就越是对自己的过去持肯定态度。

虽然对勃列日涅夫时期的评价各不相同，但在以下一些问题上俄罗斯人却几乎持相同立场：

首先，80%以上的俄罗斯人为伟大的卫国战争胜利而感到自豪，70%的人为

四 复杂的社会和精神价值观

战后国家的迅速复苏和发展而感到自豪,75%的俄罗斯人为自己的伟大诗人、作家、作曲家而感到骄傲,同样多的人为俄罗斯宇航业成就感到骄傲。50%的人欣赏彼得大帝及其改革。

其次,俄罗斯人的传统观念基本一致。例如,69.3%的俄罗斯人依然认为,"人们在自己的生活中应该努力做到良心平安、精神和谐","生活中最主要的是要做到人人和处处机会平等。"①

与苏联时期相比,今日俄罗斯人的价值观发生了重大变化。在苏联社会,人们重视和尊重老人,常说"老马识途"。如今,尊重老人的传统已经改变。现在是年轻人冲锋陷阵,成为社会改革和建设的主力军。但在很多老人看来,年轻人只关心他们自己的利益。

俄罗斯年轻一代生活在新的社会条件下,不知道父辈的艰难,只是在银幕上见过战争、集中营和人们排队购买食品。他们没有恐惧心理,不怕讲政治笑话,有的长期离开祖国,娶外国姑娘为妻,或者远嫁给外国男人。他们比40岁至60岁的人更为务实,因此被称为"改革的一代","可乐的一代","没有被毁坏的一代"。他们没有先辈那种对政权的恐惧感,所以更有活力,朝气蓬勃。对于他们来说,最重要的是拥有一份有意思的工作(42%)、有朋友(37%)、有钱(32%),当然还有爱情。他们喜爱文化和教育,但对财富并不拒绝。他们最大的特点是有进取心、有毅力、努力发财致富,但是他们不够勤劳、比较自私、对别人不大关心。

那么俄罗斯中年一代的特点是什么呢?他们的年龄为40至50岁,有人称他们为"停滞的一代",因为他们是在勃列日涅夫"停滞时期"成长起来的。他们的价值观把"家庭"、"健康"、"工作"和"金钱"放在人生追求的前几位。这些人的主要特点是诚实、勤劳、善良,但比他们的前辈相形见绌。

俄罗斯老一代(55岁以上)的大多数经历了"停滞时期",因此消极地评价今天的形势。他们把十月革命后的俄罗斯看作理想化的国家,但把现实的俄罗斯看成犯罪的、道德沦落和腐败的国家。他们的主要价值观是"健康"、"家庭",但列在第三位的不是"金钱",而是"公正"(45%)。"金钱"在他们的事物重

---

① 《俄罗斯人的行为准则、传统和民族心理》第212页。

俄罗斯人性格探秘

要性排列中仅居第七位。他们特别崇尚"高贵的精神"和"社会公正"。他们的优秀品质是诚实、勤劳、善良、正直、责任心强、无私、爱国主义和集体主义，也就是俄罗斯人的传统优良品质。

综上所述，三代俄罗斯人虽各有不同，但具有一些共同的品质和价值观，构成他们意识的"核心"。对于这三代俄罗斯人来说，苏联时期是他们基本的历史时代。几乎所有现在活着的三代俄罗斯人都经历了这个时代，积累了生活印象和社会经验。不管人们如何看待苏联，它仍然活在人们的意识中，因此，在人们的性格、行动和反应中自觉不自觉地流露出"苏联"痕迹。尽管一些新闻媒体竭力丑化苏联，俄罗斯人依旧不愿抹黑苏联时期。只有18.4%的俄罗斯人认为，"在整个苏联历史上，没有多少是值得我们自豪的"。而75.5%的人坚决反对这种说法。①

近年来，越来越多的俄罗斯人抛弃了阶级斗争的政治偏见。他们认为，如果没有发生1917年的十月革命，现在俄罗斯人会生活得更好。但他们也不赞赏白军对红色布尔什维克的血腥战斗。最近十多年来，歌唱俄罗斯十月革命后国内战争时期白军的歌曲和反映白军的电影（如《高察金》）在俄罗斯年轻人中间受到青睐，高察金已不是苏联时期所评价的那个十恶不赦的白军将领，而是俄罗斯官兵和人民赞赏或同情的将领。

（三）现代俄罗斯人如何看待自己

——今天，民族主义是在俄罗斯发展最快的一种思想，正积极地同其他各种政治主张模式一起进行试验。

——俄罗斯人是心态善良的、对别人的痛苦抱有同情心，好客和慷慨的。俄罗斯文化没有美国文化的硬性、积极性和进取心，但却有忍耐性和高度的适应能力。

（阿拉·谢尔盖耶娃《俄罗斯人的行为准则、传统和民族心理》）

---

① 《俄罗斯人的行为准则、传统和民族心理》，第215页。

四 复杂的社会和精神价值观

俄罗斯人有以下4个特点：

第一，酷爱自由。这个古罗斯人的理想比西方的民主模式更进步；

第二，公民意识、爱国主义的感情，个人的命运和国家命运联系在一起的意识；

第三，自愿把个人利益服从于社会利益；

第四，国家意识。国家作为一种力量，能够表达和捍卫共同的利益，代表清晰和崇高的发展目标。因此，无论过去还是现在，不是俄罗斯的民族思想，而是社会文化思想继续在俄罗斯意识中起着基本的架构作用。

俄罗斯妇女很关心政治

俄罗斯人在评价自己时，主要是指出自己的优点，而较少谈及缺点。

俄罗斯作家谢尔盖耶娃认为，俄罗斯人的特点如下：

俄罗斯人是真诚的、和蔼可亲的、慷慨的、可信的和勇敢的人。他们的性格特点是乐观愉快、善良、谦虚、诚实、有耐心、热情好客、友善和宗教性强。他们既积极又有惰性，既懒惰又勤劳，既崇拜权威又自信，既容易冲动又稳健。与此同时，俄罗斯人承认，他们做事缺乏准确性，纪律性不强，酗酒、马虎和不够认真[①]。

---

① 《俄罗斯人的行为准则、传统和民族心理》，第256页。

俄罗斯人

性格探秘

虽然苏联解体已经20年，但俄罗斯人的基本性格没有发生大的变化，原因之一，正如俄罗斯历史学家古米廖夫在《从罗斯到俄罗斯》中所说，俄罗斯民族还是一个年轻的民族，它总共才500—600年。其发展的最佳阶段还在前面。

如果把俄罗斯人与美国人相比较，就会发现很大的差异。谢尔盖耶娃认为，美国文化比较硬性，主要导向是"事业"：生意、计算、成功和仕途推动人们去奋斗。而俄罗斯文化则是软性的，首先是非形式主义的、诚恳的关系。俄罗斯人是心态善良的、对别人的痛苦抱有同情心，好客和慷慨的。俄罗斯文化没有美国文化的硬性、积极性和进取心，但却有忍耐性和高度的适应能力。如果说美国人之间的关系建立在个人主义和法律基础上，那么和俄罗斯人的关系则是建立在其他原则——容易与人接近、信任和互助①。

值得注意的是，随着近十多年来俄罗斯国内政治和经济的剧烈变化，在俄罗斯人身上也开始出现一些过去不明显的特点。比如，苏联时期，俄罗斯族人几乎对自己的民族属性并不重视。但是苏联解体后，他们开始意识到：他们是俄罗斯族人。他们对俄罗斯族人在国外受到的歧视非常愤怒。过去俄罗斯人在波罗的海国家是"老大哥"，只讲俄语，不愿学习当地语言。如今在拉脱维亚，没有通过拉脱维亚语考试的人就不能领护照，也不能成为公务员，更没有希望当官。在爱沙尼亚首都塔林，当局把位于市中心的苏联红军战士纪念碑挪移到郊外的一个墓地，遭到当地俄罗斯族人的坚决反对。2007年10月我在塔林出差时，专门乘出租车去看这座被转移的名为"红军战士阿列克谢"的纪念碑。开车的司机是俄罗斯族人，他说，由于找不到其他工作，他只好以开出租车为生。

前苏联一些共和国反对俄罗斯的做法激起了俄罗斯人的民族主义，现在只有36%的俄罗斯人喜欢称呼自己是"俄罗斯人"（rossian），因为"俄罗斯人"是把在俄罗斯生活的所有其他民族的人都包括在内。而47%的俄罗斯人喜欢称呼自己是"俄罗斯族人"（russkii）。

2009年4月1日，俄罗斯人口为1.419亿人，其中俄罗斯族人占人口总数的79.8%。主要少数民族有鞑靼、乌克兰、巴什基尔、楚瓦、车臣等。

如果说苏联时期俄罗斯人把自己当作一个"超级民族"，那么现在他们变得

---

① 《俄罗斯人的行为准则、传统和民族心理》，第255页。

四 复杂的社会和精神价值观

更加团结,对自己民族属性的意识更加强烈。俄罗斯人对自己现在国家的状况感到耻辱,对与过去苏联的辉煌相比之下现在俄罗斯国际地位的下降感到羞愧。民意测验表明,在21世纪初,64.7%的俄罗斯人为自己国家的现状感到羞愧,73.6%的人为自己周围发生的不公正现象感到羞愧,49.5%的人认为"这样继续下去不行"。只有11%的人对现状感到满意,认为只要再熬一熬,一切关系就都会理顺。

在现代条件下,使俄罗斯人团结的因素主要有:语言、心理接近和相互理解。受到人民信任的东正教会也是一个重要因素,因为在俄罗斯,信教者比无神论者要多。

在过渡时期,俄罗斯的许多原则和理念尚未最后成型,但是应该指出,如果说在改革之初人们欣赏西方的物质丰富,热衷于转向西方、迷信西方文化,竭力把俄罗斯融入到"以西方文明为主的人类共同文明"中去,那么现在情况发生了变化,只有不到15%的人仍怀有亲西方的情绪。大多数俄罗斯人认为,俄罗斯的特点是自己的价值观,而西方的价值观和拯救俄罗斯经济的药方是异己的,不仅不适合俄罗斯,而且对俄罗斯有害。

俄罗斯还是俄罗斯。总的来说,俄罗斯仍然是一个反对民族歧视的国家,不同民族的男女通婚仍是普遍的和正常的现象。70%—75%的青年人不在乎配偶的民族属性。60%以上的俄罗斯人把俄罗斯看作在其领土上居住的100多个民族的"共同家庭",应享有平等的权利。

大多数俄罗斯人认为,俄罗斯总统须由俄罗斯族人担任。持这种观点的人占俄罗斯居民的48.7%。但是,鞑靼人、巴什基尔人和在俄罗斯居住的乌克兰族人(加在一起为34%)都不赞成只能把俄罗斯族人选为俄罗斯总统的规定。约有9—11%的选民不赞成"俄罗斯应是俄罗斯族人的国家"的论断。

在俄罗斯历史上,苏联领导人斯大林是格鲁吉亚人,赫鲁晓夫和勃列日涅夫是乌克兰族人。自1982年以来,安德罗波夫、契尔年科、戈尔巴乔夫、叶利钦、普京和梅德韦杰夫都是俄罗斯族人。

由于各种原因,每年都有100万俄罗斯人死亡,俄罗斯各民族的人口比例正在发生变化。信奉伊斯兰教的人口所占比例逐渐增加,而俄罗斯族人的比例则不断下降。这使俄罗斯人感到担忧。

俄罗斯人
性格探秘

"高加索人"（主要指车臣人）被很多俄罗斯人视为"民族侵略者"。外表有东方特征的人很难挤入国家的关键和要害部门及上流社会。一些新的民族主义政党和组织相继出现，特别是令人谈虎色变的"光头党"日益猖獗的行为成为俄罗斯社会的一个严重问题。

俄罗斯前总统普京在 2002 年国情咨文中不点名地提到了这个问题。他说："有一个因素使公民感到我们的国家不舒适，外国人感到我们的国家不好客，这个因素就是犯罪。执法机关应当尽力保护公民权利，同敲诈勒索、行政腐败和恣意妄为开展无情的斗争，保护所有者和生产者的权利。"他指出，"极端主义的泛滥是国家稳定和社会安定的重大威胁。这里所指的首先是那些使用法西斯主义、民族主义的口号和标志，制造洗劫、毒打和杀人等恶性事件的人……实际上，极端分子匪帮就像犯罪团伙那样疯狂作案，需要同样将他们绳之以法。"

然而，主张比较"柔和"的民族主义形式的论调却认为，"既然俄罗斯族人占大多数人口，负有主要责任，那么就应该享有更多权利。" 20 世纪 90 年代上半期，持这种观点的人为 13.1%，而 2004 年已增加到 20%。

有些分析家认为，"今天，民族主义是在俄罗斯发展最快的一种思想，正积极地同其他各种政治主张模式一起进行试验。它既不同于共产主义的思想，又不同于自由主义的思想。"[1]

（四）"现在不是我们在挣钱，而是钱在挣我们"

——在俄罗斯进行的关于什么是幸福、为了幸福需要有什么的民意测验中，金钱排在第三位，仅次于家庭、孩子、爱情、友谊和健康之后。

（玛加丽塔·托涅科娃《俄罗斯的精神翅膀》）

——对于"您是否想成为富人？是否愿意经商？"的问题，很多俄罗斯人的回答是："我现在就够烦的了"，"我不喜欢冒险"，"我不喜欢神经紧张，只想过安宁日子"。

（民意测验结果）

---

[1] 《俄罗斯人的行为准则、传统和民族心理》，第 260 页。

四 复杂的社会和精神价值观

俄罗斯人在公共场所不谈金钱,就像在公共场所不谈性的问题一样。特别是年纪较大的人认为,"幸福不在金钱里","友谊比金钱更珍贵"。与他们谈论金钱,他们就会觉得好像是侮辱他们一样。

体育场成了商品大市场

苏联时期,人们大多不喜欢富人,认为他们的金钱并非合法所赚,而是用非法手段、盗窃国家财库和人民的财富所获得。甚至对于那些经过勤奋劳动而发财致富者,人们也常用一些讥讽的语言挖苦他们,称他们为"投机倒把者"、"贪婪的人"。

最近二十年,随着市场经济不断发展,俄罗斯人的观念也在发生变化。越来越多的人,特别是年轻人把发财致富作为自己的奋斗目标。84%的年轻人希望"多挣多得"。"只有钱多,才能自由多"。没有钱就没有获得教育、文化和旅游的自由。

事业上的成功者、拥有大量资产的人越来越受青睐。金钱越来越成为衡量一个人价值的尺度。人们都以羡慕的目光看待那些开着奔驰车、住豪宅的大款。这些被艳羡者约占社会的21%。

俄罗斯人
性格探秘

但还有很多人仍然抱着苏联时期的立场，在他们看来，"钱是挣不完的"，"钱似流水，得而复失"。1/4 的人认为，还是"少工作少得，少麻烦"为好。

那么，俄罗斯人是如何花钱的呢？

在西方，特别在美国，人们用信用卡花钱，而不大喜欢用现金；喜欢先借款，后还钱。而俄罗斯人则喜欢攒钱，36% 的人攒钱为买房，34% 的人攒钱为买车，25% 的人攒钱为养孩子，23% 的人攒钱为了让孩子接受教育，21% 的人攒钱为旅游，17% 的老人攒钱为养老。

当然，不是所有人都能攒钱的，多数俄罗斯人的工资只够用来生活，主要用于买食品和衣物，13% 的收入用于养育孩子，8% 的收入用于医疗，只有 2% 的收入用于旅游。俄罗斯人的旅游习惯与中国人不同。中国人喜欢到国外参观名胜古迹，例如，去俄罗斯，就喜欢看红场、克里姆林宫、特列季亚科夫画廊、圣彼得堡的冬宫、夏宫、叶卡捷林娜宫、普希金博物馆等，而且特别喜欢照相。而俄罗斯人则喜欢到海滨休息、游泳、在沙滩上晒太阳，并且以晒黑的皮肤为自豪。

一般来说，俄罗斯人不大喜欢使用支票、信用卡或刷卡，而喜欢用现金。只有拿着现金，他们才感觉安全、舒服。这一点和我们中国人比较相似。

在俄罗斯进行的关于什么是幸福、为了幸福需要有什么的民意测验中，金钱排在第三位，仅次于家庭和健康之后[1]。

很多人成为拜金主义者，一味赚钱而不顾精神和责任，最重要的精神和道德价值观受到金钱压迫，很多书宣扬如何赚大钱，而全然不讲挣钱过程中的道德问题。

怪不得有人说，"现在与其说是我们在挣钱，不如说是钱在挣我们。"[2]

关于现在俄罗斯人的生活状况，有两种截然不同的评价。一种评价是"大多数俄罗斯人生活在贫困线以下"；"俄罗斯人的生活水平远不如苏联时期"。

另一种评价是，当代俄罗斯人的生活水平早已超过苏联时期，只要看看雨后春笋般涌现的郊外新别墅和在大街上奔跑的外国高级轿车，就会令您惊讶不止。

---

[1] 《俄罗斯的精神翅膀》，第 276 页。
[2] 《俄罗斯的精神翅膀》，第 271 页。

四 复杂的社会和精神价值观

最近十多年在俄罗斯出现了 1500 万个不动产，它们是为了逃避税收而建造的别墅，但未登记注册。如果加上登记注册的别墅（至少有 1500 万个），总数就是 3000 万个。以每个别墅三口之家计算，就是 9000 万人口。我结识的数十位俄罗斯朋友（政府官员、外交官、学者、教授、新闻记者等）中，大多数都有别墅。我也多次应邀去他们别墅做客。应该说，那里环境幽静、空气清新，确实是休息的好去处。

早在 1998 年，俄罗斯每三户人家就有一辆小汽车。从 1991 年至 2003 年，家庭电话机增加了 40%，打国际电话的数量增加了 14 倍。儿童死亡率降到 1990 年水平。几年前还不愿上学而喜欢开商亭经商的年轻人现在重新开始上大学，有些大学甚至 15 名考生中只能录取一人。现在俄罗斯每 1 万名居民中有 264 名大学生，比苏联时期还高出 20%。

与 20 世纪 90 年代初居民自发地把自家剩余物资拿到集市上去出卖不同，如今在俄罗斯，超市和商业中心比比皆是，不仅商品琳琅满目，而且人头攒动，或推着购物的小车，或手提小篮，其购买力之强着实令人吃惊。

俄罗斯人的穿着也相当讲究，追求时髦的劲头一点不比西方国家的居民落伍。特别是冬季服装更是讲究，很多居民头戴皮帽，身穿皮大衣，脚穿皮靴子，成为寒冬里的一道风景线。

越来越多的俄罗斯人去国外自费旅游，在意大利、希腊、塞浦路斯、西班牙、泰国、澳大利亚等地，俄罗斯游客表现得非常活跃。2006 年夏我随俄罗斯"阳光旅行社"的旅游团去意大利，其中一些游客来自俄罗斯远东的勘察加半岛、西伯利亚的彼尔姆、北方的阿尔汉格尔斯克等地。有中小企业主、商人、教师、公务员，也有白领阶层的青年男女。游程 8 天，漫游罗马、梵蒂冈、圣马力诺、那不勒斯、庞贝遗址、比萨斜塔、弗罗伦萨和威尼斯，每个人吃、住、行需支付 1200 美元，但俄罗斯人还是欣然前往。在莫斯科大学教授西班牙语的教授纳塔莎说，2005 年夏她还跟着"阳光"旅游团去了西班牙，7 天 6 市，也深感满意。

据俄罗斯科学院院士丽马舍夫斯卡娅领导的俄科学院居民社会经济问题研究所进行的调查结果，俄罗斯人藏在"长丝袜"（即私家住宅）里的美元多达 1.4 亿。1998 年俄罗斯金融危机后，很多人不再相信银行，便把货币存在自己家里，以免银行倒闭而受损。

还可以举出很多关于俄罗斯人生活不错的事实。至于俄罗斯人如何得以生活得这样潇洒，如何挣钱过优雅生活，这些问题好似一个谜语很难说清楚。

另一方面，如果看俄罗斯公布的统计数字，那么俄罗斯人的生活还是相当难的。三分之一的工作人员每月工资约为 150 美元，每月工资 5000 美元以上的人只占总人口的 7%。

据俄罗斯民间组织——俄罗斯外交和国防政策委员会撰写的一份报告，2002 年俄罗斯公民的平均收入为 4500 美元，比美国人少 15 倍。但是，应该看到，除上述人均工资外，俄罗斯人还有工资外收入，以逃避缴纳所得税。这些现金收入究竟有多少，很难说得清。

俄罗斯的地区差别相当大。报酬最低的是北高加索地区的达吉斯坦，每月才 30 美元，比俄全国平均水平低 4 倍。最富的是石油和天然气工业地区：雅马尔—涅涅茨地区和汉提曼西斯克州的平均工资比全国平均水平高 2 至 3 倍。

此外，看俄罗斯人的生活水平，还要看职工所在企业的性质（国营的还是私营的）、职业、年龄和地区等因素。

54.6% 的私营企业职工认为自己属于中产阶级，具有较高的生活保障；69.1% 的国营企业职工则认为自己属于低收入和低保障阶层。私营企业职工家庭的平均收入一般比国营企业职工家庭的平均收入要高出一倍。

从社会阶层看，农村居民中的贫困户比城市居民的多 50%，农村里有中等保障收入的家庭比城市知识分子家庭少 1 倍。全国最穷的人是农村居民，1998 年他们的月收入才折合 60 美元。

从年龄看，所有富贵"新俄罗斯人"的年龄都在 45 岁以下。2004 年老年人中只有 25% 的人过着中等水平的生活，而 33.1% 的人过着穷日子。在 25 岁以下的青年人中，只有 3% 的人认为自己生活在贫困线下。由此可见，自 1992 年改革以来受损失最大的是当时年龄为 40 至 59 岁的居民。

在苏联时期，工资分配考虑到工作人员的工龄，工龄长的人有优惠和补贴。因此，那时老工人比年轻人处于较好的物质状态。现在工龄和经历都不计算在工资和退休金中，老年人觉得获得的比年轻人少。即使与年轻人拿一样的工资，他们也会觉得自己的地位下降了。可见，老年人和年轻人相互变换了位置。

（四）复杂的社会和精神价值观

俄罗斯人的传统观念是"生活得和别人一样"。1990 年大多数居民（61.3%）认为自己生活得"和别人一样"，25% 的人认为自己"生活得比别人好"，只有 7% 的人觉得"比别人差"。近年来有 53.7% 的人认为他们"生活得和别人一样"，觉得"比别人生活得差"的人数从 7% 增加到 29.6%，几乎增加 3 倍。

如今，对俄罗斯人可以划分为 5 个阶层：

1. 新富人，约占俄罗斯总人口的 10.5%。改革年代以来他们的生活得到了改善；

2. 老富人，占总人口的 4.7%。过去他们比周围人生活得好，现在则"和别人一样"；

3. 中等水平的人，约占总人口的 39.2%。过去和现在他们都"和别人一样"；

4. 受损失者，占总人口的 27.1%。他们认为改革以来自己的生活状况变坏了；

5. 新穷人，占总人口的 14.1%。他们认为改革以来自己的生活水平极大地恶化了[①]。

中产阶级正在逐渐形成，目前其人数约为 1000 万个家庭。他们主要是受过良好教育的人，如经理、中间环节的负责人、主要专家，其月薪为家庭人均 300 至 600 美元。这样的家庭在全俄有 750 万个。处在中产阶级上端的约有 250 万个家庭，其家庭月收入约为 2000 美元。他们是中小企业主、成功的律师和医生。中产阶级者的花费与其他人不同，他们收入的 30% 用于食品，40% 支付各种服务，还有 40% 用于消遣娱乐和购买服装。他们有手机和汽车，有 4000 至 4500 美元的存款，以便必要时购置汽车、为夫人买皮衣，或全家去国外度假。

但是，只有 10% 的俄罗斯人较快地适应了改革后新的生存条件，41.2% 的居民却难以适应。

俄罗斯人不大喜欢竞争。对于"您是否想成为富人？是否愿意经商？"的问

[①] 《俄罗斯人的行为准则、传统和民族心理》，第 222 页。

题,很多俄罗斯人的回答是:"我现在就够烦的了","我不喜欢冒险","我不喜欢神经紧张,只想过安宁日子。"只有7%的人回答"愿意冒险","愿意在竞争的条件下生活和工作。"①

(五)"新俄罗斯人"的成功和问题

> ——"新俄罗斯人"约占全国人口的7%至10%,主要住在莫斯科、圣彼得堡和其他大城市。
>
> (俄罗斯社会舆论研究中心统计数字)
>
> ——世界经验表明,差距超过10倍就会引起社会不稳定,导致犯罪形势恶化。也就是说,今天俄罗斯处于不稳定的边缘。
>
> (列昂尼德·阿巴尔金)

苏联时期,人们的一个特点是鄙视重商主义和实用主义,坚决谴责卖淫(虽然那个时期私通现象非常普遍);遵守传统的家庭生活准则;赞成社会制度,服从领导。人们不敢反对制度和领导,因为这样做不会有好果子吃。但是,苏维埃生活的双重性告诫人们不要总是真诚,有时甚至还要撒谎、装假,表现出"劳动热情"。人们特别憎恨市侩作风和成功的投机倒把者。近十多年来,不仅俄罗斯政治制度和价值观发生变化,而且人的道德本身、道德观、关于正派或不正派的观念也发生了变化。例如,过去苏联人都轻商,现在却有很多人开始重商。

最近二十多年来,俄罗斯主要特点之一是涌现了大量做生意和实业的人。这是新型的人群。20世纪80年代后期,我正在新华社莫斯科分社担任英文记者,目睹了《合作社法》等经济改革的法规出台。随着这些法规的实施,在苏联出现了一批暴发户。苏联解体后,由于放开物价和实行私有化,暴发户的数量迅速增加,其中不少是出自于商业、贸易、警察和犯罪集团,文化程度较低。苏联时期,富人是文化、教育、科技等领域的精英,文化修养很高。而现在则不同,

---

① 《俄罗斯的精神翅膀》,第223页。

四 复杂的社会和精神价值观

"新俄罗斯人"不大讲究传统的道德,而喜欢穿华贵的服装,购买高级轿车、豪华住宅和高档家具,喜欢欧式装修。

"新俄罗斯人"约占全国人口的7%至10%,主要住在莫斯科、圣彼得堡和其他大城市。"中产阶层"约占居民的6%至8%,其人均月收入为320至480美元。他们吃得好,穿得好,有家用电器,除了汽车和豪宅外,几乎应有尽有。

艺术家及其贵重的工艺美术品

"新俄罗斯人"的特点是:拥有"纳沃罗切"吉普或奔驰600,身穿高档皮茄克,脚瞪鳄鱼皮鞋,使用法国名牌化妆品,脖子上挂着大的金项链,手指上戴着金戒指,手里拿着最新式的手机。在郊外建造外国设计的、红砖砌成的别墅。他们能够把孩子送到国外留学,他们能够到世界最好的休养地去休息,在俄罗斯各地和国外购置房产。

但是,轻易赚得的钱财不能掩盖他们缺乏高雅的举止和欣赏能力。他们腰缠万贯,却不会表达自己的思想,缺乏表达能力;他们经常去世界各地,但是人们对他们缺乏文明的行为感到震惊;虽然他们中间有不少人过去是苏联共产党和共青团的领导干部或政府官僚,但总的来说,人们对他们的评价不高。对"新俄罗

俄罗斯人
性格探秘

斯人"来说,最重要的价值是"自由"、"财产"、"发财"、"稳定"和"富足"。"和谐"、"正义"、"精神"这些东西,与社会的其他阶层相比,对他们来说是次要的。他们的价值观与俄罗斯其他社会阶层相脱离,显得更自私、更关心自己的利益。

有很多关于"新俄罗斯人"的笑话,其中一则是这样的:

一个新俄罗斯人说,他每周买一辆新的奔驰车,都厌烦了。他的对话者很同情他,问他为什么每周都要买。最新一辆车怎么了?坏了,还是车祸?

"新俄罗斯人"回答:"都不是,只是因为车里的烟灰盒又满了。"

据俄罗斯科学院社会学家统计,20世纪90年代中期"新俄罗斯人"占俄全国人口的3%至5%。

不少"新俄罗斯人"也经历了麻烦甚至痛苦。只有意志非常坚强、敢于第一个吃螃蟹、善于经营的人才能开办合作社和私营企业。富人的出现使强盗等犯罪集团对企业家、商人进行敲诈勒索,出现了"保护伞"、"火并"等问题。很多企业家因拒绝满足犯罪分子的要求而被害,甚至其家属、孩子也惨遭迫害。

"新俄罗斯人"家庭也有自己的苦衷。很多"新俄罗斯人"的夫人不工作,感到孤独,其丈夫下班后与朋友们在一起,去洗桑拿、去赌场、下饭馆或者进行其他各种娱乐。还出现了"父与子问题"。很多"新俄罗斯人"父亲很少与孩子们在一起,却对他们要求甚高,期望值很高,望子成龙。

令人感到惊讶的是,经过近70年的苏联社会主义计划经济和国家垄断,俄罗斯私营的实业、经商的传统和人才几乎丧失殆尽,没想到新俄罗斯社会的这一阶层却如此迅速地成长起来。苏联时期对私有经济和市场关系怕得要命,视作洪水猛兽。直到1989年,虽然苏联经济已经千疮百孔,病入膏肓,苏联领导人还是不敢提及搞市场经济,只是开始提倡搞合资的和个体的生产合作社,对国营企业实行扩大自主权的改革。

因此,俄罗斯最早的个体实业家和企业家是那些最敏捷、最有闯劲、最果敢的人。他们在最短的时间内建立了市场的基础设施:从事"倒爷"生意,开商店、建立交易所、银行、股份公司和商品出口公司,建立广告和中介公司,发行股票和期票。起初他们主要是经商和做中介,后来才开始经营生产、制造、加

四

复杂的社会和精神价值观

工、建设和开采业。很多人跌倒了又爬起来,边实践边摸索,硬是走出了一条在俄罗斯条件下经营和发展的道路。

毫无疑问,在俄罗斯生意的起始阶段存在着犯罪现象,但是当它们成为合法经济实体后则不再违反法律。不能低估它们的有益性、灵活性和不断提高的愿望。

最早的"新俄罗斯人"显得比较原始,只想着"摆阔",把财产转移到国外,在塞浦路斯、法国、意大利等国家过舒服日子。更多的"新俄罗斯人"是对经济负责任、致力于建设的人,其中一部分人也开始对慈善事业作贡献。

在做出成绩的俄罗斯实业家和企业家中,首先是那些从私营部门脱颖而出的人,这与他们的职业、年龄和所在地区有关。在莫斯科、圣彼得堡、下诺夫哥罗德等大城市,实业家和企业家创业的机会自然比那些中小城市要多得多。职务的重要性也不言而喻,很多在苏联时期担任企业或公司领导职务的人基本上都保留了自己的特权地位,而一般工作人员则失去了他们的利益。

成功的企业家和实业家大多是男性。女性多在人文领域工作,做教师、医生、工程师、科学工作人员等,苏联解体后她们失去的利益比男性更多,其中相当一部分成为失业者,几乎丧失过去的一切优惠待遇。

但是,除了客观原因外,主观因素也在"新俄罗斯人"取得成功的过程中起了自己的作用。例如,"和别人一样"、"枪打出头鸟"、"出头的橡子先烂"等传统思想使得很多人失去了机会,而个性鲜明、不按常规出牌、具有较强的竞争性格的人则冲了出去,走到了实业和企业发展的前列。

"新俄罗斯人"的成功令人羡慕,但也产生了一个新的社会问题,即悬殊的贫富差距:富裕的"新俄罗斯人"和1400万穷人之间的收入差距已达15倍。世界经验表明,差距超过10倍就会引起社会不稳定,导致犯罪形势恶化。也就是说,今天俄罗斯处于不稳定的边缘。①

---

① 《论据与事实》周报,2010年第51期。

俄罗斯人性格探秘

（六）爱国主义的内涵：热爱祖国的历史、领土、风貌、文化和节日

> ——在关于什么是俄罗斯人价值观的民意测验中，爱国主义占56.8%，守法占56.5%，对其他民族有耐心占37.3%，集体主义占27.8%，宗教信仰占25.8%。
>
> （《俄罗斯报》）
>
> ——俄罗斯过去是，现在仍然是世界强国。
>
> （俄罗斯民意测验结果）

俄罗斯领导人普京认为，俄罗斯的传统价值观包括四个方面：爱国主义、强国主义、国家观念和社会团结。

阿芙乐尔巡洋舰依旧停泊在涅瓦河上

普京把爱国主义列在俄罗斯传统价值观的第一位，不无道理。

我在莫斯科工作期间最大的感受，就是俄罗斯人具有强烈的爱国主义思想和精神。俄罗斯的教育、意识形态、文化和新闻媒体无不浸透着深厚的爱国主义。

四 复杂的社会和精神价值观

首先,俄罗斯人热爱自己的历史。使我感到惊讶的是,在我接触的俄罗斯人中,无论是搞政治的、人文科学的还是搞数理化的,无论是男士还是女士,一般都熟知自己国家的历史。从基辅罗斯到留里克王朝,从罗曼诺夫王朝到十月革命,他们都能说出俄罗斯历史发展的基本过程、重大事件和著名人物。而在中国,不少人对5000多年中国历史发展的脉络和特点缺乏比较完整的知识,对朝代变迁、历史事件和重要人物的了解也嫌太少。有时我想,也许是俄罗斯只有1000多年历史,发展过程比较简单,所以学习、了解、研究和掌握起来比较容易,而中国历史漫长复杂,掌握起来很不容易。但仔细一想,更重要的原因可能还是俄罗斯教育体系中非常重视传授历史知识,爱国主义宣传和教育工作做得好。例如,2001年俄罗斯政府公布了《2001至2005年爱国主义教育国家纲要》,国防部、文化部和教育部等12个部委具体负责落实这一纲要,承办了上百场全国性活动。2005年7月11日,俄罗斯又公布了《2006至2010年爱国主义教育纲要》,规定5年内要举办400多场爱国主义教育活动,其中莫斯科友谊大学负责编撰《祖国知识课程》,包括俄国史、俄语、俄哲学史和俄罗斯文学史等四部分[①]。

1991年苏联解体后的一个时期内,俄罗斯出现了历史虚无主义倾向,全面否定十月革命以来的苏联历史以及国家领导人列宁、斯大林、赫鲁晓夫和勃列日涅夫的作用。2000年普京当选总统后,这一倾向才得到扭转。其中标志性事件之一就是2000年12月8日俄罗斯国家杜马(议会下院)一致通过关于国歌、国旗和国徽的法律草案,苏联国歌《牢不可破的联盟》重新作为俄罗斯国歌旋律得到保留,但歌词重新填写,由三段组成:

俄罗斯,我们神圣的祖国。
俄罗斯,我们可爱的国家。
意志坚强,无上荣光,
你的财富源远流长!
从南海到北疆,

---

① 《光明日报》,2009年4月20日。

俄罗斯人
性格探秘

森林和田野无限宽广,
世界上只有你,
你是神佑的可爱故乡!
瞩望未来的时光,
我们的生活充满希望。
无论过去,现在,还是将来,
对祖国忠诚赋予我们力量!

副歌是:

赞美你,我们自由的祖国,
你是各族人民友谊的堡垒。
祖祖辈辈沉积的智慧,
带领我们奔向胜利的远方!

最近 20 年,几乎在所有三代俄罗斯人的意识中,爱国主义思想得到加强。大多数俄罗斯人希望俄罗斯变得富强、自由并受到国际社会尊重。对于俄罗斯人来说,祖国、双头鹰、国歌和其他一些国家象征都没有失去其意义。这也是普京恢复苏联国歌旋律的主要原因。

利哈乔夫引用契诃夫的话说,"俄罗斯人喜欢回忆,但是不喜欢生活。"换言之,他不喜欢现在的生活,只生活在过去和未来!这是俄罗斯人最重要的民族特点,远远超出了文学的界限。

俄罗斯人爱国主义的另一个突出表现是热爱自己国家的领土及其自然风貌。

捍卫国家主权和领土完整,热爱祖国的风貌是每个国家公民爱国主义的最重要特征。例如,中国著名歌曲《歌唱祖国》中唱道:"越过高山,越过平原,跨过奔腾的黄河长江;宽广美丽的土地,是我们亲爱的家乡。"

俄罗斯人民也是如此,对广袤美丽的俄罗斯大地充满了热爱并尽情歌颂。俄罗斯民歌《故乡》里唱道:"看那田地,看那原野,一片美丽好风光,俄罗斯的大自然啊!这是我的故乡!看那高山看那平地,无边草原和牧场,听那云雀声音

四 复杂的社会和精神价值观

嘹亮,林中夜莺在歌唱,俄罗斯的辽阔地方,这是我的故乡!俄罗斯亲爱的地方,这是我的故乡!"

在漫长的历史上,俄罗斯人们曾经为了保卫和"聚敛"领土而南征北战,浴血奋斗。正是爱国主义思想孕育了无数英雄,产生了无数可歌可泣的英勇事迹。今天,他们依旧把保障祖国的安全和独立自主作为自己最神圣最重要的职责。

俄罗斯人热爱自己美丽富饶的国土,在这片国土上进行大规模经济和社会建设,同时又十分重视生态和文化古迹保护。在莫斯科工作的十多年间,我去过俄罗斯很多地方:曾经乘游船游览莫斯科河和伏尔加河,驱车参观莫斯科金环城市弗拉基米尔、苏兹达利、谢尔吉耶夫、伊万诺沃和雅罗斯拉夫尔,乘火车去圣彼得堡游览。那里森林众多,河水清澈,草木青翠,空气清新,给我留下深刻印象。

俄罗斯在自然环境和生态保护方面的经验和做法,值得我们学习和借鉴。客观上来讲,俄罗斯生态保护较好的原因是其幅员广阔,人口不到1.5亿,生态保护的压力比我们国家小。但从主观上说,俄罗斯人的生态保护意识比较强,公民保护生态的行动比较自觉,也是俄罗斯环境得以较好保存的一个重要因素。如果一个公民连自己生活的环境都不爱护,那么他的爱国主义恐怕是值得怀疑的。由于生态保护较好,俄罗斯空气污染较小。以莫斯科为例,除了冬季以外,莫斯科春夏秋三季多是蓝天白云,空气清洁,令人心情愉快。如果夏季天气连续炎热几天,很快就会下雨,而且很有意思的是,经常是夜里下雨,白天放晴,对居民的出行没有多大影响。其原因是莫斯科市区及其周围树林众多,小气候较好。但是,谁也没有想到,2010年夏季莫斯科长时间的炎热天气导致莫斯科周围的森林和泥炭发生火灾,有些日子里莫斯科市区烟雾弥漫,能见度只有十几米,居民叫苦不迭。这使俄罗斯政府开始总结这个教训,采取措施防止这种情况重演。

俄罗斯人爱国主义的第三个重要表现是他们非常热爱自己的文化,为自己悠久、丰富、高水平的文化而深感自豪。俄罗斯人的爱国主义充分表现在文化艺术上。从12世纪末无名诗人所著的《伊戈尔王远征记》到描写反抗蒙古鞑靼统治的《顿河左岸的故事》,从托尔斯泰描写1812年俄罗斯卫国战争的长篇小说《战争与和平》到恰科夫斯基描写二次世界大战中抵御希特勒军队包围列宁格勒

俄罗斯人
性格探秘

莫斯科普希金广场是青年人最爱去的地方

的小说《围困》，从 1927 年爱森斯坦导演的《亚历山大·涅夫斯基》到邦达尔丘克执导的《他们为祖国而战》，以及数以万计描写俄罗斯爱国主义的作品，既是对俄罗斯爱国主义的客观、全面和深刻反映，又是对俄罗斯人民进行爱国主义教育的最好材料，让他们耳濡目染，形成爱国主义情操。

俄罗斯人爱国主义的第四个特点表现在他们对国家重要历史事件的庆祝活动中。例如，2 月 23 日是"祖国保卫者日"（即建军节），5 月 9 日是战胜德国法西斯侵略的胜利日，5 月 24 日是斯拉夫文字和文化节，6 月 12 日是俄罗斯独立日，6 月 22 日是卫国战争爆发日，9 月第一个休息日是莫斯科城庆日，同时也是同拿破仑军队激战的鲍罗金诺战役纪念日。我认为，北京、上海、南京等所有中国城市都应规定城庆日，通过城庆活动加强居民的爱国主义情操。

苏联时期 11 月 7 日是十月革命纪念日，现在已改为纪念 1611 至 1622 年把波兰侵略者赶出莫斯科的俄罗斯国家统一日。每逢这些日子，俄罗斯总要举行各种各样的纪念或庆祝活动，重温历史，发掘历史事件的新资料，不断地反思，反复地进行宣传和教育。

2011 年初俄罗斯总统下属行政学院社会中心和俄罗斯国防部联合举行了一

四 复杂的社会和精神价值观

个关于"俄罗斯人爱国主义感情特点"的研究。向俄罗斯20个地区的1600人和200名专家进行了调查,其中包括历史学教师、博物馆和图书馆工作人员、新闻记者和各政党代表。结果表明,近三年来认为自己是"俄罗斯爱国主义者"的人从78.8%增加到84.3%。只有十分之一的人认为自己是"非爱国者"。其中社会和人口状况起了重要作用。在24岁以前的青年中,79.1%的人是爱国主义者。而在50岁以上的人中,爱国主义者占86.9%。在受过高等教育的知识分子中,89.5%是爱国主义者。

那么,调查表明俄罗斯人有哪些价值观呢?

爱国主义占56.8%,守法占56.5%,对其他民族有耐心占37.3%,集体主义占27.8%,宗教信仰占25.8%,政治上获得解放占21.1%。78.8%的人具有公民感,而2007年这个数字为74.4%[①]。

社会学家安德烈·波基达认为,对于俄罗斯人来说,爱国主义是对祖国的爱,忠于自己的国家,准备为它做出自我牺牲,爱护祖国的文化和自然。

他指出,爱国主义不仅是口头表示,而且要有为国家服务的实际行动。但是俄罗斯人中把爱国主义付诸实际行动的人只有50%。值得注意的是,约四分之一的俄罗斯人认为"俄罗斯只属于俄罗斯族人!"。而在18至24岁的年轻人中,怀有这种情绪的人更占28%。

在俄罗斯人对自己国家的感情上,自豪和伤感同在。伤感的是国家的现状,自豪的则是自己国家的历史(58.5%)以及祖国的辽阔和丰富的自然资源(50.7%)。

三分之一至五分之一的人对俄罗斯的体育成就、精神、文明、国防力量和在世界的地位感到自豪。

调查表明,1/3的俄罗斯人认为,"俄罗斯过去是,现在仍然是世界强国"。

40%的人认为,"俄罗斯已经不再是世界大国,但仍然可以成为这样的大国"。只有3.5%的人对俄罗斯的复兴失去信心。

与此有关的是,70.3%的俄罗斯人喜欢生活在自己的国家,而不愿移居国外。

在50至59岁的人中,17.6%的人表示想移居国外。在30至39岁的人中,

---

① 《俄罗斯报》,2010年12月10日第7版。

想移居的人占 20.4%。而在 18 至 24 岁的年轻人中，渴望移居的占到 30.2%。

至于要移居的原因，主要是嫌俄罗斯的生活水平低，工资少，缺乏社会保障，以及未来的不确定性。

社会学家们发现，最坚定的爱国主义者是住在大城市、受过高等教育、生活高于中等水平的老一代人。最不爱国的人是那些受过中等教育、收入不丰、需要找工作的青年和中年人。

（七）强国主义的国家价值观

——当今俄罗斯的国家价值观是新的"三位一体"——主权民主、强大经济和军事实力。

（俄罗斯副总理伊万诺夫）

——今后 10 年俄政府将出资 20 万亿卢布购买武器装备，以实现军队现代化。重点是加强核遏制力量、防空和反导系统。

（俄罗斯总理普京）

——现在俄罗斯的对外处境非常好，我们没有敌人，只有朋友和伙伴。

（俄罗斯外交官）

俄罗斯公民的性格与小国公民的性格有很大区别。

我们与一些中小国家、中小民族的人士接触时，他们常常会表现出谦恭、谨慎的态度。记得 2007 年国庆长假时，我去爱沙尼亚首都塔林旅游。在爱沙尼亚驻明斯克总领馆办签证时，其领事羡慕地说："中国是世界大国，地大物博，人口众多，而我们爱沙尼亚是个小国，面积才 4.51 万平方公里，人口只有 158 万。没法与您们比。您们到塔林去旅游，我们非常欢迎。"说着，她就给我办理了签证。

听了她的这番话，我猛烈地意识到，作为小国公民，他们的心理、心态与大国公民有多么大的不同啊！

俄罗斯地大物博，历史悠久，文化灿烂，人杰地灵，所以，俄罗斯人本能地具有一种优越感，自我感觉良好。在俄罗斯人身上，没有许多中小国家公民所具

（四）复杂的社会和精神价值观

有的那些"小国心态"，相反，他们身上经常反映出大国主义的心态和气质。

强国主义是俄罗斯国家价值观的一个重要特点。早在公元9世纪下半叶，基辅罗斯就是一个幅员广阔、物产富饶的公国。但是，由于基辅公国的大公们尔虞我诈，争权夺利，这个地域辽阔的国家逐渐四分五裂，开始衰落。13至15世纪，广袤的俄罗斯被强悍的蒙古鞑靼人统治240年，直至莫斯科公国崛起，金帐汗国瓦解。莫斯科公国锐意进取，不断地扩张领土和兼并其他民族，终于在15至16世纪形成中央集权的俄罗斯国家。俄罗斯的强国进程就是从莫斯科公国开始的。从此以后，强国梦一直是俄罗斯人孜孜不倦的追求。

18世纪初叶，为了把俄罗斯建设成为一个强国，彼得大帝开始实行全面改革。他不仅建立了庞大的陆军，而且开始建立一支强大的海军。终于在旷日持久的20年北方战争中打败瑞典，从瑞典手中夺得芬兰湾和里加湾以及波罗的海出海口。

20世纪70年代，苏联成为和美国平起平坐的超级大国，几乎达到"没有苏联的参与，世界上任何一个重大问题都无法解决"的地步。

但是，1991年12月苏联解体，分裂为15个独立国家，昔日的风光不再。俄罗斯联邦陷入深刻的经济和社会危机。俄罗斯的国际地位明显下降。只是在2000年初普京担任总统后，俄罗斯才重新开始复苏和振兴的过程。1999年至2008年，俄罗斯经济年均增长速度约6%，经济总量几乎增长80%，国民实际收入增长200%。根据世界银行提供的报告，2006年俄罗斯职工人均月工资为10800卢布，约合人民币3650元。其中莫斯科职工人均月薪2万卢布，约合6700元人民币。2007年俄罗斯国内生产总值已达1.25万亿美元，跻身于世界十大经济体之列。

2010年俄罗斯国内生产总值比上一年增长4%，总额为44.4914万亿卢布，约合1.498万亿美元。2011年预计增长5%。

2006年，俄罗斯就认为自己已成为西方八国集团名副其实的成员之一，也是国际经济市场主要玩家之一，在解决重要国际问题时"占据重要地位"。俄罗斯领导人在国际上捍卫本国利益，在政治上不允许干涉其内政，不允许把别国的准则强加给俄；在经济上自己选择经济贸易伙伴，并逐步改变过去那种对政治上忠于俄的国家采取经济上给予补偿、而自己蒙受损失的做法[①]。

[①] 俄副总理伊万诺夫，《三位一体的国家价值观》。2006年7月13日《消息报》。

俄罗斯人性格探秘

同时，俄罗斯也改变了苏联时期与美国等西方国家不断冲突的模式。俄对外政策越来越务实。特别重要的是，作为能源大国，俄罗斯不仅在保障欧洲能源安全，而且在维护世界能源安全方面发挥着重要作用。俄希望成为多极世界中的一极，为建立新的、公正的、保障各国繁荣富强的国际秩序做出贡献。因此，俄罗斯认为，它已"完全恢复了其世界强国的地位，对寰球形势和人类文明的未来承担着全球性的责任。"[①]

那么，当今俄罗斯的国家价值观是什么呢？

是新的"三位一体"——主权民主、强大经济和军事实力。

首先，俄罗斯认为，主权民主就是根据本国历史、地缘政治、国情和法律，由本国自主确定的民主。基本民主价值是普世性的，不因具体政治形势而改变。但是一切民主国家都拥有自己的民族特点，其中主要的价值观之一就是人民主权的权力，反对世界垄断和霸权，反对在国际事物中实行双重标准。

其次，强国是以经济实力为基础的。普京执政时期一直把发展经济作为施政方针。梅德韦杰夫总统执政后，继续实行强国路线，提出经济现代化计划。他强调，"不实现现代化，俄罗斯经济就没有未来"。而不改善投资环境，不吸引外资，就不可能达到现代化。

第三，发展武装力量。主管国防的俄副总理伊万诺夫说，发展军事力量的考虑有两个：一是把发展军事力量作为遏制外国入侵的因素之一。二是一旦某个国家胆敢对俄发动进攻，俄就可以用自己强大的武装力量粉碎其进攻。

2010年12月13日，普京总理在2011年至2020年俄罗斯武器装备采购计划会议上说，今后10年俄政府将出资20万亿卢布（近7万亿美元）购买武器装备，以实现军队现代化。重点是加强核遏制力量、防空和反导系统。一方面是发展陆基导弹系统"白杨M"，另一方面是在核潜艇上装备新型"布拉瓦30"洲际弹道导弹，远程空军则着重发展带核弹头的战略巡航轰炸机。

由此可见，俄罗斯政府正在斥巨资更新武器装备，达到实现军队现代化和国防工业现代化的双重目的。

虽然2010年俄美签署了进一步销毁进攻性战略核武器的协议，但两国仍然

[①] 俄副总理伊万诺夫，《三位一体的国家价值观》。2006年7月13日《消息报》。

是世界上最大的核国家，在核武器领域既合作又竞争。

还要指出的是，外交在俄罗斯振兴中也起着重要作用。"弱国无外交"，20世纪最后十年，由于俄罗斯国内政局动荡、经济衰退，国际地位削弱，外交陷于被动局面。最近十年来，伴随经济振兴，克里姆林宫的外交纵横捭阖，日趋强硬。俄罗斯是一个老牌大国和强国，外交经验丰富。2010年11月俄罗斯一位外交官在谈到俄外交时，自豪地对我说："现在俄罗斯的对外处境非常好，我们没有敌人，只有朋友和伙伴。"

（八）矛盾的国家观——对国家政权既害怕又服从

——对国家的绝对服从被认为是俄罗斯人民固有的一个特点。

（德米特里·利哈乔夫）

——约41%的受访者认为，家长制更适合于俄罗斯。他们支持社会平等，对政权怀有宗教般的崇敬。他们对领袖有着很高的期望值，认为他应该严明治国，主持公道，关心民生。

（新华网）

——俄罗斯公民总是期望"出现一个好的政权"、一个"正确的总统"，他能够做好一切。这是因为家长式的国家模式在俄罗斯历史上具有深厚的根基。

（阿拉·谢尔盖耶娃《俄罗斯人的行为准则、传统和民族心理》）

别尔嘉耶夫说，俄罗斯是世界上最国家化、最官僚的国家，在俄罗斯的一切都可能转化成政治的工具。俄罗斯人民创造了世界上最强的工具，最大的帝国……国家总是提出力不能及的要求，人的个性被庞大的国家规模所压抑；俄罗斯人民不想成为男性的建设者，它的天性是女性化的、被动的，在国家事务中是驯服的，它永远期待着新郎、丈夫和统治者；同时，俄罗斯又是世界上最无国家组织、最无政府主义的国家。俄罗斯民族是最不问政治的民族，从来不会管理自己的土地；俄罗斯是背负着沉重肉体的商人的国家，保守的停滞的贪财者的国家，除了土地便别无他求，完全外在地和自私地接受基督教的农民国家，沉浸在物质主义生活里的僧侣国家,繁文缛节的国家,思想怠惰和保守,受最表象的唯物主义思想感染的知识分子的国家。

俄罗斯人的特点是害怕国家政权,自愿地服从政权。利哈乔夫认为,"对国家的绝对服从被认为是俄罗斯人民固有的一个特点。"

为什么国家政权在俄罗斯如此强大?为什么国家政权对公民个人的控制如此严厉?

应该说,俄罗斯人国家政权观念的形成有其深刻的历史根源。在漫长的历史时期,俄罗斯曾处于被敌国包围状态。据历史学家索洛维耶夫统计,自公元800年至1237年,俄罗斯每4年就遭受一次军事入侵;1240至1462年的222年间,共有200次敌人入侵;1368至1893年的525年间,共发生329次战争;在自己整个历史中,俄罗斯平均每三年是一年和平,两年战争。俄罗斯经常处于战争状态,这是人民依赖国家,国家依赖强有力政权的重要原因。

随着中央政权的巩固和强大,俄罗斯不断开拓疆土,这就需要建立更强有力的政权。而随着疆域不断扩大,保卫国家边界的任务越来越重,对巩固政权的需要也就日益迫切。俄罗斯历史学家认为,俄国中央垂直政权出现于蒙古鞑靼占领时期,而后逐渐得到加强。蒙古鞑靼占领时期,允许俄罗斯各公国贵族保留其政权并在其领土范围内行使职权,但各大公须有蒙古金帐汗国国王任命。13和14世纪,俄罗斯各公国政权形成了君主制特点。

由于15世纪拜占庭帝国灭亡,1547年伊凡雷帝被称为"沙皇"(罗马皇帝恺撒的俄文音译)。彼得大帝实行教会改革,把东正教大牧首的权力控制在自己手中,沙皇帝制得到进一步加强。在东正教会支持下,沙皇个人及其家庭的所有事件都成为全国人民一致庆祝或纪念的宗教节日。作为打击敌人的力量以及社会秩序与安全的保障,国家政权空前巩固。在俄罗斯形成了一种看法,即沙皇虽然非常严厉,但永远是公正的、正确的,犯错误的是沙皇下属的官吏们,他们欺骗沙皇,歪曲他的意志,中饱私囊。

经过很多世纪的推移,人民形成了这样一种观念:人的生活并不依赖法律,而是依赖"沙皇的意志"。要找到真理,必须崇拜沙皇。但在日常生活中,"天高皇帝远",只好忍受。久而久之,在俄罗斯形成了一种害怕政权的制度。一级怕一级,普通人怕警察,警察怕市长,市长怕省长,省长怕部长,部长怕沙皇。

四 复杂的社会和精神价值观

人们要避免灾难和不公正，只有依靠具体的长官，而不是法律。

这种"人治"状况即使在苏联时期也没有改变。苏共中央的决定总是比法律还要重要，领导人的言论被视为金科玉律，就是法律。为了解决问题，人们不是寻求法律，而是找到具体负责的官员，因此行贿应运而生。

在现今俄罗斯社会，害怕官员的心理和习惯依旧保留着。俄罗斯公民不仅不信任警察，而且害怕警察，这与西欧国家有很大不同。在那里，当社会与个人发生冲突时，国家对个人经常起着保护作用。而在俄罗斯，国家主要保护社会，而不是个人。

与此同时，俄罗斯公民像儿子对父亲提出要求那样，要求国家做到公正，提供帮助、支持和保护，弥补一些损失。因此，人们走上街头，示威游行，要求支付自己的工资，整顿社会秩序，打击犯罪，修理供暖系统，抗议关闭煤矿等等。

社会调查表明，55.6%俄罗斯人倾向于金字塔社会，即社会基础是广大居民，上面是政治和经济精英，顶端是总统。金字塔是最稳定的社会结构。但是有三分之一的人主张建立两极社会，在这个社会中，小部分是"新俄罗斯人"，大多数是普通居民。显然，这样的社会结构很难保持稳定。

"约41%的被调查者认为，家长制更适合于俄罗斯。他们支持社会平等，对政权怀有宗教般的崇敬。他们对领袖有着很高的期望值，认为他应该严明治国，主持公道，关心民生。"仅有25%的俄罗斯人愿意生活在自由社会，而54%的人选择了平等社会。①

苏联解体后，在俄罗斯建设一个怎样的国家，是一个带有根本性的问题。在向市场经济过渡时期，国家应在经济和社会生活中起什么作用？在戈尔巴乔夫改革后期，苏联社会一些政治精英认为，中央集权制的苏联是一个"巨魔"和"邪恶帝国"，必须消灭这个"巨魔"。他们竭力反对专制，争取自由。一些民主派把建立像美国这样的国家作为奋斗目标。苏联解体后的初期，俄罗斯国家的作用被严重削弱，地方主义盛行，全国一盘散沙，甚至出现成立"车臣共和国"、"乌拉尔共和国"、"远东共和国"等可能导致俄罗斯解体的危险。民主派认为，市场经济是灵丹妙药，只要进入市场，就会万事如意。

---

① 2004年11月14日新华网。

与此同时,金融寡头在俄罗斯经济中的作用急剧增大,不仅控制了大多数工业生产和银行经营,而且掌控了舆论工具。别列佐夫斯基、古辛斯基就是两个典型例子。别列佐夫斯基一度出任独联体执行委员会第2号人物,频频干预俄罗斯上层的人事安排。

1998年夏天俄罗斯的金融危机,给俄罗斯经济和居民造成了重大损失,也给绝对市场经济和金融寡头敲响了警钟。

直到普京当选总统后,俄罗斯才重新认识到,必须加强国家的地位和作用,首先是加强国家在经济和社会领域的管理和调节作用。普京采取一系列果断措施,迅速恢复了国家的必要地位和重要作用。现在,几乎所有俄罗斯政党和集团都赞成国家必须控制经济的主要领域。45%的俄罗斯共产党人、40%的社会民主党人、43%的民族主义党人以及30%的中间人士都支持这一主张。只有自由民主派仍固执己见。

这样,经过将近十年的反复,多数俄罗斯人达成公识:国家必须在经济中占主导地位。88%的俄罗斯人认为,电力必须由国家控制;63%的俄罗斯人认为,住房和城市公用事业仍须由国家管理;72%的人认为,机器制造和冶金企业应由国家控制;一半居民认为运输也应由国家掌控;而三分之二的人赞成把食品生产交给私人经营。[①]

在众多俄罗斯人心中,理想的经济模式是"国家资本主义"。[②] 他们不赞成国家退出社会领域,把医疗卫生、教育等事业让居民自己负责,因为在苏联的几十年间,人民已习惯由国家定期支付退休金,国家承担就业、残疾人和低收入者的社会保障、免费教育和免费医疗的责任。

由于20世纪90年代国家作用的削弱,叶利钦执政后期俄罗斯公民对国家强力部门和行政部门的信任降到很低程度。例如,只有11%的居民信任警察,71%的人不信任;只有12.5%的居民信任法院,64%的人不信任。因此,人民要求国家整顿强力部门(统指国防部、内务部、克格勃、法院、总检察院等部门)。

---

① 《俄罗斯人的行为准则、传统和民族心理》,第241页。
② 2004年11月17日新华网。

四 复杂的社会和精神价值观

那么，俄罗斯究竟实行怎样的政治经济模式比较好呢？37%的人认为应该建立"与强有力国家部门结合的混合经济"，18%的人赞成建立"中央计划经济"（社会主义）；只有8%的人赞成建立国家作用极小的自由化模式。大多数俄罗斯人的理想是建立"社会国家"，其基础不是个人自由，而是"共同富裕"的理想。一方面，要把国家在经济中的积极作用和强有力的社会保障体系结合起来，另一方面，国家不干预个人生活，公民享有政治自由。

大多数俄罗斯人认为社会发展的目标主要是两个：提高生活质量和保障国内秩序。国家的首要任务就是这两个，然后才是恢复社会道德、保留俄罗斯传统、建立有效的市场经济等。

俄罗斯独立以来，公民接受了最重要的民主价值观：所有公民在法律面前一律平等，言论和新闻自由，司法独立和自由选举。但是公民尚未完全掌握这些民主手段。人们对选择职业的自由、国内移居的自由、罢工权利等等，都还没有特别重视。俄罗斯公民总是期望"出现一个好的政权"、一个"正确的总统"，他能够做好一切。这是因为家长式的国家模式在俄罗斯历史上具有深厚的根基。俄罗斯公民拒绝进行任何革命手段的社会改革，只有12%的人主张对社会制度进行激进改革，而62.4%的人主张渐进改革。

莫斯科"艾克斯莫"出版社2005年出版并于2009年再版的畅销书《俄罗斯方案》竭力强调国家和领导班子的作用，其中写道："第一，在大自然中没有也不可能有民主"；"第二，我们想指出，任何一个社会模式都建立在职位等级制度上。"总之，"俄罗斯需要一个强有力的团队"；"群众政党时代已经过去。未来属于新的行动方式。"①

实行"国家资本主义"

现在俄罗斯实行的是什么经济制度？俄罗斯人为什么实行这种经济制度？

在普京执政以前，绝大多数俄罗斯人对国内实行的经济改革很不满意，只打2分。只有八分之一的俄罗斯人认为自己是这一改革的受益者，而一半的人认为自己是受骗者和输者。其他人或者认为自己失去了原来的地位，或者摇摆

---

① 《俄罗斯方案》，第369至378页。

俄罗斯人
性格探秘

莫斯科郊外的航空展

不定。

"家长作风"的意识在俄罗斯人中依旧根深蒂固。在俄罗斯，一个软弱的国家政权根本行不通，因为它无法胜任绝大多数居民赋予它的任务。俄罗斯人要求国家政权履行下列职能：根据其劳动的数量和质量支付劳动报酬（94%的受访者提出此要求）；对每个家庭提供最低程度的收入（86.1%的人提出此要求）；提供就业（85.6%的受访者）。

仍有一半的俄罗斯人认为每人应该自己关心自己家庭的物质生活，而不是依靠国家。但是，三分之一（36.5%）的人不同意此观点，希望在市场经济条件下不要减少国家的责任。28%的俄罗斯人认为，即使个体经营者和私营企业也无法做到真正的独立自主。44%的人认为国家应积极干预中小企业的活动。支持自由竞争、反对国家调节市场经济的人不到30%。

在经济过渡时期，俄罗斯人的思想也是矛盾的。在希望国家干预的同时，有47.8%的人支持经济自由，47.9%的人支持私营经济的活动自由。生意人、企业家、学生、工程师、科技创作人员、商人和服务业人员则反对国家干预。但是，57.7%的退休人员坚决反对私有化，主张国家积极干预私有经济企业。工人、农民、强力部门（军队、内务部）中几乎一半的人也持同样立场。

（四）复杂的社会和精神价值观

当然，不同年龄的人对私营经济的态度也不同。35 岁以下的人中支持私营经济独立的人要比年龄大的人多一倍。但是，除 16 至 24 岁的人外，在全国居民中，支持国家干预经济的人要多于反对国家干预的人。由此可见，在俄罗斯主张强有力的社会国家的人比那些主张自由模式的人要多得多，而关于国家调节经济的主张拥有更大的社会支持。多数俄罗斯人认为，战略部门（原料、能源、通讯、铁路运输）以及保障健康和福利的社会领域（如退休金、卫生、教育、科学和文化）应由国家负责。当然，国家支配并不意味着要回到过去的计划经济和完全的国家监督。不能让私营部门支配任何一个领域。50% 的公民主张实行混合经济，认为在非战略性质的经济领域，例如建筑、新闻媒体、住宅使用、农业、道路建设、金融、轻工业和食品工业等领域，私营经济可以与国家经营并存。

俄罗斯人把这种经济模式称为"国家资本主义"。

梅德韦杰夫担任总统后，继续奉行加强国家对经济调控作用的政策，在 2008 至 2009 年国际金融危机影响的背景下，俄罗斯政府出台了一系列措施，有效地克服了金融危机的消极影响，恢复了经济增长。

2010 年，梅德韦杰夫在国情咨文中提出了俄罗斯的现代化计划。

（九）集体主义精神衰退，"关系网"越编织越密

> ——善良的兄弟情谊胜于财富。
>
> （俄罗斯俗语）
>
> ——只要有创作行业的地方，就有"裙带关系"和"氏族集团"。这个集团中的主要成员是"自己人"，如妻子、丈夫和孩子。其他人想打入这个圈子非常困难。
>
> （阿拉·谢尔盖耶娃）

苏联时期，世界各国人士几乎一致认为，集体主义是俄罗斯人的最显著特点之一。俄罗斯人自己也认为集体主义是很宝贵的。追根溯源，俄罗斯人的这一特点要追溯到多神教时代。随着历史发展，集体主义成为俄罗斯的文化准

则，要求人们的思想、意志和行为加以遵循。在多神教时期，人们抵御自然灾害的能力很低，努力追求共同生存和"集体主义"便成为俄罗斯人先辈的特点。与基督教不同，对于多神教信徒来说，公共行为、社会利益、个人服从社会的原则总是更重要的。因此，俄罗斯人在作重要决定时，总是像自发的多神教徒那样，不仅从个人利益出发，而且考虑到周围人们的意见。对于基督教徒来说，个人利益更为重要，而对于多神教徒来说，公共和国家的利益更为重要。

因此，基督教严厉谴责酗酒和淫乱，而集体主义的多神教教徒却并不把它们看得很重。时至今日，这一差异在俄罗斯人和西方人之间仍然表现得非常明显。例如，对于美国前总统克林顿的性丑闻和俄罗斯已故总统叶利钦酒后一些失态行为，俄罗斯人并不看重。在俄罗斯人看来，这些并非致命缺点，相反，这说明他们是"真正的男人"，也有自己的弱点。对于这些缺点不要看得过重，因为对于国家利益来说，它们无关紧要。而偷盗、嫉妒等问题则是对社会有害的东西，是真正的缺点。萨拉托夫前州长德米特里·阿亚茨科夫是亲西方的俄罗斯"民主自由派"代表之一。克林顿和莱温斯基事件发生后，以崇尚自由和民主而著称的阿亚茨科夫甚至对俄罗斯记者发表评论说，他对克林顿的这一艳遇表示"羡慕"。

集体主义是从多神教传统继承下来的俄罗斯人古老的基本特点，俄罗斯人的爱国主义、关心国家利益、企求统一、团结和共同性都与此有关。

在俄罗斯历史上，集体主义精神曾产生巨大力量。在 20 世纪 20 至 30 年代，在"建设新社会"的方针下，苏联农村实行了集体化改造。在 1941—1945 年伟大卫国战争期间，集体主义和爱国主义更是发挥了巨大作用，成为取得反法西斯战争胜利的精神支柱。在 60 至 70 年代，集体主义也在不同程度上起着主要意识形态的作用。很多苏联文学作品对此有生动而深刻的描述。

1985 年苏联进行的一次社会调查表明，在 20 世纪 80 年代，集体形式是人们生存的主要方式。例如，"有 8000 万人参加苏维埃和平基金会，几乎是苏联人口的三分之一，包括孩子。所有 8000 万人都自愿缴纳会费（艺术家把加班演出的收入，工人把部分奖金，学生们则把实践劳动的收入都悉数捐出）。有一次，他们把总额为 8500 万美元的工业商品和食品捐给了柬埔寨人民共和国居民。1969 年有 1.15 亿人口参加了全苏星期六义务劳动，1985 年则有 1.55 多亿人口参加这

四 复杂的社会和精神价值观

种义务劳动。几乎有 1000 万公民参加苏联人民监督委员会。1400 万名工人参加社会主义劳动竞赛。苏联 1.32 亿公民是工会成员。每个工会成员一年交纳会费 16.60 卢布,但从工会得到的文化生活服务费平均为 19.52 卢布。"①

然而,随着私有化和市场经济发展,俄罗斯的政治、经济和社会制度发生了根本变化。苏联时期统一的意识形态不复存在,像苏联共产党、共青团、少先队这样的全国性组织也今非昔比。集体主义失去了存在的坚实基础。相反,个人主义却应运而生和发展。正如俄罗斯哲学家伊万·伊利因所说,在具有集体主义特点的同时,俄罗斯人还有另一个对立的特点,即"向往个人主义,个人主义的本能,倾向于自顾自,独立自主"。他认为,俄罗斯辽阔的地域减少了人们的孤独性,因为没有必要非得和睦相处,忍受邻居的不善行为。西方国家稠密的居民和拥挤的居住使得人们相互依赖,有组织的团结。而俄罗斯人则总是比较容易四处走散。历史上亚洲游牧民族(如鞑靼人)几个世纪的影响更是分散了人们,破坏了集体主义精神。

实际上,在苏联时期,集体主义的做法就存在很多问题,政府要求人们把生活划分为社会(国家)生活和个人生活,而人们则想尽办法反对国家干预自己的私生活。集体主义的热情在很大程度上只是屏幕和其他文化形式上的宣传而已,许多人所表现的热情只是为了个人的仕途和获取物质利益。由于苏联政权的垮台和国家机构被破坏,包括免费教育和免费医疗制度的破坏,俄罗斯人越来越变得自私自利。②

"关系"成为找工作的最有力武器

俄罗斯集体主义观念削弱了,但俄罗斯社会的"连环保"(即中国人所说的"裙带关系"和"氏族集团")现象却严重起来。20 世纪 70 年代,即苏联后期,由于意识形态宣传日益失效、传统的集体主义思想变味,"氏族社会系统"逐渐产生和巩固。在苏联文化领域——如电影、戏剧、绘画和文学、电视、大学教研室、新闻界等,"氏族集团"特别厉害。只要有创作行业的地方,就有"裙带关

---

① 《论据与事实》周报,2010 年第 13 期第 15 版。
② 《俄罗斯人的行为准则、传统和民族心理》,第 159 页。

系"和"氏族集团"。这个集团中的主要成员是"自己人",如妻子、丈夫和孩子。其他人想打入这个圈子非常困难。只有通过"自己人"——亲戚、朋友或同学,证明自己的忠心和关心该家族的共同利益,才能进入这个圈子。因此出现了有趣的现象:歌唱家的孩子虽然没有歌唱天赋,却成为歌唱家,著名演员的孩子成为平庸的演员,大学教授的孩子和自己的父母一起工作,外交官的孩子在外交部工作,经理的孩子在公司工作,将军的孩子在部队工作,似乎其他人力资源并不存在。

苏联解体后,"连环保"继续发展。在俄罗斯各个活动领域,都有严密的家族系统。人们通常称之为"有关系"、"有门路"和"有后台"。"关系"成为找工作的最有力武器和敲开单位大门的钥匙。氏族集团一般由年龄相仿的人组成,除了亲戚朋友,还有同学、校友、战友、老乡等。俄罗斯人在遇到困难时,经常是拿起电话,给所有可能给予帮助的人打电话,而且一般都能找到可以给予帮助的人或解决问题的某种办法,因为关系网里的人终究不会对自己的人无动于衷,不会"见死不救"。

氏族网几乎不可能被打破,这不仅是由于氏族体系具有悠久的传统,而且更重要的是,当一个社会还不是法制占主要地位时,道德因素——个人信任、个人关系便成为管理基础。

氏族系统具有两重性。一方面它使社会保持一定的稳定性,另一方面,由于一些有天赋的人不能进入某些领域,它使社会各个领域的人力资源受到限制,使那些颇具活力的人才无法施展他们的才干,从而维护了一些领域的保守做法和行为准则,消除了任何反对派,不利于这些领域的发展,因而从总体来说,也就阻碍了社会迅速发展。

归根结底,氏族集团和真正的职业化是互不相容的两个体系,从社会公正和发展来说,更好的还是职业化系统。在氏族集团居统治地位的情况下,收缴税款、同影子经济作斗争等对全社会有益的事情都无法进行。[①]

[①] 《俄罗斯人的行为准则,传统和民族心理》,第159页。

四 复杂的社会和精神价值观

（十）"我们俄罗斯人比较懒散，纪律性不强"

——43%的人认为，有些工种的工人在任何情况下也不能有罢工的权利。

（阿拉·谢尔盖耶娃《俄罗斯人的行为准则、传统和民族心理》）

——关于"您更喜欢民主自由还是物质富裕"的问题，只有31.7%的人准备牺牲民主自由来换取物质富裕。

（民意测验结果）

——不要把后天能做完的事提到明天做。

（俄罗斯谚语）

与俄罗斯人聊天时，他们经常会说："我们俄罗斯人比较懒散，纪律性不强。"他们称赞中国人"组织纪律性很强"，认为这是中国经济发展迅速的重要原因。

俄罗斯的历史对俄罗斯人的这一特点打下深刻烙印。俄罗斯哲学家伊万·伊利因指出，基辅公国解体后，各贵族和公国的纷争不断，蒙古鞑靼对各公国分而治之造成它们之间相互争斗。东部和南部地区游牧民族的影响，16至18世纪无数的人民起义、暴动和一系列宫廷政变，以及19世纪的工人运动和20世纪的苏联制度，"所有这些使俄罗斯人养成这样的精神方式，即可以描述为斯拉夫人的个人主义、斯拉夫无政府主义倾向和自然而然的随心所欲。"

久而久之，俄罗斯人形成了崇尚强力政权、强国主义的观念，不喜欢软弱的政权。凡是俄罗斯政权软弱之时，就是犯罪分子横行、贪污腐败猖獗、社会风气衰落之时。这从最近十多年俄罗斯的历史变化也可看出一二。很多俄罗斯人对叶利钦总统执政后期很不满意，认为那是俄罗斯国内权力分散、地方坐大、犯罪严重、经济凋敝、人民生活困难、俄罗斯在国际上伸手借贷、政治地位下降、受西方国家欺负和要挟的时期。普京总统吸取前任总统的教训，实行强国政策，削弱地方分散势力，加强国家政权，打击金融寡头，强化国家对经济的控制和管理，对外也一改"是"先生的做法，把强硬与灵活相结合，敢于对美国说"不"，逐渐巩固和加强了俄罗斯的地位。近十年来，普京的选民支持率一直在70%以上，居高不下，也能说明俄罗斯人信奉强国主义思想、崇尚铁腕领导的特点。

多数俄罗斯人主张建立正常的社会秩序、法律和规定。与此同时，有些俄罗斯人总想凭着自己的意志行事。历史上就有那些勇敢的农民不堪地主的压迫而逃到遥远的森林、草原去谋生的现象。特别是伏尔加河流域、西伯利亚和远东的哥萨克人，追求自由自在的生活，素有放荡不羁的声誉。

俄罗斯人追求自由和无政府主义的特点还反映在"混乱时期"、拉辛起义、普加乔夫起义、1917年二月革命和十月革命等重大事件中。俄罗斯人民的法制意识不止一次地滑向惟意志主义（无政府主义），所以俄罗斯历史上多次经历失败，并为克服其后果付出了极大的代价。

在俄罗斯，重要的不是法律和规定，而是执法人员和行政人员。在法院，如果找不到合适的法官，案子就可能被长期拖延，最终不了了之。如果想胜诉，行贿是少不了的。司法腐败和无能是俄罗斯社会存在的严重问题之一。我在莫斯科工作期间，曾发生很多起惊天动地的凶杀大案，但有些迄未告破。

造成这种情形的原因是复杂的，其中历史根源毋可讳言。俄罗斯的农奴制绵延数百年，直至1861年才废除。而在农民属于地主的财产时，在审判自己的农奴时，地主（农奴主）拥有绝对权力。在苏联时期，盛行"上级说了算"。在很多情况下，行政领导的决定成为法律和准则。

俄罗斯既有无政府主义和自由的传统，也有顺从和驯服的习惯。苏联解体后出现的自由给俄罗斯人造成了很多麻烦，普通俄罗斯人抱怨"自由得累了"，希望"恢复过去的秩序"。在经济形势复杂、人民生活艰难的背景下，俄罗斯人对民主机构、自由表达意志、新闻自由、迁徙自由、自由选举等并不是非常重视，因为更重要的是生存、生活和养育孩子。但是智力劳动者（占俄罗斯人口的31.2%）反映的是中产阶级的价值观。他们珍惜自由，例如新闻自由、出版自由、文艺自由、经营自由等等。

几年前，俄罗斯进行了一次关于"如何理解自由、是否愿意限制自由"的民意调查。结果发现，几乎一半的俄罗斯公民表示，如果得到国家提供的生活保障，他们愿意限制自己的自由。43%的人认为，有些工种的工人在任何情况下也不能有罢工的权利，42%的人主张保留居民登记制度，31%的人认为新闻媒体只能反映对国家有利的观点。而22%的人认为，国家应该像苏联时期那样，本着

四 复杂的社会和精神价值观

"不劳动者不得食"的原则,让所有具备劳动能力的人有工作。

近年来,主张法律面前人人平等的人从54%增加到83%,主张司法独立的人从41%提高到46%。

在俄罗斯进行的关于"您是喜欢获得完全民主但个人安全得不到有效保障,还是喜欢强有力的政权但个人安全能得到充分保障?"的民意调查中,只有5%的人选择了前者,58.7%的人选择了后者,30%的人不知如何回答。

对于另一个问题——"您更喜欢民主自由还是物质富裕",只有31.7%的人准备牺牲民主自由来换取物质富裕。在24岁以下的年轻人中,在生活困难的情况下,四分之一的人准备牺牲自己的自由来换取钱财,28%的人反对这样做。而在45岁以上的人中间,准备牺牲自由来换取富裕的人比年轻人多一倍。但是对于年龄较大的俄罗斯人来说,传统的原则依旧重要,他们认为:"幸福并不在于金钱";"钱像流水,流来又流去";"幸福是钱买不来的。"

对于"在个人自由的社会和人们平等的社会中,您选择哪一个"的问题,只有26.6%的人选择前者(即美国式市场经济社会),而54%的人选择后者(人们平等的社会)。由此可见,对于大多数俄罗斯人来说,平等是何等重要[①]。

俄罗斯是一个政治化很严重的社会,30.6%的公民对政治感兴趣。我在莫斯科工作时,每逢总统选举或是议会选举,都看到选民踊跃投票,其积极性明显超过很多西方国家的选民。

例如1995年12月17日,有65%的选民参加俄罗斯第二届国家杜马选举的投票。1996年7月3日,有67.25%的人参加了俄罗斯总统选举的投票。与年轻人相比,中年人和老年人的政治积极性更高。每次选举日,他们早早地来到投票站,投上自己"神圣的一票",而年轻人们则把投票日当作休息日,很晚才起床,直到下午才去投票站,不少人甚至不去投票。

现在俄罗斯人有了过去几代所没有的东西,如自由主义的宪法、自由选举、多党制、反对派、议会、新闻自由、出版自由、出国自由、信仰自由、经商和私营企业、完全的文化自由等等。大多数俄罗斯人为苏联解体感到遗憾,同时也认识到,恢复苏联已不可能。与苏联时期相比,俄罗斯人的大国主义思想在一定程

---

① 《俄罗斯人的行为准则、传统和民族心理》,第252页。

度上有所减弱。

有趣的时间观

首先，与其说俄罗斯人喜欢讨论未来，不如说他们喜欢谈论过去。契诃夫曾说："俄罗斯人喜欢回忆，而不是生活。"①

俄罗斯人鄙视忘记过去的人。在俄罗斯文化中，您可以看到很多回忆录，包括对重大历史事件以及个人生活中重大事件的回忆。在著名的古典小说基础上，拍摄了很多电影，如《战争与和平》、《苦难的历程》、高尔基的三部曲等。

对于俄罗斯人来说，自己的童年、少年、青年、初恋、曾经工作和生活的地方等等，都非常重要。他们的故乡情结和过去的情结特别严重。因此，俄罗斯人在国外居住非常困难，总是希望回国，这很像中国人"叶落归根"的情结。著名作家索尔仁尼琴在国外居住了20年，仍于1994年返回俄罗斯定居直至逝世。

每年5月9日胜利日期间，俄罗斯各电视台、广播电台、报纸、杂志等媒体连篇累牍地回忆和介绍卫国战争的事情，年年都是这样，却很少重复，总会有新的发现，新的发掘，新的素材和新的创作。有时我都觉得纳闷：卫国战争胜利已经65年，这个题材怎么永远也做不完，永远有新意？但仔细一想，这个题材确实是一个取之不尽，用之不竭的精神和艺术宝库。

俄罗斯老年人和中年人对苏联的怀念也非常深厚，不少人对苏联的解体由衷地感到遗憾。

为什么俄罗斯人对过去的事情如此重视？

首先，俄罗斯人是从往事中寻找未来行动的基础、道德支柱、慰藉、对自己行为的证明及所作选择的理由。怪不得人们说，"俄罗斯男人对往事的记忆特别强"。与对未来的行动制订计划相比，俄罗斯人更善于分析和总结过去事情的影响和结果。

其次，俄罗斯人在确定工作重点时，常常不是根据逻辑，而是凭着感情冲动和情绪波动来决定。例如，事先约定的会见时间，他会因为自己情绪不好、生活中的因素等原因而在最后一刻迟到或取消。更为严重的是，事后他可能并不就此

---

① 契诃夫，《草原》。

四 复杂的社会和精神价值观

进行解释，弥补自己的过错。也许他认为他的推迟或取消是天经地义的，无须解释，别人需要的只是接受既成事实。这样做的结果，往往在他和对方会见者之间造成不愉快。

俄罗斯人对时间的态度在很大程度上反映了他们对工作和对国家的态度。苏联时期，职工的工资并不与他们个人的劳动贡献挂钩，人们养成了不遵守工作时间的习惯：上班迟到，提前下班，中午吃饭时间延长，工作时喝茶消磨时间，经常聊大天。这些做法都成为日常生活方式。俄罗斯许多电影、戏剧和文学作品对此都有反映。俄罗斯人对待时间的这种态度使得与他们合作的外国人很伤脑筋，外国人必须准备应对各种意料不到的情况：例如，在需要的工作岗位上某人突然缺席，而且没有任何人能够代替他；需要按计划完成某项工作时，却不能完成。

第三，外国人，特别是德国人做事是"直线的"，"有步骤的"，在他们看来，昨天，过去的事情并不重要，主要看明天的结果。而俄罗斯人则不一样，他们认为时间是循环的，周而复始，昨天和过去是基础。他们对自己明天的计划并没有十分把握，因为他们相信无法掌握未来，未来由命运决定。关键是与大自然和谐相处，和周围的人们和谐相处。不必寻找立即解决问题的办法，最好先想一想，盘算一下，"三思而后行"，而且最好是推迟作决定，因为"早晨总比晚上聪明"。西方人说："今日事今日毕。"而俄罗斯人则开玩笑地说："不要把后天能做完的事提前到明天去做。"

（十一）安全与法制：贪污受贿以及同它们的斗争

——全国近一半的居民和60%的商人认为，"行贿是我们生活中必不可少的一部分"。就像老房子里的蟑螂一样，您虽然不喜欢，但毫无办法。各行各业，行贿成为潜规则。

（阿拉·谢尔盖耶娃）

——车不给油不走。

（俄罗斯谚语）

——仅仅坐牢并不能解决腐败问题，但坐牢仍是必须的。

（俄罗斯总统梅德韦杰夫）

俄罗斯人性格探秘

俄罗斯社会治安状况如何？

任何一个去俄罗斯出差或旅游的人都会提出这个问题。可以说，对于公务出差的人来说，在俄罗斯期间的人身安全不是什么大问题，因为他们一般有俄罗斯方面的接待，而且俄罗斯警察也不能把他们怎么样，不大会刁难他们。但是，对于自费去俄罗斯的人，例如旅游者或留学生，安全就是一个比较严重的问题。关于这方面的报道已屡见不鲜。

想起1987年至1989年我第一次在莫斯科工作期间，那里的社会治安是很好的，犯罪率较低。警察执法也比较规矩。三年里我没有遇到过警察滥罚和找茬的情况。中国大使馆也从未发生汽车被盗事件。

然而，苏联解体后，从1992年起俄罗斯的社会治安就每况愈下，犯罪率居高不下，恶性杀人案经常发生。仅中国大使馆和驻莫斯科的其他代表机构，就有数十辆汽车被盗。中国人被打、遭抢事件也时有所闻。

2002年4月，俄罗斯总检察长对国家杜马的报告中披露了有关俄罗斯犯罪情况的一系列数字：全国每10分钟就发生一起杀人案、4起抢劫案和40起偷盗案；2001年有200多万人成为犯罪的受害者；最近10年有6000多亿美元流失到国外。

另据非商业性的国际社会经济和政治研究基金会——戈尔巴乔夫基金会撰写的《俄罗斯：忧虑和希望》指出，1966年俄罗斯登记在册的犯罪案件约为58万多起，而2005年增加到350万起，增加5倍。由于俄罗斯犯罪活动具有很大的隐蔽性以及犯罪记录方面的严重缺点，实际犯罪率比登记在册的还要高3至5倍[1]。

2005至2006年，凶杀案有所下降，但其数量仍然惊人。每年发生3万起凶杀案，加上失踪人数案（每年有12万人失踪），每年被杀人数高达6万至7万人。在和平年代，这个数字简直是不可思议[2]。

该书还指出，更令人担心的是，有组织（黑社会）犯罪明显增加。犯罪集团的组织严密，武装精良，技术设备良好，犯罪手段奇特。2002年有组织犯罪

---

[1] 《俄罗斯：忧虑和希望》，第166页。
[2] 同上。

四 复杂的社会和精神价值观

案件为 266,000 起,2005 年增至 286,000 起,囊括政治、经济和社会等各个领域。许多恶性案件有预谋,有组织,难以破案。

最近 20 年,俄罗斯社会的两极分化日益发展。在很多人贫困化的同时,一小部分人一夜暴富,成为百万、千万甚至上亿美元的富翁。对此,广大居民颇有不满。特别是比较幼稚的青少年,生活导向发生变化,越来越多的未成年人和少年堕落成为犯罪分子,他们的犯罪案已占全部犯罪案件的 10%,但由于年龄原因只对他们实行象征性惩罚。

社会调查证明,在俄罗斯已经出现这样一群人,对于他们来说,传统的价值观（如家庭、健康、朋友和尊重周围的人）远不如个人发财和物质财富重要,而且致富的手段是否合法并不重要,惟一的目标就是发财。

吸毒者的规模也相当惊人。大量毒品从阿富汗经塔吉克斯坦进入俄罗斯。俄全国各地皆有"瘾君子"。抓住法办的只是贩卖毒品的小贩和吸毒品的小人物,还没有听说大毒品走私者被抓住的消息。

犯罪的数量令人吃惊,但很多俄罗斯人对国家机关破案丧失信心,对公正地判处罪犯、补偿损失不抱希望。对于"您是否信任检察院"的问题,90% 的人都回答"不信任"。

他们对警察的信任也不比对检察院的信任多。如果俄罗斯公民夜间在一个陌生城市迷路,他是否向警察求助?很难给以肯定的答复,因为警察的名声太差了。

我自己在莫斯科工作期间就多次遇到被警察敲诈的情况。至于中国商人被讹诈的事例,就更不胜枚举。

俄罗斯护法机构的致命弱点是腐败,贪污受贿。这一问题根深蒂固。早在公元 9 世纪,在俄罗斯就出现了腐败现象。当时,根据拜占庭的做法,在一些俄罗斯公国出现了采邑制,即大公的地方官员不是由国库,而是由臣民出钱来担任。这一做法逐渐演变为征收苛捐杂税,成为王公贵族不受监督的致富手段。苛捐杂税制延续了数百年,在历史记忆中给人们留下的印象是——这就是管理和被管理者之间的关系形式。

中央官僚集权国家建立后,贪污受贿现象仍很猖獗。彼得大帝和叶卡捷琳娜二世试图用严酷的惩罚限制贪污腐败,但正如众所周知的那样,未收到明显效

俄罗斯人

性格探秘

俄军方发言人：要同腐败现象斗争到底！

果。最接近御座的达官贵人，同时也是贪污腐败最严重的人。上行下效，下级官员如法炮制。

苏联时期，行贿的传统也随处可见。俄罗斯谚语说："车不给油不走。"从法院判决、出具证明到公证等，处处都需要行贿。"有钱能使鬼推磨。"行贿能使事情办得更快，更可靠。

最近十多年来，贪污受贿之风更盛。政府官僚机构不断扩大，每个当官的都想使自己的下级人数更多。因此，官吏数量增加了80%。据俄罗斯"民主信息学基金会"调查结果，全国近一半的居民和60%的商人认为，"行贿是我们生活中必不可少的一部分"。就像老房子里的蟑螂一样，您虽然不喜欢，但毫无办法。各行各业，行贿成为潜规则。俄罗斯报刊关于此类新闻层出不穷。人们已经见怪不怪，习以为常。

20世纪90年代我在莫斯科当记者时，听一个商人说，他为了在莫斯科一条大街上租房开饭店，就向一个政府的主管副部长赠送了数万美元（现在，这个数额恐怕已翻了几番）。不少商人为了尽快和简便地提取运到俄罗斯的商品，仅"灰色清关"就向海关人员支付大量金额。据统计，2009年俄罗斯每起受贿案的

四 复杂的社会和精神价值观

平均受贿金额为 2.7 万卢布，折合 9000 美元。①

据俄罗斯媒体揭露，在"免费"的医疗部门，每年受贿数额高达 6 亿美元；为了考上名牌大学，人们每年行贿总额为 5.2 亿美元；在汽车监督总署和警察局，人们每年行贿 4.65 亿美元。90 年代初我在莫斯科办理汽车年检时，看到汽车监督部门和警察局很多官员开着新车来上班，尽管他们的工资不高。车检难，简直难于上青天。为了使汽车通过警察局的年检，免遭检查人员的无故刁难，很多人都采取行贿手段。一些在俄罗斯的越南人趁机在车主和检查人员之间"斡旋"，然后把从车主那里收取的贿赂与检查人员瓜分。

为了在法院"赢得公正"，人们每年行贿 2.75 亿美元；为了获得住房和将房产登记注册，每年行贿 1.23 亿美元。俄罗斯居民一年的行贿总额至少为 30 亿美元，而实际数额比这个数字还要大 2 至 4 倍。②

在经济领域，捞取油水最大的部门是石油和天然气、金属、电力、铁路运输、邮电、国防工业订货、军队食品供应和零售业。毫无疑问，在伏特加酒和汽油销售、药品生产和分配领域，贪污受贿也毫不逊色。而在一些地区，渔业、林业生产和木材贸易、黄金和钻石开采及加工、有色金属生产部门则是"受贿大户"。

最腐败的领域是卫生和教育部门，有孩子和有病人的家庭深受其害。中小企业主也不容易。他们的平均行贿额为 2000 至 4000 美元，受贿者从不放过任何一次机会。那些检查和监督机构的官员收取的贿赂最多。

发放许可证的官员和税收官员们的受贿金额占全国受贿总额的近 60%。

全国每年行贿总金额在 1.4 万亿卢布以上，相当于国内生产总值的 15%。受贿金额最高的是海关。普通海关人员一开口就向您要 4000 美元以上。

有一则笑话说：海关的工作人员们为了庆祝海关委员会主席生日，决定让他去海关窗口工作半天，因为半天所受的贿赂足可买两辆高级小轿车。

在监督部门，受贿最多的要数税务部门（占受贿总额的 18.3%），其次是消防部门（占 5.9%），卫生防疫部门（占 5.6%）。③

2008 年 9 月全俄社会舆论研究中心进行的一项调查结果显示，74% 的俄罗斯人

---

① 《俄罗斯多管齐下反腐败》，刊登于 2010 年 1 月 14 日《人民网》。
② 《俄罗斯人的行为准则、传统和民族心理》，第 207 页。
③ 同上，第 208 页。

认为俄罗斯腐败问题严重,43%的人认为政府反腐败工作成效不大。最腐败的部门是道路交通安全执法机关,其次是地方政府和警察局。一半以上的受访者承认,他们曾给医院工作人员送过钱或礼物。约三成的受访者贿赂过交通警察和教育工作者。受访者认为,官员和生意人的贪婪和法律不完善是俄罗斯腐败蔓延的主要原因。①

在俄罗斯受贿市场上,立法机构仅占0.17%,司法部门占0.86%,而行政机构占98.97%。行政官员所受的贿赂并不限于金钱,他们还要求把儿子和妻子安置在他们所监督的公司,要求在公司里占有股份并分红,要求向他们提供豪华住宅等等。这些礼物通常价值几万至几百万美元。

腐败给俄罗斯政治、经济和社会生活造成严重危害。2009年1至10月,仅俄罗斯军队因腐败而蒙受的损失就超过20亿卢布。腐败导致俄投资环境不佳、企业负担沉重、经营受到干扰。许多外国投资者对俄罗斯市场望而生畏,裹足不前。这也是俄罗斯经济缺乏竞争力的重要原因之一。

普京总统及其继承人梅德韦杰夫在打击腐败方面做了大量工作。为了借鉴新加坡等国高薪养廉的做法,把俄罗斯35万名联邦一级官员中10%的官员的工资大幅提高,其中部长一级的官员工资提高近4倍,副部长和司长一级工资提高4到11倍,低级别官员的工资提高3倍。

2008年5月,梅德韦杰夫上任总统不久,就召开反腐败工作会议,并成立反腐败委员会。之后,公布了国家反腐败计划,从加强立法、完善国家管理、提高司法人员专业素质和加强普法教育等方面制定了许多反腐措施。

同年12月25日,梅德韦杰夫总统批准了议会两院通过的《反腐败法》草案。这部法律历经17年之久才得以通过,足见其出笼的阻力之大。因此,有人把这一事件"看作俄罗斯从行动反腐向制度反腐转变的一个标志。"②

2009年11月12日,梅德韦杰夫总统在一年一度的国情咨文中指出,俄罗斯将继续严惩官员腐败、警察腐败和司法腐败,仅2009年上半年就审理4500余起腐败案,其中532名政府官员、700多名护法机关人员被判刑。他说,"仅仅坐牢并不能解决腐败问题,但是坐牢仍是必须的。"

---

① 2008年9月19日人民网·天津视窗。
② 《潇湘晨报》,2008年12月27日。

四 复杂的社会和精神价值观

2010年4月6日,梅德韦杰夫总统又在总统反腐败委员会会议上说,"对腐败分子来说,最致命的打击也许是剥夺其财产。"他要求把政府官员进行收入申报作为反腐败的重要手段之一。

4月12日,俄罗斯总统、总理、副总理和各部部长等高级官员都公布了自己2009年的收入情况。根据公布的数字,2009年梅德韦杰夫总统的收入比2008年减少80万卢布。2008年他的收入为4,139,726卢布,而2009年下降到3,335,281卢布。他和夫人斯韦特拉娜一起,拥有面积为367.8平方米的住房。此外,他们在俄罗斯几家银行有12个账户,存款总额为3,574,747卢布。梅德韦杰夫还租了4700平方米的一块地。他还有一辆1948年生产的GAZ 20 "胜利"牌小轿车。人们注意到,2008年总统的个人账户只有9个,存款总额为2,818,070卢布,而且也没有这辆GAZ 20 "胜利"牌小轿车。至于他夫人,她在银行有一个存款7503卢布的账户,有总面积32.5平方米的两个车位及一辆1999年生产的"大众"牌小汽车。而他们未成年的儿子伊利亚·梅德韦杰夫在2010年没有一点收入①。

与2008年相比,普京总理的收入有所减少。2008年他的工资收入为470万卢布,而2009年只有388万卢布,即下降17%。普京有3辆汽车——GAZ M21和GAZM-21P,以及"涅瓦"牌小汽车和挂车。普京的不动产有两套住房,其中一套为153.7平方米。他在住宅旁边还拥有一块1500平方米的土地、18平方米的车库②。

克里姆林宫总统办公厅和政府其他高级官员也一一申报自己的收入。其中总统助理列昂尼德·雷曼的年收入最高,达到9300万卢布,总统办公厅主任谢尔盖·纳雷什金的收入为530万卢布。第一副总理伊戈尔·舒瓦洛夫年收入为6,529,000卢布,他和夫人一起共有7辆小汽车,包括一辆"奔驰"S500和一辆"吉尔"牌汽车。但是很多部长及其夫人,如内务部长拉什德·努尔加利耶夫和外交部长谢尔盖·拉夫罗夫,都没有私家车,只用公车上下班。在政府高官中,拥有土地最多的是副总理维克托·祖勃科夫——他有好几块土地,总面积达

---

① 《俄罗斯报》,2010年4月13日。
② 同上。

37000 平方米①。

俄罗斯 80% 的居民认为，他们对政权施加不了什么影响，对于反腐败也无能为力。对此，俄罗斯领导认为，必须改变居民的这种态度。2010 年 4 月 14 日，俄罗斯总统网站公布了《关于国家反腐败战略和 2010 至 2011 年反腐败计划》，与 2008 年的反腐败文件相比，新的文件特别强调一个重要任务：必须扭转社会意识，在社会上形成不接受腐败的气氛。文件要求各级执行机关"帮助新闻媒体大量报道"各级政府采取的反腐败措施②。

2011 年 4 月，俄罗斯政权决定，为了进一步打击贪腐行为，今后将对行贿者进行刑事处罚。

应该说，由于普京和梅德韦杰夫狠抓反腐败斗争，近年来俄罗斯"冰冻三尺非一日之寒"的腐败坚冰已被打破，官员中腐败风气有所扭转，官员洁身自好的趋势正在加强。人们期望，反腐斗争将坚持下去并不断深化，腐败这座"大山"终究会被推翻，廉洁奉公终将在社会特别在官场蔚然成风。

（十二）道德观："最大的愿望是与周围人和谐相处"，希望"和所有人一样"

——苏联公民传统地把自己作为"苏联人民的一部分"，牢记人民、集体、家庭、个人的观念。社会机构是一个庞大的金字塔：沙俄时期的塔顶上是东正教大牧首、沙皇，而苏联时期则是苏共中央总书记，下面是人民。

（阿拉·谢尔盖耶娃）

——他准备把自己最后一件衬衣给别人。

（俄罗斯俗语）

和中国人一样，俄罗斯的行人和开车者是世界上最不遵守交通规则的人之一。

---

① 《俄罗斯报》，2010 年 4 月 13 日。
② 《俄罗斯报》，2010 年 4 月 15 日。

四 复杂的社会和精神价值观

我在美国、德国等发达国家出差时，看到深更半夜开车的人在毫无监督的情况下，停在红灯前面而不去逾越，不禁从心里感到佩服。而在俄罗斯看到的却完全是另一种情景。

在俄罗斯的纳税领域，情形也与交通领域一样。在芬兰等北欧国家，公民都诚实地报告自己的收入，因为他们知道，不管他们是否如实报告，税务系统的电脑都能准确地了解他们的收入情况。与其让税务部门查处，不如自己老实申报。而俄罗斯人不愿意、也不习惯纳税。这也许是苏联制度造成的。过去法令多变，长官意志盛行，使得人们不愿遵守纳税规定，但不能因此就认为俄罗斯人是最不守法的人。

莫斯科举行"家庭日"活动

俄罗斯的所得税是世界上最低的，只有13%。小企业（指20人以下、年收入不超过1000万卢布的企业）免交利润税、增殖税、销售税和统一社会税。国家尽量使生意合法化，以使公民逐步习惯于纳税。

但是，人们仍然不愿纳税，这里不仅有贪婪的问题，而且有居民缺乏经济常识的问题。在长达69年的苏联时期，人们根本不懂什么叫纳税。只有搞计划的人、会计、经济师等内行才懂得经济知识。因此，人们普遍尊重这些内行人。在任何一个企业，会计都是重要人物。现在俄罗斯人逐渐开始懂得纳税的重要性。正是在俄罗斯企业家的支持下，制定了《俄罗斯企业宪章》。

道德原则是历史、政治、经济等社会关系的体现，并非一成不变。

总的来说，苏联解体以来，俄罗斯社会道德水准下降，不道德现象增加，追逐个人成功的西方道德观被追捧。越来越少的人谴责偷盗东西、不还贷款和债务、搞政治谋杀等不良的社会行为。人与人之间也不像苏联时期那么相互关心和热情，开始变得比较冷漠。一些俄罗斯人并不以不劳而获为耻，而是认为"钱总会有的"，不管用什么手段得到，有奶便是娘，有钱便是强。劳动价值观在很多人眼里，特别是对部分年轻人来说，已分文不值。

在不久前俄罗斯进行的一次社会调查中，对于"您生活中最大的愿望是什么"的问题，23%的人回答："和周围的人和谐相处"。这反映了俄罗斯人的一个重要特点。一般来说，在复杂情况下俄罗斯人容易冲动，把自己搞得很紧张和绝望。在遇到冲突的危险时，他们宁可退让，也不愿斗争。对他们来说，与周围的人们保持正常关系比同他们冲突更为重要，有时甚至为此丧失原则。

对于"您生活中最大的愿望是什么"，11%的人回答是"获得真正的幸福"；8%的人回答是"摆脱不自信"；7%的人回答是"获得成功的爱情"；6%的人回答是"在精神道路上进行正确的选择"；3%的人回答"不嫉妒别人"或"克服嫉妒心"。纯粹实用主义的答复比较少，例如，12%的人回答是"改善财务状况"；4%的人回答"开始做自己的生意"；1%的人回答是"做一笔成功的买卖"。人们谴责道德败坏的现象，谴责对家庭不负责任、特别是对孩子不负责任、不诚实和背叛朋友的行为以及暴发户的傲慢行为。总的来说，人们保持着传统的价值观。

值得注意的是，俄罗斯人对妓女的态度发生了变化。不少人对她们表示理解，认为她们是"生活所迫"。有一段时间，每当黄昏，从莫斯科市内至谢列梅季沃2号国际机场的列宁格勒大街一侧，总是站着很多妖艳的女人，招引国际民航乘客。1999年，萨拉托夫州官员甚至提出，应把该州妓女"合法化"，一来可以防止艾滋病扩散，二来可以使地方财政增加税收。

苏联时期最吃香的职业是外交官、宇航员、芭蕾舞演员、演员、科技工作

四 复杂的社会和精神价值观

者、教师、作家和诗人、音乐家等，即文艺创作人员和知识分子。虽然工人的工资比年轻的医生和教师高几倍，但人们更看重一个人的社会价值。

苏联不复存在，人们的社会价值观也发生了变化。现在人们看一个人，不再主要看他的智能、看他对社会和国家的贡献程度，而主要是看他的财产和钱财。

如今俄罗斯人最重视的是个人身体健康（占79.9%），朋友（占74.4%），其次是同学和同事（51.3%），对生活有共同点的人（5.9%），同代人（51.9%），同样职业的人（50.7%）。人们认为，民族、政治观点、邻里、物质富裕程度只起次要作用，仅25%至40%的人认为它们最重要[①]。

大多数俄罗斯人在重要性的选择中把财富列为第7位，而且越是文化程度高的，选择这一项的就越少。

那么，俄罗斯人不愿交往的是什么人呢？

是那些对政治非常感兴趣的人，是那些想回到过去的人。想走政治仕途和回到过去的人在俄罗斯社会中只占15%－20%。

在人际交往和道德观中，人的外表和宗教信仰占末位。

对俄罗斯男人来说，"自由"、"法律"、"秩序"、"职业上的成功"和"富裕"等价值观更重要。而对俄罗斯妇女来说，在生活的基本价值观上，她们选择"家庭"、"慈善"、"健康"、"爱情"、"精神"、"和平"与"和谐"；年轻人则选择"成功"、"职业"和"爱情"。但是随着年龄增长，价值观也发生变化，越是年纪大，就越重视"精神"、"稳定"、"和平"、"秩序"和"法律"。

希望"和所有人一样"

社会学把人的行为方式分为"和所有人一样"、"有个性"、"与其他人不同"这样三个类型。每个人的行为方式决定其行为和价值观。在欧美国家，比较盛行第二种行为方式。而在俄罗斯，第一种行为方式占主要地位。

俄罗斯没有经历文艺复兴时期，在俄罗斯文化中，每个人不可重复的独特思想没有引起很大注意。对于俄罗斯人来说，"和其他人一样"、"不要冒尖"的想法较为普遍。在不久前进行的关于"您生活中最重要的是什么"的民意调查中，

---

① 《俄罗斯人的行为准则、传统和民族心理》，第230页。

有72.3%的人回答："每个人机会均等。"64.7%的人回答："生活得和别人一样远比超过别人要好。"而"成为出众人物"、"与别人不一样"的回答只占31.9%。

这种"和所有人一样"的心理和我们中国人的心理比较相似。中国老百姓有很多类似的俗语，如"枪打出头鸟"，"出水的椽子先烂"。

只要我们仔细观察一下俄罗斯现实社会，就不难发现这确是俄罗斯人的主要意识形态。实际上这就是俄罗斯社会无意识的民主，与此同时，这也妨碍俄罗斯人成为个性鲜明的人物。集体的团结妨碍了个人的首倡精神和责任心。从儿童开始，由于在学校、少先队、共青团和共产党组织受到"集体主义教育"，几代俄罗斯人在拥有集体主义思想的同时，其首倡精神在很大程度上被压抑，养成了平均主义的思想。

把个人融入集体，一方面培养了"团队精神"，在道德思想上感到愉快。另一方面，这种模式也产生了对自己的行为不负责任的态度，集体或团体经常侵犯那些个性鲜明，其外表、行为和思想与众不同的人的利益。

俄罗斯的现代生活有利于那些具有活力和创新精神的人，也就是那些在苏联计划经济时期从事影子经济和违法的人。现在这些人引起普通老百姓，特别是老一辈的极大反感。同时，普通人开始明白，今天要想获得成功，必须冒险，改变原来的行为准则和方式。但并非所有人都愿意这样做，因为改变民族性格和心理也许是最难的一件事。

希望"和别人一样"的想法，导致人们在日常行为中遵循传统的而非创新的形式，在经济生活中实行业已习惯的、粗放的经营方式，在社会生活中奉行保守的生活方式，具体表现为：不喜欢改变已习惯的生活方式。对于他们来说，经常变换工作、与妻子离婚、对屋子进行大装修、甚至变换居住地，都是不吉利的。俗语说，"两次搬家等于一次着火"；"最坏的和平也比善良的吵架好"。他们宁可忍受某些不便，也不愿急剧地改变生活方式，担心将来会长期不适应。

苏联时期，人人都有工作，户户都有生活保障。而现代俄罗斯的失业使人们很难适应。按理说，不稳定的政治、经济和社会形势应该迫使人们积极寻找任何工作，以便生存下去，因为失业意味着情绪紧张、不相信自己、患病、心态变化、家庭破裂等其他灾难。但社会调查表明，由于保守主义思想作祟，特别是苏

四

复杂的社会和精神价值观

联时期形成的就业观念,很多俄罗斯人的就业观还停留在苏联时期。在前苏联,国家保障人人就业、一个人选择一个工作就会干一辈子。由于国家实行免费教育,反对工作人员的流动性,人人都认为就业依赖国家,不要在就业上对国家造成压力。因此,如今失业的俄罗斯人(特别是男人)经常不愿接受新职业的培训。他们不愿依靠自己、依靠自己的劳动和聪明才智寻找新的工作。这种保守主义态度使一些本来因失业而困难的人们生活更加困难。

抱有这种"和所有人一样"想法的人,常常容易把自己的行为和举止的责任、甚至自己命运不佳的原因都推到别人身上,例如,可能怪罪于自己的亲人、家庭成员、父母没有帮助自己。更容易归咎于社会对自己不公或关注不够,归咎于国家并要求它给予帮助和补偿损失。因此,俄罗斯有很多幼稚型的男人。

但是,如果一分为二看,"和大家一样"的思想方式也有不少有利方面。

首先,它使俄罗斯人感到与其他人具有共同感和稳定感,相信别人,感到自己是"兄弟",从而在心里和精神上感到舒适、幸福和满足。因为他们认为:"我并非一人。就是说,我不会掉下深渊,别人总会帮助我。在'自己人'中间,我不会孤独,没有什么灾难和不幸是可怕的。"[①]

其次,"和大家一样"的想法使俄罗斯人感到需要与周围的人建立密切联系,进行互助。对于俄罗斯人来说,最大的惩罚不是物资的匮乏,而是感觉的饥饿、没有情绪以及缺乏与人们的特殊关系。

第三,俄罗斯人这种"和大家一样"的观念是同现代社会个人与社会的关系相吻合的。在个人与全体的关系上,他们总是把社会全体放在优先地位。因此,俄罗斯人的这种方式是反对个人主义、孤独、自我孤立和封闭的,也是批评自私自利和自我主义的。

第四,"和大家一样"的观念使俄罗斯人善于同情和帮助弱者,帮助那些"比别人差"的人以及遇到困难的人。俄罗斯社区经常发生这样的事情,即人们纷纷慷慨解囊资助突然患病或遭遇不幸的邻里,不仅亲朋好友这样做,而且同事和一些素不相识的人也乐于相助。共同克服困难、愿意帮助、同情、分担别人身体或精神上的痛苦,甚至愿意把自己最后的东西送给别人,这是俄罗斯人的突出

---

① 《俄罗斯人的行为准则、传统和民族心理》,第 144 页。

品质之一。俄罗斯俗语说:"他准备把自己最后一件衬衣给别人。"正是在最困难的时候,俄罗斯人的优秀品质才充分体现出来。

第五,在日常生活中,"和大家一样"的愿望经常表现为"不比别人差"。这使很多俄罗斯人希望自己穿得不比别人差,即使挣得没有别人多,也要千方百计穿得体面。这与西方国家有所不同,因为在西方,人们常常掩饰自己的财富,富人们希望自己的穿着不那么显眼,坐的不是"奔驰",而是其他一般小轿车。

但是,俄罗斯人"显富"、"摆阔"的特点也容易招徕嫉妒。穷人的仇富心理非常严重。近年来,在莫斯科等大城市的住宅区,人们早晨醒来,经常发现自己的豪华轿车被人用硬器划得乱七八糟,甚至轮胎被扎。

(十三) 具有很强的同化外族人的能力,但对西方的看法和态度颇为矛盾

——对世界开放的文化,是俄罗斯最伟大的成就和战略资源。

(弗拉基米尔·杰尔加切夫)

——俄罗斯人认为自己的国家是一个"欧洲和欧亚国家",自己几乎是欧洲人,但又不完全是。

(白俄罗斯学者)

俄罗斯人认为,"德国人非常崇尚秩序","英国人都是高雅的绅士","法国人是最优雅的民族"。如果俄罗斯人说,"这个女人真像法国女郎",那么就意味着这个女人身材苗条、性感、优雅和时髦。而对法国男人,俄罗斯人则喜欢他们时髦的服装、举止得体、有活力、对女士有魅力。

俄罗斯人对外国,特别是对西方的看法和态度是矛盾的。苏联时期,人们对西方世界的看法总的来说是排斥的,苏联和西方相互"妖魔化"。

苏联解体初期,叶利钦总统和代总理盖达尔领导的政府效仿美国等西方国家,以为短期内就能使俄罗斯成为像西方发达国家那样的资本主义国家。但是,俄罗斯持续的经济困难和政治动荡,特别是1998年的金融危机,使叶利钦总统及其领导班子的认识发生重要变化。大多数俄罗斯人越来越认识到,外国救治俄

四 复杂的社会和精神价值观

前莫斯科市长卢日科夫会见外国记者

罗斯经济的方案是不能接受的，这些药方只使少数金融寡头暴富，而使大量资本外逃。

那么，俄罗斯人如何看待西方和东方呢？

从文化上来看，26.3%的俄罗斯人认为他们处于法国和德国等欧洲国家、美国和东方（中国、印度和日本）之间。17%的俄罗斯人认为他们与德国人更接近，14.9%的人认为自己与法国人更接近。

从经济上来看，25.9%的俄罗斯人认为俄罗斯经济处于东西方之间，10%－12%的人认为中国和印度的经济体制离他们更近，而美国的体制离他们最远。只有2.4%的人喜爱美国经济体制。2008年美国银行界一系列丑闻导致金融危机爆发后，绝大多数俄罗斯人对美国的经济和金融体制更是失去兴趣。

在民族性格方面，也有40%的俄罗斯人认为自己处于东西方之间。10%的俄罗斯人认为他们的性格与德国人较接近，而7.1%的人则认为他们与美国人的性格相似。

显然，俄罗斯人在文化方面认为自己更接近欧洲，但在经济方面则不赞同接受西方体制。只有不到1/4的人赞成俄罗斯发展西方式经济模式。竞争、个人主

俄罗斯人
性格探秘

义和国家不干预经济等做法不为多数人所接受，因为它们与俄罗斯自古以来的传统相矛盾。

俄罗斯人认为自己的国家是一个"欧洲和欧亚国家"，自己几乎是欧洲人，但又不完全是。在俄罗斯人意识中，他们的"亚洲"成分很弱。不能认为他们对中国、印度和日本有特别的向往或特别的同情。

没有一个亚洲国家被俄罗斯人看作是可以移居的地方。他们选择移居的国家不是美国就是西欧。

奇怪的是，虽然俄罗斯人认为自己几近欧洲人，却又不想进入"欧洲大家庭"。20世纪80年代和90年代东欧剧变后，东欧国家纷纷加入北约或欧盟，迫不及待地成为欧洲大家庭的一员。惟独俄罗斯不然，它不想加入欧盟，而是与欧盟建立伙伴与合作关系。俄罗斯人明白，无论从经济还是文化的角度，要在不远的将来使俄罗斯融入欧洲是不可能的。虽有20%的俄罗斯人相信欧盟，但只有2%的人赞成俄罗斯加入欧盟。俄罗斯人认为，俄罗斯在逐渐疏远西方世界。

在24岁以下的俄罗斯青年中，有24%的人主张俄罗斯是独立国家，不需要与任何一个国家联合。他们这种自我孤立的态度与他们主张扩大生意、到国外找工作、出国旅游的思想相矛盾。他们这种态度与美国人比较相似，即他们感兴趣的只是外国及其人民的实用信息，而对他们的人却不很感兴趣，不想接受他们的思想。

在55岁以上的人中，很多人赞成加强和发展独联体，甚至恢复苏联。但随着时间推移，俄罗斯独立自主的倾向日益发展。在退休老人中，仍有一半的人认为，"应该把俄罗斯历史的重大事件看作是俄罗斯为人类服务"。然而这种为全人类服务的思想在年轻人中不断萎缩。在俄罗斯经济开放的同时，俄罗斯人的文化和心理却更趋封闭和自守，以自己的特点来对抗世界的其他部分。当然，这并不意味着俄罗斯要与外部世界绝缘，而主要是俄罗斯人心理上的变化。

俄罗斯人在对待西方世界的态度上具有两重性。

一方面，西方形象是负面的：俄罗斯人反对外来的地缘政治影响，反对外来压力和干涉自己的内部事务，反对缺乏精神的消费社会。他们不相信西方政治家对俄罗斯的"善良意愿"。另一方面，西方的物质技术文化和高度发达的经济对俄罗斯人具有很大吸引力。俄罗斯人对德国很有好感，彼得大帝后的国家建设和

四

复杂的社会和精神价值观

前苏联总统戈尔巴乔夫会见外国记者

教育体制在很大程度上吸收了德国经验。意大利则以它的文化吸引了19世纪俄罗斯的画家和作家。英国的保守主义、对君主制的尊重和绅士风度，都赢得了俄罗斯人的好感。而法国对于俄罗斯人来说简直是欧洲的尺度，在很多方面都是羡慕或模仿的楷模：温和的气候，丰富的历史和建筑，美味佳肴，特别是在文化上，俄法具有"亲戚关系"。在叶卡捷琳娜时代，上流社会以说法语为时髦，而法国人也对俄罗斯文化具有特别浓厚的兴趣。在俄罗斯科学院社会综合调查研究所进行的"您最喜欢哪个国家"的调查中，78%的俄罗斯人回答是"法国"，68.1%的人回答是"德国"，64.1%的人回答是"英国"，62.8%回答是"印度"，其后是加拿大、日本、中国、美国、以色列和其他国家。

2009年11月21至22日，全俄社会舆论研究中心在俄罗斯联邦42个州、边疆区和共和国的140个居民点对1600个俄罗斯人就他们对独联体国家的态度做了一次调查。结果表明，43%的受访者认为白俄罗斯是俄罗斯在国际舞台上最可靠的伙伴，31%的受访者认为哈萨克斯坦是最可靠的伙伴，其他成员国所占比例是：亚美尼亚（8%），阿塞拜疆（4%），乌克兰（4%），吉尔吉斯斯坦（3%），摩尔多瓦（3%），乌兹别克斯坦（3%），塔吉克斯坦（2%）。而在2010年俄白之间

俄罗斯人
性格探秘

不断争吵和相互指责后,俄罗斯人对白俄罗斯人的好感也有所减少。

总的来说,俄罗斯人对外国人的态度比较复杂。从历史上看,俄罗斯人是善于接受外国先进或有益事物的民族。他们从中国引进了茶叶和饺子,从蒙古鞑靼人那里借鉴了国家制度、皮靴和皮鞭,仿造荷兰的瓷器发明了俄罗斯著名的蓝白相间的"格热尔"瓷器,从日本学会了制作"套娃",从中东引进了"茶炊",从而出现了著名的"俄罗斯茶炊"。东正教、文字、建筑文化、最初的绘画以及国徽上的双头鹰都是从拜占庭引进到俄罗斯的。而整个现代俄罗斯文明,无论是物质技术的还是精神文化的某些因素,都与西欧文化有关。在俄罗斯文学中有很多描写德国人、法国人和英国人的作品,正是这些国家的人士对俄罗斯文化起着重要影响。著名的莫斯科克里姆林宫的建筑设计者是意大利人,圣彼得堡的建筑设计师也是意大利人和法国人。2006年7月和2008年10月,我有机会游览意大利和法国巴黎。当看到意大利法尼斯宫殿、圣彼得教堂、圣玛丽亚教堂、圣彼得广场、比萨大教堂、圣洗堂、圣马可大教堂以及法国巴黎歌剧院、卢浮宫、巴黎圣母院和凡尔赛宫等豪华宫殿和园林建筑时,我才进一步认识到,意大利和法国的文化,包括建筑、园林、雕塑、绘画等在内的罗马式、哥特式、文艺复兴和巴洛克风格,对于俄罗斯文化的影响是多么巨大!

俄罗斯人对外国人也是比较开放的。18世纪,在俄罗斯就居住着很多德国人。1994年我去伏尔加河中游伏尔加格勒等地出差时,曾专门采访德国人后代居住的村庄。他们把一些先进的农具、机械及缝纫机等产品带到俄国,提高了劳动生产率。那时住在俄罗斯的还有很多波兰人、荷兰人、法国人,他们都觉得自己在俄罗斯生活得很好。彼得大帝对西欧采取学习和引进态度,更是俄罗斯开放性的典型代表。他乔装打扮,到西欧国家学习造船,回国后竭力推行欧化政策。此后300多年,俄罗斯基本上一直奉行对欧洲开放政策。

这些都说明俄罗斯人的宽容、灵活、务实和善于变革的精神,只要对国家有用,俄罗斯人就采取拿来主义的态度。由于和外国人交往,俄罗斯人丰富了自己的物质文化、哲学和语言,受益匪浅。

俄罗斯化:消化、融合和同化其他民族的东西

人们都说,中国人同化外国人的能力最强。例如,宋朝时有很多犹太人来到

四 复杂的社会和精神价值观

中国经商,但后来被汉族同化,现在河南开封农村还有犹太人的后裔。统治中国300多年的满族也已汉族化。然而,应该承认,俄罗斯人同化外族人的本事也不小。

广袤的领土空间以及同这一领土上居住的不同民族相互协作,使俄罗斯成为一个超级巨大的民族。历史上俄罗斯人的优点之一是海纳百川,并通过别人来了解自己和周围的世界。利哈乔夫指出,俄罗斯人善于吸收和理解自己的东西并把别人的东西也消化成为自己的。"俄罗斯意识形态的特点,毫无疑问应该是对真理的探索"。

乌克兰学者杰尔加切夫也认为,"对世界开放的文化,是俄罗斯最伟大的成就和战略资源。"

处于过渡状态的俄罗斯文化的最大特点在于它对世界的开放性。在俄罗斯名人中,俄罗斯最伟大的诗人普希金是埃塞俄比亚黑人后裔,俄语词典编撰者达利是丹麦人,白令海峡的发现者白令是丹麦人。1725 至 1730 他在俄国海军期间率探险队到堪察加半岛,通过白令海峡,证实亚洲和美洲是被海洋隔开的。1733 年,白令第二次率探险队到堪察加,首次看到美洲海岸的一座高山,并发现阿留申群岛的一部分以及白令岛、圣劳伦斯岛等岛屿。①

在学习外国先进技术和文化的同时,俄罗斯还有一个特点,就是消化、融合和同化其他民族的东西。在历史长河中,很多外国人被俄罗斯贵族同化。例如,匈牙利的巴图盖尔多夫被同化为如今的巴图林,英国医生福明同化为福明尼、波兰的格尔日博夫斯基同化为格里勃耶多夫。著名元帅苏沃罗夫元帅的祖先来自瑞典,奇切林的祖先来自意大利,大文豪托尔斯泰的祖先来自德国,莫罗佐夫、谢列梅季沃的祖先来自普鲁士,戈利岑、缅希科夫和利哈乔夫的祖先来自立陶宛。《死魂灵》作者果戈理的祖先是乌克兰鞑靼人,《纨绔少年》的作者冯维津是日耳曼人,瓦赫坦戈夫、哈恰图良和艾瓦佐夫斯基是亚美尼亚人,作家库普林是鞑靼人。钢琴家鲁宾斯坦兄弟、画家列维坦和列宾以及《日瓦戈医生》作者、诺贝尔文学奖获得者帕斯捷尔纳克都是犹太人。陀思妥耶夫斯基是白俄罗斯族和波兰族后裔,其祖先的故居就位于现在白俄罗斯共和国布列斯特州平斯克市附近的

---

① 《俄罗斯文化 1000 年》,第 90 页。

俄罗斯人
性格探秘

俄罗斯国家杜马主席谢列兹尼奥夫会见外国记者

陀斯妥耶沃村。2010年10月我曾专程去那里访问，参观了陀翁家族博物馆。但是其祖先的故居早已成为一片废墟。当地政府试图恢复陀翁家族旧址，但尚未找到建设资金。

此外，梅奇尼科夫兄弟是摩尔多瓦和犹太人的混血儿，而帕维尔·弗罗连斯基则是亚美尼亚人和犹太人的混血儿。斯拉夫人和突厥人在俄罗斯文化中占有特别的地位。取俄罗斯姓的突厥族人有：阿赫马托夫、别尔佳耶夫、布宁、果戈尔、戈杜诺夫、杰尔扎温、卡拉姆津、拉赫马宁诺夫、季米里亚泽夫、特列季亚科夫、丘特切夫、恰达耶夫等。为俄罗斯的发展做出杰出贡献的女皇叶卡捷琳娜二世根本没有俄罗斯血统，而是日耳曼人。前苏共领导人斯大林也是格鲁吉亚人。

俄罗斯人是世界上人口最多的民族之一，具有与其他民族交织在一起的复杂历史。这些交织性和地理特点造成俄罗斯西南部的斯拉夫人与北部的乌戈尔—芬兰语系民族结合在一起，与东部和南部的突厥人结合在一起。被融合的还有日耳曼人、犹太人、高加索人，等等。一个活生生的民族不可能是封闭的，俄罗斯使其他民族的居民俄罗斯化，而那些被俄罗斯化的人也丰富了俄罗斯民族。他们变

四　复杂的社会和精神价值观

了，俄罗斯也变了。

这种对外世界的开放性，对于其他发达文化的吸收，为俄罗斯文化的发展并形成其独特的文化创造了有利条件。俄罗斯学者弗拉基米尔·杰尔加切夫认为，只有在各民族相互协作的情况下，俄罗斯文化和科学才能取得最丰硕的成果。

但是，就像鼎盛的康熙王朝开始对外国奉行闭关锁国政策而导致清王朝逐渐衰败一样，在苏联"铁幕"时期，苏联对西方等国家实行闭关自守政策，塑造了外国敌人的形象，导致了苏联的落后。1994年夏天我去下诺夫哥罗德、伏尔加格勒、萨拉托夫等地采访时，看到这些城市的落后情景，对闭关锁国的危害感触颇深。闭关就会落后，锁国就会停滞，这是颠扑不破的真理。苏联政府对苏联公民与外国人的接触（包括会见、通信、电话等）实行严格监控和限制，美国《纽约时报》驻莫斯科记者史密斯在《俄国人》一书中对此有详细而生动的介绍。1987至1989年我在新华社莫斯科分社工作时，对此也有同感。每次我的朋友从加拿大寄来的信件都被苏联有关检查机关拆开过，收到的信封口上多了一层又厚又硬的苏联浆糊。有时粗心的检查人员甚至拆信检查后用订书钉把信封钉上了事，真让人哭笑不得。

最近20年来，俄罗斯恢复了对外开放政策，使国家重新与世界各国特别是发达国家接轨、国内经济社会再次进入发展时期。但与此同时，历史的经验值得记取，某些狭隘民族主义和极端民族主义的倾向还必须遏制和打击。

（十四）对商人的态度依旧复杂

——俄罗斯10%的最富裕居民拥有全国总收入的29.6%。

（《俄罗斯报》）

——心理学研究所的研究表明，如果俄罗斯最富的人和最穷的人之间收入差别为5至7倍，人们还可以接受。但如果是更悬殊的差别，那么人们就会认为不公，认为富人不应该拿这么多钱。

（谢尔盖耶娃《俄罗斯人的行为准则、传统和民族心理》）

——每次在法律框架内出现不平等的时候，熊并不认为应该指责自己不平等，而是要求重新分配并以武力方法实现重新分配，哪怕它不符合法律。

（瓦列里·帕纽什金《从俄罗斯童话故事中可以了解俄罗斯人的哪些东西》）

俄罗斯人
性格探秘

俄罗斯人具有经商的传统。

1998年冬天年我和外国记者代表团去莫斯科以北200多公里处的特维尔市采访时，当地陪同人员指着矗立在伏尔加河畔的一尊雕像说：这是阿法纳西耶夫，是俄罗斯第一个去印度经商的大商人。现在特维尔生产的啤酒就是以阿法纳西耶夫的名字命名的。俄罗斯还出现过像特列季亚科夫、谢列梅捷沃、沃龙佐夫等非常富有的商贾。

特维尔市的阿法纳西耶夫雕像

但是，在苏联时期，一切都是计划经济，视市场经济为洪水猛兽，是纯粹资本主义的东西，与社会主义水火不相容，因此禁止个人经商、从事贸易和搞实业。经过约70年的时间和几代人的教育，到苏联解体之时，大多数俄罗斯人都缺乏经济头脑，不会经商。苏联解体后，私有化的实施使很多俄罗斯人获得了空前的经商和搞实业的机会。在20世纪90年代上半期，出现了几乎人人经商的景象，其中以老人和妇女为主，而且是街头摆摊的形式。但这是生活所迫，并非所有人都适合经商。当时，有63%的俄罗斯人从事经商或者希望经商，而现在这样的人只有52.6%，因为很多人经过实践，认识到自己并非经商的材料。在俄罗斯，实际经商的人从那时的12.6%减少到现在的5.6%。

这一人数的减少是可以理解的，因为在过去十多年间，俄罗斯人从事商业或

四 复杂的社会和精神价值观

实业的气候不是很好。对于中小企业者来说，更是困难重重，步履艰难。据统计，美国有 750 万家企业，其中小企业占 730 万家，对美国经济的贡献率为 50—52%。而在俄罗斯 300 万家企业中，小企业只有约 84 万家，仅占国内生产总值的 10%。美国有 7020 万人在小企业就业，而俄罗斯只有 830 万人在小企业工作，几乎相差 10 倍。

那么，为什么中小企业在俄罗斯发展缓慢呢？

原因之一是官僚主义的障碍。要注册一个企业，必须办理很多手续，签署很多文件，支付登记注册费和税费，在退休基金会和保险基金会等地方办理手续。这需要花费 2500 卢布和 1 个多月时间。但开业仅是万里长征迈出第一步，接踵而来的是数不尽的检查，分别来自警察局、税务局、消防部门、卫生部门、国家商业检查等。浙江省宁波市一个公司在莫斯科注册了一家公司，公司经理根据在中国办公司的经验，以为办妥了所有手续，摆平了所有关系，但是公司开张不久，一批又一批的俄罗斯检查小组三番五次地前来光顾，每批都得打点才能了事。这个经理苦不堪言，几乎要关门回国。

原因之二是对私营经济的歧视。市场经济在新俄罗斯发展才 20 年，尚未成为全民事业。只有最活跃、最坚决、而且具有一定资本的人才能在经商或办实业方面有所建树。调查表明，俄罗斯有 4.5% 的人对私营经济持有传统的观念，根本不想搞私营企业。他们几乎把所有富人都看作坑蒙拐骗的罪犯。在苏联解体后的俄罗斯初期，对于俄罗斯科学院社会心理研究所"您为什么要搞私营经济"的提问，多数企业家的回答是："为了经济独立"，"这对别人有益"，"在周围人看来有面子"。而现在的回答却是："为了经济利益和表明自己的才干。"

原因之三是俄罗斯人总是以怀疑和不友好的眼光看待富翁。民意调查材料表明，58% 的人对暴发的富人或是表示尊重，或是很感兴趣。但仍有 30% 的人以怀疑和不喜欢的态度对待暴发户。他们不是嫉妒暴发户，而是对一些暴发户的高傲、炫耀财产表示反感。有些暴发户开着茶色玻璃的吉普车，建造豪华住宅，过着放荡不羁的生活方式，引起普通公民不悦。例如富翁阿勃拉莫夫由于富得流油，居然以巨款在英国购买了"切尔西"足球队。他还购买了世界上最豪华的游艇。他和妻子离婚时，妻子索要离婚费上亿美元。

近 18 年来，认为"新俄罗斯人不关心国家利益"、"不择手段"、"为富不

俄罗斯人性格探秘

仁"、"损公利己"的人减少了几个百分点，但认为"新俄罗斯人以消费主义的态度对待人们"、"对人们毫无怜悯心"的人却增加了10%。这似乎表明，人们希望"新俄罗斯人"与社会分享财富，更多地回馈社会，帮助穷人。

心理学研究所的研究表明，如果俄罗斯最富的人和最穷的人之间收入差别为5至7倍，人们还可以接受。但如果是更悬殊的差别，那么人们就会认为不公，认为富人不应该拿这么多钱。根据俄罗斯科学院人口研究所所长、科学院士纳塔利娅·里马谢夫斯卡娅的统计，2005年俄罗斯最富裕和最贫困的人之间的收入差别高达14倍！而在美国仅为7—8倍，在欧洲为4倍。这样的数据不能不令人担忧[1]。

另据《俄罗斯报》报道，2010年第一季度，俄罗斯10%最贫穷的人和10%最富裕的人的差距为15倍，比2009年的16.7倍和2008年的16.8倍略有缩小（在美国，这一差距为10—12倍）。俄罗斯10%的最富裕居民拥有全国总收入的29.6%[2]。

顺便提一下，在中国，收入最高的10%人群和收入最低的10%人群的收入差距，也从1988年的7.3倍上升到2007年的23倍。上市国企高管与一线职工的收入差距在18倍左右，而国有企业高管与社会平均工资相差128倍[3]。

鉴于俄罗斯的教训，这个问题也非常值得我们重视和解决。

在普通俄罗斯人看来，赚钱的手段非常重要。如果是科学院院士挣得多一些，他们无话可说。但电视节目主持人赚大钱，他们就有想法：难道"耍嘴皮子"也能挣大钱？对于银行工作人员领取高报酬，一般俄罗斯人也不理解：银行人员什么也不生产，何以领取这么高的工资？俄罗斯人普遍认为，国家的钱要花到正地方，要有益于社会，而不是"打水漂"。

俄罗斯社会如此分配不均，是社会不和谐的重要原因之一。悬殊的收入差别促使一些不富裕的人千方百计地发财致富，甚至不惜采用非法和犯罪手段。

有识人士认为，俄罗斯的中产阶级还不发达，与欧美国家相比，俄罗斯的中产阶级不仅人数比例小，而且收入也不够多。因此，进一步发展作为社会稳定重

---

[1] 《俄罗斯人的行为准则、传统和民族心理》，第229页。
[2] 《俄罗斯报》，2010年5月4日第2版。
[3] 《新华社调研小组：贫富差距逼近红线》，刊登于2010年5月10日《经济参考报》。

四 复杂的社会和精神价值观

要因素的中产阶级,应是今后一个时期俄罗斯经济和社会发展的一项重要政策。

"正义高于法律"观念

俄罗斯人习惯于按正义,而不是按法律行事。西方哲学家,特别是德国哲学家认为,为了使法律获胜,无辜的人们可以流血牺牲。为了获得权利,哪怕再次血流成河①。

但是,陀斯妥耶夫斯基早就说过,如果为了遵守法律而必须让无辜的孩子流血,那么这种法律必须推翻。

企业、公司和商人之间已经签署的协议和合同,还未到期限就可能被对方废除和撕毁。这种现象在苏联解体后俄罗斯刚刚向市场经济过渡的初期发生得尤其多。俄罗斯商人收到中国商人发自中国内地的货物后,拒不付款。中俄合资公司或合作企业刚开始产生经济效益,对方就"眼红",觉得所签协议或合同对自己不利,吃了亏,便单方面终止合同。例如,1995年,有一个中国公司花费巨资在莫斯科装修了一家漂亮舒适的中餐馆,其中不少装修材料是从中国购买并运抵莫斯科。开业后顾客盈门,生意兴隆,成为莫斯科居民的美谈。但是好景不长,过了不久,俄方就提出废除合同,自己单独经营。中方坚决反对,却无济于事,俄方还是我行我素,赶走了中方合作伙伴。办中餐馆却没有中国人一起经营,自然很难成功。这家餐馆很快就门庭冷落,盛景不再。

像这家中餐馆一夜成名又迅速倒闭的昙花一现的事例不胜枚举。1994年和1996年我在俄罗斯远东地区采访时,也有许多中国商人抱怨俄方合作者擅自毁约而造成重大经济损失。他们感叹:"和俄罗斯人做生意没有规矩可循。俄罗斯人的随意性、情绪化、贪婪和短视行为真可怕。"

当然,俄罗斯商人对中国伙伴也颇有微词。中国商人中也不乏以邻为壑、惟利是图、浑水摸鱼、欺骗敲诈的人。

中国假冒伪劣商品一度横行俄罗斯市场所造成的严重后果和惨痛教训,让我们付出了非常沉重的代价。

多年以后,我无意中读了瓦列里·帕纽什金的著作《从俄罗斯童话故事中可

---

① 弗拉基米尔·科切特科夫,《文化之间差异的心理》,第87页。

以了解俄罗斯人的哪些东西》，才明白俄罗斯人的逻辑。这本著作的开篇《庄稼汉和法律》写的是这样一个故事：

在俄罗斯童话故事《上端和根部》中，一个庄稼汉和一头大熊一起从事农业生产。在耕耘和播种前，他们俩先签署一份关于产品分配的合同，规定其中一人获得作物的地上部分，另一人获得长在地下的部分。庄稼汉建议，他将获得地上部分，而熊将获得地下部分。大熊表示同意。他们种的是麦子。结果，庄稼汉获得麦穗，而大熊获得麦秸根。大熊是自愿签署这个合同的。它完全可以不签这个合同，或者不同意这种分配方法。它也可以事先了解一下农业科学，打听他们将要播种的麦子是什么样的作物。但是大熊觉得没有必要了解交易的实质，结果得到的是没有多少用处的麦秸根。

第二年播种前，熊说，今年我们反过来，我将获得作物的地上部分，而你获得地下部分。他并不关心种什么，以为只要把条件改一下，他就能获得厚利。他们种下饲用芜菁。收获时庄稼汉得到的是饲用芜菁，而大熊得到的是毫无用处的茎叶。熊恍然大悟，便大发脾气，乱踩作物，还向庄稼汉扑去（据有的版本说，熊甚至咬死了庄稼汉）。

故事最后说，"从法律上来说，庄稼汉绝对正确。他两次与熊签署自由合同，又两次准确地遵守条件。从法律上对他无可指责。但是，在俄罗斯说到法律的胜利，实际上指的是正义的胜利。在俄罗斯，正义高于法律。即使庄稼汉能够为自己赢得有利的交易条件，熊还是认为，它和庄稼汉的收入应该平等享受。即使庄稼汉懂得农业，而熊不懂，这也不是庄稼汉应该变富，而熊应该变穷的理由。每次在法律框架内出现不平等的时候，熊并不认为应该指责自己不平等，而是要求重新分配并以武力方法实现重新分配，哪怕它不符合法律……而人民似乎同情熊，任何情况下在议会选举时都投它的票，指望通过熊的改革和整顿秩序，使正义，而不是法律获胜。"①

尽管在经贸领域与俄罗斯人合作很不容易，但俄罗斯的广阔市场仍然具有很大的吸引力。正如美国一家公司的工作人员多米尼克·维恩特所说，在美欧发达国家，您要挤入市场已经非常困难，而在俄罗斯则还有打入的机会。美国生意界

---

① 瓦列里·帕纽什金，《从俄罗斯童话故事中可以了解俄罗斯人的哪些东西》，第10页。

四 复杂的社会和精神价值观

已经安排得如此精密,似乎所有生意都在自动进行。而俄罗斯还很重视新思想和勇敢的决定,还有地方可以表现自己①。

但是,与俄罗斯商人打交道需要牢记两点:

第一,在俄罗斯经商或从事实业,如果您想做成一件事情,必须有可靠的私人关系。俄罗斯市场经济尚未发育成熟,对如何做生意,还没有非常明确的规定和准则,因此只好依靠人脉关系。美国INTEGRA石油公司经理约翰·米尔钦说,"几乎所有生意都建立在个人关系上。甚至您要签署重要合同在很大程度上也要由个人关系和易于共事的因素来决定。"②

第二,"与俄罗斯人打交道时,要注意他们病态的自负、过度的委屈感和疑心。考虑到他们容易发作的随意的性格,最好事先对他们的这些特点有所警惕并讲求策略。"③

(十五)从"最能代表俄罗斯的三个伟人"看俄罗斯人的价值观

——涅夫斯基指挥的"冰上之战"使俄罗斯西北部地区免于被西方天主教国家征服,"挽救了俄罗斯民族"。

(俄罗斯历史书籍)

——斯托雷平被认为是"俄国最著名的总理"。

(俄罗斯"阿斯特"出版社出版的《俄罗斯名字》)

——没有最高统帅斯大林的坚强领导,没有朱可夫、罗科索夫斯基等军事将领的卓越指挥,卫国战争就不可能取得最终胜利。

(《光明日报》)

2008年,俄罗斯电视台推出题为《俄罗斯名字》的节目,由全国电视观众推选历史上最能代表俄罗斯的三个人物,即俄罗斯民族的象征性人物。这项活动

---

① 《消息报》,2009年6月11日。
② 《消息报》,2009年6月11日。
③ 《俄罗斯的行为准则、传统和民族心理》,第171页。

俄罗斯人
性格探秘

分四个阶段进行。第一阶段，观众推选出 500 名俄罗斯人。经过评议和投票，50 人进入第二阶段，12 人进入第三阶段，最后选出 3 名代表进入第四轮。进入决赛的 12 人按得票多少排列的次序是：13 世纪上半叶率领俄罗斯军队战胜瑞典军队和条顿骑士团的亚历山大·涅夫斯基、1906 至 1911 年担任沙俄政府总理的彼得·斯托雷平、大刀阔斧地进行面向欧洲改革的彼得一世、被誉为"诗歌的太阳"的亚历山大·普希金、风流女皇叶卡捷琳娜二世、伟大十月革命领导人弗拉基米尔·列宁、1924 年 1 月至 1953 年 3 月担任苏联最高领导人的约瑟夫·斯大林、帕维尔一世时期沙俄军队最高统帅亚历山大·苏沃罗夫、化学元素周期律发现者德米特里·门捷列夫、著名作家费奥多尔·陀斯妥耶夫斯基、伊万雷帝和亚历山大二世。

同年 12 月 28 日 21 时 32 分，经过电视观众投票，最终产生了前三名：涅夫斯基（524575 票），斯托雷平（523766 票）和斯大林（519071 票）。很多人没有料到这个结果。但《消息报》认为，"俄罗斯名字"的评选结果客观反映了俄罗斯人民的选择。斯大林能够名列第三，是因为观众"选择了胜利、力量、廉洁奉公、国家思维和帝国雄心"。

圣人涅夫斯基

亚历山大·涅夫斯基（1220—1263 年 11 月 14 日）是俄罗斯"民族英雄"弗拉基米尔大公之子，原名为亚历山大·雅罗斯拉维奇。13 世纪中叶瑞典条顿骑士团侵略俄罗斯西北部时，他率领诺夫哥罗德人民奋勇抵抗，在爱沙尼亚边境附近冰封的楚德湖上击败了条顿骑士团，极大地鼓舞了俄罗斯人民的斗志。这一"冰上之战"使俄罗斯西北部地区免于被西方天主教国家征服，"挽救了俄罗斯民族"。他也因此得到"涅夫斯基"（意为"涅瓦河的"）称号。此后他又多次率兵获得军事胜利。

鞑靼蒙古占领俄罗斯后，亚历山大·涅夫斯基起了金帐汗国和俄罗斯各公国之间调解人作用，1246 年被金帐汗封为基辅大公。1263 年在金帐汗国病逝（也有人说被毒死）。1547 年被俄国东正教会正式尊为圣者。

1938 年，俄罗斯著名导演谢尔盖·爱森斯坦根据斯大林关于歌颂俄国英雄人物的方针，摄制了电影《亚历山大·涅夫斯基》，在俄罗斯产生了具有广泛而

四 复杂的社会和精神价值观

深远的影响。

1942 年 7 月 29 日,当德国法西斯军队深入苏联腹地时,斯大林宣布亚历山大·涅夫斯基为民族英雄,并在苏联红军设立了亚历山大·涅夫斯基勋章。

从上所述可以看出,涅夫斯基所以能够名列第一,首先是由于他的勇敢和爱国精神。他在俄罗斯民族遭到外族入侵时奋起反抗,领导人民取得了战斗胜利,捍卫了俄罗斯的独立和文明,"拯救了俄罗斯"。因此,俄罗斯人民才这样敬重和爱戴他。在苏联解体、美国等西方列强企图遏制俄罗斯东山再起、而俄罗斯却要挣脱枷锁、争取国家振兴的时候,广大选民把选票投给亚历山大·涅夫斯基,这是意味深长的。

其次,涅夫斯基是俄罗斯东正教的圣人,所有信奉东正教的居民都十分尊敬他。在俄罗斯各地有很多教堂以亚历山大·涅夫斯基命名。而在圣彼得堡,每天拜谒葬有他遗骨、以他名字命名的修道院的人络绎不绝。

涅夫斯基在"俄罗斯名人"评选中名列第一,也表明东正教在俄罗斯居民中的影响巨大。教徒们认为,亚历山大·涅夫斯基最集中地代表了俄罗斯人勇敢善战、勤劳善良的性格特点。

治国能手斯托雷平

彼得·斯托雷平(1862—1911)贵族出身,40 岁担任沙俄萨拉托夫州州长,是当时俄国最年轻的省长。1906 年 5 月任内务大臣。因在短短几个月内绞死数千名农民起义者,革命者们对他恨之入骨,并把他的绞刑架称为"斯托雷平领带"。

1905 年俄国在对日本战争中失败后,1906 年 7 月至 1911 年 9 月斯托雷平任俄政府总理。为适应资本主义发展需要,他实行新的国家杜马(议会)选举法和农业改革,通过取消村社经济、培植富农阶层等手段,有力促进了经济发展。因此,他被认为是"俄国最著名的总理。"[1]

在俄罗斯电视台讨论《俄罗斯名字》节目时,我看到俄罗斯共产党领导人久加诺夫在赞赏列宁和斯大林的同时,也竭力称赞斯托雷平的治国成就,特别是其农业改革使俄国成为粮食出口国,农民生活得到很大改善。

---

[1] 《俄罗斯名字》,第 153 页。

俄罗斯人
性格探秘

但是,斯托雷平执政时却受到革命者的痛恨。1906年他在一次暗杀事件中幸免于难,他的子女代他偿命。1911年9月14日晚,斯托雷平在基辅大剧院观看演出时,一名凶手潜入剧院,走进斯托雷平的包厢,连开两枪击中他的肺部和脊椎。虽经全力抢救,终因伤势过重而死亡。

当年斯托雷平的残酷镇压使他遭到农民起义者的刻骨仇恨,而他的不幸遭遇如今却受到俄罗斯人们的怜悯和同情。"东正教上帝之爱的怜悯情感和村社中的同情心共同造就了俄罗斯民族性格中同情弱者的善良一面和悲天悯人的情怀。俄罗斯有着深厚的人道主义传统。"[1]

52万多俄罗斯人投斯托雷平的票,一方面表现了俄罗斯人善良怜悯的性格和崇尚成功者的价值观,另一方面也表明现代俄罗斯人喜欢懂得经济和善于管理的国家领导人。在俄罗斯面临振兴经济和现代化建设的关键时期,人们怀念和呼唤善于经营管理和理财的治国能手。

中间者为斯托雷平

---

[1] 靳会新,《俄罗斯民族性格形成的历史文化因素》,刊登于《俄罗斯中亚东欧研究》杂志2011年第一期。

四 复杂的社会和精神价值观

"铁腕"领导人斯大林

约瑟夫·斯大林（1879年12月21日—1953年3月5日）是十月革命领导人之一。1922年4月当选联共（布）中央委员会总书记。1924年1月列宁去世后，斯大林领导苏联进行社会主义建设，推行国家工业化和农业集体化政策，使苏联经济和军事得到迅速发展。在1941至1945年伟大卫国战争期间，在他和朱可夫等军事家领导下，苏联军队和人民浴血奋战，取得了反德国法西斯战争的历史性胜利。

与此同时，由于斯大林在领导工作中所犯的一系列严重错误，特别是在党内斗争中破坏民主，对"反对派"和"反党集团"进行残酷镇压，打击面过宽，酿成不少冤假错案。

1956年2月24日深夜至25日凌晨，在苏共二十大秘密会议上，赫鲁晓夫作了《关于个人崇拜及其后果》的报告，全盘否定斯大林。然后，以反对"个人崇拜"为由，把原来安葬在列宁遗体旁边的斯大林遗体从红场陵墓中抬出，葬在克里姆林宫墙下。

在当时历史背景下，这对破除"个人迷信"、解放思想、推动苏联社会向前发展起了一定的作用，但也留下严重的后遗症。

20世纪80年代，戈尔巴乔夫再次掀起否定斯大林运动。当时我正在新华社莫斯科分社工作，见证了这一运动的发展过程。这场运动有其一些积极的方面，例如，为布哈林彻底平反的决定就深得人心。至今我仍清楚地记得参加在苏联外交部新闻中心举行的宣布为布哈林彻底平反的记者招待会，当时的气氛实在令人感慨和激动。坐在记者席中的我突然想起了我国在文化大革命后为刘少奇、彭德华、陶铸等领导人平反的情景。但是，1987年1月我在加里宁大街（现改名为新阿尔巴特大街）的电影院观看影射和讥讽斯大林的电影《忏悔》时，看到严重丑化斯大林的镜头，又觉得对斯大林的全盘否定做得有所偏颇。

2000年普京当选总统后，俄罗斯当局对斯大林的评价逐渐有所改变。例如，2008年出版的一本俄罗斯中小学历史教科书称，"斯大林所做的一切，结合具体的历史环境来看是完全合理的，他作为一个面临战争的国家领袖在带领国家走向工业化社会方面做出了正确选择。"[①]

[①] 《环球时报》，2008年8月26日。

俄罗斯人
性格探秘

2009年12月普京总理在评价斯大林时，强调斯大林领导国家成功地完成了从农业国向工业国的转变，并肯定了斯大林在卫国战争期间建立的功勋。①

2010年5月7日，在卫国战争胜利65周年前夕，俄罗斯《消息报》刊登了对梅德韦杰夫总统的专访。在谈到斯大林对卫国战争的作用时，他并不否认斯大林的作用，但强调说："是人民赢得了卫国战争的胜利，而不是斯大林，甚至也不是担任重要职务的军事指挥官。当然，他们曾发挥了非常重要的作用，但是归根结底，是人民以难以置信的力量赢得了战争胜利。"②

可以看出，与斯大林、赫鲁晓夫和戈尔巴乔夫时期相比，现在俄罗斯领导人对斯大林的评价比较客观、比较全面。近年来在俄罗斯出版了很多新的关于斯大林的图书，其中一些史料和评价是过去所没有的。俄罗斯军事学院院长加列耶夫大将认为，如果不提斯大林的名字，卫国战争的历史将是残缺不全的，被歪曲的。"没有最高统帅斯大林的坚强领导，没有朱可夫、罗科索夫斯基等军事将领的卓越指挥，卫国战争就不可能取得最终胜利。"③

全俄社会舆论研究中心2010年初进行的一次民调显示，54%的受访者认为应高度评价斯大林的领袖素质，只有8%的人对其持完全否定的态度。④

社会调查表明，近年来俄罗斯怀念斯大林的人数不断增加。在斯大林逝世50多年后，现在只有三分之一的俄罗斯人谈论他的负面作用，而45%的人（主要是不富裕的人）认为他在国家生活中无疑是起了"积极的作用"。⑤

斯大林在"俄罗斯名人"评选中名列第三，说明俄罗斯仍有相当一部分人肯定斯大林在苏联历史上的作用，怀念斯大林时期苏联国内某些好的做法以及苏联在国际社会中的重要地位，也反映了他们振兴俄罗斯、希望俄罗斯在强有力领导人的率领下成为世界强国的愿望。

涅夫斯基、斯托雷平和斯大林是俄罗斯人的典型代表人物。他们的勇敢、坚韧、强硬、爱国、能干等品质反映了俄罗斯人的部分性格特点。

但是，俄罗斯人的性格如此复杂，仅仅这三个人的特点还远不能完全反映俄

---

① 《光明日报》，2010年2月27日。
② 2010年5月8日新华网。
③ 《光明日报》，2010年2月27日。
④ 同上。
⑤ 《俄罗斯人的行为准则、传统和民族心理》，第248页。

四 复杂的社会和精神价值观

罗斯人的性格特点。如果把俄罗斯电视观众推选出来的500个俄罗斯名人，或者至少把经过评议和投票进入第二阶段的50人的性格特点综合起来，也许更能全面反映俄罗斯人的性格特点。

后 记

  本来我不打算写后记,因为担心画蛇添足,无病呻吟。但是在进行书稿清样二校后,我觉得还有两点想补充一下。

  第一,在拙作即将出版前夕,无独有偶,最近我在书市上买到两本俄罗斯出版的关于中国人性格和心理特点的书。一本是哲学博士、圣彼得堡国立大学东方系名誉教授、世界汉语教师协会成员尼古拉·斯佩什尼夫(中文姓名司格林)撰写的《中国人的心理特点》,另一本是东方学家、研究中国文明的专家阿列克谢·马斯洛夫写的《观察中国人》。从司格林先生列举的参考文献中,我看到近百年来俄罗斯出版了一系列关于中国人性格的图书,例如科罗斯托韦茨的《中国人及其文明:古老中国的生活和道德》、科尔萨科夫的《在北京5年:对中国人习俗和生活的观察》、罗季奥诺夫的《老舍和20世纪中国文学中的民族性格问题》、谢马诺夫的《老舍论讽刺与幽默》、索博尔尼科夫的《中国人的民族心理特征》、捷尔季茨基的《中国人:现代世界中的传统价值观》等等。

  由此可见,俄罗斯学者和专家特别是汉学家们对中国人的性格和心理研究也十分重视,而且取得了不小的成果。他们认为,中国是世界上最古老的国家之一,是俄罗斯最大的邻国,现代世界上最重要的国家之一,也是最具发展潜力的国家之一。当前中俄建立了紧密的战略合作关系,在政治、经济、贸易、文化、教育、旅游、国际事务等各个领域都展开对话与合作。因此,对包括中国人性格和心理特点在内的中国各个方面的研究非常重要。

  我想,俄罗斯人研究中国人性格特点的这些理由也值得我们思考。俄国人不断加深对中国人的研究也说明了我们必须进一步加强关于俄罗斯(包括俄罗斯人性格和心理特点)研究的必要性和重要性。

  第二,近20年来,我国新闻媒体关于俄罗斯的报道数量不算小,对我们及时和客观地了解邻国俄罗斯的情况发挥了重要作用,产生了广泛的影响。但它们大多是关于俄罗斯的政治、经济、对外关系特别是中俄双边关系的新闻以及俄罗

后　记

斯领导人的讲话,而对俄罗斯社会的深刻变化、普通俄罗斯人的生活和精神方面新的特点报道较少。这就使很多中国人觉得对苏联解体20年后的"今日俄罗斯"和"现代俄罗斯人"缺乏客观和深刻的了解与认识。为此,我在分析了俄罗斯人的主要性格特点后,特别增加了俄罗斯人的主要生活方式和精神价值观(正好这两个方面与俄罗斯人的性格特点也有密切关系),而且使用了包括2011年在内的最新材料和数据。

希望此书能在读者增进对俄罗斯及其人民的了解方面起一点点作用。

在拙作出版之际,再次对当代世界出版社以及支持和帮助我的朋友们致以诚挚和深切的谢意!

作者二〇一一年九月于北京房山

主要文献参考

主要参考图书：

尼古拉·别尔嘉耶夫的《俄罗斯思想》和《俄罗斯的命运》

Русская идея（Николай Бердяков）

Русская судьба（Николай Бердяков）

德米特里·利哈乔夫的《解读俄罗斯》

Раздумья о России（Дмитрий Лихачев）

叶夫根尼·科索夫的《做俄罗斯人》

Быть Русским（Евгений Косов）

塔季扬娜·切斯诺科娃与纳塔利娅·切尔凯索娃合著的《删除俄罗斯吗?》

Россия — Delite？（Татьяна Чеснокова, Наталья Черкесова）

阿拉·谢尔盖耶娃的《俄罗斯人的行为准则、传统和民族心理》

Русские：Стереотипы поведения，традиции，ментальность（Алла Сергеева）

尤里·维约诺夫的《俄罗斯文化基础》

Основы Ресссийской культуры（Юрий Вьюнов）

赫德里克·史密斯的《俄国人》

The Russians（Hedrick Smith）

詹姆斯·比林顿的《寻找自我的俄罗斯》

Россия в поисках себя（Джеймс Биллинтон）

谢尔盖·巴拉诺夫和德米特里·科诺夫合著的《俄罗斯民族》

Русская нация（С. Д. Баранов, Д. В. Конов）

弗拉基米尔·弗拉基米罗夫的《俄罗斯生活的意义》

Смысл русской жизни（Владимир Владимиров）

克塞尼娅·卡西扬诺娃的《关于俄罗斯民族性格》

О Русском национальном характере（Ксения Касьянова）

主要文献参考

弗拉基米尔·科切特科夫的《不同文化差异的心理学》

Психология межкультурных различий（В. В. Кочетков）

尤里·普拉托诺夫的《民族性格心理学》

Психология национального характера（Ю. П. Платонов）

弗拉基米尔·苏哈列夫和马克西姆·苏哈列夫合著的《心理学家眼中的欧洲人和美国人》

Европейцы и американцы глазами психолога（Владимир Сухарев，Максим Сухарев）

安娜·科斯季娜和塔马拉·古季玛的《现代俄罗斯的文化政策》

Культурная политика современной России（А. В. Костина，Т. М. Гудима）

瓦列里·费奥德罗夫的《俄罗斯选择》

Русский выбор（Валерий Федоров）

弗拉基米尔·福尔杜纳托夫的《谁要把俄罗斯引向哪里?》

Кто и куда ведет Россию？（В. В. Фортунатов）

弗拉基米尔·舒梅科《俄罗斯：什么样的人民就有什么样的政权》

Россия：какой народ — такая власть（Владимир Шумейко）

刘文飞的《俄罗斯文化的历史抉择》和《俄罗斯文学和俄罗斯人性格》

李立水和徐茜的《俄罗斯国民性格的二律背反及成因简析》

靳会新的《俄罗斯民族性格形成的历史文化因素》

乐峰主编的《俄国宗教史》

陆南泉等主编的《苏联真相》（上中下）

王宇博的《骁勇俄罗斯》

宋瑞芝的《俄罗斯精神》

郭小丽的《俄罗斯的弥赛亚意识》

张昊琦的《俄罗斯精神》

辛越的《客居莫斯科》

张冰的《透视俄罗斯》

马凤书的《俄罗斯对外政策的政治文化背景及其影响》、《俄罗斯民族精神的两面性》